utb 5705

Eine Arbeitsgemeinschaft der Verlage

Brill | Schöningh – Fink · Paderborn
Brill | Vandenhoeck & Ruprecht · Göttingen – Böhlau Verlag · Wien · Köln
Verlag Barbara Budrich · Opladen · Toronto
facultas · Wien
Haupt Verlag · Bern
Verlag Julius Klinkhardt · Bad Heilbrunn
Mohr Siebeck · Tübingen
Narr Francke Attempto Verlag – expert verlag · Tübingen
Psychiatrie Verlag · Köln
Ernst Reinhardt Verlag · München
transcript Verlag · Bielefeld
Verlag Eugen Ulmer · Stuttgart
UVK Verlag · München
Waxmann · Münster · New York
wbv Publikation · Bielefeld
Wochenschau Verlag · Frankfurt am Main

Public History – Geschichte in der Praxis

Herausgegeben von Irmgard Zündorf (Potsdam) und Stefanie Samida (Heidelberg)

Prof. Dr. Jürgen Kunow war Landesarchäologe in Brandenburg und im Rheinland sowie Mitglied der Zentraldirektion des Deutschen Archäologischen Instituts.

Prof. Dr. Michael M. Rind ist Direktor der LWL-Archäologie für Westfalen und lehrt als apl. Prof. an der Universität in Münster.

Jürgen Kunow / Michael M. Rind

Archäologische Denkmalpflege

Theorie – Praxis – Berufsfelder

Narr Francke Attempto Verlag · Tübingen

Titelbild: Kerpen-Manheim, Rheinischer Braunkohletagebau Hambach. Ausgrabung eines Tiefbrunnens in der römischen Villa HA 162 mit Resten einer intentionell zerschlagenen Jupitersäule aus dem 3. Jahrhundert.

Bibliografische Information der Deutschen Nationalbibliothek
Die Deutsche Nationalbibliothek verzeichnet diese Publikation in der Deutschen Nationalbibliografie; detaillierte bibliografische Daten sind im Internet über http://dnb.dnb.de abrufbar.

DOI: https://doi.org/10.36198/9783838557052

Dischingerweg 5 · D-72070 Tübingen

Internet: www.narr.de
eMail: info@narr.de

Einbandgestaltung: Atelier Reichert, Stuttgart
Satz: pagina GmbH, Tübingen
Druck: CPI books GmbH, Leck

utb-Nr. 5705
ISBN 978-3-8252-5705-7 (Print)
ISBN 978-3-8385-5705-2 (ePDF)
ISBN 978-3-8463-5705-7 (ePub)

Inhaltsverzeichnis

1 **Einleitung** ... 1

2 **Theorie** ... 7
2.1 Einführung in die Archäologische Denkmalpflege ... 7
2.1.1 Zielsetzung und Zielgruppen ... 7
2.1.2 Aufbau und Gegenstand des Buches ... 8
2.1.3 Dualismus und Synonymität bei archäologischen Termini technici 10
2.2 Definition und Systematik von Bodendenkmälern ... 14
2.2.1 Grundfragen und Grundanliegen ... 14
2.2.2 Beginn der Systematisierung von historischen und archäologischen Quellen ... 18
2.2.3 Quellenkritik bei Bodendenkmälern ... 21
2.2.4 Gliederung von Bodendenkmälern ... 27
2.2.5 Bewegliche Bodendenkmäler ... 29
2.2.6 Paläontologische Bodendenkmäler ... 30
2.2.7 Archäologisch-historische Erinnerungsorte und Erinnerungslandschaften in einzelnen Beispielen ... 30
2.3 Chronik der Bodendenkmalpflege: Ausgangsbedingungen und Entwicklungen im zeitlichen Ablauf ... 35
2.3.1 Anfänge und Ausgangspunkte ... 36
2.3.2 Zeitalter der Aufklärung und das Erstarken des Nationalbewusstseins (Mitte 18. Jahrhundert bis 1871) ... 37
2.3.3 Deutsches Kaiserreich (1871–1918) ... 44
2.3.4 Weimarer Republik und Zeit des Nationalsozialismus (1918–1945). 49
2.3.5 Bundesrepublik Deutschland und Deutsche Demokratische Republik bis zur Wiedervereinigung (1949–1990) ... 61
2.3.6 Bundesrepublik Deutschland nach der Wiedervereinigung und im geeinten Europa (ab 1990) ... 67
2.4 Eigenschaften, Werte und Leitlinien beim Umgang mit Bodendenkmälern ... 72
2.4.1 Eigenschaften von Bodendenkmälern ... 74
2.4.2 Unterschiedliche Werte von Bodendenkmälern ... 76
2.4.3 Die Entwicklung von Leitlinien für den Umgang mit Bodendenkmälern ... 86

2.5 Organisationsformen der Bodendenkmalpflege in Deutschland und ihre Einbindung in nationale und internationale Strukturen 90
2.5.1 Landesarchäologie und ihre Akteure in der Bundesrepublik Deutschland 91
2.5.2 Nationale Partner und Strukturen 95
2.5.3 Internationale Partner und Strukturen 99
2.6 Gesetzliche Regelungen und internationale Vereinbarungen 101
2.6.1 Denkmalschutzgesetze, Denkmalschutzbehörden und Fachämter . 101
2.6.2 Planungs- und Genehmigungsverfahren, Umweltverträglichkeitsprüfungen 103
2.6.3 Verfahren der Unterschutzstellungen: Deklaratorisch versus konstitutiv 104
2.6.4 Benehmen/Einvernehmen 107
2.6.5 Besonderheiten der Unterschutzstellung von Bodendenkmälern in Nordrhein-Westfalen 108
2.6.6 Verursacher- bzw. Veranlasserprinzip und Kostentragungspflicht .. 109
2.6.7 Zumutbarkeit/Kostentragungspflicht 110
2.6.8 Grabungserlaubnisverfahren 112
2.6.9 Schatzregal 113
2.6.10 Bodendenkmäler 116
2.6.11 Bewegliche Bodendenkmäler 118
2.6.12 Vermutete Bodendenkmäler 118
2.6.13 Suche mit Metalldetektoren, Sondengängerei 119
2.6.14 Grabungsschutzgebiete 120
2.6.15 Kulturgutschutzgesetz 121
2.6.16 Regelungen zum Kulturschutz: Europarat und UNESCO-Konventionen 122

3 Praxis 127
3.1 Grundlagen und Methoden der Bodendenkmalpflege 127
3.1.1 Archäologische Methoden 131
3.1.2 Inventarisation: Ermitteln – beschreiben – bewerten 132
3.1.3 Klassische und moderne Dokumentationsverfahren 132
3.1.4 Archäometrie/Nachbarwissenschaften 137
3.1.5 Ausgrabung/Dokumentationsmethoden 138
3.1.6 Standardisierung durch Grabungsstandards und Grabungsrichtlinien 138
3.2 Aufgaben der Bodendenkmalpflege 139
3.2.1 Flächige Bodendenkmalpflege oder Leuchttürme? 140
3.2.2 Forschungsaspekte und Ressourcengedanke 141
3.2.3 Beteiligungen bei Planungsverfahren und ihre Auswirkungen auf Bodendenkmäler 142

3.2.4 Inwertsetzung und Vermittlung, Erschließung, Nutzung und Erleben von Denkmalen ... 142
3.2.5 Bewahren (Magazin/Archivierung): Selektion und Verantwortung . 146
3.3 Umgang mit Bodendenkmälern in der denkmalpflegerischen Praxis ... 147
3.3.1 Regelungen in internationalen Chartas ... 148
3.3.2 Unterschiedliche Verfahren und konkrete Maßnahmen an ortsfesten und beweglichen Bodendenkmälern ... 152
3.4 Partner der Bodendenkmalpflege ... 161
3.4.1 Denkmaleigentümer ... 161
3.4.2 Ehrenamtliche Bodendenkmalpflege/Citizen Sciences ... 162
3.4.3 Museen ... 163
3.4.4 Vereine ... 167
3.4.5 Ausgrabungsfachfirmen ... 167
3.4.6 CIfA-Zertifizierungen ... 167
3.4.7 Sogenannte Raubgräberei, Hobbyarchäologen, Sondengängerei, Magnetangeln, Schatzsuche und Schatzregal ... 169
3.5 Haupteinsatzgebiete der praktischen Bodendenkmalpflege ... 173
3.5.1 Stadtarchäologie ... 173
3.5.2 Archäologie und Land- und Forstwirtschaft ... 176
3.5.3 Archäologie und Rohstoffgewinnung ... 181
3.5.4 Trassenarchäologie ... 185
3.5.5 Unterwasserarchäologie ... 188

4 Studium und Berufsfelder ... 193
4.1 Das Studium ... 193
4.2 Die Berufsfelder ... 195

5 Image der Bodendenkmalpflege/Archäologie ... 201

6 Wichtige Institutionen, Verbände und Vereinigungen sowie Studiengänge ... 205

Abkürzungsverzeichnis ... 207

Abbildungsnachweise und Hinweise zu den Autoren ... 209

Literatur ... 211

Personenregister ... 227

Sachregister ... 229

Einleitung

1

Es mag ein etwas ungewöhnlicher Anfang für ein Buch sein, zunächst zu betonen, was es nicht sein will: Dieses Buch ist keine allgemeine Einführung in die hiesige Archäologie. Dies liefern eher andere Publikationen, die zu diesem Thema in Deutschland bereits erschienen sind. Dabei sind die erst- und die letztgenannte Publikation als Einstieg besonders geeignet (Eggers 1959; Müller-Karpe 1975; Eggert [3]2008; Trachsel 2008; Eggert/Samida [2]2013). Es liefert auch keine umfassende Darstellung in Methoden und Anwendungsmöglichkeiten der Feldarchäologie (Gersbach 1989), auch wenn diese natürlich überblicksartig angesprochen werden (siehe Kap. 3.1). Vielmehr bietet das Buch – und dieses erstmalig auf dem deutschsprachigen Buchmarkt – eine Einführung in das Berufsfeld ‚Archäologische Denkmalpflege' bzw. ‚Bodendenkmalpflege'.

Was bedeutet dies aber konkret? Was erfahren Studierende eigentlich über die Arbeit der Archäologischen Denkmalpflege im Rahmen ihres mehrjährigen archäologischen Universitätsstudiums und warum könnte das Wissen, das diese Publikation vermittelt, für eine spätere Berufswahl relevant sein (siehe Kap. 4)? Sieht man von der praktischen Teilnahme – häufig in den Semesterferien – an Projekt- und Lehrgrabungen, Feldbegehungen oder Vermessungsarbeiten eines Universitätsinstitutes einmal ab, gibt es in der Regel keine Veranstaltungen, die in das Berufsfeld der Archäologischen Denkmalpflege einführen. Die Umsetzung und Ausgestaltung von Denkmalschutz und Denkmalpflege für untertägige Fundplätze und obertägige Geländedenkmäler, aber auch der denkmalgerechte Umgang bei der Bergung und Erstversorgung von Funden oder die Anwendungsmöglichkeiten des Denkmalrechts für das archäologische Kulturerbe werden in der Regel nicht thematisiert. Es sei denn, ein Mitarbeiter eines Denkmalamtes kann als Dozent oder Honorarprofessor für einschlägige Übungen und Seminare gewonnen werden. Weiterhin recht selten ist in Deutschland zudem der Fall, dass ein Mitarbeiter eines Landesdenkmalamtes zu einem späteren Zeitpunkt an die Universität auf Dauer zurückkehrt und dort Lehrveranstaltungen über die berufliche Praxis anbietet. Diese Darstellung gibt die reale Situation in Deutschland wieder – auch die Verfasser dieser Publikation haben unter diesen Voraussetzungen den Einstieg in das Berufsleben finden müssen.

Will man ‚Kustode' und ‚Anwalt' – selbstverständlich erfasst das generische Maskulinum hier und im Folgenden alle Geschlechter – für das archäologische Kulturerbe sein, bedarf es besonderer Eigenschaften und mancher spezifischen Kenntnisse, darunter auch solche rechtlicher Natur. Beginnen wir mit einigen persönlichen Eigenschaften, die in der Darstellung vielleicht selbstverständlich, möglicherweise sogar ‚trivial' erscheinen, aber durchaus einen seriösen Hintergrund besitzen und im mittlerweile üblichen Sprachgebrauch zu den ‚außerfachlichen Kompetenzen' respektive ‚soft skills' zählen. In der Archäologischen Denkmalpflege bzw. Bodendenkmalpflege – beide Begriffe sind üblich und beschreiben das gleiche Berufsfeld (siehe Kap. 2.1.3) – hat man es weit stärker als Mitarbeitende in den Universitäten und selbst in den Museen mit quasi allen gesellschaftlichen und beruflichen Gruppen und deren Interessenslagen zu tun, insbesondere der Politik auf allen Ebenen sowie mit Entscheidungsträgern in Bundes-, Landes- und Kommunalverwaltungen, den Denkmaleigentümern, Investoren und ‚Häuslebauern', Medienvertretern, Touristikern, Richtern und Anwälten, Bürgerinitiativen, Ehrenamtlern oder ‚Citizen Scientists' (Verband der Landesarchäologen in der Bundesrepublik Deutschland 2004). Die umfangreichste Gruppe ist jedoch eine andere: die ‚interessierte Öffentlichkeit'. In der Fremdwahrnehmung (siehe Kap. 5) wird man bisweilen als ‚Behördenvertreter' gesehen, der Ver- und Gebote im Umgang mit dem archäologischen Kulturerbe erlässt. Das ist allerdings eher selten der Fall, da für die behördliche Umsetzung gesetzlicher Regelungen zumeist nicht die archäologischen Landesämter als Denkmalfachbehörden verantwortlich sind, sondern Denkmalschutzbehörden in den Kommunen und Bundesländern (siehe Kap. 2.6). Mögen sich die Archäologen mit ihrer fachlichen Expertise nicht immer gegenüber anderen öffentlichen Belangen oder wirtschaftlichen Investitionen in konkreten Verfahren durchsetzen, so gehen sie doch eher selten aus derartigen Auseinandersetzungen, ohne nicht wenigstens Rettungsgrabungen bei drohender Zerstörung eines archäologischen Fundplatzes erfolgreich einfordern zu können. Mit anderen Worten: Staatliche Fürsorge und gesellschaftliche Akzeptanz für archäologische Belange haben auch in Konfliktfällen in den letzten Jahrzehnten zugenommen, selbst wenn man in der öffentlichen Wahrnehmung noch nicht mit Umweltbelangen oder dem Natur- und Landschaftsschutz ‚gleichziehen' konnte. Wichtig bei allen externen Verhandlungen, die man als Bodendenkmalpfleger diesbezüglich führt, sind eine gute Vorbereitung und eine Vorstellung, was man erreichen will bzw. kann. Dabei sind neben dem Fachwissen Überzeugungskraft verbunden mit Dialogbereitschaft und Verlässlichkeit gegenüber der ‚Gegenseite' wichtige Eigenschaften, denn man sieht sich bekanntlich mehrmals im (Arbeits-)Leben ... Natürlich stellt sich im Laufe der beruflichen Tätigkeit auch eine situative Routine ein, aber ‚Learning by Doing' bleibt ‚bis zum Schluss' wichtig. Leider wird man während des Studiums überhaupt nicht auf die Alltagssituationen als Kustode des archäologischen Kulturerbes vorbereitet und trainiert. Hier ist durchaus Eigeninitiative gefordert (siehe Kap. 4).

Vorweg einige Erkenntnisse, wobei es hier zunächst weniger um solche fachlicher Natur im engeren Sinne gehen soll. Eine möglichst breite und solide Ausbildung über Methoden des Faches und die Zeitepochen hinweg sollte das Studium gewährleisten und spezifisches Wissen zum landesweiten bzw. regionalen archäologischen Kulturerbe lässt sich am neuen Arbeitsplatz vertiefen. Erfahrungsgemäß ist es leichter, sich im Laufe eines Berufslebens in Spezialgebiete oder einzelne Zeitepochen einzuarbeiten als umgekehrt allgemeine Grundlagen nachzuholen. Für beide vorrangig anzutreffende berufliche Typen, den ‚Generalisten' und den ‚Spezialisten', gilt zudem ‚Lifelong Learning'. Die Autoren dieses Buches haben als Landesarchäologen und Direktoren von Landesämtern bei Einstellungen von jungen Kollegen immer wieder die Erfahrung gemacht, dass die späteren beruflichen Anforderungen fast immer unklar waren. Einer der beiden Autoren hat es auf Nachfrage seines eigenen beruflichen Werdegangs später einmal selbst auf den Punkt gebracht. „Mit der Bibliothek des Hauses kam ich vom ersten Tag an zurecht, alles andere war neu ...".

Zweifellos bestehen die größten Defizite bei Berufsanfängern beim Denkmalrecht und verwandten Rechtsgebieten. Natürlich ändern sich Gesetze im Laufe der Zeit und man muss schauen, ob zwischenzeitlich Änderungen oder wichtige Gerichtsurteile ergangen sind. Auch im Land Nordrhein-Westfalen, wo die beiden Autoren als Landesarchäologen tätig sind bzw. waren, befasst sich aktuell der Landtag mit einer Novellierung des Denkmalschutzgesetzes. Der Ausgang ist noch offen und mancher Bezug auf einen hier im Buch zitierten Gesetzesparagraphen (siehe Kap. 2.6) mag demnächst überholt sein. Doch geht es uns in dieser Einführung weniger um konkrete Paragraphen, sondern um die Kenntnis des ‚Baukastens', aus dem sich die Gesetze des Kulturgutschutzes in Grundfragen hierzulande (aber auch über Deutschland hinaus) bedienen. Da gibt es zu Einzelthemen in aller Regel verschiedene, allerdings zahlenmäßig beschränkte Alternativen, wobei tatsächlich wenig grundlegend Neues in den letzten Jahren an Einzelmodulen hinzugekommen ist. Ebenfalls eher nebulöse Vorstellungen bestehen zum vielseitigen Arbeitsalltag eines Bodendenkmalpflegers, etwa zu den Gutachten und Stellungnahmen, die er verfasst und die nicht selten eine erhebliche Langzeitwirkung aufweisen, oder zu Abstimmungsgesprächen mit Bürgermeistern und Landräten, Bauherren und Landwirten. Wesentliche Fragen und die Antworten darauf bilden die Basis der Archäologischen Denkmalpflege in Deutschland und auch dieses Buches:

- Was beinhaltet Denkmal*schutz*, was Denkmal*pflege*?
- Welche Bedeutung über die Forschung hinaus haben archäologische Denkmäler für die Gesellschaft?
- Wodurch sind archäologische Denkmäler gefährdet und welche Gegenstrategien wurden bzw. werden seitens der amtlichen Denkmalpflege entwickelt?

- Wie werden archäologische Denkmäler geschützt?
- Welche praktischen Maßnahmen und Verfahren im Umgang mit ortsfesten und beweglichen archäologischen Denkmälern lassen sich unterscheiden?
- Wem gehören *Archaeologica* nach ihrer Entdeckung bzw. Freilegung?
- Wer bezahlt bzw. kommt bei Rettungsgrabungen und Forschungsgrabungen für die Kosten auf?
- Welche unterschiedlichen Schutzgesetze für das archäologische Kulturgut gibt es auf welcher staatlichen Ebene?

In den Jahren 2006 bis 2008 wurde eine umfassende Erhebung zur Situation von Archäologen in Europa von der Europäischen Union im Rahmen des Programms Leonardo da Vinci II gefördert (Aitchison 2010). An der Studie *Discovering the Archaeologists of Europe (DISCO)* beteiligten sich zwölf EU-Staaten (https://www.discovering-archaeologists.eu/DISCO_Transnational_Report.pdf.). Auch Deutschland – koordiniert vom Verband der Landesarchäologen, der hierzu zeitnah auch ein internationales Kolloquium veranstaltete (Verband der Landesarchäologen in der Bundesrepublik Deutschland 2010) – war darunter. Der umfassende Report liegt veröffentlicht vor (https://www.discovering-archaeologists.eu/national_reports/Disco-D-dt-korr-05-final.pdf). Analysen für Deutschland insgesamt (Krausse / Nübold 2010) und einige Bundesländer (Kunow et al. 2010) ergänzen diesen Report. Im Rahmen des Leonardo-Programms der EU wurde erfolgreich eine Fortschreibung der ‚DISCO-Studie' (2012–2014) beantragt, an der sich neben einigen der bisherigen Länder sieben weitere beteiligten. Die Ergebnisse wurden 2014 ebenfalls in einem Report vorgelegt und berücksichtigen nicht nur weitere Länderbeteiligungen, sondern zudem auch neue Abfragen und Aktualisierungen. Deutschland beteiligte sich wiederum an der Studie; federführend waren das Universitätsinstitut für Klassische Archäologie in Bonn und der Deutsche Archäologen-Verband (DArV) (https://www.discovering-archaeologists.eu/national_reports/2014/DE%20DISCO%202014%20Germany%20national%20report%20german.pdf). Auffällig ist beim Studienvergleich von 2008 und 2014 ein massiver Einbruch, der in Folge der großen Weltwirtschaftskrise insbesondere die südeuropäischen Länder und auch die dortigen Archäologen ereilte und sich etwa in Entlassungen oder Gehaltskürzungen niederschlug. Die eingetretene Ernüchterung wurde als ‚After the Goldrush' treffend charakterisiert und so konnte, ohne dass zwischenzeitlich im nennenswerten Umfang bessere Arbeitsbedingungen und Stellen hinzugekommen waren, die Bundesrepublik Deutschland ihren früheren Mittelfeldplatz im europäischen Vergleich, der unterschiedliche Faktoren wie ‚Archäologendichte' im Verhältnis zur Gesamtbevölkerung, Alters- und Geschlechtsverteilung, Qualitätsstandards und Qualifikation der Grabungsleiter, Organisationsgrößen, Vertragsdauer und Stellensicherheit etc. einbezog, erheblich verbessern.

Wir können auf die vielen wichtigen Abfragen und Statistiken, die eine Fundgrube nicht nur für Arbeitsmarktforscher, sondern für die Archäologie in Deutschland insgesamt sind, nicht eingehen; diese sind andernorts bequem nachzulesen. Unser Augenmerk richtet sich nur auf die einzelnen Berufsfelder und die unterschiedlichen Chancen, hier als Universitätsabsolvent ‚unterzukommen'. Danach wird die Archäologische Denkmalpflege (unter Einbeziehung der Landes- und Kommunalarchäologien sowie der Grabungsfachfirmen) für weit mehr als die Hälfte der Universitätsabgänger das spätere berufliche Tätigkeitsfeld sein, das erheblich mehr feste Beschäftigungsverhältnisse generiert als Universitäten (eine Vielzahl der dortigen Arbeitsverträge sind als Projektstellen zeitlich befristet) oder Museen (siehe Kap. 4). Es ist also durchaus sinnvoll, sich während des Studiums mit der Archäologischen Denkmalpflege zu beschäftigen, auch wenn man später eine abweichende persönliche Berufswahl trifft. Häufig nehmen allerdings andere oder auch der Zufall einem die Entscheidung ab. Die Auswahl an Angeboten für Berufseinsteiger ist zumeist nicht wirklich groß. Wohl eher selten findet man den Traumjob auf Anhieb, aber ebenfalls nicht selten erlebt man doch im Laufe der Zeit eine gewisse Erfüllung am eingenommenen Arbeitsplatz. Eine gute Vorbereitung darauf will diese Einführung in die Archäologische Denkmalpflege liefern.

Bonn und Münster, August 2021

Theorie | 2

Einführung in die Archäologische Denkmalpflege | 2.1

Zielsetzung und Zielgruppen | 2.1.1

Worum geht es in dieser ‚Einführung in die Archäologische Denkmalpflege' und an wen insbesondere richten wir uns? Die in Deutschland in der Praxis stehenden Bodendenkmalpfleger – wir kommen auf Begrifflichkeiten und deren Synonymität gleich zurück – haben ein archäologisches Studium absolviert, dessen konkrete Bezeichnung einerseits und Arbeitsauftrag gegenüber anderen archäologischen Tätigkeitsfeldern andererseits uns noch beschäftigen werden (siehe Kap. 3.2 und 4). Sie, also die nach Beendigung des Studiums in der Archäologischen Denkmalpflege Tätigen, werden an der Universität auf ihre spätere berufliche Tätigkeit im Grunde nicht vorbereitet, wenn man von praktischen Einsätzen im Gelände etwa auf Lehrgrabungen oder Surveys absieht.

Universitätslehrer betonen gerne, dass sie Wissenschaftler ausbilden, die (so jedenfalls die Theorie) in jedem späteren Berufsfeld – also Universität, Museum, Bodendenkmalpflege, Denkmalbehörde, Kulturverwaltung, Forschungseinrichtung, Grabungsfirma, Medienarbeit etc., um die wichtigsten zu nennen – reüssieren können. Vor diesem Hintergrund hatte vor mehr als zwanzig Jahren der Verband der Landesarchäologen in der Bundesrepublik Deutschland (1999b) unterschiedliche Fachvertreter zum Kolloquium ‚Bodendenkmalpflege als Beruf – Ein Ausbildungsziel der Universitäten?' nach Königswinter (Rheinland) eingeladen. Natürlich forderte und fordert die Landesarchäologie nicht, dass an den Universitäten jetzt Bodendenkmalpfleger ausgebildet werden sollten; auch wir unterstützen die große fachliche Breite im Studium. Als Vertreter der deutschen Universitäten hat seinerzeit Bernhard Hänsel, Prähistoriker und Lehrstuhlinhaber an der FU Berlin, seine Auffassung von Lehre pointiert dargestellt, indem er auf das Beispiel verwies, wonach Universitäten ja Juristen ausbilden würden und nicht Richter, Staatsanwälte oder Rechtsanwälte. Aber dieser Vergleich passt nicht so ganz. Die unterschiedlichen beruflichen Ausgangssituationen und Aufgabenstellungen in den drei großen Arbeitsfeldern Universität, Museum, Denkmalpflege sind doch weit stärker auseinanderdriftend als eben die Positionsverschiebung von einem Anwalt hin zu einem Staatsanwalt (selbst zu einem Richter); hier wechselt man eigentlich nur zu einer ‚anderen' Seite, ohne dass sich fachbezogene Grundlagen und insbesondere die Klientel ändern (siehe Kap. 4).

Bernhard Hänsel beendete seinen Königswinterer Beitrag (Verband der Landesarchäologen in der Bundesrepublik Deutschland 1999b, 148) mit einem Fazit und zugleich einem Appell:

> „Meine Aufforderung an die Denkmalpfleger lautet also: Kommen Sie mit den Anforderungen von heute in die Universitäten, erliegen Sie aber nicht der Versuchung, schon die Studierenden in Ihren Alltagsstreß einzubeziehen!"

Die vorliegende Einführung leistet auch in diesem Sinn Aufklärungsarbeit. Aber nicht allein für Studierende, auch für weitere Kreise, die sich mit Kulturerbe und Denkmalpflege beschäftigen – wie Politiker und Kulturverwaltungen, Denkmaleigentümer, Juristen, Touristiker, Journalisten oder Historiker und verwandte akademische Disziplinen – wurde diese Einführung geschrieben.

2.1.2 | Aufbau und Gegenstand des Buches

Das vorliegende Buch versteht sich als eine Einführung und ein Handbuch insbesondere für die Studierenden der archäologischen und geschichtswissenschaftlichen Fächer sowie verwandter denkmalpflegerischer Studienrichtungen. Dabei orientiert sich die Gliederung an dem bewährten und vorgegebenen Aufbau der UTB-Reihe *Public History – Geschichte in der Praxis* mit den drei großen Abschnitten ‚Theorie – Praxis – Berufsfelder'.

Kapitel 2 liefert die theoretische Basis, wobei es in diesem Abschnitt nicht um ‚emphatisches Theoretisieren' gehen soll. Zunächst müssen jedoch einige Grundlagen bezüglich der Quellen, mit denen der Bodendenkmalpfleger arbeitet, erörtert werden. Dabei handelt es sich um die beiden Hauptkategorien ortsfeste und bewegliche Bodendenkmäler und ihre historische Aussagekraft, mithin ihren Zeugnis- und Erkenntniswert für unsere Gesellschaft. Es war kein geradliniger Weg von der Begeisterung für die ‚vaterländischen Altertümer' in der ersten Hälfte des 19. Jahrhunderts bis zu unserem heutigen wissenschaftsbasierten Umgang. Die wichtigsten Etappen hierzu zeichnet dieses Kapitel nach. Eine besondere Bedeutung fällt hierbei dem Zeitraum des Nationalsozialismus zu, in dem Ausgrabungsergebnisse, aber auch die Stätten der ‚germanischen Vorzeit' politisch instrumentalisiert wurden und sich Archäologen in Universitäten, Museen, aber auch in Denkmalämtern dem Staat ideologisch andienten. Bedeutungs- und Wertewandel archäologischer Quellen werden diesbezüglich im Kapitel nachgezeichnet und Nachdruck darauf gelegt, dass archäologische Fundstätten und Bodendenkmäler einen weit größeren Bedeutungskanon besitzen als nur den Wert für die Fachwissenschaft, wie man ihn üblicherweise an den Universitäten vermittelt. Ein ‚Bodendenkmal' ist eine rechtliche Kategorie; dadurch wird die eigenständige Positionierung von Denkmalschutz und Denkmalpflege gegenüber anderen öffentlichen Belangen gesetzlich abgesichert. In Deutschland liegt die sogenannte Kulturhoheit bei den Bundesländern, deshalb haben wir analog zu deren Anzahl 16 verschiedene Denkmalschutzgesetze, die sich nicht nur im Detail unterscheiden. Ohne die genaue Kenntnis der gesetzlichen Möglichkeiten ist es nicht möglich, ein guter ‚Anwalt' für das Kulturerbe zu sein. Deshalb schließt das theoretische Kapitel mit einem umfangreichen Abschnitt zum Denkmalrecht ab.

Kapitel 3 ist der Praxis gewidmet. Es beschreibt die Grundlagen und Methoden der praktischen Arbeit von der Inventarisierung der Bodendenkmäler bis hin zu schwierigen Selektionsprozessen, denen man in der Städtebausanierung, beim Autobahnbau oder in Regionen, wo der Abbau oberflächennaher Bodenschätze (Sand, Kies) und der Braunkohlenbergbau umgeht, als Bodendenkmalpfleger unterliegt. Es sind hier in aller Regel irreversible zu treffende Entscheidungen, welche Fundstätten durch Rettungsgrabungen noch ausreichend erforscht werden können und welche man notgedrungen nur teil- oder bisweilen sogar ununtersucht aufgeben muss. Aber nicht nur Rettungsgrabungen kennzeichnen die Alltagsarbeit der Bodendenkmalpflege. Dieses Buch befasst sich auch mit den grundlegenden strategischen Konzepten, um das Kulturerbe nachhaltig zu sichern und durch Inwertsetzung und Vermittlung der Gesellschaft zu erschließen, die Basis jeglicher öffentlichen Akzeptanz. Unterschiedlicher Umgang mit den Denkmälern ist dabei erforderlich; die Palette hierfür ist groß und reicht vom unveränderten Belassen (mit kontrolliertem Monitoring) bis hin zu wissenschaftlich fundierten Rekonstruktionen und Nachbauten. Hierbei hat es die amtliche Bodendenkmalpflege mit einer Vielzahl von Zielkonflikten und gesellschaftlichen Interessensgruppen zu tun.

Das Kapitel 4 schließlich beschäftigt sich mit dem Studium als Ausgangsvoraussetzung für eine spätere berufliche Tätigkeit, wobei es an deutschen Universitäten unterschiedliche Einzelarchäologien gibt, die in der Lehre angeboten werden. Nicht alle sind gleichermaßen geeignet für einen Einstieg in das hiesige Berufsleben. Verschiedene Berufsfelder stehen dann aber bereit, die dieses Kapitel in ihren Gemeinsamkeiten und Unterschieden näher ausführt.

Das letzte Kapitel (Kap. 5) befasst sich dann zusammenfassend mit dem Image der Bodendenkmalpfleger und greift hier verschiedene Topoi und Vorstellungen auf, die in der Gesellschaft zu unserer Arbeit kursieren und stellt dabei manches richtig.

2.1.3 | Dualismus und Synonymität bei archäologischen Termini technici

Um eine Kommunikation mit dem Leser überhaupt zu ermöglichen, muss man sich zunächst zu einigen archäologischen Grundbegriffen und ihrer Verwendung und Ausdeutung verständigen. Dieser Abschnitt widmet sich also der Fachsprache. Der Begriff ‚Archäologie' (in recht wörtlicher Übersetzung: ‚Altertumskunde' oder ‚Altertümerkunde') leitet sich aus dem Altgriechischen *archaiologia* ab und meinte seinerzeit so etwas wie eine erzählerische ‚Darstellung vom Alten' oder „Kunde von den [mythischen] Anfängen" (Eggert 2006, 3f.; Eggert/Samida 2013, 6f.). Als einer der Begründer der modernen und ‚gegenständlichen' Archäologie, die ihre Anfänge im Zeitalter der Aufklärung nimmt, gilt Johann Joachim Winckelmann (1717–1768). Seine 1764 in erster Auflage erschienene *Geschichte der Kunst des Altertums* gilt noch heute als epochales Standardwerk. Im Winckelmannschen Sinne, der in seinem berühmt gewordenen Zitat von ‚edler Einfalt und stiller Größe' der Objekte sprach, wurde nach Beginn des 19. Jahrhunderts bald an mehreren deutschen Universitäten die Klassische Archäologie als eine vor allem kunstgeschichtlich orientierte Wissenschaft gelehrt. Man bezog die Archäologie dabei – Winckelmann folgend – begrifflich und kulturgeschichtlich auf Stätten und Objekte aus dem mediterranen Raum. Die heimischen Hinterlassenschaften hingegen bezeichnete man als ‚vaterländische Altert(h)ümer' und sprach von der ‚heidnischen Vorzeit' (siehe Kap. 2.3.2).

Eine neue Begrifflichkeit tauchte nach der Mitte des 19. Jahrhunderts zuerst in England und Frankreich auf: Prehistory bzw. Prehistoric Times und Archéologie Préhistorique (Hoika 1998, 52f.). Dieser Terminus wurde als Lehnwort ‚Prähistorie' übernommen oder eingedeutscht in ‚Vorgeschichte', die zugleich den älteren und mythisch aufgeladenen Begriff einer hiesigen ‚Vorzeit' verdrängte. Prähistorie bzw. prähistorisch konnte sich jedoch zunächst nicht durchsetzen, auch wenn manches wichtige Museum wie das Völkerkundemuseum in Berlin eine auch internationalen Ansprüchen genügende imposante ‚Prähistorische Abteilung' unterhielt – ihre offizielle Bezeichnung ‚Sammlung vaterländischer und anderer vorgeschichtlicher Altertümer' wich allerdings davon ab. Im Jahr 1880 präsentierte man dort die große ‚Ausstellung prähistorischer und anthropologischer Funde Deutschlands' und erstellte einen begleitenden Katalog. Später wurde die Sammlung bzw. Abteilung ausgegründet und 1931 in das heutige Staatliche Museum für Vor- und Frühgeschichte Berlin umbenannt.

Die 1909 erstmals erschienene *Prähistorische Zeitschrift* steht hingegen unmittelbar in dieser Namenstradition und hat bis heute ihre ursprüngliche Bezeichnung behalten, was, wie noch zu zeigen sein wird, im Zuge zahlreicher Namensänderungen beinahe schon eine Ausnahme darstellt. Nicht Prähistorie, wohl aber Vorgeschichte hatte als neue Bezeichnung Konjunktur. So übernahm sie das erste, ausschließlich für heimische Bodenfunde noch vor Ausbruch des Ersten Weltkriegs konzipierte Landesmuseum für Vorgeschichte in Halle (Kunow 2017a, 22 f.). Einen wesentlichen Anteil an der Popularisierung des Begriffs über akademische Kreise hinaus hatte Gustaf Kossinnas (1858–1931) etwa gleichzeitig vorgelegte Monographie *Die deutsche Vorgeschichte, eine hervorragend nationale Wissenschaft*, die eine Vielzahl von Auflagen erzielte, wobei die achte und letzte noch im Kriegsjahr 1941 erschien (Grünert 2002, 232–236). Auch die von Kossinna gegründete mitgliederstarke Gesellschaft für Vorgeschichte suchte ihren Zuspruch vor allem ‚außerhalb des Faches' (ebd. 237 f.). Obwohl ‚Vorgeschichte' natürlich kein Nazi-Begriff war und bereits früher Anwendung fand – erinnert sei ebenfalls an das 1927 gegründete Vorgeschichtliche Seminar an der Universität Marburg mit dem ersten diesbezüglichen Ordinariat in Deutschland (siehe Kap. 2.3) –, bekamen im ‚Dritten Reich' neu entstandene Denkmalämter, einschlägige Museen und Universitätsinstitute zumeist das Attribut ‚vorgeschichtlich' (Pape 2002a; 2002b). Die Reichspropaganda sekundierte dieses und verlautbarte: „Die Ergebnisse der vorgeschichtlichen Forschung sind das alte Testament des deutschen Volkes" (siehe Kap. 2.4.2). Das führte dazu, dass nach Ende des Zweiten Weltkriegs die Begriffe ‚Vorgeschichte' oder ‚vorgeschichtlich' als diskreditiert galten und bald aus dem aktiven Sprachgebrauch verschwanden. Nur noch ältere Institutionen hielten daran fest.

Aber bereits früher, nämlich schon im 19. Jahrhundert, hatte man an diesem Begriff inhaltlich Anstoß genommen. ‚Vorgeschichte' markierte aus Sicht der Kritiker einen (wie auch immer definierten) Zeitraum ‚vor' der Geschichte. Sie verwendeten für diesen ältesten Zeitabschnitt stattdessen den Terminus ‚Urgeschichte' (Urban 1996), der nicht zuletzt durch Rudolf Virchows Gesellschaften für Anthropologie, Ethnologie und Urgeschichte gerade in akademischen Kreisen im letzten Drittel des 19. Jahrhunderts Zuspruch fand (siehe Kap. 2.3.3). Etwa zeitgleich kam nun auch für jüngere Zeitabschnitte die Etikettierung ‚Frühgeschichte' auf, die eine vergleichsweise schriftarme jüngere Epoche (grob gesprochen für Deutschland der Zeitraum bis zum Ende der Karolingerzeit zu Beginn des 10. Jahrhunderts) zum Gegenstand hat und sich bei ihrer Erforschung weitgehend auf archäologische Methoden und Quellen stützt (Hoika 1998, 53; 69). Heutzutage bezeichnen sich die meisten universitären Fachinstitute in Deutschland als ‚ur- und frühgeschichtlich' oder auch ‚vor- und frühgeschichtlich' (ebd. 58 mit Abb. 2). An aktuell zwei Universitäten in Deutschland (Berlin und Halle) hat man sich davon abweichend für ein ‚Institut für Prähistorische Archäologie' entschieden und die alten Institutsschilder entfernt. Egal welche konkrete Bezeichnung ein derartiges Institut begrifflich auch gewählt hat, ein Unterschied im Lehrplan gegenüber anderen lässt sich dadurch nicht ableiten; die Begriffe werden synonym verwendet (Ament 1996). Inhaltliche Unterschiede bestehen indessen gegenüber den Instituten für Provinzialrömische Archäologie oder Mittelalter-/Neuzeitarchäologie, wo man andere archäologische Einzelfächer lehrt (Eggert 2006, 3ff.; 135ff.; 170ff.).

Was geschah nun außerhalb der Universitäten, also bei den Bezeichnungen der Landesämter und einschlägigen Fachmuseen? In der DDR behielten die Landesmuseen in Halle und Dresden ihre Traditionsbezeichnung aus der Vorkriegszeit bei, nämlich ‚Landesmuseum für Vorgeschichte'; in den Städten Potsdam, Schwerin und Weimar unterhielt man hingegen ein ‚Museum für Ur- und Frühgeschichte', wobei diese fünf Häuser nicht nur die mit Abstand umfangreichsten Sammlungen an Bodenfunden aufwiesen, sondern mit ihren angegliederten Forschungsstellen auch die Gebietsbodendenkmalpflege für die DDR-Bezirke versahen (siehe Kap. 2.3.5). Nach dem Zweiten Weltkrieg bekam hingegen in der alten Bundesrepublik Deutschland die Bezeichnung ‚Archäologie', die man bis dahin insbesondere mit der Klassischen Archäologie und dem mediterranen Raum verband, nun auch einen heimischen Bezug. So wurde als Dachverband der Landesämter im Jahr 1949 der Verband der westdeutschen Landesarchäologen gegründet (siehe Kap. 2.5.1). Nach der Wiedervereinigung setzte dann ein großer Namenswechsel vielerorts ein. Manches Landesamt (etwa Hamburg, Sachsen-Anhalt, Schleswig-Holstein sowie etwas früher bereits Westfalen) führt seitdem die Bezeichnung ‚Archäologie' im Amtstitel; überregional bedeutende Museen mit hiesigen Bodenfunden etwa in Brandenburg, Chemnitz, Frankfurt, Herne (früher Münster), München oder Schleswig schlossen sich dem an und legten ihren in der Regel Jahrzehnte alten Namen ab. Die Intention dahinter war und ist immer die gleiche. Mit dem Begriff ‚Archäologie' können Öffentlichkeit und Politik etwas anfangen. Diese verbinden mit Archäologie die Vorstellung von einer ‚ausgrabenden' Wissenschaft, die mit gegenständlichen historischen oder kulturhistorischen Quellen (aufgelassenen Stätten und zugehörigen Bodenfunden) arbeitet, die illiterat, also nicht-schriftlich, sind und als authentische Zeugnisse einer vergangenen Epoche gelten (Eggert 2006, 189–192; Eggert/Samida 2013, 5–9). Bewusst und mit Kalkül haben sich die Herausgeber des großen populärwissenschaftlichen Magazins *Archäologie in Deutschland* im Jahr 1984 bei der Gründung der Zeitschrift diesbezüglich entschieden. ‚Archäologie' hat sich im Laufe der Jahrzehnte sprachlich auch für die Feldaktivitäten hierzulande etabliert – selbst wenn etwa die ‚Bodendenkmäler der Neuzeit' (Verband der Landesarchäologen in der Bundesrepublik Deutschland 1995) oder ‚Archäologie der Moderne' (siehe Kap. 2.2.4) vielleicht dem ein oder anderen als *contradictio in adiecto* aufstößt. Bezeichnungen wie Urgeschichte, Vorgeschichte oder Prähistorie hingegen sind (fast) nur noch im akademischen Milieu üblich.

Gleiches gilt im Grunde für den Begriff ‚Bodendenkmalpflege', der erstmals in den 1930er Jahren Verbreitung fand (siehe Kap. 2.3.4). Elf unserer sechzehn Denkmalschutzgesetze sprechen zwar von der Schutzkategorie ‚Bodendenkmal' und von daher liegt es nahe, auch weiterhin Bodendenkmalschutz und Bodendenkmalpflege als Begriffe zu verwenden. Allerdings finden wir in drei unserer Denkmalschutzgesetze (Sachsen, Sachsen-Anhalt sowie Schleswig-Holstein) stattdessen die Kategorien ‚Unbewegliche und bewegliche archäologische Sachzeugen' ‚Archäologische Kulturdenkmale und Flächendenkmale' sowie ‚Archäologische Denkmale'. Auch in der juristischen Diktion sehen wir also diese Synonymität. Daher verwundert es nicht, wenn statt ‚Bodendenkmalpflege' immer häufiger in Deutschland auch im amtlichen Kontext (und hier ebenfalls für den Buchtitel gewählt) der Begriff ‚Archäologische Denkmalpflege' auftaucht, der im Gegensatz zur Bodendenkmalpflege in der Öffentlichkeit auf keinerlei Verständnisschwierigkeiten stößt und an Akzeptanz sicherlich zunehmen wird. Dynamisierung charakterisiert demnach nicht nur die vielfältigen Arbeitsinhalte, die unsere ‚Einführung' in den folgenden Kapiteln darstellt, auch Begriffe und sprachliche Bezeichnungen sind einem Wandel unterworfen.

„Geist ohne Methode schädigt die Wissenschaft nicht minder als Methode ohne Geist."

(Ernst Bernheim, Lehrbuch der Historischen Methode und Geschichtsphilosophie)

2.2 | Definition und Systematik von Bodendenkmälern

Die Archäologie in Deutschland, das mag erstaunen, hat die zentrale Frage nach Definition und Systematik ihrer Quellen und Objekte, also der ortsfesten und beweglichen Bodendenkmäler, erst recht spät methodisch aufgegriffen. Dieses Kapitel soll den Weg zu unseren heutigen Vorstellungen und Kenntnissen aufzeigen und damit die Grundlagen zum Verständnis für die folgenden Abschnitte in dieser Einführung liefern.

2.2.1 | Grundfragen und Grundanliegen

Ein richtungsweisendes Kolloquium zu dieser Thematik führte im Herbst 1989 der Verband der Landesarchäologen in der Bundesrepublik Deutschland – ein Zusammenschluss der Landesarchäologen der seinerzeit noch elf Bundesländer (siehe Kap. 2.5) – mit seiner Veranstaltung „Archäologie und Recht – Was ist ein Bodendenkmal?" durch. Der Kolloquiumsband hierzu gibt die Vorträge von Archäologen sowie Juristen wieder und wird durch eine Beispielsammlung von knapp 40 Bodendenkmälern ergänzt, die eine gute Vorstellung von der Vielfalt dieser Geländezeugnisse geben (Horn/Kier/Kunow/Trier 1991).

Noch zuvor griff man zur Charakterisierung der Archäologie und ihrer Quellen auf eine häufig zitierte Metapher des Prähistorikers Paul Reinecke (1872–1958) von der ‚Wissenschaft des Spatens' zurück, die letztendlich auf Heinrich Schliemann (1822–1890) zurückgeht und auch in der Öffentlichkeit tief verankert ist. So wenig, wie die Medizin die ‚Wissenschaft des Skalpells' ist, trifft die Gleichsetzung der Archäologie mit einer ‚Spatenwissenschaft' zu. Zum einen kommen auf Ausgrabungen für Erdarbeiten neben dem Spaten Gegenstände höchst unterschiedlicher Skalierung, von Großgeräten wie Bagger oder Raupe bis hin zu Feingeräten wie Spachtel oder Pinsel, zum Einsatz, zum anderen – und das ist in unserem Kontext sicherlich entscheidender – wird durch schlichte Benennung eines Arbeitsgerätes in keiner Weise deutlich, um welche Objekte in der sogenannten Spatenwissenschaft es eigentlich geht, kurzum: was ein Bodendenkmal (Pl.: Bodendenkmäler oder Bodendenkmale) ist.

Ganz anders hat sich von Beginn an, nämlich mit den ersten einschlägigen Denkmalgesetzen in Deutschland um die Wende vom 19. zum 20. Jahrhundert, die Jurisprudenz mit dem Rechtsbegriff ‚Bodendenkmal' oder auch ‚Archäologisches Denkmal' – beide Begriffe tauchen synonym in unseren Denkmalschutzgesetzen auf (siehe Kap. 2.1.3) – definitorisch auseinandersetzen müssen, ging es doch darum, Rechtssicherheit zu schaffen. Und so führen noch heute unsere Gesetze in dieser oder vergleichbarer definitorischer Form aus: Bodendenkmäler sind bewegliche oder unbewegliche Denkmäler, die sich im Boden befinden oder befanden (Martin / Krautzberger 2017). Der Begriff ,Boden' braucht dabei nicht zu irritieren, da auch Objekte in Gewässern, also in Flüssen, Seen oder Meeren (oder im gefrorenen Zustand, also im Eis) einbezogen sind, bisweilen sogar noch extra darauf hingewiesen wird. Man rechnet gemäß der oben angeführten Definition demnach das Bodendenkmal der Gattung ,Denkmal' – einige Denkmalschutzgesetze verwenden bedeutungsgleich zum ,Denkmal' den Terminus ,Kulturdenkmal' – zu, an dessen Erhalt ein öffentliches Interesse besteht. Hierfür müssen dann einzelne Gründe etwa geschichtlicher, künstlerischer, heimatkundlicher oder auch wissenschaftlicher Art vorliegen. In einem späteren Kapitel wird darauf zurückzukommen sein (siehe Kap. 2.6).

In der Ausbildung an Universitätsinstituten wird vielfach den Studierenden archäologischer Fächer der stark einschränkende Eindruck vermittelt, Bodendenkmäler seien primär als ,archäologische Quelle' zu bewerten und daher ausschließlich wegen ihrer Bedeutung für die Forschung, also allein aus (fach-) wissenschaftlichen Gründen schützenswert – selbst aus dem Kreis der Landesarchäologen hörte man vereinzelt diese Auffassung (Reichstein 1991; 1993). Diese Sichtweise verkennt, dass das ,öffentliche Interesse' an Erhalt und Schutz eines Denkmals erheblich breiter angelegt ist und eine Reduktion allein auf die Bedeutung für die (eigene) Wissenschaft ungenügend (siehe Kap. 2.4.2). Dieses mag bei Bodendenkmälern aus unserer jüngsten Vergangenheit besonders schnell einleuchten, wenn wir uns als Archäologen oder – präziser – Bodendenkmalpfleger auch vor dem Hintergrund gesetzlicher Zuständigkeit mit Geländeobjekten aus unserer jüngsten Vergangenheit beschäftigen müssen, wie etwa den in großen Teilen eingeebneten Konzentrations- oder Arbeitslagern (Abb. 1) – der Historiker Ulrich Herbert (2021, 82–104) hat weiter ausgreifend eine ausführliche Studie dem „Jahrhundert der Lager" gewidmet – aus der Zeit des sogenannten Dritten Reichs (Theune 2014; diverse Beiträge einer Fachtagung: Kersting et al. 2017; Ausstellungsführer mit Lagerporträts: Haubold-Stolle et al. 2020). Noch jünger datieren die in den Erdboden eingegrabenen Zeugnisse des Kalten Krieges (*Cold War Monuments*) wie Bunkeranlagen und Raketenstellungen (Hoppe / Wegener 2014), die aktuell im Zuge von Konversionsmaßnahmen besonders bedroht sind, oder heute nur noch untertägig vorhandene Relikte der Berliner Mauer aus ihren Anfangsjahren (Dressler 2020a) sowie die Fluchttunnel, die man nach dem Mauerbau als unterirdische Verbindung von Berlin-West nach Berlin-Ost gegraben hat und die nach neuerlicher Zugänglichmachung und Sicherung ein breites, auch touristisches Interesse als ,Berliner Unterwelten' finden (Dressler 2020b).

Abb. 1: Ein Funktionsgebäude (Wäscherei?) im Lazarettbereich des Stalag III A Luckenwalde (Brandenburg), größtes und als erstes gebautes Kriegsgefangenenlager. Es diente als eine Art ‚Musterlager' für alle weiteren. Die Untersuchungen wurden im Vorfeld einer Ortsumgehung und eines Gewerbeparks erforderlich.

Diese, in der jüngeren bzw. jüngsten Vergangenheit entstandenen Objekte sind nach Gesetzeslage Bodendenkmäler – allerdings tritt hier ein expliziter oder gar exklusiver archäologischer Forschungsansatz zurück. Dennoch gibt es natürlich gute Gründe für den Erhalt und gesetzlichen Schutz auch dieser Bodendenkmäler. Aber diese Situation trifft nicht nur auf Objekte des 20. Jahrhunderts zu. Auch Relikte aus früheren Jahrhunderten wie montanarchäologische Zeugnisse des Mittelalters mit ihren Pingen und Schlackenhalden, renaissancezeitliche Landwehren oder ein Aussichtshügel, ein sogenannter Point de vue, in ansonsten heute eingeebneten barockzeitlichen Parkanlagen unterliegen dem Schutz- und Erhaltungsgedanken, ohne dass die Archäologische Denkmalpflege über paradigmatische Einzelfälle hinaus diese Bodendenkmäler vorrangig als wissenschaftliche Quelle im Sinne von ausgrabungswerten Objekten begreift.

In der Vergangenheit gab es wiederholt Vorstellungen, unter Hinweis auf die im Grundgesetz verankerte ‚Freiheit der Forschung' (Art. 5 Abs. 3 GG) sogar ein vermeintliches Recht abzuleiten, überall dort Ausgrabungen an Bodendenkmälern durchführen zu können, wo man eine wissenschaftliche Fragestellung hätte und die erforderlichen fachlichen Qualifikationen nachweisen würde (Reichstein 1991, 34 f.; Steuer 1993, 28 f.; 33). Auch in anderen Wissenschaften wie etwa der Medizin gibt es jedoch (insbesondere ethisch begründete) rechtliche Beschränkungen der Forschungsfreiheit; nicht anders verhält es sich bei der Bodendenkmalpflege (Fechner 1993). Die Diskussion um die ‚totale Forschungsfreiheit' scheint in der deutschen Archäologie weitgehend überwunden. Dem Erhalt wird mittlerweile der Vorrang vor der Untersuchung eingeräumt, denn die Ausgrabung ist – wie es die Gesetzgebung und ihre Kommentatoren formulieren – nur die *ultima ratio* bei ansonsten drohender undokumentierter Zerstörung eines Bodendenkmals (siehe Kap. 3.2). Wir registrieren hier also einen Paradigmenwechsel. Auch reine Forschungsgrabungen an ungefährdeten Objekten sind in Deutschland in begründeten und beispielhaften Fällen allerdings weiterhin möglich, etwa solche, die einer spezifischen Denkmalkategorie *in toto* nützen oder für unsere Kenntnis einzelner Zeitabschnitte oder Regionen von besonderer Bedeutung sind. Einvernehmen besteht mittlerweile darin, dass wir es bei den Bodendenkmälern mit einer endlichen und stark gefährdeten Ressource zu tun haben. Diese ist durch anthropogene, also menschliche, Eingriffe wie großflächige Baugebiete, Abgrabungen nach Bodenschätzen wie Braunkohle oder Kies sowie intensive Landbewirtschaftung mit dem Einsatz von Großgeräten und aggressiver, in den Boden einwirkender Chemikalien bedroht, aber auch durch Klimaereignisse und Wetterphänomene wie Austrocknung der Böden durch Temperaturanstieg, Starkregen mit einhergehenden Erosionsprozessen oder Überschwemmungen (siehe Kap. 3.5). Vor dem Hintergrund, dass in Folge dieser Faktoren tagtäglich Bodendenkmäler weitgehend unbeobachtet zerstört werden, sollten sogenannte Lustgrabungen an ungefährdeten Objekten hierzulande keinen erwähnenswerten Platz mehr finden: Neue und spannende Forschungsfragen lassen sich auch an gefährdeten Objekten entwickeln.

Über diese möglicherweise recht rigide klingende Argumentation hinaus darf jedoch das allgemeine öffentliche und gesellschaftliche Interesse an ‚spektakulären Ausgrabungen' und ‚Jahrhundertfunden' nicht verkannt werden: Zumeist erst durch die Arbeit der Archäologen werden untergegangene Objekte in das Bewusstsein der Gegenwart geholt und von manchen sogar als Zugang in frühere Zeiten empfunden (siehe Kap. 5). Wir brauchen also weiterhin derartige Ausgrabungen und Forschungen, auch um schwieriger in der Öffentlichkeit und Politik zu platzierende Themen wie den Schutz vor allem von untertägigen, d. h. ‚unsichtbaren' Bodendenkmälern zu vermitteln. Die drei, bisweilen antagonistisch agierenden Grundanliegen Erhalt, Forschung und Vermittlung müssen auch in der praktischen Arbeit des Bodendenkmalpflegers immer wieder zusammengeführt werden.

Um den verantwortungsvollen Umgang mit Bodendenkmälern auf eine gute methodische Basis zu stellen, ist ein Rückgriff auf die Anfänge der Systematisierung von Geschichtsquellen erforderlich, denn schon früh hat sich die Archäologie hierzulande als Teil der Geschichtswissenschaften verstanden. Heutzutage rechnet sich die Archäologie im Allgemeinen und die Bodendenkmalpflege auf Grund ihres gesetzlichen Auftrages des Kulturerbeerhalts im Besonderen auch den Kulturwissenschaften zu. Der Prähistoriker Manfred K. H. Eggert (2006, 230–250, bes. 246 ff.) führt beide Aspekte zusammen und spricht von der ‚Archäologie als Historische Kulturwissenschaft'.

2.2.2 | Beginn der Systematisierung von historischen und archäologischen Quellen

Im 19. Jahrhundert nahmen die Geschichtswissenschaften, zu der wir auch die Archäologie zählen, einen enormen Aufschwung in Deutschland, der sich unter anderem in der Einrichtung qualifizierter universitärer Lehrstühle niederschlug. Die Bezeichnung ‚Geschichte' hat in unserer Sprache dabei eine zweifache Bedeutung, nämlich zum einen das vergangene, unmittelbare Geschehen (lat.: *res gestae*) und zum anderen die Darstellung respektive das Verstehen dieses vergangenen Geschehens (lat.: *historia rerum gestarum*) (Faber 1971, 23 f.). Für den zuletzt aufgeführten Umgang mit Geschichte als Wissenschaft waren strenge methodische und quellenkritische Verfahren im Sinne einer ‚Metahistorie' zu entwickeln. Diese lieferte mit seinem *Grundriss der Historik* der bedeutende Historiker Johann Gustav Droysen (1808–1884), dessen methodisches Grundlagenwerk 1858 in erster Auflage erschien und mehrere Neuauflagen erfuhr (Droysen 1882; 1967). Droysen unterscheidet hier beim historischen Material zwischen „Ueberresten" (zufällig auf uns gekommene ‚Überbleibsel') einerseits und „Quellen" („zum Zwecke der Erinnerung überliefert") andererseits (Droysen 1882,13–16, §§ 20–27). Zur Verwirrung könnte seine dritte Kategorie, die uns besonders tangiert, beitragen, nämlich „Denkmäler, in denen sich beide Formen verbinden" (Droysen 1882,14, § 21). Hier hat in Nachfolge der Historiker Ernst Bernheim (1850–1942) mit seinem Grundlagenwerk *Lehrbuch der Historischen Methode und der Geschichtsphilosophie* (Bernheim 1908) für mehr Klarheit gesorgt. Er zeigt nur noch zwei Kategorien auf, nämlich in Übernahme der Droysenschen Terminologie „Überreste im engeren Sinne (Überbleibsel), welche ohne jede Absicht auf Erinnerung und Nachwelt nur übriggebliebene Teile der Begebenheiten und menschlichen Betätigungen selbst sind" und „Denkmäler, welchen die Absicht innewohnt, Begebenheiten für die Erinnerung [...] aufzubewahren" (Bernheim 1908, 252–323, bes. 255–259). Für diese zweite Kategorie spielt die Weitergabe, also die Tradition (lat.: *traditio*, Überlieferung) eine Rolle, so dass schließlich Bernheim und in Nachfolge die Geschichtswissenschaften heutzutage vom Begriffspaar ‚Überreste und Tradition' sprechen (Eggert 2008, 44–49).

Wie ordnen sich in diese Systematik unsere archäologischen Quellen bzw. Bodendenkmäler terminologisch und strukturell ein? Der Unterschied zwischen ‚Überresten' einerseits und ‚Tradition' andererseits beruht also Droysen, Bernheim und ihren Nachfolgern zufolge zum einen auf der unbewussten, also nicht geplanten und zum anderen auf der bewussten, intentionell veranlassten Weitergabe von Objekten unterschiedlichster Art. Bodendenkmäler finden sich in beiden Quellengruppen wieder – in diesem Sinne ist Droysen zuzustimmen. Allerdings können wir nicht immer eine sichere Zuweisung treffen, ob wir es mit einer unbewussten oder bewussten Überlieferung zu tun haben.

Die Archäologie differenzierte von Beginn an ihr Quellenmaterial in die drei Hauptarten Siedlungen, Gräber und Horte. Eine erste umfassende methodische Beschreibung der Gemeinsamkeiten und der Spezifika verdanken wir bereits Karl Hermann Jacob-Friesen (1886–1960) mit seinem Werk *Grundfragen der Urgeschichtsforschung* (Jacob-Friesen 1928). Allerdings verharrte Jacob-Friesen noch wesentlich bei den Funden. Er ging auf den Aspekt der zugehörigen Befunde – also die Funde einschließenden Strukturen wie Schicht, Grube, Brunnen, Grab, Mauer etc. – und schließlich auf die Funde und Befunde zusammenfassende Sachgesamtheit, also auf Denkmäler und Fundstätten, nicht vertiefend ein. Ähnlich auch noch Hans Jürgen Eggers (1906–1975) in seiner weiterhin überaus lesenswerten *Einführung in die Vorgeschichte* aus dem Jahr 1959, eine Publikation, die im Jahr 2010 in 6. Auflage erschien (Eggers 1959). Mit der vor allem für Studierende verfassten Einführung *Prähistorische Archäologie. Konzepte und Methoden* von Manfred K. H. Eggert wurden nun auch die Fundstätten, also die ortsfesten Bodendenkmäler, in die methodologische Betrachtung einbezogen (Eggert 2008, 54–99). Weiterhin werden dort die drei Quellengruppen (Eggert spricht von ‚Hauptkategorien') Siedlungen, Gräber und Horte besonders umfangreich beschrieben, aber auch weitere wie Kultstätten oder Werkplätze aufgeführt, die sich nicht ohne weiteres in die o. g. Hauptkategorien einfügen lassen und damit den Kanon erweitern.

Mittlerweile fällt, wenn wir zunächst bei den drei erstgenannten Eggertschen Hauptkategorien bleiben, wohl die Masse der Bodendenkmäler in die Quellengattung Siedlung – vielleicht besser ‚Ansiedlung', um auch weniger strukturierte menschliche Niederlassungen einzubeziehen. Ganz überwiegend handelt es sich hier im Droysen-Bernheimschen Sinne um Überreste, die zufällig auf uns gekommen sind und wo keinerlei Intention der damaligen Bewohner bestand, der Nachwelt etwas zu überliefern. Eggert bezeichnet diese Quellen in Anlehnung zu Droysen bzw. Bernheim als ‚Nichtschriftliche Überreste' (Eggert 2008, 48–51 mit Abb. 4). Anders sieht es hingegen im sakralen Bereich, bei den vorgeschichtlichen Heiligtümern, aus. Hier liegt häufig nicht nur eine lange Nutzungszeit über Generationen (Platzkontinuität) hinweg vor, sondern auch ein bewusster Umgang im Sinne einer ortsgebundenen ‚Tradition' nicht selten über mehrere Jahrhunderte hinweg. Diese Tradition mit ihrer Verankerung im kollektiven Gedächtnis einer Gemeinschaft veranlasste sie, eine sakrale Örtlichkeit regelmäßig wieder aufzusuchen.

Ähnlich im Sinne einer ‚Tradition' verhält es sich bei der Gattung ‚Gräber', deren Achtung bzw. Beachtung durch die Nachwelt sich die Bestattungsgemeinschaft erhoffte. Ohne Zweifel sollten etwa (vor allem großformatige) Grabhügel oder vergleichbare Monumentalanlagen über die damalige Gegenwart hinauswirken (Boschung/Schäfer/Trier 2021). Wir kennen diese Form der Totenverehrung in unseren Regionen nach der Sesshaftwerdung des Menschen, also seit der jüngeren Steinzeit, denn bereits die heute nur noch als gewaltige Steinkonstruktionen erlebbaren Megalithgräber (ab 3800/3700 v. Chr.) waren ursprünglich mit Erde bedeckt, also überhügelt. Besonders eindrucksvoll in ihrer Dimension sind jüngere keltische ‚Fürstengräber' wie die von Hochdorf in Baden-Württemberg oder vom Glauberg in Hessen, die die dortige Landesarchäologie in den letzten Jahrzehnten untersuchen konnte (Eggert/Samida 2013, 233–237). Der große Aufwand der Bestattungsgemeinschaft beim Grabbau und auch die häufig besonders qualitätvollen Grabausstattungen sollten zweifelsohne über den Augenblick hinauswirken. Leider zogen diese bewusst auf Sichtbezüge geplanten Anlagen im besonderen Maße und nicht selten schon bald nach der Errichtung auch Plünderer an, so dass heutzutage eine Vielzahl der Hügelgräber uns nur noch devastiert, also zerstört, überliefert ist. Moderne Raubgräber gaben ihnen häufig den Rest. Aber auch Flachgräber mit ihren in den Boden eingetieften Grabgruben markierte man, wie uns etwa die umfangreichen merowingerzeitlichen Reihengräberfriedhöfe mit ihren vergleichsweise wenigen Überschneidungen zeigen, häufig an der Oberfläche. Diese Art der semiotischen Botschaft praktizieren wir noch heute auf unseren Friedhöfen. Eggert bezeichnet – wie oben ausgeführt – diese Quellengruppen als ‚Nichtschriftliche Tradition'. Allerdings gibt es auch in der Gattung Gräber solche, die man den ‚Überresten' zuordnen muss. Hierunter zählen beispielsweise Massengräber, die man in Seuchen- oder Kriegszeiten wie etwa während der Pestepidemie Mitte des 14. Jahrhunderts in Europa oder im 30-jährigen Krieg (1618–1648) anlegte und die keinerlei Hinweis auf ‚Tradition' verkörpern.

Als dritte Quellengattung verbleiben die Horte, also Deponierungen von Gegenständen aus profanen oder kultischen Gründen. Auch hier können wir nicht-intentionelle ‚Überreste' von solchen intentioneller ‚Tradition' in aller Regel leicht unterscheiden. Derartige Fundensembles, die der Eigentümer in der Vorstellung verbarg, sie später wieder bergen zu können wie etwa Händlerdepots aus der Bronzezeit oder Münzschätze, die man in Kriegs- und Unruhezeiten dem Erdboden anvertraute (und nicht selten bis heute anvertraut), gehören den ‚Überresten' an. Germanische Mooropferplätze wie Thorsberg (Schleswig-Holstein) oder Nydam (Dänemark) hingegen, die mit ihrer niedergelegten Kriegsbeute auch zu den Horten zählen, sind nicht nur als ‚Gaben an die Götter' zu deuten, sondern beweisen durch ihre Langlebigkeit, dass sie teilweise über Jahrhunderte in der Bevölkerung als ‚Tradition' verankert waren.

Eingangs wurde bereits darauf verwiesen, dass wir zwischen zufälliger Erhaltung (‚Überreste') und bewusster Inszenierung (‚Tradition') nicht immer sicher unterscheiden können. Hier hilft uns die archäologische Quellenkritik weiter, die in ihren theoretischen Grundlagen ebenfalls auf den Historiker Ernst Bernheim zurückgeht.

Quellenkritik bei Bodendenkmälern | 2.2.3

Analog zu den Geschichtswissenschaften, die schon früher die Überlieferungsfaktoren von literarischen Schriftquellen oder von Urkunden systematisch untersucht haben, wird auch in der Archäologie zwischen einer äußeren und einer inneren Quellenkritik differenziert. Manfred K. H. Eggert hat in dem Zusammenhang die ältere Forschungs- und Ideengeschichte zu dieser Thematik rezipiert und dabei auch die Impulse aus den Geschichtswissenschaften herausgestellt (Eggert 2008, 100–122). Wir setzen zunächst seine prägnante Definition an den Anfang, die dann mit konkreten Beispielen aus der Archäologischen Denkmalpflege näher ausgeführt wird:

> „Bei der **äußeren Kritik** handelt es sich um **die Kritik der Quellenüberlieferung**, bei der **inneren Kritik** hingegen um **die Bewertung des Erkenntnispotentials** einer Quelle, mithin um ihren inneren Wert." (Eggert 2008, 105; ohne Hervorhebungen).

Auch für die praktische Bodendenkmalpflege ist die Quellenkritik mit ihrer Differenzierung in eine äußere und eine innere Ebene sehr hilfreich, wobei jedes Objekt, also egal ob Bodendenkmal oder Bodenfund, in beiderlei Hinsicht befragt werden muss. Wir orientieren uns mit einigen Abweichungen in der Gliederung und Zuweisung an der bekannten Darstellung von Eggert (2008, 106 Abb. 20), müssen jedoch die internationale Diskussion und die von der UNESCO und ICOMOS (siehe Kap. 2.5.3 und 3.3.1) herausgestellten Hauptkriterien, die ein Denkmal charakterisieren, auch begrifflich stärker einbeziehen. Zudem soll bereits eingangs deutlich gemacht werden, dass wir den ‚inneren Wert' eines archäologischen Denkmals (siehe Kap. 2.4.2) nicht allein auf Forschungsaspekte (‚Erkenntnispotential') reduzieren können (Abb. 2).

Abb. 2: Äußere und innere Quellenkritik im Arbeitsbereich der Archäologischen Denkmalpflege.

Zunächst zur **äußeren Quellenkritik**. Die Prüfung gilt hier insbesondere den sogenannten W-Fragen, also: Wie, wo, unter welchen Bedingungen und in welchem Zustand sowie durch wen ist eine ‚Quelle' entdeckt, überliefert und schließlich bekannt geworden? Hier sind zwei Hauptkriterien entscheidend, denen sich derartige Fragen zuordnen lassen. Es handelt sich zum einen um die Authentizität (‚Echtheit') und zum anderen um die Integrität (‚Unversehrtheit' oder ‚Intaktheit') eines Objektes. Beide Begriffe (engl. *authenticity*, *integrity*) bestimmen auch die internationalen Chartas zum Denkmalschutz und zur Denkmalpflege und werden in dieser Einführung immer wieder herangezogen (siehe Kap. 2.4 und 3.3).

Authentizität im Sinne einer ‚Echtheitsprüfung' sichert – etwas verkürzt – den durch Fachleute verbürgten Erhalt von Materialität und Erscheinungsbild bei einem Denkmal zu. Dabei sind hier nicht nur Fälschungen auszusondern, die immer wieder Archäologen beschäftigen. Weit strittiger sind Veränderungen im Laufe der Zeit an einem (zumeist) obertägig erhaltenen Gelände- oder einem Einzelobjekt (Fund) etwa durch Materialverlust oder (durch von Fachleuten oder ‚Laien' vorgenommene) Ergänzungen am Denkmal, so dass der ursprüngliche Zustand nur noch rudimentär vorliegt (siehe Kap. 2.4.3). Das kann beispielsweise eine bauliche Anlage (etwa ein Megalithgrab) betreffen, deren spätere ‚Wiedererrichtung' durch romantische oder touristische ‚Akteure' es kaum noch zulässt, die ursprüngliche Anlage zu eruieren. Hier setzen dann Idealrekonstruktionen an, die selten unwidersprochen bleiben. Die frühe Suche nach der (heute obertägig weitgehend verlorenen) ‚authentischen Pfalz Karls des Großen' im heutigen Innenstadtgebiet von Aachen ist ebenfalls solch ein prominentes Beispiel, wo im Einzelfall schwer zu entscheiden ist, was frühere Ausgräber tatsächlich (‚objektiv') vorgefunden und was sie uns in zum Druck aufbereiteten Grabungs- und Phasenplänen (‚subjektiv') überliefert haben (Pohle 2015). Gerade bei sogenannten Altgrabungen aus der Zeit vor dem Ersten Weltkrieg, wo eine ortsbezogene Befundüberprüfung nicht mehr möglich ist, taucht dieses Problem auf. Dieses Beispiel macht deutlich, dass die Prüfung der Authentizität sich nicht allein auf die materielle Überlieferung eines Denkmals reduzieren lässt, sondern auch die Tatsache, wie Informationen auf uns gekommen und dokumentiert sind, einbezieht.

Ein wesentlicher Anteil der Überprüfung und Beurteilung kommt demnach den Auffindungsverhältnissen bzw. -bedingungen von archäologischen Objekten vor dem Hintergrund von ‚Echtheit' und ‚Schlüssigkeit' zu und ist damit der äußeren Quellenkritik zuzurechnen: Also wo, wie dokumentiert und durch wen wurde ein Objekt als Quelle überliefert? Die Ausgangslage der Fundumstände und Auffindungsverhältnisse ist dann natürlich recht eindeutig zu beurteilen, wenn eine Quelle im Rahmen einer (aktuellen) amtlichen Rettungsgrabung oder einer Begehung geborgen und eingeliefert wurde. Die Schwierigkeiten setzen vor allem dann ein, wenn die Bekanntgabe und Gewinnung ‚extern' erfolgte. Hierzu ein Beispiel aus der Praxis: Die archäologischen Landesämter erhalten seit etwa zwei Jahrzehnten zunehmend Funde von Detektorengängern (siehe Kap. 3.4) zur Begutachtung – nicht selten erreichen ein Landesamt mehr als tausend derartige Fundmeldungen im Jahr. Der Einsatz von Metalldetektoren durch Privatleute ist in Deutschland – anders etwa als in Schweden – nicht strafbar, allerdings bedarf man hierfür einer Genehmigung, die die Denkmalbehörden üblicherweise mit Auflagen und Bedingungen versehen (siehe Kap. 2.6). Die Funde selbst, die den archäologischen Landesämtern zur Begutachtung vorgelegt werden müssen, haben jedoch ohne genaue Angaben zum Fundort, aber auch zu den konkreten Fundumständen und Fundzusammenhängen nur antiquarischen Wert. So zeigen genau lokalisierte Funde von der Oberfläche eines Ackers oder aus dessen Pflughorizont (also vom Pflug umgewendeter Ackerboden im Rahmen der Bewirtschaftung), die gemeldet und vorgelegt werden, bereits vorhandene Störungen am (untertägigen) Bodendenkmal an. Objekte hingegen von einem an der Oberfläche weitgehend intakten, also nicht umgebrochenen Wiesengelände oder einem Waldstück vom Wurzelteller eines umgefallenen Baumes lassen häufig weitgehend ungestörte, also bessere Erhaltungsbedingungen des untertägigen Bodendenkmals erwarten. Die konkreten Fundumstände sind demnach für die fachliche Einschätzung sehr aussagekräftig, wobei der Bodendenkmalpfleger in der Regel versucht, sich durch kleinere Testschnitte oder Bohrungen Gewissheit zur Qualität der Informationen und der Lokalität zu verschaffen, insbesondere, wenn er nicht selbst die Quelle geborgen und die Auffindung dokumentiert hat.

Immer wieder hat die amtliche Bodendenkmalpflege mit Sondengängerfunden zu tun, bei denen der Verdacht der Fundortverschleierung auf Grund der unklaren bzw. unbekannten Fundumstände aufkommt. Das prominenteste Beispiel aus der jüngeren Vergangenheit, das hier unter Argwohn stand, war die berühmte ‚Himmelsscheibe von Nebra' (Eggert/Samida 2013, 221–227) – mittlerweile von der UNESCO in das Register des Weltdokumentenerbes (*Memory-of-the-world*) aufgenommen. Unabhängig von den Aussagen, die die Raubgräber zu Protokoll gegeben hatten, konnten Nachgrabungen des Landesamtes für Denkmalpflege und Archäologie Sachsen-Anhalt auf dem Mittelberg bei Nebra Raubgräberlöcher nachweisen und zusätzlich ließen chemische Vergleiche von Bodenresten, die der Himmelsscheibe noch anhafteten, mit den Bodenproben aus den Nachgrabungen den originalen Fundplatz verifizieren, zumindest jedoch sehr wahrscheinlich machen. Ein hoher Überprüfungsaufwand der Quellenüberlieferung, der selten im bodendenkmalpflegerischen Alltag hinsichtlich Authentizität zu leisten ist und zumeist auch nur zur Plausibilität, nicht jedoch zum lückenlosen Nachweis führt.

Als zweites wichtiges Kriterium der äußeren Quellenkritik gilt es, die Integrität (‚Unversehrtheit' oder ‚Intaktheit') eines Bodendenkmals zu beurteilen, also: In welchem Zustand bzw. Umfang ist uns das Objekt überliefert (siehe Kap. 2.4.3 und 3.3.1)? Auch hier gilt die Überprüfung nicht allein der Unversehrtheit eines Denkmals selbst, sondern auch der Vollständigkeit beigefügter Dokumentationen. Diese Prüfungen zur Integrität sind ebenfalls immer erforderlich, unabhängig davon, ob es sich um ein ortsfestes Bodendenkmal (Geländezeugnis) oder um ein bewegliches Bodendenkmal (Fund) handelt. In der bodendenkmalpflegerischen Praxis spielt dieses Bewertungskriterium eine erhebliche Rolle bei der Klärung, wie intakt bzw. verändert etwa ein untertägiger Fundplatz aktuell einzuschätzen ist und welcher Handlungsbedarf im Sinne eines nachhaltigen Denkmalschutzes oder einer Rettungsgrabung besteht.

Authentizität und Integrität schaffen demnach gemeinsam die wichtigen Voraussetzungen zur Bewertung, welches Potential – nicht nur Erkenntnispotential – einem Objekt zukommt. Dieses Potential zu prüfen und abzuwägen ist die Aufgabe der **inneren Quellenkritik**. Sie ist nicht weniger wichtig für die Bodendenkmalpflege, da sie den Wert der Quelle vor dem Hintergrund verschiedener Bedeutungsebenen einschätzt. ‚Wert' (engl. *value*) ist vielschichtig und das dritte Hauptkriterium, das ein Denkmal charakterisiert. Es ist etwa für die Ausweisung einer UNESCO-Welterbestätte mit dem dort geforderten *outstanding universal value* konstitutiv.

Wert- und Bedeutungszuweisungen einer archäologischen ‚Quelle' für eine Gesellschaft und für eine forschungsbasierte Fachdisziplin müssen im Einzelfall nicht deckungsgleich sein, was etwa für Objekte aus der jüngeren Vergangenheit (z.B. Unrechtsorte aus dem ‚Dritten Reich') mit ihrem bedeutenden historischen und emotionalen Denkmalwert bei Vorliegen eines ansonsten eher durchschnittlichen Erkenntniswertes, den archäologische Untersuchungen ergänzend beitragen können, schnell einleuchtet. Unabhängig davon ist der Beitrag einer archäologischen Quelle zur Klärung von Forschungsfragen der Fachwissenschaft natürlich unbestritten und auch derjenige Aspekt, der Studierenden einer archäologischen Disziplin beinahe ausschließlich nähergebracht wird (siehe Kap. 2.4.2). Die Archäologische Denkmalpflege hingegen muss auch weitere Wertzumessungen in ihre Arbeit einbeziehen. So spielt etwa für die amtliche Bodendenkmalpflege im Umgang mit einer Quellengattung auch deren zahlenmäßiges Auftreten im Arbeitsgebiet eine Rolle, also, wie häufig ein konkreter Denkmaltyp (ein vorgeschichtlicher Siedlungsplatz, eine römerzeitliche *Villa rustica*, ein Schlachtfeld aus der Zeit des 30-jährigen Kriegs oder ein Zwangsarbeiterlager des 20. Jahrhunderts) in der jeweiligen Region (noch) vertreten ist. Hierbei gilt, dass mit der Minimierung einer Denkmalgattung (in einer Region) eine Maximierung ihrer Bedeutung (für diese Region) einhergeht. ‚Rarität' ist also ein (allerdings nicht das einzige) aussagekräftiges Charakteristikum einer Denkmaleigenschaft, wobei es zunächst unwesentlich ist, ob ein bestimmter Denkmaltyp in einer anderen Region möglicherweise weit häufiger oder intakter überliefert ist. So haben sich bekanntlich Bauwerke aus der römischen Antike im mediterranen Bereich weit besser erhalten als in den Nordwestprovinzen nördlich der Alpen. Dieses mag aus Sicht eines Universitätslehrers bei seiner Ortswahl für eigene Feldforschungen von Belang sein. Die von den Denkmalschutzgesetzen geforderte Bewahrung einer regionalen und diachronen Kultur- und Geschichtslandschaft hingegen, die immer auch mit Aspekten wie ‚Identität' und ‚Heimat' für die dort lebende Bevölkerung einhergeht, liegt auf einer anderen Bedeutungsebene und bleibt unabhängig vom fachwissenschaftlichen Erkenntniswert, der andernorts erheblich höher sein mag. ‚Denkmalwürdigkeit' (siehe Kap. 2.4.2) kann jedoch eine Objektgattung nicht nur für sich beanspruchen, wenn sie rar ist. Auch das Gegenteil trifft zu, wenn also ein Denkmaltyp in einer gewissen Vielzahl vorliegt und damit für eine bestimmte Region charakteristisch oder sogar prägend ist. Nicht nur ‚Rarität', sondern auch ‚Repräsentativität' einzelner Denkmalgattungen kann demnach für eine Landschaft kennzeichnend sein.

Allerdings – und damit kommen wir zu einem weiteren Aspekt bei der Quellenkritik – darf man das heutige Erscheinungsbild dieser Denkmallandschaft keinesfalls mit Verhältnissen vergangener Zeiten gleichsetzen. Hans Jürgen Eggers hat hier die unterschiedlichen Überlieferungsbedingungen und die jeweilige Aussagekraft in eine prägnante, auch zeitliche Abfolge ausgehend von einer ‚lebenden Kultur', über eine ‚tote Kultur' hin zu einer ‚wiederentdeckten Kultur' gebracht, deren Kenntnis für Studierende obligatorisch sein sollte (Eggers 1959, 258–268; Eggert 2008, 112–117). Bei diesem ‚kulturellen Dreiklang' nach Eggers begegnen sich ‚dialektisch' äußere und innere Quellenkritik, da sowohl Aspekte der Authentizität und Integrität als auch Fragen des Wertes hinzugezogen werden.

Ob und insbesondere unter welchen Bedingungen sich einzelne Objekte (Befunde, Funde) erhalten können bzw. wie sie sich im Laufe der Zeiten verändern, wird in der Fachwissenschaft unter dem Aspekt der Taphonomie diskutiert (Eggert 2008, 112 mit Anm. 15). Diese betrachtet üblicherweise archäologische Funde (genauer deren Einlagerung) in einem Befundkontext, der sich in Folge vor allem menschlicher Eingriffe stark verändert haben kann. Taphonomische Prozesse lassen sich im übertragenen Sinne aber auch landschaftsbezogen, d. h. auf einer höheren geografischen Skala beobachten und als Einbindung (‚Einlagerung') von einzelnen Denkmälern in ihre landschaftliche Umgebung begreifen. Entscheidend ist in beiden Konstellationen (also Beziehung zwischen Fund und Befund bzw. Denkmal und Landschaft) der Eingriff des Menschen in seine Umwelt, der zu nachhaltigen Veränderungen oder gar zur Zerstörung ganzer Fundlandschaften führt. Ein Beispiel soll dieses verdeutlichen: Obertägig sichtbaren Bodendenkmälern wie Grabhügel begegnet man heutzutage zumeist nur in Waldgebieten oder vereinzelt noch in Agrarlandschaften, wo man sie ausparzelliert, also aus der landwirtschaftlichen Nutzung herausgenommen hat. Nur dadurch blieben sie erhalten. Auch heute überwaldete Wölbäckersysteme und andere Altflurrelikte wären hier zu nennen (Schreg 2021). Wälder sind demnach heutzutage ‚Reliktgebiete' (‚Archäotope') gerade für obertägig sichtbare Bodendenkmäler, wobei der moderne Waldumbau auch hier den Bestand zunehmend gefährdet (siehe Kap. 3.5.2). Der Rückgang der Wälder (‚Baumsterben') und im Nachgang massive Aufforstungen dezimieren die verschiedenen, gerade hier typischen Denkmälergattungen. Grabhügel errichtete man ursprünglich gut sichtbar in waldfreien Gebieten, sie waren also in historischen Offenlandschaften beheimatet und – wie wir durch die Luftbildarchäologie (siehe Kap. 3.1) von vielen Regionen her wissen – weit verbreitet. Heutzutage haben sie sich also zumeist nur noch in einer gänzlich anderen Umwelt obertägig erhalten können. Mit einer gewissen Rechtfertigung können wir hier also von einer ‚Verzerrung von Fundlandschaften' sprechen, die ohne äußere und innere Quellenkritik zu völlig falschen Annahmen bezüglich der archäologisch-historischen Landschaftsrekonstruktion führen würde.

Gliederung von Bodendenkmälern 2.2.4

> „Was man unter ‚Quellen' begreift, hängt im allgemeinen von der jeweiligen Entwicklungsstufe der Wissenschaft ab; denn je mehr dieselbe sich ausgebildet hat, um so mehr hat sich ihr Material, hat sich der Kreis der Quellen erweitert" (Bernheim 1908, 253).

Dieses Zitat – weniger quantitativ, sondern qualitativ verstanden – gibt auch die Entwicklung der Bodendenkmalpflege oder allgemeiner der Archäologie trefflich wieder. Genügte der Archäologie noch bis weit in das 20. Jahrhundert hinein die Dreigliederung nach ‚Siedlung – Grab – Hort', um ihr Material zu typisieren, erweist sich schnell die Unzulänglichkeit für den heutigen Bodendenkmalpfleger. Ihm reicht dieser Begriffsapparat keinesfalls aus, wenn man allein an Objekte wie historische Meilerplätze (zur Holzkohlegewinnung) und Flachsrösten (zur Textilvorbereitung) aus vorindustrieller Zeit oder Bunkerbauten des Westwalls und Konzentrations- und Zwangsarbeiterlager aus der Zeit des sogenannten Dritten Reichs denkt und diese dem Schema zuweisen wollte.

Vielzahl und Vielfalt an unterschiedlichen Denkmälergattungen und auch deren weitere Zunahme insbesondere durch die ‚Archäologie der Moderne' (Deutscher Verband für Archäologie 2017), die im Wesentlichen den Zeitraum des 19. und der ersten Hälfte des 20. Jahrhunderts abdeckt, hat dazu geführt, dass bis heute kein verbindliches Klassifikationsschema für Bodendenkmäler existiert. Dennoch gibt es natürlich verschiedene Ausgangspunkte für eine Systematisierung. Ein einfacher, aber keinesfalls trivialer Zugang geht vom Phänotyp, also vom äußeren Erscheinungsbild aus. Wir unterscheiden obertägige von untertägigen Objekten, damit verbunden ist das Gegensatzpaar ‚sichtbar versus nichtsichtbar'. Für diese Klassifikation sprechen einige gute Gründe. Zunächst ist die Zuweisung auch dem Außenstehenden problemlos nachvollziehbar, wobei dieser dem Sichtbaren in der Regel eine größere Bedeutung zumessen wird – was vor dem Hintergrund einer inneren Quellenkritik (Bedeutung und Erkenntniswert) allerdings nur im Einzelfall zutrifft. Durch Untersuchungen insbesondere im Rahmen der Trassenarchäologie bei sogenannten linearen Projekten haben wir auch Vorstellungen von der realen untertägigen Fundstellendichte in einzelnen Siedlungsräumen gewinnen können, wo die amtliche Bodendenkmalpflege bis dahin auf Mutmaßungen angewiesen war (siehe Kap. 3.5.4). Natürlich unterscheiden sich die Angaben regional, doch ist die Masse der archäologischen Denkmäler eindeutig untertägig, man geht von mehr als 95 % am Gesamtbestand aus, von dem (die Schätzungen gehen ein wenig auseinander) wohl erst weniger als 20 % bekannt ist. Hierzu zählen natürlich auch die Objekte der Unterwasserarchäologie (siehe Kap. 3.5.5).

Letztlich kann durch das skizzierte Klassifikationssystem auf Grundlage des Phänotyps (‚obertägig / untertägig' bzw. ‚sichtbar / nicht-sichtbar') der Gesamtbestand der Bodendenkmäler zugeordnet werden, ohne dass ‚Restmengen' verbleiben. Dennoch stößt diese Form der Klassifizierung unabhängig von ihrer geringen Spezifizierung an weitere Grenzen, wenn etwa ein einzelnes Bodendenkmal beide gegensätzlichen Merkmale aufweist. Dieses ist etwa der Fall bei vorgeschichtlichen Wallanlagen, da sie gleichermaßen obertägig (mit einem sichtbaren Wall) wie untertägig (mit einem nicht-sichtbaren, eingeebneten Graben) auf uns gekommen sind. Wenn man mehr Informationen zum einzelnen Denkmal und seinem Charakter hat, sollte man daher zu anderen Klassifikationskriterien greifen. Deren Ausgangspunkt kann etwa die ursprüngliche Nutzung sein. So lässt sich funktional der Bestand an Bodendenkmälern – unabhängig vom Phänotyp – wie folgt gliedern (Kunow 1991, 48 f.):

1. Bodendenkmäler als Grenzen (z. B. Pfahlreihen, Landwehren, Bunkerlinien etc.),
2. Bodendenkmäler als befestigte Siedlungsplätze (z. B. Ringwall- und Burganlagen, burgi, Motten etc.),
3. Bodendenkmäler als unbefestigte Siedlungsplätze (z. B. Einzelhöfe, Dorfanlagen, Wurten, Höhlen, Werkplätze etc.),
4. Bodendenkmäler des Verkehrs / der Versorgung / des Handels (z. B. Straßen, Brunnen, Häfen, etc.),
5. Bodendenkmäler der Rohstoffgewinnung (z. B. Pingen, Stollen, Steinbrüche etc.),
6. Bodendenkmäler der handwerklichen (industriellen) Produktion / des handwerklichen (industriellen) Gewerbes (z. B. Töpfereien, Kalköfen, Flachsrösten etc.),
7. Bodendenkmäler der landwirtschaftlichen Produktion / des landwirtschaftlichen Gewerbes (z. B. Altäcker, Hutungen, Darren etc.),
8. Bodendenkmäler des Kultes / der Religion / des Rechts (z. B. Grab, Gräberfelder, Heiligtümer, Kirchenanlagen, Richtstätten, Galgenhügel etc.),
9. Bodendenkmäler in militärischer / kriegerischer / staatlicher Verwendung bzw. Nutzung (z. B. Schlachtfelder, Schießanlagen, Konzentrationslager etc.),

und hinzu kommen in einzelnen Bundesländern, wo paläontologische Denkmäler via Denkmalschutzgesetz einen besonderen Schutzstatus aufweisen (siehe Kap. 2.2.6),

10. Bodendenkmäler aus erdgeschichtlicher Zeit (Zeugnisse tierischen und pflanzlichen Lebens).

Wir bekommen damit eine Vorstellung von der Variationsbreite von Bodendenkmälern, wobei natürlich weitere Nutzungsformen hinzukommen oder bestehende ausgegliedert werden können. Um es auf eine knappe Formel zu bringen: Archäologische Denkmäler sind die ‚fossilierten Zeugnisse' menschlicher Aktivitäten aus historischer Zeit und reflektieren diese Vielfalt.

Bewegliche Bodendenkmäler 2.2.5

In den Denkmalschutzgesetzen, deren Erlass in Deutschland in die Kompetenz der 16 Bundesländer (siehe Kap. 2.6) fällt, findet sich in Abgrenzung bzw. im Gegensatz zum ‚ortsfesten oder unbeweglichen Bodendenkmal' die Bezeichnung ‚bewegliches Bodendenkmal' oder auch ‚bewegliches Kulturdenkmal'. Dahinter verbergen sich die in der Archäologie gebräuchlichen Begriffe wie ‚Materielle Kultur' (Samida/Eggert/Hahn 2014) – jedenfalls deren mobile Objekte – oder ganz allgemein ‚Fund', wenn auch in juristischer Hinsicht die Gleichsetzung nicht immer zutrifft, denn nicht jeder archäologische Fund muss auch ein bewegliches Bodendenkmal sein. Beim gesetzlich geregelten beweglichen Bodendenkmal müssen zwei Bedingungen vorliegen: Es muss zum einen aus dem Boden (oder auch Gewässer) stammen und von dort verbracht sein – das trifft letztendlich auf alle Funde zu –, zum anderen müssen die rechtlichen Voraussetzungen einer Bedeutung etwa für die Archäologie, die Heimatgeschichte oder andere Wissenschaften erfüllt sein (siehe Kap. 2.6). Das ist bei Funden aus regulären Ausgrabungen stets der Fall, da hier die Funde in ihrem ehemaligen Sachzusammenhang (Befund) beobachtet und akribisch dokumentiert werden. Ein historischer Zeugniswert liegt somit dauerhaft vor, weil auch für spätere Archäologengenerationen diese Quellen wesentlicher Bestandteil ihrer Forschungen mit dann häufig neuen Methoden und Fragestellungen bleiben werden. Die Bodendenkmalpflege ist bemüht, archäologische Funde, wenn sie aus Ausgrabungen stammen oder es sich um sonstige wichtige Einzelstücke handelt, in öffentliche Sammlungen zu überführen, um den dauerhaften Erhalt abzusichern. Hierbei hilft ihr ein in den Denkmalschutzgesetzen der Länder allerdings unterschiedlich verankerter besonderer Rechtsanspruch: das Schatzregal (siehe Kap. 2.6). Die gesetzliche Erhaltungspflicht bei beweglichen Bodendenkmälern liegt – vergleichbar den ortsfesten – weiterhin bei den Eigentümern.

2.2.6 | Paläontologische Bodendenkmäler

Bereits im Preußischen Ausgrabungsgesetz von 1914 (siehe Kap. 2.3.3), das für weite Teile des seinerzeitigen Deutschen Reichs galt, sind „Gegenstände, die für die Urgeschichte der Tier- und Pflanzenwelt von Bedeutung sind" (§ 4 Preuß. G. S. Nr. 10, 1914), aufgeführt. Einige heutige Bundesländer wie Nordrhein-Westfalen, Hessen und Rheinland-Pfalz, die seinerzeit in Teilen Preußen zugehörten, haben die Tradition aufgegriffen und in ihren Denkmalschutzgesetzen auch den Schutz der Überreste von Pflanzen und Tieren aus erdgeschichtlicher Zeit verankert. Mit den paläontologischen Objekten wird also die Zeitgrenze über die Epoche des Menschen, dem ‚Anthropozän', hinaus auf die Erdgeschichte erweitert. Alle gesetzlichen Regelungen hinsichtlich Schutz und Pflege gelten hier identisch, d.h. die Archäologischen Landesämter sind ebenfalls für diesen Bereich die zuständige Denkmalfachbehörde und müssen sich aus den einschlägigen Geowissenschaften die fachliche Kompetenz absichern. Auch bei der Paläontologie lassen sich ortsfeste Bodendenkmäler (z.B. Steinbrüche mit entsprechenden fundführenden Schichten bzw. Straten) von beweglichen (z.B. aus dem ehemaligen geologischen Verband entfernte Fossilien) trennen. In den meisten Bundesländern ist die Paläontologie allerdings in die Naturschutzgesetzgebung eingebunden und Naturschutzbehörden oder einschlägige andere Institutionen sind fachlich zuständig.

2.2.7 | Archäologisch-historische Erinnerungsorte und Erinnerungslandschaften in einzelnen Beispielen

Markante Geländedenkmäler natürlicher oder durch den Menschen geschaffener bzw. umgestalteter Art sind häufig Ausgangspunkte für Mythen oder Sagen geworden. Ein frühes Beispiel ist der imposante bronzezeitliche Grabhügel von Seddin in der Prignitz, im Nordwesten Brandenburgs; er zählt zu den hervorragenden Grabmonumenten der europäischen Frühzeit (Brandenburgisches Landesamt für Denkmalpflege und Archäologisches Landesmuseum 2003; Hansen/Schopper 2018). Hier entstand die Sage vom König Hinz, der ‚in grauer Vorzeit' lebte und in einem dreifachen Sarg bestattet wurde. Natürlich gibt es keine echte Tradition, die den um 800 v. Chr. errichteten Hügel mit der Gegenwart verbindet, doch fanden die Museumsfachleute, die am 20. September 1899 aus Berlin zur Begutachtung und Bergung der Objekte angereist waren, neben weiteren persönlichen Beigaben eine bronzene (ehemals goldfarbene) Urne mit Leichenbrand eines Mannes vor (die Sage erzählt von einem ‚goldenen Sarg'), die auf dem Boden in einer bemalten Steinkammer stand, die wiederum von einem Grabhügel mit einer Basisbreite von mehr als 60 m geschützt war. Dieser Befund eines im übertragenen Sinne ‚dreifachen Sarges' (Urne, Kammer und Grabhügel) führt regelmäßig Esoteriker aus dem In- und Ausland zum ‚Königsgrab von Seddin'. Durchaus ein Problemfall für die dortige Bodendenkmalpflege, die das Gelände großräumig bei Veranstaltungen absperren ließ, um Schäden am Hügel selbst oder Kontaminationen des umgebenden Bodens durch moderne Einträge zu verhindern. Bis vor kurzem war auch das zu den berühmtesten Denkmälern aus der europäischen Frühzeit zählende Stonehenge (Grafschaft Wiltshire, England) über Jahrzehnte Treffpunkt der esoterischen und neuheidnischen Szene und zugleich Problemfall durch moderne Einträge und Verunreinigungen.

Vergleichbare Probleme kennen wir ebenfalls aus dem Lipperland von den Externsteinen im Teutoburger Wald, wo in der Zeit des Nationalsozialismus der an Okkultismus interessierte Heinrich Himmler Auftragsgrabungen veranlasste, eine vermeintliche germanische Kultstätte (das von Karl dem Großen zerstörte sächsische Heiligtum Irminsul) zu erforschen (siehe Kap. 2.3.4). Auch wenn die Grabungen den erwünschten Nachweis nicht erbringen konnten – die markanten Steinmetzarbeiten an den Steinen datieren in das 12. Jahrhundert, einige künstliche Grotten möglicherweise etwas früher –, strömen esoterische Gruppen und die ‚neuheidnische Szene' zur Walpurgisnacht und zur Sommersonnenwende an diesen ‚starken Ort', dessen Strahlkraft für diesen Personenkreis unzerstörbar scheint trotz eigentlich desillusionierender Forschungsergebnisse von Archäologen und Kunsthistorikern (Eikermann et al. 2018; Halle 2018).

Der Teutoburger Wald steht gemeinhin für einen noch bekannteren, wohl den bekanntesten Mythos der Deutschen: die Varusschlacht im Jahr 9. n. Chr. und weitere Auseinandersetzungen, die Arminius in der Auffassung von Tacitus zum ‚Befreier Germaniens' (Tacitus, ann. 2,82: *liberator haud dubie Germaniae*) werden ließen (Baltrusch et al. 2012, 18) und die in der Konsequenz die Aufgabe der *Germania magna* rechts des Rheins für das *Imperium Romanum* mit sich brachten. Auch hier gibt es keinesfalls eine ununterbrochene Kontinuität von dem antiken Ereignis bis in die Neuzeit hinein, es besteht sogar eine Lücke von fast anderthalb Jahrtausenden. Denn erst die Wiederentdeckungen der *Germania* und insbesondere der *Annalen* des römischen Schriftstellers Tacitus (um 56 – um 120 n. Chr.) in Klosterbibliotheken im Jahre 1425 bzw. um 1505 lenkten das Augenmerk auf das antike Ereignis, wo Tacitus (ann. 1,60) die bis dahin unbekannte Örtlichkeit (*... haud procul Teutoburgiensi saltu ...*) näher beschrieb. Damit begann die Suche und Sehnsucht nach dem Schlachtort und bereits einhundert Jahre später glaubte man, die Region eingrenzen zu können und relatinisierte den zuvor als Osning genannten Gebirgszug in *Teutoburgiensis saltus* (Teutoburger Wald). Vor diesem Hintergrund ist es verständlich, dass man ein Denkmal für Arminius, den man jetzt als ‚Hermann' eindeutschte, mitten im heutigen Teutoburger Wald auf der 386 m hohen Grotenburg bei Detmold errichtete. Eine kolossale Hermannsstatue, so der erste Entwurf von Ernst von Bandel, sollte ihr mächtiges sieben Meter langes und elf Zentner schweres Schwert gegen Rom richten; der Freiheitskampf wurde quasi als ‚Urknall' in der Entwicklung hin zu einer deutschen Nation gesehen (Ottomeyer 2009, 140–143). Der 1838 begonnene Bau stockte; erst mehr als 30 Jahre später nach dem erfolgreichen Krieg gegen den ‚Erbfeind' Frankreich 1870/71 konnte man Otto von Bismarck für dieses Projekt interessieren und den Bau schließlich fertigstellen. Die Einweihung fand im Beisein von Kaiser Wilhelm I. am 16. August 1875 statt (Mellies 2009). Das Hermannsdenkmal war das erste der großen Nationaldenkmäler in der Wilhelminischen Ära, dem bis zum Abschluss mit dem Völkerschlachtdenkmal bei Leipzig (1913 eingeweiht) weitere folgen sollten (siehe Kap. 2.3.3). Es manifestiert sich als imperiales Zeugnis einer Herrscherpropaganda, die sich eines Mythos' staatstragend bediente (Kunow 2017a). Verbunden war dieses zugleich mit einem entscheidenden Eingriff in die Erinnerungskultur, der als politische Aneignung auch die gesellschaftliche Aufklärungsarbeit der Archäologen beschäftigen muss: Nicht mehr die ursprüngliche Intention des Freiheitskampfes der Germanen gegen Rom war die Botschaft, sondern man drehte die Statue gen Westen, gegen Frankreich! Dort hatte man schon zehn Jahre zuvor dem Ursprungshelden der französischen Nation, dem Avernerfürsten und Caesargegner Vercingetorix, unter dem Kaiser Napoleon III. ein imposantes Denkmal in Alise-Sainte-Reine, dem Ort der Schlacht von Alesia, errichtet.

Nicht nur Herrscherhäuser oder Diktatoren bedienten und bedienen sich gerne selektiv und aus dem Zusammenhang gerissen der Archäologie und Geschichte und versuchen, das kulturelle Gedächtnis einer Gruppe oder einer ganzen Nation in ihrem Sinne zu formatieren (Verband der Landesarchäologen in der Bundesrepublik Deutschland 2017; Kunow 2017a mit weiterer grundlegender Literatur). Erinnerungskultur ist häufig nicht an objektiven Gegebenheiten orientiert, sondern wird bewusst und zeitbezogen konstruiert: Dieses betrifft insbesondere die ‚Erfindung der deutschen Nation' (Ottomeyer 2009). Noch immer ist sich die Fachwissenschaft nicht völlig einig, ob im Jahr 1987 in Kalkriese bei Osnabrück, mehr als 50 km Luftlinie vom Hermannsdenkmal entfernt, tatsächlich eine Örtlichkeit der Varusschlacht aufgefunden wurde oder es sich um kriegerische Auseinandersetzungen handelt, die im Zusammenhang mit den Feldzügen des Germanicus wenige Jahre später (15–16 n. Chr.) stehen. Mit der Wiederentdeckung der *Annalen* des Tacitus, der nicht die Varusniederlage selbst, sondern die Feldzüge des Germanicus und dessen Aufsuchen des ehemaligen Schlachtplatzes beschreibt, setzte die Suche nach dem historischen Ort ein, den die Deutschen mit der Klärung ihres Ursprungs verknüpfen. Man wird diese Suche wohl auch in Zukunft fortsetzen, bis die Archäologie einen unzweifelhaften Nachweis erbracht hat (Berke 2009 mit Abb. 3 und kartografischen Eintrag der verschiedenen Lokalisierungsversuche).

Erinnerung oder allgemeiner gesprochen das kollektive Gedächtnis (Erll 2011) ist nicht nur an Orte (geografisch: ‚Punktelement') geknüpft, sondern kann auch etwa historische Straßentrassen (geografisch: ‚Linienelement') oder ganze Landschaften (geografisch: ‚Flächenelement') umfassen. Als solch lineares Element soll ein Hinweis auf die Aachen-Frankfurter-Heerstraße genügen. Sie war eine Via Regia (Königsstraße) und verband in dieser Eigenschaft seit dem 9. Jahrhundert bis in die Frühe Neuzeit hinein die Stadt Frankfurt am Main, wo die Könige, später auch Kaiser des Heiligen Römischen Reiches gekürt (gewählt) wurden mit Aachen, dem Ort ihrer Krönung. Nachweislich mehr als 30 deutsche Könige begaben sich im Mittelalter auf diesen mehr als 250 km langen Weg, der im Alltag auch als Handels- und Postweg genutzt wurde und in den Fernverkehr von Italien in die Niederlande einbezogen war. Anders als viele römische Straßen, die eine Persistenz bis in die Gegenwart aufweisen, verlor diese Trasse in der Neuzeit ihre Bedeutung und ist heute großenteils in der Landschaft nicht mehr wahrnehmbar und wenn, nur noch in einigen Abschnitten als Feldweg oder auf archäologischen Luftbildern zu verifizieren. Es handelt sich also um ein Geländedenkmal, das zwar in gewissen Streckenabschnitten archäologisch nachweisbar ist, in weiten Teilen aber ausschließlich in der Erinnerung, also als immaterielles Kulturerbe fortlebt. Die Zukunft wird zeigen, ob etwa auch die ehemalige innerdeutsche Grenze dieses Schicksal teilt und als Geländedenkmal lediglich in ausgewählten Abschnitten sowie in museal aufbereiteten Erinnerungsstätten fortbesteht.

Das für die punktförmigen und linearen Elemente Beschriebene trifft auch auf Flächen, also Landschaften zu. Auch sie können in toto Bestandteil der Erinnerungskultur sein, ihr Bezugspunkt sind häufig markante Geschehnisse wie etwa Kriege. In Deutschland sind hier vor allem Regionen zu nennen, die zum Ende des Zweiten Weltkriegs noch einmal erhebliche Kämpfe erlebten. Im Vorfeld der ‚Schlacht um Berlin' sind es die Seelower Höhen am Oderbruch (Land Brandenburg), wo im Frühjahr 1945 die größte Schlacht des Zweiten Weltkriegs auf deutschem Boden stattfand. Noch heute sind zahlreiche Relikte der ehemaligen Stellungen und provisorischen Waldlager der Roten Armee als Bodendenkmale sichtbar vorhanden (Kersting / Meißner 2021). Das Areal um die Seelower Höhen wurde z. Zt. der DDR im Sinne staatstragender Ideologie als Gedenk- und Erinnerungsort (Berger / Seifert 2014) ausgebaut und etwa für Vereidigungen von Jungpionieren und NVA-Soldaten in Szene gesetzt. Man kann hier nach der Wiedervereinigung die Transformation einer Landschaft und zugleich den Wandel der Erinnerungskultur in wenigen Jahrzehnten von einer ideologiebefrachteten DDR-Ikone hin zu einem Geschichtsort studieren.

Ein Pendant haben die Seelower Höhen im Westen mit dem Hürtgenwald bei Düren (Rheinland). Von Oktober 1944 bis Februar 1945 fanden hier die schwersten und verlustreichsten Kämpfe der amerikanischen Truppen auf dem europäischen Kontinent statt (Hoppe / Wegener 2014, 212–228). Das mehrere Quadratkilometer große Areal mit seinen diversen, noch heute deutlich als Befund im

Geländerelief trennbaren Stellungen der Alliierten und der Wehrmacht ist in Ansätzen bereits als ‚Erinnerungslandschaft Hürtgenwald' in Wert gesetzt. Insbesondere in der kollektiven Erinnerung der Vereinigten Staaten von Amerika haben die Kämpfe im Hürtgenwald eine tiefe Verankerung gefunden: ‚Huertgen Forest' und ‚Rhineland' sind auch im National World War II Memorial, Atlantic theater, in Washington, D.C. inschriftlich verewigt.

Die Beispiele Seelower Höhen und Hürtgenwald sprechen zwei Ebenen an, eine materiell-denkmalbezogene, da noch heute viele Zeugnisse im Gelände erkennbar sind und damit die amtliche Bodendenkmalpflege hier auch gesetzlich gefordert ist. Nicht weniger wichtig ist aber die immaterielle Ebene mit ihren appellativen Bezügen (‚Gedenke der Toten', ‚Nie wieder Krieg'). Derartige gesellschaftliche Bezüge sind insbesondere durch die Objekte der Zeitgeschichte zunehmend auch in ein gegenwartsbezogenes Blickfeld bodendenkmalpflegerischer Arbeit in Deutschland gerückt. Hier gibt es eine große Schnittmenge zu den NS-Unrechtsorten, die als Gedenkstätten seit den 1950er Jahren errichtet wurden (Endlich 2009). In der alten Bundesrepublik handelte es sich zumeist um kleine, häufig ehrenamtlich betriebene Einrichtungen, während „die DDR die historischen Orte des KZ-Terrors im Sinne des instrumentalisierten Antifaschismus für staatliche Propagandazwecke" ausbaute und ein Paradigmenwechsel in Deutschland Ost und West hin „zu modernen zeithistorischen Museen mit besonderen humanitären und bildungspolitischen Aufgaben" erst nach der Wiedervereinigung erfolgte (Morsch 2016, 17). Aber nicht nur die Gedenkstätten in ihrer Ausrichtung auch die Einstellung der Bodendenkmalpflege in Deutschland zu zeitgeschichtlichen Objekten hat sich in den letzten drei Jahrzehnten vergleichbar paradigmatisch verändert; äußerer Anlass war die neue gesetzliche Zuständigkeit der Denkmalämter (Kunow 1996). Überall in den Bundesländern (zuletzt in Hessen mit der Novellierung des Denkmalschutzgesetzes in 2016) hatten die Gesetzgeber die zeitliche Begrenzung für Bodendenkmäler aufgehoben (siehe Kap. 2.6). Damit wurde neben der Baudenkmalpflege für die sichtbaren baulichen Relikte nun auch die Landesarchäologie in diesen Orten zuständig, wenn Eingriffe in den Boden archäologisch begleitet werden mussten. Es gab massiven Bedarf für diese Professionalisierung:

> „Mit viel Enthusiasmus und wenig archäologischer Fachkenntnis begannen [bald nach der Wiedervereinigung] internationale *workcamps* unter Anleitung von Gedenkstättenpädagogen die Erde aufzugraben, die dabei gewonnenen Funde zu bergen und stolz die den Unbilden des Wetters schutzlos ausgelieferten archäologischen Bauzeugnisse der Öffentlichkeit zu präsentieren. Der schnelle Verfall der gerade erst entdeckten Überreste war vorprogrammiert" (Morsch 2016, 17).

Mittlerweile haben Gedenkstätteneinrichtungen in Deutschland und die Landesarchäologien die Synergie verinnerlicht, insbesondere wenn es um umfangreichere Umgestaltungsmaßnahmen oder die fachgerechte Freilegung und Konservierung von ortsfesten und beweglichen Objekten aus der Lagerzeit geht (Theune 2014; Kersting et al. 2017). Die Beschäftigung an den Orten mit NS-Bezug hat in den letzten Jahren Spezialisten auf Seiten der Archäologie hervorgebracht, die mit diesen durchaus speziellen Objekten der Zeitgeschichte umzugehen wissen. Denn ungleich stärker als in älteren Epochen sind hier Erinnerung und gesellschaftliche Arbeit verankert (Bernbeck 2017; Hausmair / Bollacher 2019; Haubold-Stolle et al. 2020). Das mag sich für diese Orte relativieren, wenn das sogenannte Drei-Generationen-Gedächtnis zeitlich hinter uns liegt. Unabhängig hiervon werden die materiellen ortsfesten wie auch beweglichen Hinterlassenschaften auch zukünftig als haptischer Bezug für Erinnerung wichtig bleiben: Sie wirken Verklärung, Mythenbildung oder gar Falschinformationen zum staatlichen NS-Terror entgegen (Oebbecke 1995, 58 f.).

Weiterführende Literatur

Horn / Kier / Kunow / Trier 1991; Eggert 2008; Bernbeck 2017; Kersting et al. 2017; Verband der Landesarchäologen in der Bundesrepublik Deutschland 2017.

2.3 Chronik der Bodendenkmalpflege: Ausgangsbedingungen und Entwicklungen im zeitlichen Ablauf

Eine Darstellung der wechselvollen Geschichte und Entwicklung der Archäologischen Denkmalpflege von den Anfängen bis in die Gegenwart lässt sich ohne zumindest knappe Ausführungen zum jeweiligen historischen und gesellschaftspolitischen Rahmen nicht verstehen. Erheblich stärker als Lehre und Forschung an Universitäten, auch als der Museumsbereich, ist die Bodendenkmalpflege im öffentlichen Diskurs verankert (siehe Kap. 1 und 4.2). Das bezieht sich zum einen auf deren Organisation und Einbindung in staatliche Strukturen, zum anderen auf Art und Möglichkeiten der Umsetzung bodendenkmalpflegerischer Zielsetzungen, also auf die praktische Arbeit (siehe Kap. 2.5 und 3.5). Die Bodendenkmalpflege arbeitet dabei im öffentlichen Auftrag und ist (etwa in Schleswig-Holstein) auch hoheitlich tätig. Durch fachgebundene Auflagen und Festlegungen unterschiedlicher Art, die sie gegenüber den Bürgern in konkreten Verfahren zumeist nicht unmittelbar, sondern durch Einvernehmens- oder Benehmensherstellung mit anderen Behörden (siehe Kap. 2.6 und 3.2) durchsetzt, gehört sie der sogenannten Eingriffsverwaltung an oder nimmt jedenfalls Einfluss auf deren Entscheidung. Basis für die Arbeit der Archäologischen Denkmalpflege ist dabei die gesellschaftliche Akzeptanz einer breiten Öffentlichkeit für diese Zeugnisse der eigenen Geschichte. Finanzielle Förderung der Arbeit und rechtliche Unterstützung von Politik und Verwaltung gehen damit einher – bisweilen, wie dieser Abschnitt belegt, im zeitlichen Vorlauf oder im Nachgang.

2.3.1 Anfänge und Ausgangspunkte

Begreift man die Bodendenkmalpflege zunächst recht allgemein, also weiter gefasst als unser heutiges, vor allem amtlich-institutionell geprägtes Verständnis, nämlich als Beschäftigung mit ‚antiken' Fundstätten und Objekten, dann gehen die Anfänge dieses Interesses in Deutschland bis in die Zeit der Renaissance zurück. Das Sammeln von Antiken oder auch antikisierenden Skulpturen galt seit dem 16. Jahrhundert in Zentraleuropa als identitätsstiftend und Ausdruck von *virtus* (lat. Tugend) und *sapientia* (lat. Weisheit). Große Sammlungen des Adels und auch des Klerus, deren Bestände Ausgangspunkte mancher heutiger Museen bilden, entstanden in der Frühen Neuzeit (Noelke 2016). Man besorgte sich aus dem italischen Mutterland Stücke, bevorzugt römische Steindenkmäler und Skulpturen auch schon vor der Freilegung der vom Vesuv verschütteten kampanischen Städte, und pflegte einen regen Tauschhandel untereinander. Landes- und Territorialherren bestückten oder ergänzten ihre Kollektionen durch Objekte vom eigenen Grund und Boden. Durch Verordnung wurde gegebenenfalls derjenige unter Strafe gestellt, der neu entdeckte antike Funde nicht umgehend an seinen Landesherrn abgab, andere versuchten es mit Belohnungen (Klüßendorf 2000, 174–182).

Leider sind bislang nur wenige dieser Sammlungen – es gab daneben auch eine Vielzahl reiner Raritätenkabinette mit allerlei Kuriositäten und ohne fachlichen Anspruch – wissenschaftlich umfassend ausgewertet und ediert. Eine der wichtigsten und gut erforschten Sammlungen im Westen des Heiligen Römischen Reiches Deutscher Nation (als solches erstmals 1474 belegt) stammt aus dem Rheinland. Sie legte seinerzeit Graf Hermann von Manderscheid-Blankenheim (1535–1604) an. Die Objekte stammten nur teilweise aus dem herrschaftlichen Eifelterritorium. Graf Hermann erwarb seit den 1580er Jahren bereits bestehende Sammlungen, bediente sich zur gezielten Ergänzung seiner Kontakte zu Verwandten aus der gräflichen Familie und vermutlich auch Aufkäufern – stets auf der Suche nach jüngst entdeckten Einzelstücken (Noelke / Hanel 2019).

Manche Adelsfamilie verwandte die Sammlung für das eigene Prestige und führte fiktiv ihren Stammbaum gegebenenfalls bis in die Antike zurück und auch manche Stadt folgte diesem Vorbild. Verwies in Köln bereits der Namen *Colonia Agrippina* (oder auch *Agrippina Nobilis Romanorum Colonia*) untrüglich auf die dort geborene Mutter von Kaiser Nero als Stadtgründerin, hatten es hierzulande andere Städte doch erheblich schwerer. So verfasste im 15. Jahrhundert etwa der Benediktinermönch Sigismund Meisterlin im städtischen Auftrag eine *Chronographia Augustensium*, die Augsburg phantasievoll als trojanische Gründung auswies. Dieses waren natürlich Auswüchse, die noch im mittelalterlichen Denken tief verankert waren. Hingegen stehen die Humanisten am Beginn einer wissenschaftlich orientierten Betrachtung. Sie verfügten über eine exzellente Kenntnis der bis dahin bekannten antiken literarischen und epigraphischen Quellen; ihre Schriften fanden durch den ein Jahrhundert zuvor erfundenen Buchdruck weite Verbreitung in den gebildeten Kreisen. Legte man für die Einordnung römischer Antiken in dieser Zeit bereits das wissenschaftliche Fundament, setzte eine vergleichbare gelehrte Beschäftigung mit prähistorischen Funden, die über eine reine Sammeltätigkeit hinausging – von Ausnahmen abgesehen –, zeitlich versetzt an. Erst mit dem Zeitalter der Aufklärung, also beginnend mit der Mitte des 18. Jahrhunderts, verzeichnen wir auch in den Landschaften ohne römische Hinterlassenschaften echte Fortschritte im Umgang mit den archäologischen Quellen. Ein wirklicher Erkenntnisdurchbruch insbesondere in der chronologischen Ansprache der Funde und damit auch der Geländedenkmäler sollte allerdings dem 19. Jahrhundert vorbehalten bleiben (Gummel 1938).

Zeitalter der Aufklärung und das Erstarken des Nationalbewusstseins (Mitte 18. Jahrhundert bis 1871) 2.3.2

Das Zeitalter der Aufklärung markierte die entscheidende Wende hin zu einem modernen, auf Rationalität basierenden Verständnis der Welt und damit löste sich diese Epoche endgültig von mittelalterlichen, zutiefst von der kirchlichen Lehre bestimmten Doktrin: Vernunft anstatt alter Traditionen und Ideologien sollte Erkenntnis und Fortschritt voranbringen. Nicht nur die Naturwissenschaften, geprägt von akribischer Beobachtung der Natur und wissenschaftlichem Experiment, schufen neue Grundlagen, sondern alle Lebens- und Wissensbereiche waren tangiert. Auch in der Archäologie waren die Zeiten vorbei, in denen man noch vorgeschichtliche Urnen, die man zufällig beim Graben antraf, als ‚selbstgewachsene Töpfe', bisweilen auch von Zwergen angefertigt ansah oder Megalithgräber als Totenstätten von Riesen (Gummel 1938).

Die im Zuge der Aufklärung einhergehende Revolution in Frankreich wirkte sich auch unmittelbar auf das Nachbarland Deutschland (offiziell: Heiliges Römisches Reich Deutscher Nation) aus. Das Alte Reich (ca. 962–1806) hörte auf zu existieren und der letzte Kaiser, der Habsburger Franz II., legte auf Druck Napoleons die Kaiserkrone ab. Das linksrheinische Gebiet wurde von Frankreich annektiert und übernahm als Rechtsrahmen den neuen ‚revolutionären' Code civil (auch bekannt als ‚Code Napoléon'); dem schlossen sich ebenfalls rechtsrheinische Satellitenstaaten wie die Großherzogtümer Baden und Berg an. Alte Regelungen zugunsten der Landesherren wurden darin abgeschafft, darunter auch das Eigentumsrecht an Schatzfunden, das sich jetzt am römischen Rechtsverständnis, der hälftigen Teilung zwischen dem Finder und dem Grundstückseigentümer, der sogenannten Hadrianischen Teilung (siehe Kap. 2.6), orientierte.

Nach der endgültigen Niederlage Napoleons und seiner Verbündeten auf den Schlachtfeldern bei Leipzig und Waterloo wurde im Rahmen des Wiener Kongresses Europa territorial neu geordnet. Dieses geschah im Jahr 1815 und bedeutete für Deutschland (wie für weite Teile Europas) eine deutliche Zäsur. Die Hoffnungen der Bevölkerung nach den Unabhängigkeitskriegen gegen Napoleon auf ein ‚geeintes deutsches Vaterland' und auf demokratische Reformen blieben allerdings unerfüllt. Nach dem restaurativen Wiener Kongress kam es auf deutschem Boden stattdessen zur Gründung des Deutschen Bundes, bestehend aus 38 Mitgliedern. Entsprechend eigenständig und ohne Bezug zueinander waren auch die Regelungen zum Schutz der Denkmäler durch entsprechende Verordnungen in den einzelnen Landschaften (Klüßendorf 2000, 182–184). Welches fachliche Verständnis auf staatlicher Ebene insbesondere den prähistorischen Objekten gegenüber zuweilen noch herrschte, zeigt etwa eine Kabinettsorder in Preußen aus dem Jahr 1823, in der man Regelungen für „alte Kunstgegenstände und Denkmäler oder geschichtliche Merkwürdigkeiten [sic]" traf (Kunow 2002, 149 f.; Kraus 2012, 57). Unter den Bodendenkmälern nahmen hingegen die sichtbaren Bauten aus der Römerzeit – wie etwa die Porta Nigra, die sogenannte Konstantinsbasilika und die Kaiserthermen in Trier (siehe Kap. 2.4.3 und 3.3.2) – oder die epigraphischen Zeugnisse in den Sammlungen eine Sonderstellung ein. Deren Bedeutung war sich eine staatliche Administration durchaus bewusst.

Das Jahr 1815 markiert in Preußen, das sich nach dem Wiener Kongress territorial nach Westen hin erheblich erweitern konnte und mit der neu gegründeten Rheinprovinz jetzt auch die alten Römerstädte wie Köln, Aachen oder Trier umfasste, einen Wendepunkt in der Denkmalpflege (Kunow 2017b, 23–26 mit Karte 1). Dieser wird an der Person Karl Friedrich Schinkel (1781–1841) festgemacht: Sein Name steht am Beginn jeder Darstellung der Denkmalpflege in Deutschland als Institution (Schmidt 2008, 23). Schinkel war Architekt, Stadtplaner und Maler und ab 1810 zunächst Baubeamter, später Leiter der preußischen Oberbaudeputation. Die Oberbaudeputation war eine einflussreiche Revisionsbehörde, die alle staatlichen Bauvorhaben im Königreich (von Königsberg im Osten bis Aachen im Westen) in vielerlei Hinsicht, insbesondere unter dem wirtschaftlichen Aspekt, in der funktionellen Eignung, aber auch in ihrer Ästhetik prüfte (Mohr de Pérez 2001, 53–78). Am Beginn seiner Karriere in der Oberbaudeputation verfasste Schinkel ein Memorandum und reichte es im Jahr 1815 bei seinen Vorgesetzten ein (Mohr de Pérez 2001, 270–276; Scheurmann 2018, 293–297). Bei diesem berühmt gewordenen Memorandum handelt es sich „geradezu um die Gründungsurkunde der deutschen Denkmalpflege" (Schmidt 2008, 23). Schinkel sah auf seinen Dienstreisen allerorten die Vernachlässigung der Bausubstanz vor allem der mittelalterlichen Klöster und Kirchen, der Schlösser, Stadtmauern, Rathäuser und Burgruinen. Er resümierte die vorgefundene Situation und Vernachlässigungen dramatisch. In dem Zusammenhang benannte er als Grundforderung eine Inventarisierung der wichtigen Bauten samt ihrer Ausstattung und ergänzte die Liste mit den Kleindenkmälern wie Bildsäulen oder Grabmälern in den preußischen Provinzen. Die erforderlichen preußenweiten Inventarisationsarbeiten fixierte er dezidiert in seinem Memorandum und forderte unterhalb der (Provinz-)Regierungen angesiedelte sogenannte Schutzdeputationen für alle Bezirke, die diese Aufgabe übernehmen und Sorge und Pflege dieser Bauten damit sicherstellen sollten. Auch wenn Schinkels Augenmerk (mit Ausnahme einiger römischer Großbauten in der westlichen Rheinprovinz) keinen mittelalterlichen oder gar vorgeschichtlichen Bodendenkmälern galt, gibt es doch konzeptionell zwei wesentliche Elemente in seinem Memorandum von übergreifendem Interesse, nämlich die Forderung nach einer planmäßigen Erfassung von Denkmälern in Form einer Inventarisation mit den Arbeitsschritten ‚Ermittlung – Beschreibung – Bewertung‘ (siehe Kap. 3.1) und die Schaffung einer eigens eingerichteten Gutachter- bzw. Behördenstruktur durch den Staat. Beide Elemente sind gleichermaßen konstitutiv für die heutige Bau-, aber auch die Bodendenkmalpflege. Zwei Jahre nach Schinkels Tod wurde mit Ferdinand von Quast der erste hauptamtliche Denkmalpfleger in Preußen als Generalkonservator berufen, bereits zuvor hatte er sich mit der Denkschrift *Pro Memoria* bekannt gemacht (Mohr de Pérez 2001, 282–290). In einem Immediatsbericht vom 8. Juni 1843, der der eigentlichen Kabinettsorder vorausging, wurden von Quasts Aufgaben recht detailliert aufgelistet. Auch für die Geschichte der Archäologischen Denkmalpflege führt dieser Bericht einen wichtigen Aspekt auf, nämlich die Herstellung von Verbindungen mit und die Förderung von allen „Provinzial- und Lokalvereinen, die sich für die Interessen des Altertums, der Geschichte, der Kunst und ihrer Denkmäler gebildet haben“ (Kraus 2012, 58).

Abweichend gegenüber den Bau- und Kunstdenkmälern, wo der Staat seine Verantwortung bereits frühzeitig anerkannte, verlief die Geschichte der Bodendenkmalpflege im 19. Jahrhundert in Deutschland in anderen Bahnen. Sieht man von einer staatlichen Fürsorge von besonderen archäologischen Funden ab, die sich etwa in frühen Museumsplanungen wie der eines Antiquitäten-Kabinetts für die Rheinisch-Westphälischen Provinzen in Bonn (das heutige LVR-LandesMuseum Bonn) auf Grundlage eines Erlasses des Fürsten Hardenberg vom 4. Januar 1820 (siehe Kap. 3.4) (Kunow 2017b, 24–26) oder im Neuen Museum in Berlin (Museum der vaterländischen Altertümer) unter dem Direktorat von Leopold von Ledebur manifestiert, gab es keine konzise staatliche (insbesondere keine gesetzliche) Lenkung oder gar die Schaffung einer verantwortlichen Institution für den Schutz und die Erforschung der archäologischen Geländedenkmäler. Dieses überließ man Privatpersonen und insbesondere Vereinen.

Weit von der Realität eines gemeinsamen Vaterlandes entfernt, das sich nach den siegreichen Befreiungskriegen gegen Napoleon viele in Deutschland seinerzeit versprochen hatten, blieb dieses dennoch Wunsch vieler Bürger. Ihre

Sehnsüchte fokussierten die bürgerlichen Kreise auf die gemeinsame Vergangenheit und insbesondere auf die Objekte der ‚vaterländischen Vorzeit'. Auf dieser ideologischen Grundlage entstanden im 19. Jahrhundert überall in Deutschland Geschichts- oder auch spezielle Altertumsvereine (Ament 2000; Kraus 2012, 42–49 mit Abb. 4), die das übernahmen, was man heute wie selbstverständlich als staatliche Aufgabe begreift, d.h. sie führten Ausgrabungen sowie bisweilen Schutzmaßnahmen durch und legten Sammlungen der geborgenen Funde an, die häufig den später gegründeten staatlichen und kommunalen Museen als Grundstock dienten. Einige dieser Vereine bestehen bis in unsere Tage fort wie etwa der bereits 1812 gegründete Verein für Nassauische Altertumskunde und Geschichtsforschung in Wiesbaden oder der 1841 in Bonn entstandene Verein von Altertumsfreunden im Rheinlande, die mit den *Nassauischen Annalen* und den *Bonner Jahrbüchern* anerkannte Periodika noch heutzutage (mit-)herausgeben (Ament 2000; Kunow 2002, 149). Der Verein von Altertumsfreunden im Rheinlande bildet dabei gegenüber den übrigen Geschichts- und Altertumsvereinen insofern eine Besonderheit, als er seine Tätigkeit nicht auf eine enge Region oder ein Territorium beschränkt sah, sondern sogar über Deutschland hinaus agierte und das gesamte Stromgebiet des Rheins mit seinen Nebenflüssen einbezog.

Mit voller Berechtigung kann man von einer seinerzeitigen großen Bürgerbewegung sprechen. Das beweisen allein die mehr als 40 Geschichts- und Altertumsvereine, die zwischen 1819 und 1848 in Deutschland gegründet wurden (Heimpel 1959). Bald war die Zeit reif für eine gemeinsame Organisationsplattform. Es kam im Jahr 1852 zur Gründung des Gesamtvereins der deutschen Geschichts- und Altertumsvereine. Den Initiatoren ging es dabei um erheblich mehr als nur um einen informellen Austausch der inkorporierten Vereine – so schuf man Sektionen und Arbeitsgruppen mit überregionaler Aufgabenstellung wie die Commission zur Erforschung des Limes Imperii Romani. Nachhaltig und bis heute bedeutend waren zwei Beschlüsse in musealer Hinsicht: Es kam im Jahr 1852 zur Gründung zweier für Deutschland sehr bedeutender Museen, nämlich des Römisch-Germanischen in Mainz (heute: Römisch-Germanisches Zentralmuseum Mainz) und des Christlich-Germanischen in Nürnberg (heute: Germanisches Nationalmuseum Nürnberg), die ihre Sammlungsaktivitäten im Wesentlichen chronologisch trennten. Der damalige Aufbruchsgeist versiegte aber recht bald und scheiterte an den Partikularinteressen der Vereine, die wichtige Stücke der eigenen Sammlungen nicht an eine überörtliche Einrichtung abgeben wollten.

Auch wenn die staatliche Ebene wichtige Aufgaben einer Bodendenkmalpflege wie Ausgrabungen, Forschung oder Sicherungsmaßnahmen vorrangig den Vereinen überließ und diese dabei durchaus in ihrem Wirken ermunterte, gibt es doch Schutzbestimmungen und auch andere Aktivitäten, die man bereits staatlicherseits unternahm und die nicht völlig unerwähnt bleiben dürfen. Eindeutig im Schwerpunkt staatlichen Interesses und sekundiert durch einschlägige Regelungen und Verordnungen in den einzelnen Ländern und Territorien steht dabei das Sammeln von archäologischen Objekten und damit die Sicherung von Funden im öffentlichen Gewahrsam. Darüber hinaus gibt es jedoch in manchen Landesteilen auch schon echte Schutzbestimmungen für Geländedenkmäler. Eine der frühesten stammt vom 13. April 1804, wo Herzog Franz I. von Mecklenburg-Schwerin die „Schonung der heidnischen Gräber" anordnete und zugleich eine Erhebung der Anzahl, also (im heutigen Sprachgebrauch) eine Inventarisation, veranlasste; ähnliche Bestimmungen finden sich auch anderswo (Klüßendorf 2000, 183; Kraus 2000, 214 f.; Eckerle 2000, 218–221). Das Großherzogtum Mecklenburg-Schwerin steht aber noch für eine weitere Besonderheit. Mit der Instruction für Ausgrabungen vorchristlicher Alterthümer in Mecklenburg aus dem Jahr 1837 legte der Verein für mecklenburgische Geschichte und Alterthumskunde seinerzeit noch unübliche Qualitätsstandards für die vielfach als ‚Spatenwissenschaft' bezeichnete Prähistorische Archäologie fest. Hinter dieser Vereinsaktivität stand mit Christian Friedrich Lisch (1801–1883) allerdings ein staatlicher Bediensteter, der sich bei der Entwicklung und Verbreitung des Drei-Perioden-Systems, wonach auf die Steinzeit die Bronze- und schließlich die Eisenzeit folgt, in Deutschland als ein führender Vertreter der Ur- und Frühgeschichtsforschung im 19. Jahrhundert hervortat (Eggers 1959, 46–49).

Die Ur- und Frühgeschichtliche Archäologie wurde als eigene Disziplin im 19. Jahrhundert noch nicht an deutschen Universitäten gelehrt, dennoch gab es in diesem Jahrhundert wesentliche wissenschaftliche Fortschritte durch Privatpersonen und Vereine. Unabhängig von herausragenden Gelehrten aus skandinavischen Ländern (Dänemark und Schweden), wo die Professionalisierung im Umgang mit der eigenen Vorzeit erheblich eher begann und schon seit 1630 in Schweden das Amt eines Reichsantiquars für die heimischen ortsfesten Bodendenkmäler sowie im Jahr 1666 das weltweit erste Denkmalschutzgesetz hervorbrachte, gelang es auch hierzulande, insbesondere das Wissen um die zeitliche Abfolge der Funde, also die Relativchronologie ständig zu verbessern. Von Christian Friedrich Lisch war bereits die Rede, auch der Salzwedeler Gymnasialdirektor Johann Friedrich Danneil (1783–1868) widmete sich in der Freizeit den *Archaeologica* seiner Heimat (Altmark) und veröffentlichte in der 1830er Jahren unabhängig von gleichzeitig hierzu Forschenden Grundlegendes zum Drei-Perioden-System (Eggers 1959, 43–48; Eggert 2008, 34 f.). Ein dritter herausragender Privatgelehrter und aktives Vereinsmitglied ist hier mit Otto Tischler (1843–1891) zu nennen, der insbesondere für die Erforschung der Eisenzeit in Ostpreußen die fachlichen Grundlagen gelegt hat, aber weit über die Provinz hinaus vor allem durch seine Arbeiten zur Chronologie auch weiter verbreiteter Fibelformen bekannt war (Tischler 1878; Eggert 2008, 244 f.). Gerade in den Ostprovinzen Preußens, also in Pommern, West- und Ostpreußen, Posen und Schle-

Infobox

Frühe Sicherungsmaßnahmen an römerzeitlichen Bodendenkmalen

Nicht unerwähnt dürfen frühe Sicherungsmaßnahmen an Objekten bleiben, die insbesondere römischen Großbauten galten. Bereits im Jahr 1783 war man in Badenweiler, in der Markgrafschaft Baden, auf eine Trümmerstelle gestoßen, die im Folgejahr geregelte Freilegungsarbeiten an einer römischen Badeanlage veranlasste. Die Ruinen der Thermen zeigten sich in einem exzellenten Erhaltungszustand und als Schutzmaßnahme wurde eine erste Überdachung vom Markgrafen Karl Friedrich zu Baden finanziert. Mittlerweile (seit 2001) sichert ein wirkungsvoller filigraner Glasbaukörper das Objekt (Schiwall 2018, 84–86). Auch Trier, in der Spätantike kaiserliche Residenz im *Imperium Romanum*, war durch öffentliche Großbauten geprägt, die die nachfolgenden Jahrhunderte in einem relativ guten Zustand überdauerten. Neben römischen Thermenanlagen (Kaiserthermen und Barbarathermen) waren es ein Amphitheater, eine Palastaula (sogenannte Konstantinsbasilika) und das Nordtor der Stadtumwehrung, die Porta Nigra; diese sind heutzutage (gemeinsam mit der Trierer Römerbrücke und dem Pfeilergrabmal von Igel) Bestandteile der Welterbeliste der UNESCO. Schon Napoleon hatte damit begonnen, als Trier noch von Frankreich annektiert war, die Porta Nigra freizustellen und eine, das römische Stadttor überprägende Kirche aus dem Mittelalter abzubauen. Diese Maßnahmen wurden unter dem preußischen Kronprinzen und späteren König Friedrich Wil-

Abb. 3: Köln-Weiden, römische Grabkammer vom 2. bis 4. Jahrhundert genutzt. Eines der frühen Zeugnisse staatlicher Denkmalpflege in Deutschland, seit 1848 der Öffentlichkeit zugänglich gemacht.

helm IV. (Regierungszeit 1840–1861) abgeschlossen (Schiwall 2018, 200–204). Neben dem Mittelalter und seinen baulichen Zeugnissen in der Rheinprovinz engagierte er sich häufig mit eigenen finanziellen Mitteln insbesondere für Bauten der Römerzeit. Über die römischen Großbauten in Trier hinaus waren es etwa die Schutzhäuser im Biedermeierstil für die römische Villa von Fließem-Otrang mit deren hervorragend erhaltenen Mosaiken (ebd. 101 f.) oder die unterirdische Grabkammer von Weiden bei Köln, die einen Schutzbau und ein Wärterhaus erhielt (ebd. 106 f.) (Abb. 3). Über sein zweifellos vorhandenes persönliches Interesse an *antiquitates* hinaus verfolgte Friedrich Wilhelm IV. aber auch politische Ziele: So wollte er zum einen den erheblichen Widerständen in den katholischen Rheinlanden gegenüber dem protestantischen Herrscherhaus der Hohenzollern im fernen Berlin durch eine gezielte Bau- und Kulturpolitik im neu hinzugekommenen Westen seines Königreiches begegnen, zum anderen war „die Geschichte Preußens mit der Erwerbung der Rheinlande mehr als tausend Jahre älter" geworden und mit dieser ‚neuen' *origo* wuchs inneres Wertgefühl und äußeres Ansehen der Hohenzollern entsprechend (Kunow 2017b, 26). Dieser Beweggrund kam, wie bereits dargestellt, mit der Renaissance erstmals auf: Römische Geschichte und ihre Denkmalhinterlassenschaften wurden für eigene Zwecke vereinnahmt.

sien entstanden fachlich sehr beschlagene Altertumsvereine, die dokumentierte Ausgrabungen durchführten und in ihren Vereinszeitschriften bekannt machten (Nowakowski 2000). Darüber hinaus legten sie umfangreiche Sammlungen an, deren Bestände man in aller Regel später öffentlich betreute. Die bekannteste unter ihnen war die Prussia-Sammlung, eine Sammlung der 1844 in Königsberg (heute: Kaliningrad) gegründeten Alterthumsgesellschaft Prussia, die bis 1945 im Schloss von Königsberg untergebracht war und mehr als eine Viertelmillion Exponate umfasste. Am Ende des Zweiten Weltkriegs entstanden erhebliche Verluste durch Plünderungen und durch Verlagerungen. Größere Bestände kamen über Umwege schließlich auch nach Berlin, ins dortige Museum für Vor- und Frühgeschichte.

Über Fragen der altersmäßigen Bestimmung der Funde und Befunde hinaus stand bei vielen Vereinen und Forschern im 19. Jahrhundert auch die ‚ethnische Deutung', also die Herkunft und Zuweisung der vorgefundenen Hinterlassenschaften an Gruppen und Träger von Kulturen, auf der Tagesordnung. Man war bemüht, die römischen Relikte genauer einzuordnen, aber etwa auch germanisches von slawischem Fundgut in fachlichen Diskursen zu trennen. Bemerkenswert ist, dass die ‚ethnische Frage' seinerzeit noch nicht rigide ‚vaterländisch' beantwortet und vor einem rassistischen und antisemitischen Hintergrund angegangen wurde, wie er dann am Ende des 19. Jahrhunderts für die ‚Völkische Bewegung' mit dem von ihr evozierten, auf einen spezifischen Rassentypus aufsetzenden ‚Germanenmythos' (Wiwjorra 2006) und eine Generation später für das ‚Dritte Reich' charakteristisch war.

2.3.3 | Deutsches Kaiserreich (1871–1918)

Um 1870 kam es in verschiedenen Städten und auch auf nationaler Ebene zur Gründung von Vereinen eines ganz neuen Typs in Deutschland, der abweichend von den bis dahin bekannten Heimat-, Geschichts- und Altertumsvereinen eine naturwissenschaftliche Ausrichtung aufwies und sich als Konkurrenz zu den bestehenden Vereinsgründungen erweisen sollte. Ausgelöst durch die Evolutionstheorie Charles Darwins und durch die Auffindung der Skelettreste des ersten Neandertalers bei Düsseldorf im Jahr 1856, etablierte sich die Anthropologie als neues Fach. Im Zusammengehen mit der Völkerkunde und der Vorgeschichte entwickelte sie interdisziplinäre Fragestellungen und methodische Ansätze, die eine bis dahin unbekannte wissenschaftliche Qualität beinhalteten. Motor der Bewegung zur Gründung der (noch heute in Berlin bestehenden) Gesellschaft(en) für Anthropologie, Ethnologie und Urgeschichte war in Deutschland der hauptberufliche Mediziner und als leidenschaftlicher Urgeschichtler tätige Rudolf Virchow (1821–1902), dessen wissenschaftliche Vorstellungen das letzte Drittel des 19. Jahrhunderts auch für die Prähistorie entscheidend mitprägten (Eggert/Samida 2013, 17–20). Akzeptanz fanden diese Vereinigungen sogar an den Universitäten, wo sich ihnen bedeutende Gelehrte vorwiegend anderer naturwissenschaftlicher Disziplinen als Mitglieder anschlossen. Damit war die akademische Reputation dieser ‚Anthropologischen Gesellschaften', die auch archäologisch tätig waren, ungleich stärker als die der Geschichts- und Altertumsvereine. Deren fachliche Grundlage diskreditierte der Althistoriker Theodor Mommsen (1817–1903) mit beißendem Spott:

> „Diese leichtgewichtige Altertumswissenschaft, zu der man keinerlei Kenntnisse in Griechisch und Latein benötigt, eine Wissenschaft, die eine geeignete und unschuldige Beschäftigung und Zerstreuung für Kreisphysici [Kreisarzt, in der Funktion als staatlicher Gesundheitsbeamte in Preußen] und Provinzial-Landräthe, Obristen [Oberst] außer Dienst, Dorfschulmeister und pensionierte Landpastoren darstellt" (Grünert 2002, 127).

Trotz der akademischen Missachtung spielten die politische Entwicklung und die allerorten neu entflammte ‚vaterländische Gesinnung' den Geschichts- und Altertumsvereinen in die Hände. Die Deutschen Einigungskriege, vor allem der siegreiche Krieg 1870/71 gegen den ‚Erbfeind Frankreich', waren dabei ein wichtiger Katalysator und „Einheit durch Feindschaft" (Eckart Conze) wurde zum konstitutiven Element. Hier formierte sich ein Bellizismus, der nicht nur später in den Ausbruch des Ersten Weltkriegs einmündete, sondern auch in der ‚Fachsprache' etwa bei der Darstellung von ‚Ursprung und Verbreitung der Germanen' (Gustaf Kossinna) immer wieder nachweisbar ist.

Noch vor der Kaiserproklamation von Wilhelm I. am 18. Januar 1871 gingen der Norddeutsche Bund und die süddeutschen Territorien zum 1. Januar 1871 im Deutschen Reich auf. Dieses war ein Bundesstaat, bestehend aus 25 einzelnen Gliedstaaten (22 Staaten und die drei Freien Städte Hamburg, Bremen und Lübeck). Die Reichsverfassung sah dabei unter anderem vor, die Zuständigkeit in allen kulturellen Belangen bei den einzelnen Bundesstaaten zu belassen. Ein föderales Prinzip – verkürzt als ‚Kulturhoheit der Länder' bezeichnet –, das bis heute in der Bundesrepublik Deutschland durch Art. 30 GG Bestand hat (siehe Kap. 2.6). Für die archäologische Denkmalpflege hatte dieses zur Folge, dass es keine einheitliche, das gesamte Deutsche Reich umfassende Regelung etwa zum Bodendenkmalschutz oder zum Ausgrabungswesen gab, ein Umstand, der noch heutzutage in der Bundesrepublik Deutschland fortbesteht. Nicht wenige der damaligen Länder sahen zunächst überhaupt keine Notwendigkeit, ein spezifisches Denkmalschutzgesetz zu erlassen; sie beließen es bei Verordnungen und Dekreten, also bei Regelungen unterhalb einer gesetzlichen Ebene.

Trotz der bis zum Ausbruch des Ersten Weltkriegs anhaltenden Vaterlandseuphorie definierte die Bevölkerung weiterhin ihre kulturelle Identität – abweichend von der politischen, wo man sich als ‚Patriot' begriff – auf Grundlage einer landsmannschaftlichen Herkunft. Mochte man von universitärer Seite der heimischen Ur- und Frühgeschichtsforschung auch wenig Respekt zollen und den Geschichts- und Altertumsvereinen in ihrem praktischen Vorgehen Laientum und Dilettantismus vorwerfen, erhielten diese vor Ort doch viel Zuspruch im öffentlichen Bewusstsein. Das Kaiserreich von 1871 bis 1918 etablierte unabhängig und oberhalb der föderalen bundesstaatlichen Ebene einen Reichspatriotismus als imperiale Erinnerungskultur mit Rückgriffen auf das 1806 untergegangene Alte Reich, aber auch auf die ‚germanische Vorzeit'. Hierfür stehen die in rascher Folge eingeweihten Nationaldenkmäler wie das Hermannsdenkmal bei Detmold (1875) oder das Niederwalddenkmal oberhalb von Rüdesheim (1883) mit der triumphierenden Germania als Hauptfigur – beide gegen den ‚Erbfeind Frankreich' gerichtet (Kunow 2017a, 20–25). Verständnis und Bekenntnis als Nation spiegelten sich in diesen Nationaldenkmälern, von denen es auf das Reichsgebiet verteilt ein halbes Dutzend gab, wider.

Die deutsche Einheit von 1871 schuf nun auch den Rahmen, länderübergreifende Vorhaben organisatorisch erfolgreich anzugehen. Hatte bereits der Gesamtverein der deutschen Geschichts- und Altertumsvereine im Jahr 1852 mit der Installierung der Commission zur Erforschung des Limes Imperii Romani Weitblick bewiesen, so war doch ganz offensichtlich die Zeit damals noch nicht reif für ein derartiges Unterfangen. Es blieb dem Althistoriker Theodor Mommsen vorbehalten, mit der Reichs-Limeskommission (RLK) das erste gemeinsam organisierte archäologische ‚Megaprojekt' in Deutschland zu initiieren, die Erforschung des Obergermanisch-Raetischen Limes (ORL) mit seiner Länge von rund 550 km (seit

2005 eingetragen in die Welterbeliste der UNESCO). Mit dem Zustandekommen der Reichs-Limeskommission ab dem Jahr 1892 – heutiger Nachfolger ist die Deutsche Limeskommission (DLK) – waren die neuen, durch die Reichsgründung geschaffenen Möglichkeiten deutlich geworden, mit Unterstützung der staatlichen Ebene im nationalen Rahmen tätig zu werden. Ebenso offenbarte sich aber auch der Umstand, dass den von Privatpersonen getragenen Heimat- und Geschichtsvereinen bei allem Engagement immer Wirkungsgrenzen in finanzieller und organisatorischer Hinsicht gesetzt sein würden (Kunow 2002, 153).

Deutete sich bereits mit der Gründung der Reichs-Limeskommission zum Ende des 19. Jahrhunderts eine veränderte Einstellung des Staates den heimischen Bodendenkmälern gegenüber an, so lässt sich dieses auch in der Schaffung einer weiteren, auf nationaler Ebene tätigen archäologischen Institution sowie im Bereich der Legislative, also im Rahmen der Gesetzgebung, aufzeigen. Letztendlich war es der Beharrlichkeit der Geschichts- und Altertumsvereine und der politischen Entwicklung des aufstrebenden Nationalstaates Deutschland zu verdanken gewesen, dass sich mit der Wende zum 20. Jahrhundert endlich eine umfassende staatliche Verantwortung für die Zeugnisse der ‚vaterländischen Vorzeit' entwickelt hatte. Die nun einsetzende Professionalisierung erfolgte zu Lasten der vom Ehrenamt geprägten Vereine; sie wurden somit Opfer ihres eigenen jahrzehntelangen erfolgreichen Engagements.

Theodor Mommsens Vorstellungen gingen über die Einrichtung der Reichs-Limeskommission, die ja ‚nur' einem spezifischen Forschungsanliegen diente, weit hinaus. Er propagierte, „ein archäologisches Reichsinstitut [...] auch in Deutschland für die römisch-germanischen Altertümer ins Leben zu rufen [...], ein vaterländisches archäologisches Institut" (Kyrieleis 1999, 754). Damit war die Idee zur Gründung der heutigen Römisch-Germanischen Kommission (RGK) als Institution des Kaiserlich-Deutschen Archäologischen Instituts (heute: DAI) ausgesprochen; sie wurde im Jahr 1902 in Frankfurt vollzogen. Dagegen gab es erhebliche Vorbehalte. Vor allem die Vereine, die auf diesem Gebiet bislang in Deutschland tätig gewesen waren, meldeten Widerstände an. Man minimierte seitens der Reichsregierung den Konflikt, indem die Satzungen ein Tätigwerden der RGK auf den Süden und Westen Deutschlands beschränkten und weiterhin festlegten, den Vereinen und deren lokalen Forschungen Beratung und Förderung zu gewähren. Bereits im Vorgriff hatten sich die im Westen und Süden Deutschlands tätigen, im Besonderen auch mit den römischen Hinterlassenschaften befassten Altertumsvereine am 19. April 1900 in Frankfurt versammelt und zum Verband west- und süddeutscher Vereine für römisch-germanische Alterthumsforschung zusammengeschlossen. Der (bald ein wenig umbenannte) West- und Süddeutsche Verband für Altertumsforschung besteht bis heute fort, wie auch die nachfolgend benannten: Noch vor dem Ersten Weltkrieg gründeten sich mit dem Nordwestdeutschen (1905) und nach Kriegsende mit dem Ostdeutschen (1928) und dem

Mitteldeutschen (1929) drei weitere, die Gesamtfläche Deutschlands dann vollständig abdeckende Regionalverbände.

Aber nicht nur auf bürgerschaftlicher und staatlicher Ebene, auch im akademischen Bereich gab es zur Jahrhundertwende deutliche Veränderungen. Anders als die Klassische Archäologie, die an den großen deutschen Universitäten bereits im 19. Jahrhundert ordentliche Lehrstühle besetzt hatte, gab es bei der heimischen Prähistorie keine vergleichbare Situation für den akademischen Nachwuchs. Wenn überhaupt übernahmen an der Vorgeschichte interessierte Anthropologen, Geologen oder Kunsthistoriker, Sprachwissenschaftler und Klassische Archäologen die universitäre Ausbildung. Die Jahrhundertwende brachte aber auch hier eine Änderung. Vor dem Hintergrund eines immer stärker werdenden völkischen Nationalismus im Kaiserreich bekleidete seit dem Jahr 1902 Gustaf Kossinna die erste planmäßige außerordentliche ‚Professur für deutsche Archäologie' an der Berliner Friedrich-Wilhelms-Universität (Grünert 2002, 140–163). Auch wenn es noch mehr als zwei Jahrzehnte dauern sollte, bis mit Einrichtung des ersten vorgeschichtlichen Ordinariates in Marburg im Jahr 1927 die volle universitäre Anerkennung vollzogen war, markiert doch die Berufung Kossinnas einen Wendepunkt. Kossinna und seine Gefolgsleute, die sich bald in der Deutschen Gesellschaft für Vorgeschichte (DGV) mit dem Publikationsorgan *Mannus* organisierten (ebd. 208–228), sekundierten ‚völkisches Gedankengut' und proklamierten „Die deutsche Vorgeschichte [als] eine hervorragend nationale Wissenschaft" (ebd. 232–236). Mit dieser Einstellung war die Spaltung innerhalb der archäologischen Kollegenschaft vollzogen und der Irrweg eingeschlagen, der im ‚Dritten Reich' mit der beinahe bedingungslosen ideellen und ideologischen Unterstützung des Regimes endete. Die fachlichen Grabenkämpfe, die insbesondere Kossinna gegen das ‚Establishment' provozierte, nahmen allerdings erst nach dem Ende des Ersten Weltkriegs auch politischen Charakter an.

Zuvor konnte die Bodendenkmalpflege in Deutschland durchaus Fortschritte verzeichnen. In mehreren der Bundesstaaten waren nach der Jahrhundertwende die Zeiten der Verordnungen, Erlasse und Dekrete passé; man erließ erste Denkmalschutzgesetze. Den Anfang machte das Großherzogtum Hessen-Darmstadt (1902), das auch Bodendenkmale einbezog. Hier gelang es den Altertumsvereinen noch einmal, sich eine Mitwirkungsmöglichkeit in bestimmten Verfahren abzusichern. Eine gesetzliche Regelung, die dem ungleich bedeutenderen Preußischen Ausgrabungsgesetz von 1914 später vollends fehlen sollte (Kraus 2000, 215). Hessen folgte im Jahr 1911 das Großherzogtum Oldenburg. Gerade das Oldenburgische Gesetz hatte Vorbildfunktion für spätere Gesetze und regelte nicht nur den Schutz von Denkmälern, sondern auch organisatorische Strukturen wie die Berufung des dortigen Museumsdirektors für Naturkunde und Vorgeschichte in das Amt eines für die Bodendenkmalpflege Verantwortlichen (Kunow 2002, 156). Auch anderswo, in Sachsen, wurde der Ruf nach gesetzlichen Regelungen laut (Schulze-Forster / Strobel 2010).

Besondere Bedeutung musste natürlich der preußischen gesetzlichen Regelung zufallen, nahm doch das militärisch, wirtschaftlich und politisch dominante Preußen recht genau drei Fünftel der Gesamtfläche des Deutschen Reiches und auch seiner Gesamtbevölkerung ein. Preußen blieb hinter den Erwartungen der Fachleute allerdings zurück, vor allem, da sich die neue Regelung im Kern nur auf bewegliche Objekte aus Ausgrabungen bzw. sogenannte Gelegenheitsfunde beschränkte, ortsfeste Bodendenkmäler und deren Sicherung spielten hingegen eher eine marginale Rolle. Im Preußischen Herrenhaus, der ersten Kammer des Preußischen Landtags, hatte man zuvor den Entwurf eines umfassenderen Denkmalschutzgesetzes, der von dem zuständigen Fachministerium zunächst eingebracht worden war, verhindert, da insbesondere die dort vertretenen Großgrundbesitzer Einschränkungen in der Nutzung ihrer Ländereien durch einen dauerhaften Denkmalschutz befürchteten. Es kam am 26. März 1914 nach Beratung im Preußischen Herrenhaus daher nur zum Erlass eines Ausgrabungsgesetzes, das zudem die Rechte an geborgenen Bodenfunden stark zu Gunsten des Grundstückseigentümers regelte. Allerdings wurden jetzt staatliche Genehmigungen für Ausgrabungen verlangt und hierdurch der Einfluss der zuvor selbstständig tätigen Altertumsvereine, denen zunächst auch ein Ablieferungsrecht an Funden eingeräumt werden sollte, zurückgedrängt. Es gibt im Preußischen Ausgrabungsgesetz weitergehende positive Regelungen gegenüber den Jahrzehnten zuvor. So wurde die Meldepflicht bei der Entdeckung von ‚Gelegenheitsfunden' festgeschrieben und für den Staat ein Ablieferungsbegehren mit einer Entschädigungsklausel gegenüber dem Finder bzw. Grundstückseigentümer verankert. Damit wollte man die Überführung von wichtigen Funden in öffentliche Sammlungen absichern (Kraus 2012, 205–214; ders. 2014). So ‚antiquiert' das Preußische Ausgrabungsgesetz aus fachlicher Sicht schon bei dessen Verkündung wirken mochte – ihm fehlte ja ein echter (Denkmal-)Schutzgedanke –, es fand Nachfolgeregelungen in anderen Bundesländern und hatte Bestand (Hönes 2014). In Nordrhein-Westfalen wurde es erst 66 Jahre später (!) durch das neue dortige Landesdenkmalschutzgesetz am 11. März 1980 außer Kraft gesetzt, auch in Teilen von Rheinland-Pfalz galt es bis weit in die 1970er Jahre hinein. Der Ausbruch des Ersten Weltkriegs verhinderte jedoch die Umsetzung des ein knappes halbes Jahr zuvor erlassenen Gesetzes. Erst die notwendigen Ausführungsbestimmungen vom 30. Juli 1920 sicherten den Vollzug und regelten insbesondere die zukünftige Organisation und Zuständigkeit der Bodendenkmalpflege in Preußen. Die staatliche Bodendenkmalpflege hatte sich damit erstmals in Deutschland auf breiter Front durchgesetzt, zumal auch in den südlichen Ländern jetzt erste, für die archäologischen Belange zuständige Konservatorenstellen innerhalb fester Amtsstrukturen eingerichtet wurden (Greipl 2008; Plate 2020).

Weimarer Republik und Zeit des Nationalsozialismus (1918–1945) 2.3.4

Mit der Unterzeichnung des Waffenstillstandes bei Compiègne (Département Oise, Frankreich) am 11. November 1918, der das Ende des Ersten Weltkriegs und den endgültigen Untergang des Kaiserreiches bedeutete, brach in Deutschland ein neues Zeitalter an. Sichtbar unter anderem darin, dass bereits ein Tag nach der Kapitulation erstmalig das passive und – etwas später – auch das aktive Wahlrecht für Frauen verkündet wurde. Mit dem Inkrafttreten der Weimarer Reichsverfassung (WRV) vom 14. August 1919 wandelte sich das zuvor konstitutionell-monarchische Deutschland in eine erste parlamentarische Demokratie. Auch Denkmalschutz und Denkmalpflege fanden in Art. 150 WRV nun als Staatsziel Eingang in eine Verfassung: „Die Denkmäler der Kunst, der Geschichte und der Natur sowie die Landschaft genießen den Schutz und die Pflege des Staates." Für die konkrete Umsetzung waren – auch im Gesetzgebungsverfahren – weiterhin die einzelnen Länder zuständig.

Preußen war hier in Vorleistung getreten und hatte bereits wenige Monate vor Ausbruch des Ersten Weltkriegs, am 26. März 1914, ein neues Ausgrabungsgesetz verabschiedet, das allerdings erst durch die Ausführungsbestimmungen vom 30. Juli 1920 Wirksamkeit erlangte. Diese Ausführungsbestimmungen präzisierten erstmals die Organisation und Verantwortungsträger der zukünftigen Bodendenkmalpflege im jetzigen Freistaat Preußen. Neu eingeführt wurde das Amt der Vertrauensmänner für kulturgeschichtliche Bodenaltertümer – nach heutiger Terminologie der Landesarchäologen –, die in den Provinzen (oder Teilen davon) berufen wurden. In der Regel bestimmte man einen Archäologen, der in einem großen Museum (Provinzmuseum) als Direktor oder als Leiter der archäologischen Abteilung tätig war, zum ‚Staatlichen Vertrauensmann', so dass es hier zur institutionellen Klammer von Bodendenkmalpflege und Museum kam. Er erhielt nur eine Aufwandsentschädigung. Die Installierung als ‚Staatlicher Vertrauensmann' signalisierte jedoch einen gewaltigen Bedeutungsgewinn für den von Staats wegen Berufenen und für das von ihm vertretene Anliegen. Er war von jetzt an der qua Gesetz bestätigte, fachliche Ansprechpartner für Politik und Verwaltung, für Denkmalbesitzer, aber auch für die Vereine in allen Angelegenheiten des Schutzes, der Pflege und Erforschung von ‚Bodenaltertümern' in der juristischen Diktion des preußischen Ausgrabungsrechts. Jedoch gab es durchaus Besetzungsschwierigkeiten, professionelle Prähistoriker für die Berufung zu gewinnen, da nicht in allen Provinzen ausreichend Fachleute und einschlägige Museen vorhanden waren. Vorbildlich aufgestellt war allerdings die westlichste (und wirtschaftlich stärkste) der preußischen Provinzen, die Rheinprovinz, mit den Direktoren der beiden Provinzialmuseen in Bonn und Trier, deren jeweilige bodendenkmalpflegerische Zuständigkeit für die insgesamt fünf Regierungsbezirke einvernehmlich festgelegt wurde. Einen Sonderstatus bekam die gerade mit römischem Kulturerbe üppig ausgestattete Stadt Köln, wo der Leiter der römischen Abteilung des Wallraf-Richartz-Museums ebenfalls berufen wurde. Gab es in der Rheinprovinz damit bereits drei ‚Staatliche Vertrauensmänner', waren es in der östlich angrenzenden Provinz Westfalen zeitweilig sogar sechs, wobei deren fachliche Qualifikation für die neue Position durchaus unterschiedlich bewertet werden muss (Kraus 2012, 235). In den anderen preußischen Provinzen stand man häufig vor dem gleichen Problem. Eine Ausnahme bildete Schlesien, das bereits eine professionelle Bodendenkmalpflege betrieb. Auch die Reichshauptstadt Berlin stand dem natürlich nicht nach und betreute zusätzlich noch die Provinz Brandenburg. Nicht nur in Preußen gab es eine neue Gesetzgebung: Die Stadt Hamburg (1920) und Mecklenburg (1929) folgten. Auch in Sachsen wurde bereits 1925 ein Gesetz zum Schutz der vorgeschichtlichen Denkmäler in den Landtag eingebracht, allerdings kam es dort erst Jahre später (1934) zur Verabschiedung. Trotz der geschilderten Verbesserungen in gesetzgeberischer Hinsicht blieb Deutschland ein Flickenteppich.

Besonders die erste Hälfte der 1920er Jahre war überall in Deutschland durch Reparationszahlungen nach dem verlorenen Krieg, wirtschaftliche Depression und Inflation gekennzeichnet. Die Bodendenkmalpflege konnte dem wenig entgegensetzen: Ein geregelter Grabungsbetrieb oder andere bodendenkmalpflegerische Maßnahmen im Außendienst mussten weitgehend ruhen (Kunow 2013, 259). Erst die zweite Hälfte der 1920er Jahre brachte in wirtschaftlicher Hinsicht zwar eine gewisse Entspannung, doch nahm die politische Radikalisierung in Teilen der Bevölkerung zu, auch namhafte Prähistoriker waren darunter. Sie gehörten insbesondere den zwischen 1900 und 1910 Geborenen an, die noch zu jung waren, am Weltkrieg teilzunehmen und somit der ‚Schützengrabengeneration' zuzugehören, jedoch den Friedensvertrag von Versailles als Schmach und Demütigung des Vaterlandes empfanden. Hinzu kam die persönlich schwierige wirtschaftliche Situation. Sie fanden auf der Suche nach Halt und Orientierung Gleichgesinnte in national-radikalen, antiparlamentarischen und zumeist antijüdischen Bewegungen, bevor sie zur NSDAP und ihren Unterorganisationen stießen (Kunow 2013, 260).

Die in den 1920er Jahren neu entstandene NSDAP verstärkte zum Ende dieses Jahrzehnts ihre Bemühungen, Einfluss auf die Kulturpolitik zu nehmen. Auf dem Nürnberger Parteitag des Jahres 1927 kam die Idee zur Gründung der Nationalsozialistischen wissenschaftlichen Gesellschaft unter Leitung von Alfred Rosenberg auf, der als ‚Chefideologe' im ‚Dritten Reich' zu einem wichtigen Akteur wurde. Dieser Gesellschaft, die recht bald unter der Bezeichnung Kampfbund für deutsche Kultur (KfdK) auftrat, schlossen sich u. a. Gustaf Kossinna und etwas später Hans Reinerth, dem im ‚Dritten Reich' eine bemerkenswerte Karriere gelang, an (Grünert 2002, 304–313, bes. 311). Weitere prominente Prähistoriker folgten (Pape 2002a, 176 f.). Bis 1933 waren mehr als einhundert Prähistoriker dem Kampfbund beigetreten (Pape 2002b, 343–345 mit Abb. 12).

Hans Reinerth (1900–1990) war jedoch nicht nur der Karrierist und der nach der ‚Machtergreifung' durch die Nazis mit erheblichen Kompetenzen ausgestattete ‚Reichsbeauftragte für die deutsche Vorgeschichte', als der er in heutigen forschungsgeschichtlichen Arbeiten häufig und auch zu Recht beschrieben wird. Unzweifelhaft bei ihm vorhanden waren organisatorische Fähigkeiten verbunden mit einem Gespür für den öffentlichkeitswirksamen Einsatz innovativer Medien (z.B. Produktion von Lehrfilmen und Anfertigung von didaktischen Ausstellungsmodellen in einer eigens eingerichteten Werkstatt). Mit an Ausgrabungsbefunden orientierten 1:1-Nachbauten vorgeschichtlicher Häuser in neuen Freilichtmuseen betrat er sogar Neuland. Ebenfalls darf man nicht seine fachlichen Qualitäten unterschlagen, insbesondere die konsequente Einbeziehung naturwissenschaftlicher Disziplinen, die umfänglich zum Repertoire gehörten, sowie die im Grabungsablauf neu eingesetzte Planfotografie freigelegter Flächen oder die Anfänge von Luftbildflügen in Deutschland (Schöbel 2002, 324–328; ders. 2011, 89f.; ders. 2013, 77–81). Der neue Forschungsansatz kam insbesondere bei der großzügigen Freilegung jungsteinzeitlicher Siedlungen und der spätbronzezeitlichen Wasserburg Buchau im württembergischen Federseemoor zum Tragen. Diese Ausgrabungen, von Robert R. Schmidt (1882–1950), Institutsleiter des Urgeschichtlichen Forschungsinstituts (UFI) der Universität Tübingen, angestoßen, setzen bereits bald nach Kriegsende ein und standen von Beginn an in erheblicher Konkurrenz zur amtlichen württembergischen Bodendenkmalpflege, die weder methodisch oder grabungstechnisch, noch von den Objekten her vergleichbares aufweisen konnte. Mittendrin im Konflikt zur amtlichen Bodendenkmalpflege, der sich bis zum Ende des Zweiten Weltkriegs hinziehen sollte, stand Hans Reinerth, der zunächst nur als Mitarbeiter des UFI tätig war, bald aber seine Feldforschungen systematisch ausbauen konnte (Strobel 2000, 224; Schöbel 2002, 326f.; ders. 2011, 83–91, 112f.).

Es gab insbesondere in den fortgeschrittenen 1920er Jahren weitere Großgrabungen in Deutschland, die in der Weimarer Zeit zunächst noch kein Konfliktpotential erkennen ließen, in der Zeit des Nationalsozialismus jedoch eingestellt wurden, da sie nicht mehr in das ideologische Profil passten. Hierzu zählen die großflächigen Untersuchungen auf dem Fürstenberg bei Xanten (Niederrhein), in *Vetera castra*, dem größten Legionslager am gesamten römischen Limes. Bereits 1905 begonnen und mit Kriegsbeginn 1914 vorübergehend unterbrochen, wurden sie seit 1925 – unter anderem gefördert von der Notgemeinschaft der Deutschen Wissenschaft (ab 1936 bis heute: Deutsche Forschungsgemeinschaft, DFG) – für ein knappes Jahrzehnt wiederaufgenommen. Auf politischen Druck aus dem ‚Reinerth-Lager' und der Parteipresse hin musste das Provinzialmuseum Bonn im Frühjahr 1934 alle Grabungsmaßnahmen in *Vetera* endgültig einstellen (Kunow 2013, 261–266). Dieses Schicksal teilten unmittelbar mit der ‚Machtergreifung' oder nur wenige Jahre danach im Grunde alle umfangreicheren Untersuchungen römerzeitlicher Fundstellen in Deutschland (Baatz 2002). Gerade Geländeforschungen in römischen Legions- und Auxiliarlagern des Niedergermanischen und Obergermanisch-Raetischen Limes oder an Großbauten und großräumigen Anlagen in römischen Kapitalen wie Köln oder Trier waren in den Jahrzehnten zuvor die ‚Renomiergrabungen' schlechthin gewesen. Waren es zunächst vor allem diese Römergrabungen in Deutschland gewesen, die von der Monumentalität der Objekte, aber auch von der wissenschaftlichen Herangehensweise und vom technischen Einsatz her den Ton angaben, organisierte man in den 1920er Jahren auch die ersten großflächigen und systematischen Untersuchungen an prähistorischen und frühgeschichtlichen Fundstellen in Deutschland. Von den Untersuchungen des Tübinger Instituts im württembergischen Federseemoor war bereits die Rede. Einen weiteren Meilenstein setzte die erstmalige Komplettuntersuchung einer über 4 ha großen bandkeramischen befestigten Siedlungsanlage mit ihren fast 90 Hausgrundrissen in Köln-Lindenthal in den Jahren 1929 bis 1934; eine Maßnahme, die zunächst als einfache Notgrabung gestartet war und bald von der ‚Notgemeinschaft' unterstützt wurde. Ab 1930 wurden auch die umfassenden Geländeaktivitäten im wikingerzeitlichen Handelsort Haithabu bei Schleswig aufgenommen, die man unwidersprochen zu den wichtigsten Grabungen im ‚Dritten Reich' zählen muss. Haithabu, mittlerweile in die Welterbeliste der UNESCO aufgenommen, steht über seine wissenschaftliche Bedeutung hinaus gleichermaßen für eine besondere Regimenähe, was die Beziehungen zum Ahnenerbe und die Karriere seines dortigen Ausgräbers Herbert Jankuhn betrifft (Mahsarski 2011; Focke-Museum et al. 2013). Die ‚Machtergreifung' der Nazis begann am 30. Januar 1933 – die offizielle Propaganda verwendete den Terminus ‚Machtübernahme', um nach außen hin den Anschein von Legalität zu wahren – und veränderte Deutschland in jeglicher Hinsicht. Es wurde ein ‚Führerstaat', in dem Adolf Hitler die höchsten staatlichen, militärischen und parteibezogenen Ämter auf seine Person vereinigte. Trotz dieser allumfassenden Gewalt gab es unterhalb des ‚Führers' eine Vielzahl von Institutionen und Organisationen auf Staats- und Parteiebene, die ihrerseits versuchten, eigene Machtzentren aufzubauen und die dabei mit großer Entschlossenheit (offen oder verdeckt) mehr gegen-, als miteinander agierten. So entstanden zugleich polykratische Strukturen, da Hitler eher selten in diese Prozesse eingriff, ja sogar bewusst eine unklare Kompetenzabgrenzung betrieb. ‚Führerstaat' einerseits und Polykratie andererseits prägten damit den Alltag im Nationalsozialismus. Auch die Archäologie und Bodendenkmalpflege waren davon unmittelbar betroffen und wurden Teil einer ‚Zustimmungsdiktatur', denn ohne äußeren Druck und als Akt der Selbstmobilisierung unterstützten von Beginn an weite Teile der Archäologenschaft, insbesondere die Vor- und Frühgeschichtler, die nationalsozialistische Bewegung und dienten sich ihr aus Überzeugung an. Sie schlossen sich dabei den unterschiedlichen Fraktionen und Institutionen auf Regierungs- und Parteiebene an, nur einzelne blieben wirklich außen vor: Im Ergebnis entstand durch diese Lagerbildungen eine massive Zwietracht innerhalb der Archäologenschaft, die von Drohungen und Hintertreibungen geprägt war und auch vor Denunziation nicht Halt machte. Für die Archäologie und Bodendenkmalpflege im ‚Dritten Reich' waren dabei insbesondere drei Institutionen prägend, deren diesbezügliches Verhältnis zu- und gegeneinander erst Jahrzehnte nach Ende des Zweiten Weltkriegs wissenschaftlich aufgearbeitet wurde: Das Amt Rosenberg (benannt nach dessen Leiter Alfred Rosenberg, offizielle Bezeichnung: Amt des Beauftragten des Führers für die Überwachung der gesamten geistigen und weltanschaulichen Erziehung der NSDAP mit verschiedenen zugehörigen Dienststellen) und das SS-Ahnenerbe unter der Ägide des Reichsführers SS, Heinrich Himmler, als zwei der NSDAP nahestehende bzw. zugehörige Organisationen sowie auf staatlicher Ebene das Reichsministerium für Wissenschaft, Erziehung und Volksbildung (‚Reichserziehungsministerium', REM) unter Leitung von Bernhard Rust.

Infobox

Geschichte der Aufarbeitung von Archäologie und Bodendenkmalpflege im ‚Dritten Reich'

Die Geschichte der Aufarbeitung von Archäologie und Bodendenkmalpflege und die Rolle ihrer Fachvertreter im ‚Dritten Reich' wurde von außen eingeleitet. In kurzem Abstand zueinander waren es die beiden, weiterhin äußerst lesenswerten Dissertationsschriften der Historiker Reinhard Bollmus (1970) zum Amt Rosenberg und Michael H. Kater (1974) zum Ahnenerbe der SS, die für mehr als zwei Jahrzehnte das forschungsgeschichtliche Bild prägten. Die Autoren griffen akribisch auf das damals bereitstehende Archivmaterial zurück und führten zudem Korrespondenz mit Archäologen, die im ‚Dritten Reich' tätig gewesen waren. Diese entzogen sich in der Regel nicht, sondern offerierten – nicht selten selbstentlastend – ihre Zeitzeugen-Version. Erst nach der deutschen Einheit, mehr als zwanzig Jahre nach Erscheinen der grundlegenden Monographien der beiden Historiker, wurde die Fachgeschichte wieder thematisiert. Jetzt beteiligten sich auch Archäologen an dieser Aufgabe und konnten nicht zuletzt auf einer besseren Archivgrundlage weitere Fakten vorlegen, Zusammenhänge erschließen und damit auch Neubewertungen vornehmen (Steuer 2001; Halle 2002; Leube / Hegewisch 2002; Baitinger 2011; Schallmayer 2011a; ders. 2011b; Schmitz 2011; Kunow / Otten / Bemmann 2013; Focke-Museum et al. 2013). Hauptgegenstand auch der jüngeren fachlichen Forschungsgeschichte waren weiterhin die Hauptkontrahenten im NS-Apparat, also das SS-Ahnenerbe und das Amt Rosenberg. Erheblich weniger Beachtung fand bislang dagegen die staatliche Ebene mit dem einflussreichen Reichsministerium für Wissenschaft, Erziehung und Volksbildung (REM) unter der Leitung von Bernhard Rust. Diesem Ministerium oblagen nicht nur die Verteilung der Forschungsgelder, sondern auch die Berufungen an den Universitäten oder der Staatlichen Beauftragten für kulturgeschichtliche Bodenaltertümer, also der Landesarchäologen (Nagel 2012; dies. 2013). Beide Ebenen zusammen bildeten einen ‚Doppelstaat' (Bezeichnung von Ernst Fraenkel), der für diktatorische und autoritäre Staaten charakteristisch ist und bei denen im Konfliktfall die Parteilinie obsiegt. Ohne diese Vorkenntnis bleiben auch die Geschehnisse im ‚Dritten Reich' in Bezug auf die Prähistorische Archäologie unverständlich.

Strukturell lässt sich die Geschichte der Bodendenkmalpflege und Archäologie während des ‚Dritten Reichs' in zwei Zeitabschnitte gliedern: in die Vorkriegszeit (1933–1939) und die Zeit des Zweiten Weltkriegs (1939–1945). Die erste Phase war geprägt durch massiv geführte Auseinandersetzungen innerhalb der Archäologenschaft. Schon nach dem Tode Gustav Kossinnas im Jahr 1931 sah sich Reinerth als dessen legitimer Erbe, der die Vorgeschichtsforschung in Deutschland als ‚eine hervorragend nationale Wissenschaft' gegen alle (vermeintlichen oder realen) Widerstände durchsetzen wollte. Er selbst und seine Getreuen verschärften Sprachduktus und Gangart und waren sich einig, dass „einige Römlinge mit Dampf [aus ihren Ämtern] entfernt werden" müssten und man zudem „die Einwirkung der Römlingsseuche" publizistisch bekämpfen solle (Schöbel 2013, 83). Das bezog sich auf die im Westen und Süden tätigen Archäologen. Reinerth wertete zudem Absagen auf Professorenstellen in Tübingen und (zunächst auch) in Berlin, auf die er sich beworben hatte, als gegen ihn persönlich gerichtet (Schöbel 2002, 333–343). Er schloss sich immer enger Alfred Rosenberg an, der ihn energisch förderte und auch gegen interne parteiliche Angriffe schützte. Mit der ‚Machtergreifung' der Nazis wurde Rosenbergs Stellung im ‚Dritten Reich' von Hitler mehrfach gestärkt und auch Reinerth, innerhalb des Rosenbergschen Kampfbundes bereits Leiter der Reichsfachgruppe für Deutsche Vorgeschichte, schuf weitere systemnahe Organisationsstrukturen. Auf seinen Beschluss hin erweiterte sich die von Kossinna gegründete Deutsche Gesellschaft für Vorgeschichte bereits im Sommer 1933 zum Reichsbund für Deutsche Vorgeschichte, dessen Bundesführer er ein Jahr später wurde. Mit dem ‚Reichsbund' plante er die Gleichschaltung der vier regionalen Altertumsverbände in Deutschland und die Überführung in seine Organisation unter Einschluss aller Altertumsvereine. Zeitgleich mit deren Dachverband – der Gesamtverein der Deutschen Geschichts- und Altertumsvereine schloss sich dem ‚Reichsbund' bereits 1934 an – wurde Reinerth sogar von der Notgemeinschaft der deutschen Wissenschaften aufgefordert, die Abteilung Vor- und Frühgeschichte zu übernehmen (Schöbel 2002, 341–344). Reinerth schreckte zwar keinesfalls vor Drohungen, persönlichen Angriffen und parteilicher Einflussnahme gegenüber einzelnen Organisationen und deren Leitungen zurück, die nicht seinem ‚Reichsbund' beitreten wollten, aber zumeist war es nicht notwendig, diese ‚auf Linie zu bringen' (Pape 2002b, 347–349 mit Abb. 15–17). Erkennbaren Widerstand gab es erst im Jahr 1935, als sich der West- und Süddeutsche Altertumsverband für Altertumsforschung auf seiner Jahrestagung in Fulda dem Anschluss verweigerte. Dieser Verband, in dem Reinerth die ihm besonders verhassten ‚Römlinge in gemeinsamer Verbrüderung mit Judentum und politischem Katholizismus' (Rudolf Stampfuß, ein Gefolgsmann Reinerths) agieren sah, vermochte zunächst seine Selbstständigkeit zu behaupten. Im nächsten Jahr verließ nach nur einjähriger Mitgliedschaft ein weiterer der vier Altertumsverbände, der Nordwestdeutsche Verband für Altertumsforschung, wieder den ‚Reichsbund' und schloss eine Allianz mit dem West- und Süddeutschen. Damit hatte sich eine starke Koalition gegen Reinerths Allmachtsstreben gefunden, der sich auch die von Reinerth massiv bekämpfte RGK in Frankfurt und das ihr vorgesetzte Archäologische Institut des Deutschen Reiches (AIDR) in Berlin zugesellte. Die organisatorischen Fäden dieses Widerstands liefen im Provinzialverband Rheinland (heute: Landschaftsverband Rheinland) und seinem Kulturdezernenten Hans-Joachim Apffelstedt (Kunow 2013, 271) und im ‚Reichserziehungsministerium' zusammen, wo Werner Buttler im Jahr 1936 die neu geschaffene Stelle eines reichsweit agierenden Referenten für Bodendenkmalpflege versah (Buttler 2013).

Dieser fachliche Zusammenschluss allein hätte allerdings wenig gegen Reinerth und die im Hintergrund agierende Parteigröße Rosenberg bewirken können. Seit dem Jahr 1935 begann Heinrich Himmler, der Reichsführer SS (RFSS), aktiv in das Geschehen einzugreifen und als Konkurrent gegen das Amt Rosenberg und seine Vereinnahmung der deutschen Vorgeschichte wirkungsvoll aufzutreten. Er hatte mit einigen Getreuen im Jahr 1935 das Ahnenerbe gegründet, das in den nächsten Jahren immer mehr Vor- und Frühgeschichtler anzog und sich dadurch professionalisierte (Kater 1974). Man setzte ‚Meilensteine' überall im Deutschen Reich mit SS-Großgrabungen wie die am Grabhügel Hohmichele in Württemberg, einem der größten hallstattzeitlichen Tumuli (Grabhügel) in Mitteleuropa, der eisenzeitlichen Erdenburg bei Köln, die man zunächst als gegen den Limes gerichtete ‚germanische Volksburg' beschrieb, der germanischen Siedlung in Nauen-Bärhorst bei Berlin oder im schon erwähnten Haithabu, die denjenigen Reinerths an Umfang und Bedeutung mehr als ebenbürtig waren (Schöbel 2011, 112 f.; Kossian 2011); auch in Ost- und Westpreußen, eine Kernregion der ‚Reinerth-Leute' (Pape 2002a, 223 mit Abb. 25–26), war man aktiv (Leube 2013). Diese Grabungen wurden massiv durch die Deutsche Forschungsgemeinschaft gefördert, insbesondere als an deren Spitze ab 1936 mit Rudolf Mentzel (1900–1987) ein hochdekorierter SS-Angehöriger stand, der die Finanzströme trotz Protesten von Reinerth und Rosenberg Richtung SS umleitete: „Von nun an ist das Ahnenerbe auch der finanziell stärkere der beiden Kontrahenten und damit die stärkere Versuchung für anlehnungsbedürftige Prähistoriker [geworden]" (Pape 2002a, 182).

Den unter Leitung erfahrener Feldarchäologen des Ahnenerbes durchgeführten Großgrabungen und anschließenden fachlichen Veröffentlichungen gelang es im Nachgang, einen Mythos und dessen Kontraposition zu schaffen: namentlich das SS-Ahnenerbe einerseits, das Fachwissenschaftler ‚ungestört' arbeiten ließ, und als Gegensatz hierzu die Darstellung vom ideologisch geprägten Amt Rosenberg andererseits, dessen Ziel die ‚Gleichschaltung' der deutschen Prähistorie war und das skrupellose Karrieristen anzog. Noch heute hängt dieses Bild bisweilen nach, wurde aber seit den 1990er Jahren kritisch in Fachkreisen hinterfragt. Man wies zu Recht darauf hin, dass auch das Ahnenerbe eine rassistische Ideologie und eine dem Amt Rosenberg in nichts nachstehende Weltanschauung verfolgte (Pape 2002a, 181; Leube 2011, 39–42).

Der Konflikt zwischen Reinerth und den dem Ahnenerbe zugehörigen oder nahestehenden Institutionen und Fachwissenschaftlern eskalierte an der beabsichtigten Gründung eines Reichsinstituts für Deutsche Vorgeschichte. Die avisierte Gründung sollte sich zur zentralen Machtfrage entwickeln, die alle anderen Differenzen innerhalb der Archäologenschaft weit hinter sich ließ. Bereits im Februar 1933 hatte Reinerth im Namen der von ihm geleiteten Fachgruppe innerhalb des Kampfbundes eine derartige Zentralinstanz gefordert. Die Kompetenzen dieses ‚Reichsinstituts' sollten allumfassend sein und alle Tätigkeitsbereiche der Archäologie und Bodendenkmalpflege im Deutschen Reich vereinnahmen, die bislang auf Länderebene verortet waren. Es ging Reinerth, der die Institutsleitung für sich einforderte und dabei von Rosenberg massiv unterstützt wurde, um die Reglementierung von Lehre und Forschung an den Universitäten, einen gesetzlich vorgeschriebenen Denkmalschutz auf Reichsebene sowie die Ausarbeitung von Richtlinien für die Staatlichen Museen und – im hiesigen Kontext besonders hervorzuheben – die Kontrolle über die archäologischen Denkmalämter der einzelnen Länder und preußischen Provinzen (Halle 2008, 124).

Auch die Gegner Reinerths präsentierten mehr oder weniger zeitgleich konkrete Ausarbeitungen zu einem ‚Reichsinstitut', die bereits auf Planungen aus den 1920er Jahren zurückgriffen (Dally/von Rummel 2019, 8). Bereits vor 1933 hatte die Zentraldirektion des AIDR erste Überlegungen angestellt, die Tätigkeit ihrer Frankfurter Kommission (RGK) auf ganz Deutschland auszudehnen und auch das frühe Mittelalter in den Aufgabenbereich mit einzubeziehen. Nun modifizierte man unter dem Eindruck eines massiv gestiegenen Staatsinteresses an der Prähistorie in Deutschland allerdings die organisatorischen Vorstellungen dahingehend, dass man innerhalb des AIDR eine neu zu schaffende Abteilung I als ‚Reichsinstitut für Deutsche Vorgeschichte' aufbauen wollte. Diese und weitere organisatorischen Umplanungen legte man dem seit dem 1. Mai 1934 vorgesetzten Ministerium für Wissenschaft, Erziehung und Volksbildung zur Genehmigung vor; allerdings kam es nie zur Bewilligung und Umsetzung der vorgeschlagenen neuen Abteilungsstruktur und des Aufgabenzuwachses für das AIDR (ebd. 8–11). Viele der im Osten und Norden Deutschlands tätigen Prähistoriker misstrauten einer institutionellen Lösung unter dem Dach des AIDR. Ausschlaggebend waren Erinnerungen an die schwierigen Begleitumstände der fachlichen Emanzipation am Ausgang des 19. Jahrhunderts und Befürchtungen vor einer Majorisierung durch die Klassische Archäologie. In Ostdeutschland fand Reinerth deshalb die meisten Verbündeten für seine eigenen Vorstellungen. Aber auch sein ‚Reichsinstitut' kam in der gewünschten Form als höchste Fach- und Aufsichtsinstanz für die Denkmalämter, Museen und Universitäten im

Deutschen Reich nicht zustande. Seinen Gegnern im Fach gelang es, vor allem mit Hilfestellung des Ahnenerbes, aber auch des ständigen Einwirkens von Werner Buttler im REM, die Planungen zu durchkreuzen (Kater 1974, 299 f.; Schöbel 2002, 344–350). Das ist insofern erstaunlich, da es im konkreten Fall tatsächlich im April 1936 eine persönliche Entscheidung Hitlers (von den begünstigten Institutionen und Personen üblicherweise als ‚Führerbefehl' deklariert) zur Gründung des ‚Reichsinstituts' im Sinne von Reinerth und Rosenberg gab. Allerdings äußerte Hitler sich nicht dezidiert zur Leitungsfrage, sondern überließ dieses Rust als zuständigem Minister. Festgelegt war, dass das neue ‚Reichsinstitut' parallel (und nicht mehr als Bestandteil) zum AIDR als eigenständiges Institut im Geschäftsbereich des ‚Reichserziehungsministeriums' ressortieren sollte (Halle 2008, 131 f.). Im Ergebnis wurde ein derartiges zentral verfasstes ‚Reichsinstitut' jedoch nicht umgesetzt. Dieses scheiterte wie auch ein weiteres zentrales Vorhaben – ein für das Deutsche Reich einheitliches Denkmalschutzgesetz, das die unterschiedlichen Regelungen in den Ländern ersetzen sollte – an parteiinternen Widerständen. Damit verblieben die Kompetenzen unverändert bei den Ländern und Provinzen (Halle 2008, 138 f.). So mussten sich Rosenberg und Himmler „auf dem traditionellen Schlachtfeld der deutschen Vor- und Frühgeschichte, ohne daß der eine oder andere Gegner bis 1945 den Sieg davon getragen hätte" (Kater 1974, 298), arrangieren. Die Rivalitäten der Mitarbeiter der beiden Organisationen dauerten dennoch an. Kurz vor Kriegsende wurde sogar gegen Reinerth ein Parteiausschlussverfahren aus der NSDAP erfolgreich in Gang gesetzt. Die erbitterte Konkurrenz innerhalb der Archäologenschaft und die Hinwendung an einzelne Partei- und Staatsorgane darf man dabei keinesfalls als Kritik am nationalsozialistischen Regime oder gar als Widerstand missdeuten, sondern muss sie vielmehr als eine Form der „Binnenkonkurrenz" begreifen (Pape 2002a, 184).

Neben naturwissenschaftlich oder technisch ausgerichteten Wissenschaften waren auch Geisteswissenschaften, die sich mit ‚Volk, Raum und Rasse' beschäftigten, für die Nationalsozialisten von besonderem Interesse. Sie lieferten die vermeintlich historische Basis einer ‚großgermanischen Weltordnung' auf der weltanschaulichen Grundlage des Pangermanismus, bedienten die ‚Blut-und-Boden-Ideologie' und rechtfertigten pseudowissenschaftlich Expansionskriege mit dem Hinweis auf ‚urgermanischen Siedlungsraum' oder ‚rassische Überlegenheit'. Die vorgeschichtliche Archäologie in Deutschland war dabei schon zuvor in weiten Fachkreisen ‚völkisch' eingestellt gewesen und so agierte die Masse der Prähistoriker von Beginn an und ohne Zwang im Sinne der nationalsozialistischen Weltanschauung. Wie alle systemrelevanten Legitimationswissenschaften wurde die Vorgeschichte zur Profiteurswissenschaft. Nur zwei Belege sollen dabei für den Bedeutungsgewinn und die staatliche Akzeptanz stehen. Gab es vor dem Jahr 1933 an deutschen Universitäten nur sechs Lehrstühle für Vorgeschichte, waren es im Jahr 1938 bereits zwanzig und 1942 unter Einbeziehung der neuen ‚Reichsuniversitäten' in Prag, Posen und Straßburg sogar 25 (Pape 2002a, 205 mit Abb. 5). Die gleiche staatliche Förderung lässt sich bei der Einrichtung eigenständiger Landesämter für Vor- und Frühgeschichte belegen, wo die Anzahl von einem Landesamt vor 1933 auf 14 im Kriegsjahr 1943 anstieg (Pape 2002a, 204 mit Abb. 3). Auch neu annektierte Gebiete jenseits des ‚Altreiches' wie der ‚Warthegau' (heutiges Polen um Poznan / Posen) erhielten umgehend ein derartiges Landesamt.

Damit kommen wir zum zweiten Zeitabschnitt der Entwicklung der Archäologie und Bodendenkmalpflege während des Nationalsozialismus, der Zeit des Zweiten Weltkriegs. Die einzelnen Fachinstitutionen der Archäologie reagierten durchaus unterschiedlich auf die neue Kriegssituation. Während etwa das in der preußischen Rheinprovinz gelegene Rheinische Landesmuseum Bonn, die von den Nazis propagandistisch zum ‚Grenzgau' und ‚Bollwerk' ausgerufen wurde, bereits im August (!) 1939 für den Publikumsverkehr schloss und erst nach Ende des Zweiten Weltkriegs wieder öffnen sollte – in der Zwischenzeit sicherte man die Objekte, verlagerte sie teilweise in auswärtige Depots und blieb damit von Kriegsverlusten weitgehend verschont –, verfuhr man in einer anderen preußischen Grenzprovinz, in Ostpreußen, gänzlich anders. Man hielt die Prussia-Sammlung im Königsberger Schloss bis kurz vor dem Einmarsch der Roten Armee öffentlich zugänglich und begann viel zu spät mit der Evakuierung (Kulakov 2002). Offensichtlich wollte man verhindern, dass trotz absehbarer Gefahr für die Museumsbestände deren frühzeitige Sicherung und Verlagerung ins Reichsinnere Unruhen in der Bevölkerung hervorrufen würde.

Der Zweite Weltkrieg erlaubte für alle Vorgeschichtlichen Landesämter im Deutschen Reich nur noch einen Notbetrieb. Größere Ausgrabungsvorhaben, wenn sie überhaupt stattfanden, mussten immer wieder unterbrochen oder vollständig eingestellt werden, da man die männlichen Mitarbeiter zum Kriegsdienst einberufen hatte und diese nur bei Heimaturlaub zur Verfügung standen (Kunow 2013, 276–278). Stellen von gefallenen Archäologen konnte man zudem in der Regel nicht mehr fachlich nachbesetzen. Bereits in den ersten Tagen des Westfeldzuges war Werner Buttler gefallen, Referent für Bodendenkmalpflege im REM, der in den Jahren zuvor das fachliche Scharnier zwischen ‚Reichserziehungsministerium' und SS-Ahnenerbe, also zwischen Staat und Partei, gebildet hatte und zugleich einer der führenden Köpfe gegen Reinerths ‚Reichsbund' gewesen war. In den letzten Kriegsjahren entstand als Folge der personellen Situation fast überall ein fachwissenschaftlicher Stillstand. Dieses charakterisiert die Situation im Deutschen Reich, nicht aber in den von der Wehrmacht eroberten und besetzten Gebieten. Mit dem Überfall auf Frankreich im Jahr 1940 im Westen und ein Jahr später auf die Sowjetunion im Osten bzw. Südosten (‚Unternehmen Barbarossa') verlagerte sich auch das Arbeitsgebiet für viele hiesige Prähistoriker und Frühgeschichtler (Halle 2008, 154–159).

Reinerth, auch wenn er gegen die vereinten Widerstände, insbesondere des Ahnenerbes, das von ihm als zentrale Fachaufsicht konzipierte ‚Reichsinstitut' nicht hatte durchsetzen können, versuchte mit seinem ‚Reichsbund' im besetzten Frankreich und Belgien, fachlich Fuß zu fassen. Rosenberg hatte bereits im August 1940, wenige Wochen nach der Kapitulation Frankreichs und dem Waffenstillstand vom 25. Juni, einen ‚Einsatzstab für die westlichen Gebiete' mit zwei Arbeitsgruppen bilden lassen, der in der Bretagne und in Belgien archäologisch tätig war. Man sah diese Gebiete als ‚altes deutsches Land' an und stellte den Nachweis einer germanischen Besiedlung in den Fokus der beabsichtigten Forschungen (Fehr 2010, 409). Das Ahnenerbe blieb allerdings auch nicht untätig. Herbert Jankuhn, der mittlerweile fachlich unumstrittene Kopf des Ahnenerbes, hatte ebenfalls im August 1940 von Himmler den Befehl bekommen, in den neu besetzten Gebieten im Westen wissenschaftlich zu arbeiten, musste jedoch konstatieren, dass Reinerth bereits vor Ort tätig war (ebd. 412). Die archäologischen Fragestellungen, die ‚Reichsbund' und Ahnenerbe verfolgten, glichen sich. Auch wenn, anders als in den Folgejahren mit dem Überfall auf die Sowjetunion, man keine Beschlagnahmungen oder Raub von Kulturgut (zumindest gegenüber staatlichen Einrichtungen) vornahm, war man sich in den Fachkreisen der völkerrechtswidrigen Handlungen durchaus bewusst. Walter Kersten, Leiter des Rheinischen Landesamtes für vor- und frühgeschichtliche Bodendenkmalpflege, Abteilung Bonn, schrieb in dem Zusammenhang an Jankuhn: „Die jetzige Zeit bietet für Frankreich eine einmalige Arbeitsmöglichkeit; denn ich glaube nicht, daß wir nach Friedensschluss dort gerne gesehen sind" (Kunow 2013, 277). ‚Reichsbund' und Ahnenerbe zogen sich aber bald aus Frankreich und Belgien zurück, um ‚neue Aufgaben' im Osten zu übernehmen und auch hier als Konkurrenten aufzutreten. An ihre Stelle trat im besetzten Westen das Referat Vorgeschichte und Archäologie des Militärischen Kunstschutzes des Heeres mit seinem Hauptquartier in Paris, das maßgeblich von Mitarbeitern der Frankfurter RGK und des Bonner Landesmuseums gebildet wurde (Fehr 2013). Generell besteht gerade bei den Tätigkeiten deutscher Archäologen während des Zweiten Weltkriegs im Gefolge von Hitlers Eroberungsfeldzügen noch erheblicher Klärungsbedarf und ist die Sichtung der Archivalien insbesondere in den dortigen Heimatländern noch nicht abgeschlossen. So muss auch die Beurteilung des im Westen Europas tätigen ‚Archäologischen Kunstschutzes' zunächst vorläufig bleiben. Es gibt hier momentan keine Nachweise für Plünderungen staatlicher Sammlungen oder vergleichbare Aktionen, doch agierten die deutschen Archäologen eindeutig unter dem Schutz und als Bestandteil einer Okkupationsarmee und führten ihre Forschungen ohne Rücksicht und Beteiligung einheimischer Kollegen durch. Auch dem ‚Archäologischen Kunstschutz' ging es schwerpunktmäßig um den Nachweis der geographischen Ausbreitung der Germanen, insbesondere der

Franken, nach Westen und man lieferte ideologiekonform die ‚historische Legitimation' für den Überfall auf Frankreich und die Benelux-Länder.

Massive Kriegsverbrechen unter Beteiligung deutscher Prähistoriker fanden vor allem im Osten und Südosten Europas auf dem Gebiet der UdSSR statt und auch hier spielte die ‚Germanenfrage' die zentrale Rolle (Heuss 2002). Wiederum war Reinerth als Erster vor Ort (Schöbel 2002, 357 f.). Ihm half dabei, dass Rosenberg von Hitler zum Reichsminister für die besetzten Ostgebiete ernannt worden war. Rosenbergs Zuständigkeit in dieser Funktion bezog sich allerdings nur auf die Gebiete und Regionen, die von der Militärverwaltung bereits in die Zivilverwaltung überführt waren. Vor dem Hintergrund musste Jankuhn als Mitarbeiter des konkurrierenden Ahnenerbes der Anordnung Himmlers Folge leisten, nicht in Gebieten tätig zu werden, die bereits unter Zivilverwaltung standen. Das traf etwa auf das Stadtgebiet von Kiew zu, wo Reinerths Sonderstab Vorgeschichte ihm daher nicht einmal einen Blick auf die dortigen Museums- und Bibliotheksbestände gestattete, die man für den Abtransport ins ‚Altreich' zusammengestellt hatte. Das ‚Sonderkommando Jankuhn' – etwas später der in der Ukraine eingesetzten Waffen-SS-Division Wiking zugeteilt, der umfangreiche Verbrechen an der Zivilbevölkerung zur Last gelegt werden – war nachweislich für Museumsplünderungen in Rostow, Maikop, Kertsch und Sewastopol verantwortlich; einige der ‚Top-Objekte' verbrachte man unter dem Vorwand der Objektsicherung nach Berlin. Auch eigene Ausgrabungen führte das ‚Sonderkommando Jankuhn' auf der besetzten Krim und am Dnjepr-Bogen durch, insbesondere um Belege zur ‚Gotenfrage' und damit zur Ausbreitung der Germanen nach Südosten zu erhalten. Auch hier sekundierte die Prähistorie durch entsprechende ‚archäologische Expertise' Hitlers Okkupationskriegen.

Das für Frankreich bereits Gesagte trifft in noch stärkerem Maße auf die Plünderungen und sonstigen ungenehmigten Eingriffe in das archäologische Kulturerbe der (damaligen) Sowjetunion zu. Auch wenn es schon erste Bestandslisten gibt, die den enormen Umfang der Raubzüge anzeigen, sind hier noch weitere Fakten durch Öffnung der Archive zu erwarten (Schöbel 2002, 358; Heuss 2002, 548–550). Anja Heuss (2002, 551) hat die Motivlage und Verstrickung deutscher Archäologen im ‚Gleichschritt mit Wehrmacht und SS' als Quintessenz schlüssig zusammengefasst:

> „So zeichnet sich ab, dass der Kulturgutraub in der Ukraine eigentlich nur die Fortsetzung der Auseinandersetzungen zwischen diesen beiden konkurrierenden Gruppen [‚Reichsbund' und Ahnenerbe] im ‚Altreich' selbst war."

Zum Zeitpunkt der Abfassung der Dissertationen von Reinhard Bollmus zum Amt Rosenberg (1970) und von Michael H. Kater zum Ahnenerbe (1974) waren diese Kriegsverbrechen erst ansatzweise durch Archivunterlagen aus den annektierten Gebieten bekannt.

Bundesrepublik Deutschland und Deutsche Demokratische Republik bis zur Wiedervereinigung (1949–1990)

2.3.5

Die Prähistorische Archäologie in Deutschland war nach Ende des Zweiten Weltkriegs erheblich diskreditiert. Die Fachwissenschaft hatte sich direkt oder indirekt dem SS-Ahnenerbe oder dem Amt Rosenberg angedient. Exponierte Fachvertreter begleiteten Wehrmacht und SS in die besetzten Länder und waren mit ihrer wissenschaftlichen Expertise sogar an Plünderungen in Museen oder von Privatsammlungen (bisweilen noch später als ‚Sicherungsmaßnahmen' verharmlost) insbesondere in osteuropäischen Ländern beteiligt. Trotz dieser Verstrickungen gab es nach 1945 nur wenige Vorgeschichtler, darunter Hans Reinerth, die man aus Fachgremien und dem öffentlichen Dienst verbannte. Die Projektion auf Reinerth als *persona non grata* unterband jegliche Selbstreflexion der eigenen Rolle:

> „Eine Mitgliedschaft in der SS war im Gegensatz zu einer Arbeit im Amt Rosenberg der weiteren Karriere nicht schädlich, ganz im Gegenteil. Der Makel, Schüler Reinerths gewesen zu sein, wog dagegen schwer" (Schöbel 2002, 359f.).

Aber selbst Reinerth wurde im Jahr 1953 in zweiter Instanz durch die Spruchkammer Freiburg entlastet. In seinem Verhalten im ‚Dritten Reich' ließe sich, so die Spruchkammer, lediglich „[die] Auseinandersetzung innerhalb der Wissenschaft [hin] zu einem Rivalitätskampf [und das] Endziel, der Ausschaltung des wissenschaftlichen Gegners um jeden Preis" erkennen (Schöbel 2002, 358f.). Zu Fachkongressen wurde er allerdings zeitlebens nicht mehr eingeladen und auch in den einschlägigen Fachpublikationen konnte er nicht mehr veröffentlichen.

Über Jahrzehnte hinweg gab es keine ernsthafte Aufarbeitung seitens der deutschen Prähistorie. Die frühen Jahre der Bundesrepublik Deutschland werden mittlerweile allgemein als eine „Epoche des Ver- und auch des Beschweigens" (Norbert Frei) eingeschätzt. In der Regel konnte man nach dem Zweiten Weltkrieg daher – in West- und in Ostdeutschland – in den Universitäten, Museen und auch Denkmalämtern die gleichen Akteure wieder antreffen, sofern sie aus Krieg und Gefangenschaft nach Deutschland zurückgekehrt waren. Manche mussten einige Zeit während der laufenden Entnazifizierung zunächst in nachgeordneten Positionen verharren (Planck 2000, 235); diejenigen, die im nun zu Polen gehörenden Osten Deutschlands gearbeitet hatten, siedelten um, die wenigen, die emigriert waren (wie Gerhard Bersu, bis 1935 Erster Direktor der RGK), kehrten in die Stellungen, die sie unter Druck hatten aufgeben müssen, zurück.

Die Bundesrepublik Deutschland wurde 1949 als ein föderaler, seit den 1950er Jahren dann aus elf Bundesländern bestehender Staat gegründet. Da die Kulturhoheit nun gemäß Art. 30 Grundgesetz (GG) in die Zuständigkeit der Bundesländer fiel, blieben auch die Denkmalschutzgesetze sowie die ministeriellen Verordnungen und Erlasse aus der Vorkriegszeit vorerst in Kraft. Durch die Neugliederung in elf Bundesländer gab es insbesondere in den sogenannten Bindestrichländern rechtlich teilweise kuriose Verhältnisse, da in den einzelnen Landesteilen, die nun zusammengeführt waren, unterschiedliche Gesetze oder ministerielle Verordnungen galten, so etwa in den neu entstandenen Bundesländern Baden-Württemberg oder Rheinland-Pfalz, bis auch hier in den 1970er Jahren dann einheitliche Landesgesetze verabschiedet wurden (Planck 2000, 239 f.). In den ehemaligen preußischen Provinzen blieb das Preußische Ausgrabungsgesetz aus dem Jahr 1914 in Kraft, in Nordrhein-Westfalen sogar bis 1980. Der Ausgang des Zweiten Weltkriegs hatte für Westdeutschland in der Struktur der Fachinstitutionen (Denkmalämter, Museen, Universitätsseminare), bei den Mitarbeitern und den gesetzlichen Grundlagen also erstaunlich wenig verändert.

Ein neues Element war aber die Gründung des Verbandes der westdeutschen Landesarchäologen, die am 15. September 1949 in Wiesbaden erfolgte (siehe Kap. 2.5.1). Erstmals war damit ein ganz Westdeutschland einbeziehender Interessenverband der für die Bodendenkmalpflege verantwortlichen fachlichen Institutionen entstanden, der über die neuen Ländergrenzen hinweg agierte. Der neu gegründete Verband tat sich zunächst schwer. Dieses lag natürlich auch daran, dass die führenden Archäologen in den Ländern eine intakte Bodendenkmalpflege unter den schwierigen Bedingungen des Wiederaufbaues der kriegszerstörten Städte erst einmal wieder etablieren mussten. Nicht selten waren zudem die Ortsarchive mit den Denkmalakten, also das ‚Langzeitgedächtnis der Bodendenkmalpflege', Opfer des Kriegs geworden (Planck 2000, 233 f.).

Im Norden und Süden der (alten) Bundesrepublik hat sich nach dem Zweiten Weltkrieg die institutionelle Anbindung der Bodendenkmalpflege unterschiedlich entwickelt – im Grunde hat sich jedoch nur die Vorkriegssituation perpetuiert. In den Ländern, in denen das Preußische Ausgrabungsgesetz von 1914 zunächst weiterhin galt, wie in Niedersachsen, Nordrhein-Westfalen oder Schleswig-Holstein, stellten in aller Regel die großen Landesmuseen auch den ‚Staatlichen Vertrauensmann', also den Landesarchäologen. Es gab dort auf Länderebene somit die organisatorische Verknüpfung von Bodendenkmalpflege und musealer Tätigkeit. Demgegenüber wählte man in den großen südlichen Bundesländern (wie bereits zuvor) etwa in Baden-Württemberg oder Bayern Organisationsformen, die von eigenständigen, nicht mit musealen Aufgaben (primär) befassten Landesämtern ausgingen und wo die Belange der Bau- und der Bodendenkmalpflege unter ein gemeinsames institutionelles Dach zusammengeführt waren (siehe Kap. 2.5.1). Nach dem Zweiten Weltkrieg bis weit in die 1970er Jahre hinein setzte sich ein Trend im Ausgrabungsbereich fort, der schon in den 1930er Jahren seinen Anfang genommen hatte. So wurden die von der Fläche her umfangreichsten und in der Regel auch wissenschaftlich ertragreichsten Ausgrabungsunternehmungen mehr und mehr mit Hilfe der Deutschen Forschungsgemeinschaft (DFG) realisiert. Häufig waren es ‚echte DFG-Grabungen', d. h. die DFG war der Haupt-, nicht selten auch der einzige Finanzier. Hierzu zählen z. B. Großprojekte an archäologischen Forschungsstätten wie Heuneburg, Manching, Trier, Neuss, Feddersen Wierde, Flögeln oder Haithabu, wo zumeist über Jahrzehnte hinweg großzügige Untersuchungen stattfanden (Planck 2000, 236 f.). Einen erheblichen Anteil des Renommees, das die deutsche Archäologie bald auch im Ausland wiedererlangen konnte, ist vor allem dieser Wissenschaftsförderung und weniger den kulturellen Anstrengungen einzelner Bundesländer zu verdanken. In gewisser Weise konnte damit die DFG einen Ausgleich schaffen und die Grenze zwischen reicheren und ärmeren Bundesländern nivellieren. Natürlich gab es gleichzeitig auch Untersuchungen der amtlichen Bodendenkmalpflege, die ausschließlich mit Landesmitteln realisiert wurden, doch waren diese Rettungsgrabungen zumeist von eher begrenztem Charakter. Erst in den 1970er Jahren sollte sich das ändern.

Bereits Mitte der 1960er Jahre hatte der Bochumer Universitätsprofessor Gerhard Mildenberger im Auftrag der DFG eine *Denkschrift zur Lage der Vorgeschichte* erstellt. Dieses Gutachten ist veröffentlicht und damit ein wichtiges Zeitzeugnis (Mildenberger 1966). Mildenberger analysierte hier neben der Situation an den Universitäten (mit seinerzeit immerhin 19 einschlägigen Fachinstituten) die Forschungsinstitutionen (z. B. RGK), die Museen mit regionalem oder überregionalem Charakter sowie die Denkmalämter. Da auch die Stellenpläne als Anlage (ebd. Beil. 1–5) veröffentlicht sind, liefert die *Denkschrift* eine gute Momentaufnahme. Zwei Dinge fallen ins Auge: Die Facheinheiten waren personell (feste Stellen) recht klein und zwischen Universitätsinstituten, Landesmuseen und auch Denkmalämtern bestanden diesbezüglich keine größeren Unterschiede. Schon 10 bis 15 Jahre später wären die *Denkschrift* und die dort ausgesprochenen Empfehlungen vermutlich anders ausgefallen; wichtige Änderungen waren in der Zwischenzeit eingetreten. Hatte Gerhard Mildenberger (1966, 16) noch „moderne Gesetze in allen Bundesländern, die den gegenwärtigen und künftigen Anforderungen gerecht werden", gefordert, so war dieses Monitum jetzt erfüllt. In den 1970er Jahren wurden abschließend neue Denkmalschutzgesetze in den Ländern (NRW bildete 1980 den Schlusspunkt) erlassen, die noch heute die rechtliche Grundlage der fachlichen Arbeit bieten. Die Denkmalpflege insgesamt, also Bau- und Bodendenkmalpflege, konnte damals von einem Politikverständnis profitieren, das in den Denkmalen unverzichtbare Bestandteile unserer Umwelt und wichtige Zeugnisse der Identität gesehen hat. Ein wesentlicher äußerer Impuls war zudem das Europäische Denkmalschutzjahr 1975, in dessen Folge das Deutsche Nationalkomitee für Denkmalschutz (DNK) gegründet wurde, dem auch der Verband der Landesarchäologen (VLA) und die Vereinigung der Landesdenkmalpfleger (VDL) angehören (siehe Kap. 2.5.1–2).

Nun war erstmals in der Bundesrepublik Deutschland ein qualitativer Übergang weg von den älteren Ausgrabungsgesetzen hin zu modernen Denkmalschutzgesetzen vollzogen. Im Zuge der neuen Gesetzgebung wurden die Landesämter Träger öffentlicher Belange (TöB); alle die Denkmalpflege betreffenden, insbesondere baulichen Maßnahmen in den Städten oder auf dem Land waren von jetzt an mit ihr abzustimmen (siehe Kap. 2.6). Damit wurden die Ämter zum ständigen Ansprechpartner von Politik, Verwaltung und Bürgerschaft; die gesellschaftliche Position der Denkmalpflege und ihr Partnerfeld wuchsen entsprechend (siehe Kap. 3.4). Die Ämter wurden im Personalbereich systematisch ausgebaut und mit entsprechenden Sachmitteln ausgestattet, um den neuen gesetzlichen Anforderungen zu genügen. In der Folge entstanden personalstarke staatliche archäologische Landesdenkmalämter bzw. Fachabteilungen mit in manchen Ländern mehr als hundert Mitarbeitern. Auch die Großgrabungen führten sie von nun an in der Regel als Amtsgrabungen in eigener Regie durch (z.B. umfangreiche Stadtkernuntersuchungen in Lübeck, Braunschweig und Konstanz, den Grabhügel von Hochdorf in Baden-Württemberg oder die Braunkohlenarchäologie im Rheinischen Revier). Die Universitäten – wie auch die Museen – konnten in dieser Zeit keinen ähnlichen Zuwachs verzeichnen. Die Anzahl der Fachinstitute an deutschen Universitäten blieb konstant, und auch die dortige Mitarbeiterzahl (Professorenstellen, akademischer Mittelbau) hatte sich gegenüber den Mildenbergerschen Erhebungen aus der Mitte der 1960er Jahre kaum verändert.

Am Ende dieses Prozesses war die Bodendenkmalpflege in den 1980er Jahren zum mit Abstand größten Arbeitgeber im Fach geworden, der rund zwei Drittel aller (festen) Stellen vorhielt (siehe Kap. 1). Natürlich hat diese Entwicklung innerhalb von knapp zwei Jahrzehnten einen Bedeutungszuwachs für die Bodendenkmalpflege in der Bundesrepublik Deutschland mit sich gebracht, dessen Ausgangspunkt die neue rechtliche Stellung in den Denkmalschutzgesetzen der Länder war. Aber nicht alle Landesämter haben im gleichen Umfange profitieren können, so dass wir in Folge weiterhin ein Ungleichgewicht in Deutschland konstatieren müssen, das sich weniger auf die gesetzlichen Grundlagen als vielmehr auf die Ausstattung der Denkmalämter bezieht. Diese problematische Entwicklung hat der Verband der Landesarchäologen seit seiner Gründung im Blick (siehe Kap. 2.5.1).

Wie verlief die Nachkriegsentwicklung in der DDR? Kriegseinwirkungen hatten auch im Osten Deutschlands große Schäden insbesondere in den Städten (Berlin, Dresden, Leipzig, Magdeburg) verursacht. Dennoch konnten Museen mit bedeutenden archäologischen Beständen wie die in Halle und Schwerin schon im ersten Nachkriegsjahr wieder den Betrieb aufnehmen. Später folgten dann Weimar und Dresden (Strobel/Widera 2014), und mit der Neugründung eines Museums für Ur- und Frühgeschichte in Potsdam zum Jahresanfang 1953 wurde diese

Phase abgeschlossen. Von jetzt an bestanden für die DDR in diesen fünf Städten zentrale Ur- und Frühgeschichtsmuseen. Auch wenn zum damaligen Zeitpunkt noch nicht alle diese Häuser über eine ständige Schausammlung verfügten, so waren doch die musealen Kernaufgaben des Sammelns, Sicherns und Bewahrens der Ausgrabungsfunde abgedeckt. Zugleich war mit dieser Maßnahme eine flächendeckende Bodendenkmalpflege innerhalb der DDR installiert, denn diese fünf Museen bestallte man zudem zu ‚Forschungsstellen', d.h. sie waren in dem ihnen zugewiesenen Territorium auch für die Rettungsgrabungen und den Denkmalschutz zuständig und somit in dieser Funktion den Ämtern in der BRD vergleichbar (Gramsch 2000). Ursprünglich stimmten auch in der DDR die Arbeitsgebiete dieser fünf Museen mit ihren bodendenkmalpflegerisch tätigen Forschungsstellen mit den zunächst noch bestehenden Ländern überein. Die noch aus der Vorkriegszeit stammenden Länder wurden jedoch im Jahr 1952 aus politischem Kalkül aufgelöst. Stattdessen gliederte man das Gebiet der DDR jetzt in 14 neu geschaffene Verwaltungsbezirke, um auf diesem Weg landsmannschaftlichen Bindungen der Bevölkerung zu begegnen. Man sollte sich nicht als Mecklenburger, Thüringer, Sachse oder Brandenburger empfinden, sondern als Bürger der DDR. Trotz der Bezirksreform des Jahres 1952 blieben *in praxi* die Museen dann doch ‚Landesmuseen'. Ihre regionale Zuständigkeit für mehrere der neuen Bezirke entsprach im Wesentlichen der älteren, offiziell abgeschafften Länderstruktur. Hierin ist auch der wesentliche Grund zu sehen, warum nach der Wiedereinführung der (alten) Länder in der DDR im Sommer des Jahres 1990 und der nachfolgenden Wiedervereinigung im Herbst 1990 die Arbeit der Bodendenkmalpflege auf Länderebene relativ problemlos unter den neuen politischen Rahmenbedingungen fortgeführt werden konnte (Schoknecht / Kunow 2003). Die alt eingesessenen Museen / Forschungsstellen Schwerin, Potsdam und Dresden mit ihren Ausstellungsräumen, Restaurierungswerkstätten, Depots und Bodendenkmalarchiven lagen bereits in den neuen Landeshauptstädten von Mecklenburg-Vorpommern, Brandenburg und Sachsen und im Falle von Weimar und Halle doch in besonders wichtigen Städten von Thüringen bzw. Sachsen-Anhalt; alle waren in ihrem Arbeitsgebiet seit Jahrzehnten für die Bodendenkmalpflege verantwortlich gewesen. Zusätzlich gab es für die Hauptstadt der DDR eine Arbeitsstelle für Bodendenkmalpflege beim dortigen Märkischen Museum (Wissenschaftlicher Beirat für Bodendenkmalpflege beim Ministerium für Hoch- und Fachschulwesen 1979). Im historischen Rückblick lässt sich festhalten, dass auch in der DDR die Bodendenkmalpflege letztlich im Kern föderalistisch strukturiert war und auch blieb (Schoknecht / Kunow 2003).

Es bestand allerdings mit der Akademie der Wissenschaften in (Ost-)Berlin eine Dachinstitution, die es mit vergleichbarer Aufgaben- und Machtfülle in der BRD nicht gab. Sie beanspruchte mit ihrem Fachinstitut (zunächst: Sektion für Vor- und Frühgeschichte, ab 1969 bis 1992: Zentralinstitut für Alte Geschichte und Archäologie unter der Leitung von Joachim Herrmann) nicht nur die Führungsrolle innerhalb der DDR-Archäologie, sondern verstand sich zudem als fachliche Elite, die von ständigen Amtspflichten, wie sie universitären, musealen oder bodendenkmalpflegerischen Einrichtungen obliegen, entbunden war (Schoknecht / Kunow 2003, 21 f.). Die Aufgaben des Akademie-Instituts waren zentraler, auf die gesamte DDR ausgerichteter Natur. Das Institut gab themenbezogene Handbücher heraus, legte in Form mehrbändiger Corpora Quelleneditionen vor und führte in der Feldarchäologie große, zumeist mehrjährige Forschungsgrabungen (z. B. wikingerzeitliche Siedlung Ralswiek auf Rügen oder slawische Burgwallgrabungen in der Lausitz) durch, die mit einem beispielhaften naturwissenschaftlichen Begleitprogramm versehen waren. Natürlich war das Zentralinstitut nicht zuletzt (und in steigendem Maße) staatstragend und der Verbreitung der marxistisch-leninistischen Ideologie verpflichtet. Dieses schlug sich zunehmend in spezifischen Publikationen zur Entwicklung und Rolle des Staates, der Volksmassen oder der von der materialistischen Geschichtsauffassung als zentral eingestuften Frage nach den Produktivkräften und Produktionsverhältnissen nieder. Auch das seit den 1950er Jahren bestehende Zentralmuseum in (Ost-)Berlin, das Museum für Deutsche Geschichte (MfDG), verfolgte mit seiner Ausstellung „Geschichte der Urgesellschaft" diesen Ansatz (Lindemann 2016).

Von der Akademie ging auch der wesentliche Impuls aus, eine DDR-weit einheitliche rechtliche Grundlage für die Arbeit der Bodendenkmalpflege nach Ende des Zweiten Weltkriegs zu schaffen. Am 28. Mai 1954 wurde die Verordnung zum Schutze und zur Erhaltung der ur- und frühgeschichtlichen Bodenaltertümer erlassen, die gleichermaßen für ortsfeste wie bewegliche Bodendenkmäler Regelungen traf (Schoknecht / Kunow 2003, 20 f.; Gramsch / Wetzel 2018, 69–71). Diese Verordnung blieb bis zum Ende der DDR in Kraft, obwohl man lange vor der Wiedervereinigung die Notwendigkeit einer grundsätzlichen Neufassung der Verordnung sah, die insbesondere über die ur- und frühgeschichtlichen Fundstätten hinaus auch die Archäologie des Mittelalters und der Frühen Neuzeit einbeziehen sollte: Das ‚Fach' und mit ihr die Bodendenkmalpflege hatten sich nicht nur im Westen, sondern auch im Osten Deutschlands weiterentwickelt. Die Wiedervereinigung mit ihrer Kulturhoheit der Länder benötigte nicht mehr eine DDR-weit geplante neue Verordnung (Verordnung zum Schutz und zur Pflege der Bodendenaltertümer [Bodenaltertümerschutzverordnung – BASchV]), die sehr weit gediehen war und auf den letzten Sitzungen der DDR-Volkskammer im September 1990 für eine Übergangszeit beschlossen werden sollte; dazu kam es aus Zeitgründen nicht mehr (Gramsch / Wetzel 2018, 71–73). Mit der grundsätzlichen Neufassung der Verordnung von 1954 hatte man seinerzeit den Beirat für Bodendenkmalpflege beim Staatssekretariat für Hochschulwesen (später Ministerium für Hoch- und Fachschulwesen) der DDR beauftragt. Dieser bestand von 1954 bis 1990; ihm gehörten als Kern die Leiter der Landesmuseen / Forschungsstellen an, weitere Berufene insbesondere aus der Akademie und den Universitäten kamen hinzu (Gramsch 2000, 245 f.; Schoknecht/Kunow 2003, 22). Durch den ‚Beirat', dessen Aufgabe im Wesentlichen die Beratung des für die Bodendenkmalpflege zuständigen Ministeriums war, sind alle wichtigen Leitlinien für die Bodendenkmalpflege in der DDR entwickelt und auf den Weg gebracht worden. In gewisser Weise lässt sich der ‚Beirat' als Pendant zum bundesrepublikanischen Verband der Landesarchäologen charakterisieren, doch war er den nationalen (politischen) Entscheidungsebenen erheblich näher, als es der ‚Verband' in einer föderalen staatlichen Struktur jemals sein konnte und auch sein wird.

Bundesrepublik Deutschland nach der Wiedervereinigung und im geeinten Europa (ab 1990) 2.3.6

Zum Ende dieses Kapitels soll auf die weitere Entwicklung der Bodendenkmalpflege seit der Wiedervereinigung vom 3. Oktober 1990 eingegangen werden. Dabei markiert die Wiedervereinigung eine Zeitenwende, die auch die Struktur und Tätigkeit der Archäologischen Denkmalpflege in Deutschland nachhaltig verändert hat (Verband der Landesarchäologen 2003). Seit den 1990er Jahren bis heute gab es neben dieser nationalen Entwicklung auch einen erheblich intensivierten fachlichen Austausch zwischen Deutschland und anderen europäischen Staaten, der im Ergebnis zu einer ‚Europäisierung der Bodendenkmalpflege' führte.

Mit der Wiedervereinigung vom 3. Oktober 1990 – Ausgangspunkt war bereits am 22. Juli 1990 der Beschluss der Volkskammer zur Wiedereinführung der Länder in der DDR in den Grenzen von vor 1952 – entstanden fünf neue Bundesländer. Bereits in den folgenden drei Jahren war für alle fünf der Prozess einer neuen Denkmalschutzgesetzgebung abgeschlossen. Ganz wesentlich für diese Vorrangbehandlung gegenüber anderen Rechtsgebieten trugen Erfahrungen mit der baulichen Vernachlässigung und den Flächenabrissen kompletter Altstadtquartiere sowie von herausragenden Sakralbauten (Kirchen) und Profanbauten (Schlösser) gerade in der Endzeit der DDR bei, die man zwar nicht mehr rückgängig machen konnte, allerdings sollten weitere drohende Denkmalabgänge verhindert werden. Archäologie und Bodendenkmalpflege profitierten von dieser Stimmungslage in Politik und Gesellschaft. Die zuständigen Landesministerien folgten – abweichend von der DDR-Tradition – bei der Ausarbeitung ihrer neuen Denkmalschutzgesetze den Regelungen der alten Bundesländer. Es gab nun ebenfalls in den neuen Bundesländern – anders als in DDR-Zeiten mit der Verordnung zum Schutze und zur Erhaltung der ur- und frühgeschichtlichen Bodenaltertümer von 1954 – ein gemeinsames Denkmalschutzgesetz für die Bau- und Bodendenkmalpflege, wobei Spezifika für die Bodendenkmalpflege wie Meldepflicht bei der Entdeckung von Fundstellen und Stillstandsfristen bei laufenden Bauvorhaben, Fundverbleib zu Gunsten der Öffentlichkeit (Schatzregal) etc. in gesonderten Abschnitten geregelt waren. Dieses entsprach ebenfalls der Praxis in den alten Bundesländern. Auch wenn mancher DDR-Kollege der von früher bekannten separaten Gesetzgebung für Bodendenkmäler zunächst nachtrauerte (Gramsch / Wetzel 2018, 73–75), waren die Erfahrungen mit dem neuen Denkmalschutzgesetz in allen neuen Bundesländern gut, zumal institutionell Bodendenkmalpflege (‚Forschungsstelle') und Museum vereint blieben. Als die zwei wichtigsten Neuerungen im Rahmen dieser Gesetzgebung können (neben der Beibehaltung eines Schatzregals, das schon zu DDR-Zeiten als ‚Volkseigentum' existierte) die Aufhebung der Zeitgrenze für Bodendenkmäler und das sogenannte Verursacherprinzip gelten. Die ‚Verordnung' aus dem Jahre 1954 war ja – wie die bodendenkmalpflegerische Praxis insgesamt – nur auf die ur- und frühgeschichtlichen Bodenzeugnisse ausgerichtet gewesen. Jetzt, also nach Aufhebung der Zeitgrenze auch in den neuen Bundesländern, waren die Archäologie des Mittelalters, der Frühen oder ‚Vormodernen' Neuzeit (‚Neuzeitarchäologie') und auch die ‚Archäologie der Moderne', die mit dem Beginn der Industrialisierung ansetzt und bis in die Gegenwart reicht (Deutscher Verband für Archäologie 2017), als Aufgabengebiete der Landesämter hinzugekommen, die sich binnen Jahresfrist insbesondere durch die umfangreichen Stadtsanierungen in den historischen Altstädten (Abb. 4) zu einem Haupteinsatzgebiet entwickelten (Schoknecht / Kunow 2003).

Abb. 4: Chemnitz, Rathauspassagen. Mit Beginn der 1990er Jahre fanden in den neuen Bundesländern im Vorfeld der umfangreichen Stadtsanierungen bis dahin hier unbekannte Großgrabungen in den historischen Stadtkernen statt.

Ohne Zweifel wurden dabei frühere Defizite in diesem Bereich mehr als ausgeglichen. Die Finanzierung der umfangreichen Rettungsgrabungen in den historischen Altstädten sicherte das ‚Verursacherprinzip' (siehe Kap. 2.6) ab. Dieses kam jetzt ebenfalls bei spezifischen Großprojekten zum Einsatz, für die auch in den alten Bundesländern bis dahin kaum Erfahrungen vorlagen, da derartige Vorhaben dort zumeist schon in den 1950er und 1960er Jahren ohne archäologische Begleitung realisiert worden waren. Die Rede ist von den ‚linearen Maßnahmen'. Heutzutage sind gerade ‚lineare Maßnahmen' – es hat sich zwischenzeitlich die griffigere Bezeichnung ‚Trassenarchäologie' (siehe Kap. 3.5.4) etabliert – nicht nur in der Bundesrepublik Deutschland, sondern in vielen Ländern Europas zu einem Schwerpunkt bodendenkmalpflegerischer Arbeit geworden, wo der organisationstechnische und fachliche Austausch über Staatsgrenzen hinweg ein wesentlicher Schlüssel für den Erfolg ist und zu der oben beschriebenen ‚Europäisierung der Bodendenkmalpflege' beiträgt.

Die Folgen der Wiedervereinigung brachten für die Bodendenkmalpflege hierzulande noch in einem weiteren Punkt einen strukturellen Wandel mit sich. Der Umfang der seit den 1990er Jahren stetig zunehmenden, auf Grund der verbesserten Gesetzeslage finanziell abgesicherten archäologischen Betreuung (‚Verursacherprinzip') bei Bau- und sonstigen Infrastrukturmaßnahmen – allein etwa im Land Brandenburg gab es in den letzten knapp dreißig Jahren fast eintausend Rettungsgrabungen *per annum* (Gramsch / Wetzel 2018, 75) – führten zunächst im Osten, zunehmend auch im Westen zur Erkenntnis, dass ein nur auf sich gestelltes Landesamt diese Aufgabe nicht bewältigen kann. Allein der Verwaltungsaufwand, ständig neues Personal einzustellen und auch über ‚Durststrecken' hinweg zu beschäftigen, die zunehmende Rechtsunsicherheit für den öffentlichen Dienst bei befristeten Arbeitsverträgen, die Gefahr, bei zahlungsunwilligen oder insolventen Verursachern auf den Grabungskosten ‚sitzen zu bleiben' bzw. einen längeren Rechtsstreit zu riskieren, sowie das Problem, ständig ausreichendes Fachpersonal termintreu und maßnahmebezogen vorhalten zu müssen, führten dazu, sogenannte Drittgrabungen (von einem Verursacher finanzierte Grabungen) nach außen, d. h. an private Fachfirmen, zu vergeben. Eine ‚Kontraktarchäologie' (siehe Kap. 4.2) entstand und die ausführenden Grabungsfirmen kamen anfangs nur in wenigen alten und neuen Bundesländern (zunächst in Bayern, Berlin, Brandenburg, Hessen und im Rheinland), mittlerweile aber mit wenigen Ausnahmen in allen Bundesländern zum Einsatz. Diese waren in den 1990er Jahren bisweilen noch organisatorisch an Universitätsinstitute gebunden, in der Mehrzahl aber als privatwirtschaftliche Firmen gegründet. Alle hielten fachlich versierte, viele auch spezialisierte Ausgräber (‚Digger') vor. Darüber hinaus kann eine privatwirtschaftlich agierende Firma in vielerlei Hinsicht flexibler als ein tariflich gebundener öffentlicher Dienst agieren. Manche Landesämter sahen allerdings in den neuen Firmen eine Konkurrenz und ihr (vermeintliches) ‚Grabungsmonopol' gefährdet. Hier kann nicht umfassend das Für und Wider beim Einsatz privater Grabungsfirmen dargestellt werden. Der Verband der Landesarchäologen hat schon zu Beginn dieser Entwicklung dazu ein Fachkolloquium veranstaltet, das nach über 25 Jahren einen Relaunch lohnen würde (Verband der Landesarchäologen in der Bundesrepublik Deutschland 1994). Unabhängig davon, wie man sich positioniert: Zu den bereits etablierten Institutionen und Organisationen innerhalb der deutschen Archäologie (also zu den Bodendenkmalämtern, Universitäten, Fachmuseen/Archäologischen Parks sowie Forschungsinstitutionen) ist unbestreitbar mit den privaten Grabungsfirmen seit den 1990er Jahren eine völlig neue Berufsgruppe hinzugekommen, die mittlerweile vom Umfang her wohl die personalstärkste innerhalb der deutschen Archäologenschaft ist. Auch hier handelt es sich um eine Erscheinung, die mehr oder minder zeitgleich in vielen europäischen Staaten einsetzte und einen weiteren Aspekt der oben beschriebenen ‚Europäisierung der Bodendenkmalpflege' darstellt.

Abschließend noch einmal zurück zu den archäologischen Institutionen, da diese das Rückgrat jeder bodendenkmalpflegerischen Tätigkeit bilden. Nur wenige Institutionen wurden in Folge der Wiedervereinigung auch geschlossen – ‚abgewickelt', im zeitgenössischen Sprachgebrauch. Aufgelöst wurde die Akademie der Wissenschaften der DDR, da man in ihr eine im besonderen Maße staatstragende und ideologisch ausgerichtete Wissenschaftseinrichtung sah. Für den Bereich der Archäologie war hiervon das dortige, von Joachim Herrmann über zwei Jahrzehnte geleitete Zentralinstitut für Alte Geschichte und Archäologie (ZIAGA) betroffen. Unabhängig von jeglicher persönlichen Bewertung: Allein die herausragende Stellung dieses Instituts zu DDR-Zeiten als zentrale, d.h. gesamtstaatliche Einrichtung wäre mit dem föderalen Prinzip der Bundesrepublik, das jetzt auch den fünf neuen Ländern die Kulturhoheit zuwies, nicht vereinbar gewesen. Ein Teil der ZIAGA-Mitarbeiter bekam neue Aufgaben und wurde vom DAI (Zentralabteilung, Eurasien-Abteilung und RGK) übernommen. Anders als die Auflösung des ZIAGA hat eine weitere kaum Aufsehen erregt. Sie betraf den Beirat für Bodendenkmalpflege, beratendes Organ des DDR-Ministeriums für Hoch- und Fachschulwesen. Für den ehemals auf gesamtstaatlicher Ebene der DDR agierenden ‚Beirat' gab es in der neuen Bundesrepublik ebenfalls keinen Platz und keinen Bedarf mehr. Die Belange der Bodendenkmalpflege wurden jetzt auch im Osten Deutschlands von den fünf Ländern und den ihnen nachgeordneten Landesämtern als Denkmalfachbehörden in Alleinverantwortung vertreten. Ihre gemeinsame Plattform fanden sie von nun an im Verband der Landesarchäologen (VLA), also im Kreise der Landesämter der übrigen Bundesländer. Man nutzte die Gelegenheit, die Mitgliederzusammensetzung des VLA neu festzulegen. Im Ergebnis hat der ‚Verband' jetzt sechzig nach einem Länderschlüssel festgelegte ordentliche Mitglieder, die im aktiven Dienst stehen müssen, da man sich als Berufsverband definiert (siehe Kap. 2.5.1).

Im Zusammenhang mit den institutionellen Veränderungen nach der Wiedervereinigung auf nationaler Ebene soll noch einmal auf die Rolle der Altertumsverbände eingegangen werden. Diese waren wie oben erwähnt zu Beginn des 20. Jahrhunderts entstanden – zunächst als Sammelbewegung der ehrenamtlich verfassten und bürgerschaftlich organisierten historischen und Altertumsvereine und anfangs auch als Gegenpol zur staatlichen Bodendenkmalpflege, bevor man die Gegensätze überwinden konnte. Bald nach der Wende gründete sich in den neuen Bundesländern der Mittel- und Ostdeutsche Verband für Altertumsforschung (MOVA) neu. Staatsnahe Fachkollegen hatten zu DDR-Zeiten die bereits terminlich angekündigte Gründung dieses Verbandes in den 1950er Jahren hintertrieben und stattdessen eine Fachgruppe Ur- und Frühgeschichte der Deutschen Historiker-Gesellschaft ins Leben gerufen, deren Wirkmächtigkeit innerhalb der DDR-Archäologie allerdings begrenzt blieb (Kunow 2002, 170). Die Gründung des MOVA erfolgte im Jahr 1991 und mit der Neugründung dieses Verbandes stellte sich die Organisationsfrage für die deutschen Altertumsverbände insgesamt. Es gab nicht wenige, die jetzt die Zeit für einen nationalen ‚Gesamtverband' gekommen sahen, wobei die bestehenden drei Verbände als Regionalverbände weitergeführt werden sollten; dagegen gab es Widerstand in den eigenen Reihen. Übergangsweise wurde unter Hinzuziehung weiterer Institutionen wie des Verbandes der Landesarchäologen das Präsidium der Deutschen Verbände für Altertumsforschung gegründet, das schließlich im Deutschen Verband für Archäologie (DVA) aufging (siehe Kap. 2.5.2). Damit gelang es erstmals in der Geschichte der Archäologie in Deutschland, nahezu alle archäologisch und altertumswissenschaftlich ausgerichteten Verbände und Gesellschaften in einem übergreifenden Dachverband zusammenzuschließen, der insbesondere gegenüber der Gesellschaft und Politik die Interessen der Archäologie in Deutschland vertritt.

Die Wiedervereinigung Deutschlands war Teil eines gesamteuropäischen Prozesses, in dessen Folge nicht nur die deutsch-deutsche Grenze fiel, sondern mit ihr der ‚Eiserne Vorhang', der Europa nach dem Ende des Zweiten Weltkriegs in zwei politisch getrennte Lager geteilt hatte. Die Europäische Union (EU) und der Europarat (Council of Europe, CoE) griffen diese neue Entwicklung in vielfacher Form entschieden auf, wobei dem Europarat – trotz weiterhin bestehender politischer Gegensätze – bei kulturpolitischen Entscheidungen allein deshalb eine besondere Rolle zukommt, da (mit einer Ausnahme) alle europäischen Staaten dem Europarat angehören. Daher war das Europäische Übereinkommen zum Schutz des archäologischen Erbes (La Valetta / Malta) vom 16. Januar 1992 (siehe Kap. 2.6) des Europarates, das am Anfang 2003 auch von der Bundesrepublik Deutschland ratifiziert (und am 23. Juli 2003 rechtswirksam) wurde und damit Eingang in die hiesige Ländergesetzgebung fand, besonders wichtig. Im ersten Kapitel dieser zumeist als ‚Charta von Malta / Valletta' (oder auch ‚Konvention von Malta') zitierten Vereinbarung wird „das archäologische Erbe als Quelle gemeinsamer europäischer Erinnerung" charakterisiert und in diesem Geist erfolgte nach verschiedenen Vorabstimmungen einzelner Staaten und vorangegangenen Tagungen (Verband der Landesarchäologen in der Bundesrepublik Deutschland 1998) im Jahr 1999 die Gründung eines europäischen Dachverbandes der staatlich bestellten Landesarchäologen, das Europae Archaeologiae Consilium (EAC) (siehe Kap. 2.5.3). Das EAC sieht sich vergleichbar dem VLA als Berufsverband und entspricht ihm auch in seiner Arbeitsweise mit Annual Meetings zur generellen Aussprache und Working Groups, die Spezialthemen aufgreifen und zur Beschlussfassung vorbereiten. Es war ein weiter und selten gradliniger Weg, den die Archäologie und Bodendenkmalpflege in Deutschland genommen haben: mit ihren allerersten Anfängen in der Renaissance und im Humanismus, der Phase des bürgerschaftlichen Engagements in Altertumsvereinen im 19. Jahrhundert, der staatlichen Fürsorge für das archäologische Kulturerbe seit Beginn des 20. Jahrhunderts, der ideologischen Vereinnahmung im ‚Dritten Reich' bis hin zur Neustrukturierung der Bodendenkmalpflege in einem vereinten Deutschland und der ‚Europäisierung der Bodendenkmalpflege' auf internationaler Ebene. Diese Entwicklung ist, wie bereits am Anfang dieses Kapitels skizziert, nur zu begreifen, wenn wir den zeitbezogenen historischen und gesellschaftspolitischen Kontext einbeziehen.

Weiterführende Literatur

Gummel 1938; Verband der Landesarchäologen in der Bundesrepublik Deutschland 2000; Halle 2002; Kunow 2002; Leube / Hegewisch 2002.

2.4 | Eigenschaften, Werte und Leitlinien beim Umgang mit Bodendenkmälern

Die Vor- und Frühgeschichtliche oder Prähistorische Archäologie rechnete sich von Beginn an den historischen Wissenschaften zu. Dieses Verständnis fand bereits im 19. Jahrhundert, als sich das Fach langsam auszubilden begann, etwa in der Zugehörigkeit zum 1852 mitgegründeten Gesamtverein der deutschen Geschichts- und Altertumsvereine seinen konstitutiven Ausdruck (siehe Kap. 2.3.2). Das Bodendenkmal fasste man dabei als eine archäologisch-historische Quelle auf, deren Erkenntniswert sich durch Ausgrabungen erschloss. In manchen Fällen ließ sich sogar eine direkte Verbindung zu den Werken antiker Schriftsteller wie etwa Tacitus (*Germania*, *Annales*, *Historiae*) oder zu den spätantiken *Res gestae* des Ammianus Marcellinus konstruieren (siehe Kap. 2.2.7). Auch die amtliche Bodendenkmalpflege – nicht zufällig taucht dieser Terminus recht spät, nämlich erstmals in den 1930er Jahren auf (Kunow 2014, 69) – begriff sich zunächst als eine vor allem forschungsorientierte Einrichtung, deren Alltag durch Prospektionen (,Landesaufnahme') und Ausgrabungen und weit weniger durch Schutz- und Pflegemaßnahmen an Denkmälern bestimmt war. Die Fokussierung auf den historischen Zeugniswert bestimmte den Umgang mit den Objekten, d.h. Aspekte der praktischen Arbeit, der methodischen Weiterentwicklung und der fachlichen Analyse kreisten vor allem um die Verbesserung von Grabungstechniken und Dokumentationsverfahren sowie um Möglichkeiten der Interpretation. Bald nach dem Ende des Ersten Weltkriegs trat dann auch die Einbeziehung von Naturwissenschaften hinzu, um den maximalen Erkenntniswert aus einer Untersuchung zu gewinnen. Diese Fokussierung auf Forschung und wissenschaftliche Fragestellungen hält im Grunde in Deutschland bis heute an und unterstreicht die immense Bedeutung, teilweise sogar die Singularität archäologischer Quellen (Stätten und Objekte) für ältere Zeitabschnitte und weitgehend schriftlose Regionen bei der Rekonstruktion menschlicher Entwicklung von den Anfängen bis in die jüngste Vergangenheit. Erst seit wenigen Jahrzehnten, eigentlich erst seit den 1980er Jahren, sind im Rahmen des gesetzlichen Auftrages der staatlichen Bodendenkmalpflege auch Fragen des Denkmalschutzes und der Denkmalpflege oder allgemeiner gesprochen des Kulturerbe- bzw. des Heritage-Gedankens (Samida / Arendes 2019, 29–33) massiv in den Vordergrund gerückt. Damit wurde zugleich das bis dahin vorherrschende Selbstbild einer ,Wissenschaft des Spatens' hinterfragt (siehe Kap. 2.2.1). Nun ließen sich auch weitere Werte von Bodendenkmälern deutlicher einbeziehen. Diese Erweiterung des Wertespektrums veränderte auch den Umgang mit Bodendenkmälern. Eine besondere Bedeutung nahmen hierbei die neu hinzugekommenen Objekte der ,Archäologie der Moderne' ein (aber nicht nur diese), bei denen der wissenschaftliche Erkenntniswert – und damit verbunden die Gewinnung neuer historischer Fakten – deutlich gegenüber anderen etwa emotionalen, aufklärerischen oder Erinnerungswerten zurücktritt (Deutscher Verband für Archäologie 2017).

Die Baudenkmalpflege hingegen, ,Schwesterdisziplin' der Bodendenkmalpflege, nahm eine gänzlich andere Entwicklung, da sie nicht primär forschungsorientiert war und ist. Nicht die historische Bauforschung – äquivalent einer archäologischen Ausgrabung – stand und steht hier im Mittelpunkt, sondern die Ermittlung von unterschiedlichen Werten eines Baudenkmals als Bedingung seiner Bestandssicherung und Erhaltung vor Ort. Diesbezügliche Grundsatzdebatten zum ,richtigen' Umgang mit dem Bau- und Kunstdenkmal fanden schon um die Wende vom 19. zum 20. Jahrhundert zwischen den führenden Konservatoren und Kunsthistorikern auf der einen und bauausführenden Architekten auf der anderen Seite in Deutschland und im angrenzenden Ausland auf einem hohen intellektuellen und theoretischen Niveau statt – mit Auswirkungen, die noch heute den Alltag der Ämter für Baudenkmalpflege prägen. Diese Diskussionen sind an der praktischen Bodendenkmalpflege – an der ,universitären Archäologie' sowieso – fast spurlos vorbeigegangen, obwohl vieles mit Gewinn hätte reflektiert werden können. Aspekte von unterschiedlichen Eigenschaften und Werten des Bodendenkmals sowie von Leitlinien für einen ‚bodendenkmalgerechten' Umgang stehen auf einer eher grundsätzlichen Ebene im Fokus dieses Kapitels (zu den praktischen Umsetzungen siehe Kap. 3.3) und rezipieren dabei auch unterschiedliche Ansätze der ‚Schwesterdisziplin'. Die amtliche Bodendenkmalpflege kommt um eine diesbezügliche Standortbeschreibung nicht herum, da sich ihre gesetzliche Aufgabe und Stellung vor allem im Rahmen der Stadt- und Landschaftsentwicklung – insbesondere durch Zuweisung und Bedeutungsgewinn als ‚Träger öffentlicher Belange' (TöB) (siehe Kap. 2.6 und 3.2) – gegenüber früher grundsätzlich verändert hat.

2.4.1 | Eigenschaften von Bodendenkmälern

Bodendenkmäler weisen unterschiedliche Eigenschaften auf. So sind sie etwa bezogen auf ihr Erscheinungsbild obertägig, d. h. sichtbar, oder untertägig, d. h. ‚unsichtbar' (siehe Kap. 2.2.4). Wir können jedoch noch weitere individuelle Eigenschaften im Denkmalbestand festmachen. Angesprochen wurde in dem Zusammenhang bereits die Trennung zwischen ortsfesten und beweglichen Bodendenkmälern; diese Unterscheidung ist wesentlich sowohl für Aspekte des Umgangs als auch im Zusammenhang mit der rechtlichen Stellung (siehe Kap. 2.2.5 und 2.6). Als weiteres gegensätzliches Begriffspaar vergleichbar ‚obertägig versus untertägig' bzw. ‚sichtbar versus unsichtbar' und ‚ortsfest versus beweglich' war im Kontext der frühen Systematisierung von historischen und archäologischen Quellen bereits von ‚gewollten' und ‚ungewollten' Denkmälern die Rede (siehe Kap. 2.2.2). Wobei die erstgenannten nach Intention ihrer Errichter die Eigenschaft aufweisen sollten, über die Gegenwart hinaus auch in die Zukunft zu wirken (Boschung / Schäfer / Trier 2021). Insbesondere in der römischen Epoche war die Errichtung von Triumphbögen und Triumphalstatuen, die Feldherren und Caesaren nach erfolgreichen Feldzügen glorifizieren sollten, verbreitet – allein in der Stadt Rom standen mehr als 50 derartige Bauwerke bzw. Objekte. Hinzu kamen besonders prominente, noch heute Roms Stadtbild prägende Monumente als Erinnerung gewonnener Kriege gegen die ‚Barbaren' wie die Traianssäule und Marcussäule.

Diese bislang genannten Eigenschaften von Bodendenkmälern sind bekannt. Das trifft schon weniger auf eine Unterscheidung zu, die der Belgier Louis Cloquet (1849–1920) für Baudenkmäler vornahm. Er differenzierte zwischen lebenden (‚monuments vivantes') und toten (‚monuments morts') Denkmälern (Scheurmann 2018, 233; 304–309). Diese Unterscheidung, womit Cloquet im wesentlichen ‚genutzte' gegenüber ‚ungenutzten' Objekten absetzte, sollte in der Grundsatzdebatte zur Frage des Umgangs mit Denkmälern ab 1900 noch eine wichtige Rolle spielen, auf die später noch eingegangen wird. Fraglos dürfte die Masse der Bodendenkmäler den toten, ggf. auch den musealisierten Denkmälern zuzurechnen sein.

Doch es gibt eigenschaftsbezogen durchaus Ausnahmen, die teilweise auch mit individuellen Sichtweisen zusammenhängen. So dürften esoterische oder radikalpolitische Gruppierungen ‚besondere Orte' wie das schon erwähnte ‚Königsgrab von Seddin' in der Prignitz oder die Externsteine in Lippe (siehe Kap. 2.2.7) vermutlich nicht als ‚monuments morts' betrachten. Zweifellos darf man aber auch die Trierer Konstantinsbasilika (siehe Kap. 2.3.2), eine römische Palastaula, die nach ihrer Rekonstruktion als Kirche, Konzertsaal oder anderweitiger Veranstaltungsort seit dem Jahr 1856 genutzt wird, den ‚monuments vivantes' zurechnen (Schmidt 2000, 15–17; Kunow 2017b, 24–26). Das schließt auch die Saalburg, ein ‚wiedererrichtetes' römisches Hilfstruppenlager, sowie die Masse der Archäologischen Parks mit den dortigen Rekonstruktionen oder Nachbauten ein (siehe Kap. 3.3.2).

Eingangs wurde auf ‚unsichtbare' Bodendenkmäler verwiesen, die im Untertägigen zumeist über eine reiche archäologische Hinterlassenschaft verfügen. Es gibt jedoch auch solche, die keinerlei Substanz mehr aufweisen, nicht selten auch nie aufgewiesen haben; wir zählen sie zu den Erinnerungsorten (siehe Kap. 2.2.7). Die konkreten Schutzmaßnahmen für Stätten der Erinnerung ohne materielle Hinterlassenschaft sind schwierig sowohl im praktischen Umgang, etwa was Erlaubnis oder Versagung von Veränderungen vor Ort oder der Umgebung angeht, als auch in der rechtlichen Ausweisung (Berger / Seiffert 2014; Davydov 2017). So wundert es nicht, dass in Deutschland momentan nur der Freistaat Sachsen eine entsprechende Regelung (§ 2 Abs. 4 SächsDSchG) kennt: „Gegenstand des Denkmalschutzes können auch Orte zu geschichtlichen Ereignissen sein." In anderen Ländern haben derartige Plätze mit ihrer Verknüpfung von Ortsbezug und immateriellem Kulturerbe – man spricht hier vom *Genius loci* oder auch moderner vom ‚Spirit' – nicht selten auch eine erhebliche Bedeutung in der nationalen Erinnerungskultur. So ist dieses etwa in der Schweiz der Fall für die oberhalb des Vierwaldstädter Sees gelegene Rütliwiese, wo (dem Vernehmen nach) am 1. August 1291 der Rütlischwur (Eid) abgelegt wurde. Hier entstand der nationale Gründungsmythos der Alten Eidgenossenschaft. Allerdings muss man einschränkend sagen, dass der genaue Ort des Geschehens unbekannt ist und, was gar nicht selten ist, es sich daher um eine spätere Rekonfiguration als Gedächtnisort handelt. Ähnliche Beispiele von Erinnerungsorten ohne nennenswerten materiellen Niederschlag, allerdings mit exakter Lokalisierung, gibt es auch aus unserer jüngeren Vergangenheit wie zum Beispiel die Ortschaft Kitty Hawk im Bundesstaat North Carolina (USA) – ein Schauplatz von welthistorischer Bedeutung. Dort führten am 17. Dezember 1903 die Gebrüder Wilbur und Orville Wright die ersten vier motorisierten Flüge durch; bei ihrem erfolgreichsten Flug an diesem Tag waren sie eine knappe Minute in der Luft und legten etwa 260 m zurück. Eine materielle Hinterlassenschaft, insbesondere eine den Raum ausfüllende, ist bis auf die kurze eiserne Gleitschiene für das Flugzeug nicht vorhanden. Dennoch steht im kollektiven Gedächtnis der Amerikaner Kitty Hawk als der Geburtsort der großen Luft-

und Raumfahrtnation USA und manifestiert sich als moderne Pilgerstätte (Kunow 2017a). Zusammenfassend lässt sich festhalten, dass trotz fehlender Materialität durchaus eine bestimmende Denkmaleigenschaft vorliegen kann, wenn dem Ort eine immaterielle Bedeutung nach Ansicht einer „aufgeschlossenen Bevölkerung“ innewohnt (Davydov 2017, 28–31). Diese Vielfalt hier vorgestellter unterschiedlicher Eigenschaften manifestiert bereits einen eigenständigen Wert.

2.4.2 | Unterschiedliche Werte von Bodendenkmälern

Jedem Denkmal liegt ausnahmslos eine wie auch immer geartete Bedeutung zugrunde, denn sie ist seine zentrale Eigenschaft und begründet die „Denkmalwürdigkeit“ (Hönes 2019, 138f.). Diese Bedeutung basiert auf Ansichten und Wertzuweisungen sowohl von Fachleuten als auch von der Öffentlichkeit (unter Einschluss der Gesetzgeber), die sich im Einzelfall nicht decken müssen. Werte haben dabei immer mit einer zeitgenössischen Wertschätzung zu tun und unterliegen in Zeit und Raum, Epochen und Regionen Wandel und Veränderungen. Werte sind also keine ‚Ewigkeitswerte‘ und nicht ontologisch dem Denkmal verhaftet. Sie werden von der Gegenwartsgesellschaft zugewiesen oder abgelehnt, wobei es in Deutschland – jedenfalls im Rechtsverständnis – keine Rangabstufung von Denkmälern und demzufolge auch keine Rangabstufung von Werten gibt.

Alois Riegls *Moderner Denkmalkultus* als Wegbereiter einer Wertediskussion von Denkmälern

Alois Riegl (1858–1905), österreichischer Kunsthistoriker an der Universität Wien und in seinen letzten Lebensjahren Generalkonservator der Vorgängerinstitution des dortigen Bundesdenkmalamtes, hat sich als einer der ersten mit der Bedeutung von (Bau-)Denkmälern in grundsätzlicher Manier auseinandergesetzt. Ausgehend von deren Vielzahl und Vielfalt bildete er fünf übergeordnete Wertekategorien und überführte diese in ein ‚duales Schema‘ bestehend aus den beiden Hauptkomponenten (historischer) Erinnerungswert und (aktueller) Gegenwartswert. Seine Schrift *Wesen und Entstehung des modernen Denkmalkultus* (Riegl 1903), vor mehr als einhundert Jahren verfasst, ist noch heute in der Baudenkmalpflege Grundlage und Ausgangspunkt jeglicher theoriebezogenen Wertediskussion, die über die Bedeutung eines Einzeldenkmals hinausgeht (Dvořák 1918; ders. 2011; Lipp / Petzet 1994; Falser 2005; Dolff-Bonekämper 2010; Scheurmann). In der Archäologie und Bodendenkmalpflege hingegen hat Alois Riegls *Moderner Denkmalkultus* mit einer Ausnahme (Aus gutem Grund 2013, 19) keine Resonanz in der Fachliteratur erfahren. Dennoch sollten sich Studierende archäologischer Fächer mit Alois Riegls *Modernem Denkmalkultus* und seinem Werteschema vertraut machen. Dieser in der Bau- und Kunstdenkmalpflege eingeführte Wertekanon taugt als roter Faden und Einstieg auch in die spezifische Wertediskussion von ortsfesten und beweglichen Bodendenkmälern. Verstärkend kommt der Umstand hinzu, dass manche Denkmalschutzgesetze in Deutschland (etwa in Baden-Württemberg und Rheinland-Pfalz) mittlerweile ganz allgemein vom ‚beweglichen und unbeweglichen Kulturdenkmal' als Schutzgegenstand sprechen und man somit elementare Gemeinsamkeiten aller Denkmalgattungen unterstreicht (siehe Kap. 2.2.1 und 2.2.5). Dennoch, Bau- und Bodendenkmalpflege weisen neben Gemeinsamkeiten auch jeweils Spezifika auf, wie etwa den Primat einer invasiven Forschung durch Ausgrabung in der Archäologischen Denkmalpflege und damit verbunden die Hervorhebung wissenschaftlicher Erkenntnis durch archäologische Quellen einerseits gegenüber einer vorrangigen Fokussierung in der Baudenkmalpflege auf die Bestandswahrung und damit verbunden etwa die Hervorhebung des städtebaulichen Aspektes andererseits, wobei hier die Bauforschung regelhaft nur bei besonders wichtigen Objekten bzw. Fragestellungen hinzugezogen wird.

Riegls Gliederung unterschied – wie oben kurz ausgeführt – zunächst zwischen (historischen) Erinnerungswerten und (aktuellen) Gegenwartswerten, wobei er innerhalb der beiden Hauptkomponenten noch weitere Unterteilungen in insgesamt fünf Kategorien vornahm, die hier zunächst nur aufgezählt und im Nachgang betrachtet werden. Den Erinnerungswerten rechnete er dabei den ‚Alterswert', den ‚Historischen Wert' und den ‚Gewollten Erinnerungswert' zu, den Gegenwartswerten den ‚Gebrauchswert' und den ‚Kunstwert'. Schon diese knappe Vorstellung der Kategorienbildung zeigt Anknüpfungspunkte an die Klassifikation des Belgiers Louis Cloquet von toten (‚monuments morts') gegenüber lebenden (‚monuments vivantes') Denkmälern. Welcher Bezug ergibt sich aber nun für die Archäologie und Bodendenkmalpflege?

Der ‚Alterswert' und seine Relevanz für die Bodendenkmalpflege

Beginnen wir mit den Erinnerungswerten. Für Riegl war der ‚Alterswert' eines Denkmals der wichtigste, da er zum Erkennen keine spezifischen Vorkenntnisse verlangen würde und damit nicht „fast ausschließlich dem verhältnismäßig engen Kreise gelernter Kunsthistoriker vorbehalten [sei, sondern] auf die großen Massen [...] wirken" würde (Riegl 1903, 11–14). Eine seinerzeit bemerkenswerte Inklusion breiter Gesellschaftsschichten, die weiterhin aktuell ist.

Auch wenn der Terminus ‚Alterswert' wohl den meisten Prähistorikern und Frühgeschichtlern (zumindest in Deutschland) eher unbekannt sein mag, sind es die damit einhergehenden Vorstellungen keinesfalls. Riegl wollte nicht zum Ausdruck bringen, dass das absolute Alter eines Denkmals letztendlich über seine Bedeutung entscheidet und übertragen auf die Archäologie etwa Objekte der Steinzeiten gegenüber denen jüngerer Epochen als bedeutender einzuschätzen seien. Es ging ihm in heutigen Worten ausgedrückt um die ‚Objektbiographie' und dabei um die ablesbaren Spuren der Zeit, also unter Einbeziehung seiner Veränderungen um die Akzeptanz eines Monumentes hinsichtlich des auf uns überkommenen Zustandes, den es zu bewahren gelte. Vor diesem Hintergrund wären Riegl folgend einem weiteren Verfall begegnende, in der Regel jedoch nur diesen verlangsamende Konservierungsmaßnahmen im eingeschränkten Umfang möglich, hingegen (zumindest in der Theorie) keine Restaurierungen mit dort in gewissem Umfang zulässigem Materialaustausch und Ergänzungen (zur terminologischen Definition und der Umsetzung dieser Maßnahmen in der Praxis siehe Kap. 3.3.2). Diese recht radikale Auffassung Riegls, die in der Konsequenz in einer ‚Ruinendenkmalpflege' geendet wäre, fand unter seinen Zeitgenossen keine Zustimmung – und auch heutzutage scheint Riegls Position nicht gesellschaftlich kompatibel. Allen voran der gerade für die Entwicklung der modernen Denkmalpflege in Deutschland bedeutende Kunsthistoriker Georg Dehio (1901; 1905; Schmidt 2008, 48) wehrte sich gegen diesen Ansatz. Riegl waren natürlich die Probleme bei konsequenter Beachtung seines ‚Alterswertes' bewusst, ohne sie indessen auflösen zu können. Jeder Restaurator eines archäologischen Objektes steht heutzutage ständig vor dem gleichen Dilemma, das Riegl erstmals deutlich machte, nämlich den gewordenen Zustand eines Objektes (etwa eines zerscherbten, nicht mehr vollständigen Gefäßes) zu akzeptieren oder die fragmentarischen Gegenstände zusammenzusetzen und Fehlstellen mit fremdem Material zu ergänzen, um die ‚Ursprungsform' zurückzugewinnen – was natürlich *stricto sensu* nicht möglich ist. Bei der Bodendenkmalpflege mit ihren Ausgrabungsfunden und -befunden, noch stärker allerdings bei der staatlichen Baudenkmalpflege ist etwa seit den 1970er Jahren ein Wandel im Umgang mit Objekten zu beobachten, weg von einer weitgehend ästhetisch geprägten Wertvorstellung und hin zur Anerkennung eines geschichtlich gewordenen Zustandes (siehe Kap. 3.3.2). Damit lässt sich überleiten zu Alois Riegls nächstem Erinnerungswert: dem ‚Historischen Wert'.

Der ‚Historische Wert' und weitere diesbezügliche Werte von Bodendenkmälern

Mit dem ‚Historischen Wert' eines ortsfesten oder beweglichen Bodendenkmals werden Studierende archäologischer Fächer bereits von Anfang an vertraut gemacht und ihm dürfte (abweichend von Riegl) aus Sicht der Archäologie die größte Bedeutung unter den drei Erinnerungswerten zufallen. Es stehen in der universitären Ausbildung dabei rationale Aspekte wie Erkenntnisgewinn respektive Wissenszuwachs im Vordergrund. Zumeist erfolgt dieses unter weitgehender Nichtbeachtung von weiteren – teilweise emotionalen – Werten eines Denkmals, deren Qualität sich bisweilen erst auf den zweiten Blick erschließt, die aber dennoch ein Objekt in seiner Bedeutung wesentlich prägen können (siehe Kap. 2.2.3). In dem zuerst genannten wissenschaftlich-rationalen Kontext, wie ihn die universitäre Ausrichtung (aber nicht nur diese) propagiert, finden dabei für das Bodendenkmal entsprechende Charakterisierungen wie archäologische Quelle, archäologisches (Sach-)Zeugnis oder archäologische Urkunde Verwendung. Wobei die letztgenannte Bezeichnung, auch wenn sie in Fachkreisen durchaus geläufig ist, abgesehen von wenigen Ausnahmen nur im übertragenen Sinne akzeptabel ist, denn eine Urkunde ist gemäß ihrer Definition Bestandteil eines beglaubigten Rechtsgeschäftes, an dessen (schriftlicher) Niederlegung und Inhalt keine Veränderungen mehr vorgenommen werden können. Aus dem Bereich der römischen (Provinzial-)Archäologie wären hier die als beglaubigte Abschrift überreichten sogenannten Militärdiplome (lat. *diplomata militaria*), quasi die ‚Entlassungspapiere' eines ehrenhaft in den Ruhestand verabschiedeten Soldaten zu nennen, die man tatsächlich als Urkunden bezeichnen kann (Eck/Wolff 1986). Für Siedlungs-, Grab- oder Hortfunde trifft die Charakterisierung als archäologische Urkunde in aller Regel jedoch nicht zu – wie plakativ und öffentlichkeitswirksam die ‚archäologische Urkunde' auch immer sein mag.

„Der historische Wert eines Denkmals ruht darin, daß es uns eine ganz bestimmte, gleichsam individuelle Stufe der Entwicklung irgend eines Schaffensgebietes der Menschheit repräsentiert" (Riegl 1903, 14). Dabei stand von Beginn an und steht noch heutzutage im Fokus der Archäologie (und nicht nur in ihrer universitären Ausprägung), den historischen Wert eines Bodendenkmals vor allem als Forschungswert zu deklarieren. Es gibt jedoch über den Forschungswert hinaus, dessen herausragende Bedeutung natürlich unstrittig ist, weitere historische Werte, die Aufmerksamkeit auch jenseits der fachlichen Community genießen. So haben Herrschende und Politik quasi seit alters her im historischen Wert eines archäologischen Denkmals auch den symbolischen und ideologischen Wert erkannt und für eigene Zwecke genutzt (Kunow 2017a). Insbesondere aus autokratischen oder diktatorischen Regimen gibt es hierfür eine Vielzahl von Beispielen für die staatspolitische Vereinnahmung archäologischer Fundstätten und Objekte. So haben sich in der jüngeren Geschichte Deutschlands Prähistoriker und Frühgeschichtler mit ihren Ausgrabungen und Forschungen der Ideologie des ‚Dritten Reichs' angedient. Vor diesem Hintergrund sprach etwa Alfred Rosenberg, Chefideologe Hitlers, den archäologischen Zeugnissen gleichsam einen mythischen und religiösen Wert zu: „Die Ergebnisse der vorgeschichtlichen Forschung sind das alte Testament des deutschen Volkes" (siehe Kap. 2.3.4). Der auch von der Archäologie seinerzeit angefeuerte Mythos einer ‚Nordischen Rasse' und die Vereinnahmung ‚Unserer Ahnen' diente dabei als Legitimation von Ausgrenzung und Expansion. Der englische Schriftsteller George Orwell formulierte in seinem im Jahr 1948 im Manuskript abgeschlossenen apokalyptischen Roman *1984* fast schon seherisch: „Wer die Vergangenheit beherrscht, beherrscht die Zukunft. Wer die Gegenwart beherrscht, beherrscht die Vergangenheit."

Dem ideologischen Wert steht ein anderer entgegen, nämlich der der gesellschaftlichen Aufklärung und einer diesbezüglichen Didaktik und damit ein auf Fakten basierender Wert. Es mag diskutabel sein, ob man tatsächlich aus der Geschichte lernen kann. Zur rationalen Weltsicht und Welterklärung benötigt man eine historische Dimension, denn es ist unstrittig, dass viele Gegenwartsphänomene und -probleme wie Klimawandel (der gegenüber früheren Epochen allerdings schneller, stärker und vor allem global verläuft), Aspekte der Resilienz und Vulnerabilität einer Gemeinschaft, Migration, Nachhaltigkeit, kulturelle Interaktion, Integration von Gruppen oder soziale Hierarchien gleichsam seit der Menschheitswerdung bestehen und weltweit Gegenstand archäologischer Forschungen nicht nur für die schriftlosen Epochen sind. Damit verlassen Archäologie und Bodendenkmalpflege ihren häufig selbstgewählten Status, eine vor allem ‚rückwärtsgewandte' Disziplin zu sein. „Nicht ohne Folgen: der Grat, auf dem sie sich bewegt zwischen aktueller Relevanz und wissenschaftlicher Integrität, ist schmal." (Gramsch et al. 2019, 33).

Der ‚Gewollte Erinnerungswert' und weitere diesbezügliche Werte von Bodendenkmälern

Alois Riegl hat als dritten Wert innerhalb seiner Erinnerungswerte den ‚Gewollten Erinnerungswert' – wir sind der Thematik schon bei der Systematisierung historischer Quellen durch Droysen und Bernheim begegnet (siehe Kap. 2.2.2) – aufgeführt, ihm allerdings nur wenige Ausführungen gewidmet und auch nur eine verhältnismäßig geringe Anzahl an Denkmälern zugestanden (Riegl 1903, 18 f.). Er dachte hier vor allem an Monumente wie Gedenksäulen und -steine, deren Inschriften an frühere historische Geschehnisse oder Personen erinnern. Eingangs dieses Kapitels wurde schon auf einschlägige archäologische Denkmäler wie etwa die Traianssäule und die Marcussäule in Rom hingewiesen, die hier einzuordnen wären, wobei auch deren Anzahl überschaubar bleibt.

Allerdings scheint aus heutiger Sicht gerade der ‚Erinnerungswert' von Bodendenkmälern – und nicht nur der ‚gewollte' – von immer größerer Bedeutung zu werden. Die Erinnerungskultur erlebt derzeit einen Boom und auch die Archäologie und Bodendenkmalpflege können hierzu vieles beitragen (Pollak 2010; 2014). Untersuchungen zum kollektiven Gedächtnis und zu Erinnerungskulturen (Erll 2011) haben wiederholt deutlich gemacht, dass dort häufig zwei Ebenen zusammentreffen, nämlich eine kognitive (wissens-/erkenntnisbezogene) und eine affektive (gefühlsbezogene, emotionale). Wohl nur selten verzahnen sich beide Ebenen so eng wie bei Vorstellungen vom Wert der Heimat, die neben gefühlsbezogenen Wertzuweisungen solche wie Identität und Orientierung absichert in einer nicht selten als Bedrohung empfundenen globalisierten Welt. Diese emotionalen Werte, denen sich wohl kaum ein Besucher entziehen kann, sind es auch, die im hohen

Maße Unrechtsorte des ‚Dritten Reichs' kennzeichnen (siehe Kap. 2.2.7). Hier ist seit einigen Jahrzehnten auch die Bodendenkmalpflege tätig und trägt durch ihre forensischen Arbeitsmethoden zugleich zur Aufklärung von Verbrechen des NS-Staates, der Waffen-SS oder der Wehrmacht bei (Weidner/Zeiler 2019). Bei ihren Ausgrabungen trifft sie in den streng getrennten Arealen innerhalb der früheren Konzentrations- und Zwangsarbeiterlager beim Bewachungspersonal etwa auf solide Baracken mit Sanitärbereichen und an Funden auf keramisches Ess- und Trinkgeschirr aus SS-Fabrikation, hingegen auf selbst gefertigtes Geschirr und Besteck oder andere persönliche Habseligkeiten in den Arealen der Lagerinsassen (Haubold-Stolle et al. 2020). Deren häufig in Erddepots verborgene Gegenstände sind keine beliebigen Funde (bewegliche Bodendenkmäler), sondern sie verkörpern auch einen hohen emotionalen Wert. Dieser wird noch verstärkt, wenn auf den Objekten eingeritzte Namenskürzel die Anonymität aufbrechen. Bisweilen sind es sogar aufrührende Botschaften, wie sie vor einigen Jahren bei Untersuchungen in dem früheren Arbeitslager Jülich-Süd (Rheinland) auf dem Kochgeschirrdeckel eines italienischen Häftlings gefunden wurde. Das eingeritzte Graffito war deutlich lesbar: „CARA MAMMA RITORNERO" („Liebe Mama, ich werde zurück-/heimkommen"). Gerade bei diesen Unrechtsorten kommt einem eine Textpassage des amerikanischen Schriftstellers William Faulkner (*Requiem für eine Nonne*, 1951) in den Sinn: „Das Vergangene ist nicht tot; es ist nicht einmal vergangen."

Infobox

‚Ethischer Imperativ' und der Umgang mit menschlichen Überresten in der Archäologie

Emotionale Werte sind nicht auf Objekte des 20. Jahrhunderts beschränkt. Hingewiesen sei hier beispielhaft auf die untersuchte neolithische Grabenanlage von Herxheim (Rheinland-Pfalz) mit einer dort massakrierten und verscharrten Bevölkerung von fast 500 Individuen oder auf das bronzezeitliche Schlachtfeld vom Tollensetal (Mecklenburg-Vorpommern), das sich über einen mehr als 2,5 km langen Bachabschnitt verfolgen ließ und momentan das älteste bekannte Schlachtfeld der Welt darstellt. Im 14. vorchristlichen Jahrhundert kam es hier zu einer Schlacht, „an der sich nach vorsichtigen Schätzungen 2000–6000 Krieger beteiligten." (Rassmann/Schopper 2019, 175) Vor allem an die archäologischen Museen richtet sich hier die Anforderung an einen ‚ethischen Imperativ' und damit auch die Frage, unter welchen Umständen man die Würde gewaltsam zu Tode gekommener Menschen verletzt, indem man diese Subjekte zu Ausstellungsobjekten macht. Der Dachverband der Museen in Deutschland hat sich diesbezüglich positioniert (Deutscher Museumsbund: Empfehlungen zum Umgang mit menschlichen Überresten in Museen und Sammlungen: https://www.museumsbund.de/wp-content/uploads/2017/04/2013-empfehlungen-zum-umgang-mit-menschl-ueberresten.pdf).

Im Zusammenhang mit Heimat wurde bereits der Identitätswert, der archäologischen Fundstätten innewohnen kann, erwähnt. Selbst unter negativem Vorzeichen offenbart sich dieser Wert in seiner Bedeutung, wenn er gezielter terroristischer Zerstörungswut ausgesetzt ist. Dieses geschieht, um für die Geschichte und Erinnerung maßgebliche Identitätsanker einer Bevölkerung nachhaltig zu beschädigen oder gänzlich zu vernichten. Nicht erst seit den Sprengungen der beiden Buddha-Statuen von Bamiyan (Afghanistan) durch Taliban oder des Baal-Tempels in der Wüstenstadt Palmyra (Syrien) durch den ‚Islamischen Staat', beide Fundstätten waren in die Welterbeliste der UNESCO eingetragen, ist das Vorgehen bekannt, Denkmäler von hohem kulturellen Wert, denen nicht selten auch ein besonderer religiöser Wert innewohnt, vorsätzlich und öffentlichkeitswirksam zu zerstören. Man bezeichnet diese kontrollierte Zerstörung an Denkmälern, Statuen und Bildern als Ikonoklasmus (griech. Zerbrechen von Bildern bzw. Abbildern). Die damit einhergehende Wut zeichnete nicht nur übereifrige Bilderstürmer zur Zeit der Reformation aus, sondern ist schon in der Antike belegt (Parzinger 2021, 19–41; 94–117). Einen Einblick in diesen *furor* auch hierzulande erlauben aktuelle Ausgrabungen von römischen *villae rusticae* im rheinischen Braunkohlerevier (siehe Kap. 3.5.3). Wohl am Ende des 4. Jahrhunderts n. Chr. überfielen Germanen den römischen Gutshof HA (Hambach) 2015/0027 (Geilenbrügge/Janssens 2017). Sie brandschatzten und plünderten nicht nur das Anwesen, sondern ließen ihre Zerstörungswut an einer dort errichteten großformatigen, den Gott Jupiter darstellenden Statue als Symbol der verhassten römischen Religion aus. Man begnügte sich nicht, die Statue zu zerschlagen, sondern warf die Fragmente in den unzugänglichen Schacht eines rund 20 m tiefen Brunnens. Dasselbe Motiv und Vorgehen belegt auch die Abbildung auf dem Buchumschlag. Hier handelt es sich um einen vergleichbaren Befund der weniger als einen Kilometer entfernten römischen Villa HA 162 in der Gemarkung Manheim aus dem gleichen Tagebau Hambach, wo in demselben Zeitraum (möglicherweise auch etwas später) durch fränkische Angreifer eine Jupitersäule zerschlagen und wiederum in einem römischen Tiefbrunnen ‚entsorgt' wurde. Im Umland von Köln sind die Spuren eines regionalen Ikonoklasmus in der Spätantike wiederholt greifbar, mehr als zwei Dutzend gleichartige Belege von zerschlagenen und in Brunnen gekippte Jupitersäulen und Götterstatuen sind aus diesem Zeitraum mittlerweile bekannt.

Infobox

Damnatio memoriae

Eine weitere Form der Auslöschung von Erinnerung muss hier noch Erwähnung finden: die *damnatio memoriae* (lat. Verdammung, Abschaffung des Andenkens), wobei der Begriff selbst aus jüngerer Zeit stammt. Die *damnatio* wurde ausgesprochen, um das Andenken an eine bestimmte Person zu tilgen, und ist als Vorgang wiederholt in der Antike belegt. Tatsächlich ging es zumeist aber weniger um die Auslöschung, sondern eher um die Stigmatisierung der Erinnerung (Parzinger 2021, 24–33). Betroffen waren hiervon etwa die römischen Kaiser Nero und Commodus, deren Namen auf Inschriften eradiert, also ‚weggekratzt' wurde. Ein hiesiges Beispiel für den Umgang mit dem letztgenannten Kaiser ist eine in Teilen eradierte Bauinschrift des Annexkastells von Osterburken (Baden-Württemberg). Das Phänomen der *damnatio memoriae* ist zeitlos und kennen wir noch heute. So musste man etwa nach der Nazizeit in vielen Städten Deutschlands die in den zwölf Jahren zuvor Adolf Hitler und Horst Wessel gewidmeten Straße und Plätze wieder umbenennen. In der Regel griff man auf die früheren Vorkriegsbezeichnungen zurück oder verfolgte ein gegenwartsbezogenes politisches Narrativ; die ‚alten' Straßenschilder von 1933 bis 1945 mussten weichen.

Bei der Kulturgüterzerstörung lassen sich Ikonoklasmus, *damnatio memoriae* und ‚blinder' Vandalismus hinsichtlich der Motivlage unterscheiden. Im Ergebnis geht es aber immer darum, kulturelle und individuelle Identität physisch und symbolisch zu eliminieren. Häufig ergänzt durch ‚ökonomische Abschöpfung' in Form der Weiterveräußerung von Raubgut (Parzinger 2021, passim).

Nachweise von Ikonoklasmus und *damnatio memoriae* sind also ebenfalls den (historischen) Erinnerungswerten zuzurechnen. Auch wenn Alois Riegl an derart negativ konnotierte Zeugnisse nicht gedacht hatte, muss man sie aus Sicht der Täter bzw. Betreiber als ‚gewollte Erinnerungswerte' begreifen, denen wir auch im Denkmalbestand immer wieder fragmentarisch begegnen. Diese, gleichermaßen in Gegenwart und Zukunft gerichteten ‚Botschaften' leiten über zu Riegls Gegenwartswerten, der zweiten großen Denkmälerkategorie.

Riegls Gegenwartswerte: der ‚Gebrauchswert' und der ‚Kunstwert'

Für Alois Riegl hatte unter seinen Gegenwartswerten – ganz im Sinne von Louis Cloquet – der ‚Gebrauchswert' den höchsten Stellenwert. ‚Gebrauchswert' umfasste hier vor allem das, was man unter einer ‚baulichen Nutzung' eines Denkmals, etwa durch einen Eigentümer, versteht. Einen funktional vergleichbaren Wert haben Bodendenkmäler nur im seltenen Fall (ggf. nutzbare Kellergewölbe o. ä.). Archäologische Fundstätten weisen jedoch einen weiteren nennenswerten ‚Gebrauchswert' auf, nämlich in Gestalt eines Freizeit- und Erholungswerts oder als Destination für den Tourismus. Das schließt die archäologischen Parks ein wie etwa den Archäologischen Park Xanten (Rheinland), der nicht nur zu den umsatzstärksten Museen in Nordrhein-Westfalen mit jährlich mehr als 600 000 Besuchern zählt, sondern deutschlandweit vergleichbare Einrichtungen mit Abstand überragt. Aber auch der alltägliche Geschichtsgebrauch, wie ihn Valentin Groebner (2013) beschreibt, basiert, neben anderen, ebenfalls auf archäologisch-historischen Monumenten. Der Nutzung eines Denkmals – auch im juristischen Sinne, wie die Denkmalschutzgesetze es fordern – genügt dabei bereits der ‚reine Anschauungswert'.

Archäologische Monumente und Objekte werden von manchem Besucher als gegenständlicher Einstieg in die Vergangenheit empfunden. Auch wenn ein derartiges persönliches Empfinden („L'expérience vécue") sich nur eingeschränkt mit anderen teilen lässt, entfaltet Vergangenheit zweifellos Imaginationskraft, die ganze Gruppen als Erlebniswert erfassen kann.

> „Historische Reenactments, also das Nachspielen historischer Ereignisse [im historischen Outfit] an Originalschauplätzen, und Living History – das Nachahmen vergangener Lebensverhältnisse, speziell des Alltags – gehören dabei sicher zu den prominentesten Ausprägungen dieser multisensorischen Aneignungen von Vergangenheit" (Samida / Kunow 2019, 509).

Mit erheblicher Akribie werden derartige Aneignungen in ‚authentische' Ausstattung und Bekleidung kompletter Römerkohorten oder Wikingersippen umgesetzt. Für diese Gruppen steht neben dem Spaß der Gebrauchswert außer Frage, zumal die angefertigten Objekte im Sinne einer Experimentellen Archäologie tatsächlich wichtige Erkenntnisse etwa zu Herstellungstechniken, Materialfragen, benötigtem Zeitaufkommen oder ähnlichem leisten können.

Nicht nur Baudenkmäler haben einen Immobilienwert. Im Falle eines Bodendenkmals wird dieser Wert allerdings nicht selten als Abwertung (Verlust) bilanziert, wenn die Gestaltungsmöglichkeiten auf einem Grundstück mit einem Bodendenkmal eingeschränkt sind. Plant man Eingriffe oder sogar die vollständige Beseitigung beispielsweise im Kontext eines Bauvorhabens oder der Gewinnung von Rohstoffen (Sand, Kies, Braunkohle etc.), müssen die Kosten der Rettungsgrabungen (im Rahmen der Zumutbarkeit) vom ‚Verursacher' getragen werden (siehe Kap. 2.6). Vor diesem Hintergrund wurde vor wenigen Jahren „der materielle oder betriebswirtschaftliche Wert eines Bodendenkmals errechnet" und als Kostenaufwand deklariert (Bayerisches Landesamt für Denkmalpflege 2013, 19–21). Diese Wertdarstellung ist zwar negativ konnotiert, aber sie betrifft natürlich nicht allein Bodendenkmäler, sondern Einschränkungen von Objekten und Liegenschaften jeglicher Art durch Auflagen etwa aus dem Umweltbereich oder der Raumordnung.

An positiv empfundenen Werten hat Riegl bei seinen Gegenwartswerten noch den ‚Kunstwert' beschrieben (Riegl 1903, 21 f.). Bei speziellen archäologischen Objekten, etwa ausgezeichnet durch eine besondere Steinarchitektur oder bei künstlerisch und ästhetisch herausragenden Metall- und Glasfunden, liegt zweifelsohne ein Wert vor, der weit über den reinen Materialwert hinausgeht und sich beziffern lässt. Sammlerstücke lassen sich in ihrem pekuniären Wert in Auktionskatalogen vergleichen und jedes Museum hat bei Ausstellungsvorhaben und Leihvorgängen mit dem Versicherungswert zu tun, der vor allem bei ‚Spitzenobjekten' horrende Summen aufweisen kann.

Der ‚Streitwert'

Bei ihrer Beschäftigung mit den Wertekategorien von Alois Riegl hat Gabi Dolff-Bonekämper, Denkmalpflegerin in Berlin und Professorin für das Fachgebiet Denkmalpflege an der Technischen Universität Berlin, der Rieglschen Denkmaltheorie einen weiteren Wert zugeführt: den ‚Streitwert' (Dolff-Bonekämper 2010, 33–38; siehe auch Schmidt 2008, 76; Saupe 2017, 54f.; Scheurmann 2018, 392–399). Ihre Grundaussage fasste Dolff-Bonekämper (2010, 34) wie folgt zusammen:

> „Was ein Denkmal ist und was es in der Gegenwart der handelnden Personen für eine Bedeutung hat, wird weder durch Machtausübung noch durch Mehrheitsbeschluss festgelegt. Das Konzept des Aushandelns soll dies berücksichtigen."

Sie räumte dabei ein, dass im Grunde jeder von Riegls aufgeführten Begriffen Streitpotential beinhalte, doch fokussiere dieser Streitwert insbesondere auf den ‚Historischen Wert' – und hier vor allem auf Objekte der Zeitgeschichte. Auch die Bedeutung eines konkreten Bodendenkmals sieht natürlich die Gegenwartsgesellschaft nicht unbedingt einheitlich und damit strittig. Fachämter und Denkmalbehörden, Denkmaleigentümer, Politik und Bürgergesellschaft finden nicht immer schnell zu einem Konsens, wenn es um den Umgang mit einem Bodendenkmal geht; im Fall eines Dissenses entscheiden in letzter Instanz Verwaltungsgerichte. Eher selten wird allerdings der historische Wert eines Bodendenkmals grundsätzlich angezweifelt, jedoch relativiert gegenüber anderen öffentlichen Belangen wie der Ausweisung von neuen Wohnungsbau- und Gewerbegebieten, der Umsetzung von Infrastrukturprojekten oder der Gewinnung von Bodenschätzen. Hier kommt es dann bei Entscheidungen gegen das Bodendenkmal in der Regel zu Ersatz- bzw. Ausgleichsmaßnahmen, zumeist in Form von Rettungsgrabungen oder – im günstigen Fall – von Umplanungen, bisweilen auch zu Visualisierungen, ‚archäologischen Fenstern' oder ähnlichem.

Der ‚Streitwert' ist eher kein eigenständiger Wert. Er bezeugt jedoch den demokratischen Umgang mit einem ‚strittigen' Denkmal. Autokratische oder diktatorische Systeme kennen keine vergleichbaren Aushandlungsprozesse oder unabhängige Gerichte, sondern nur Top-down-Entscheidungen. Damit kommen wir zum letzten Abschnitt dieses Kapitels, dem Umgang mit Bodendenkmälern, den wir hier zunächst auf einer grundsätzlichen Ebene betrachten wollen. Konkrete Praktiken des Umgangs finden sich an anderer Stelle (siehe Kap. 3.3).

2.4.3 | Die Entwicklung von Leitlinien für den Umgang mit Bodendenkmälern

Der Primat des Forschungswertes hat, wie wiederholt angesprochen, in der Archäologie im Allgemeinen, aber auch der Bodendenkmalpflege im Besonderen den Umgang mit den eigenen Denkmälergattungen geprägt und damit einhergehend vor allem zu Fortschritten bei der Dokumentation von Ausgrabungen, der Bergung und der Restaurierung sowie zu umfangreichen Auswertungsmöglichkeiten geführt (Verband der Landesarchäologen in der Bundesrepublik Deutschland 2003). Wohl mehr oder weniger überall unterließ man dabei ein regelmäßiges und landesweites Monitoring von obertägigen oder untertägigen Geländedenkmälern und leitete nur, sofern eine augenscheinliche Gefährdung erkennbar war, weitere Maßnahmen ein; der schleichende Prozess von Substanzverlusten an den Bodendenkmälern war und ist so nicht aufzuhalten. Der Umgang mit Baudenkmälern hingegen, die schon nach kurzer Zeit der Vernachlässigung für jedermann erkennbare Schadensbilder aufweisen, hatte bereits sehr früh die Notwendigkeit eines Monitorings erkennen lassen. Erinnert sei hier an Schinkels Memorandum an die preußische Oberbaudeputation aus dem Jahr 1815, also vor mehr als zweihundert Jahren (siehe Kap. 2.3.2).

Ging man im 19. Jahrhundert noch zumeist von einem architektonischen Grundverständnis aus, ein Denkmal als funktionstüchtiges Gebäude wiederherzustellen und aktuellen Bedürfnissen anzupassen – wie etwa den Kölner Dom, dessen Weiterbau nach einer Unterbrechung zur Mitte des 16. Jahrhunderts erst 1840 wieder in Angriff genommen wurde (Scheurmann 2018, 154–161) –, setzte in Deutschland um 1900 eine denkmalpflegerische Grundsatzdebatte zum Umgang mit den baulichen Hinterlassenschaften ein. Sie wurde geprägt durch Kunsthistoriker, Denkmalpfleger und Architekten wie Georg Dehio (1850–1932), Paul Clemen (1866–1947) und Cornelius Gurlitt (1850–1938); von dem Österreicher Alois Riegl war bereits ausführlich die Rede. Seinerzeit wurden noch heute gültige Leitlinien für den Umgang mit Denkmälern formuliert, denen allerdings die Praxis nicht immer folgte (Schmidt 2008, 43–52; Scheurmann 2018, 144–147; 210–253). Die archäologische Denkmalpflege hat den (teils konträren) Grundsatzdebatten wenig Beachtung geschenkt und eher pragmatisch Konservierungs- und Restaurierungsmaßnahmen an Bodendenkmälern betrieben, doch hat auch hier ein Umdenken eingesetzt, seitdem man sich tatsächlich als Bodendenkmalpfleger begreift (siehe Kap. 3.3).

Ausgangspunkt des großen Streites in der Baudenkmalpflege war ein im deutschen Nationalbewusstsein tief verankertes Denkmal, das Heidelberger Schloss: Es wurde zu einem Referenzort der Denkmalpflege.

Der Grundsatzstreit der Baudenkmalpflege um das Heidelberger Schloss

Das Heidelberger Residenzschloss wurde im Zusammenhang mit dem Pfälzischen Erbfolgekrieg 1689 und insbesondere durch Sprengungen 1693 durch französische Truppen Ludwigs XIV. weitgehend zerstört. Es entwickelte sich in der Romantik zur ‚Lieblingsruine' der Deutschen und zum Gegenstand des Tourismus. Im 19. Jahrhundert gab es Wiederaufbaupläne, die von patriotischer Seite nach dem Sieg gegen Frankreich von 1870/71 gefordert wurden und den Zustand vor der Zerstörung durch französische Truppen wiederherstellen sollten. In dem Zusammenhang begannen zunächst Instandsetzungsarbeiten am dortigen, noch vergleichsweise intakten Friedrichsbau, bei dem nur dessen Innenräume zerstört waren, unter Leitung des Architekten Karl Schäfer. Die Planungen gingen jedoch weiter und Karl Schäfer wollte sich auch des benachbarten Ottheinrichsbaus von 1556 annehmen, der wesentlich ruinöser war und erheblich größere Baueingriffe notwendig gemacht hätte (Schmidt 2008, 38–42). Bestimmte noch im 19. Jahrhundert die Architektenschaft den Umgang mit Baudenkmälern schoben sich jetzt mit der Grundsatzdebatte um Zukunft und Gestalt des Heidelberger Ottheinrichsbaus Kunsthistoriker und Denkmalpfleger in die erste Reihe. Vertreter der Denkmalpflege forderten den Erhalt und die Sicherung als Ruine und formierten sich um 1900 unter Georg Dehios (1901; 1905) plakativer Losung „Konservieren, nicht restaurieren", die noch heute gerne aufgegriffen wird. Nach aktuellem Verständnis und Sprachgebrauch müsste es allerdings besser „Konservieren, nicht rekonstruieren" heißen (zu den Unterschieden siehe Kap. 3.3.2). Denn tatsächlich ging es bei den architektonischen Neuplanungen zum Ottheinrichsbau um Rekonstruktionen an der Fassade und einen neuen dreigeschossigen Doppelgiebel als Gebäudeabschluss (Scheurmann 2018, 148–152). Die Positionen der Denkmalpflege im Heidelberger Schlossstreit haben die noch heute gültigen Leitlinien im Umgang mit Denkmalsubstanz geprägt, die auch für archäologische Denkmäler – ortsfeste und bewegliche – Anwendung finden.

Signum der Denkmalpflege war dabei die Authentizität, also die durch fachliche Expertise ‚verbürgte Echtheit' eines Denkmals. Diese schloss seine Belassung im überkommenen Befundzustand mit allen Verlusten und späteren Zutaten (Ein-, Aus- und Anbauten) und Altersspuren mit ein und wandte sich gegen jegliche Form von Rekonstruktionen. Man begriff Authentizität nicht nur im Sinne eines ‚Ur'- oder ‚Originalzustandes' von einem Objekt, sondern erkannte zugleich auch den Prozess der Veränderung an, dem ein Denkmal im Laufe der Zeit unterliegt, ohne dass es dadurch zwangsläufig seine Authentizität einbüßt (Fless et al. 2016). Das *Nara Dokument zur Echtheit/Authentizität* von 1994 hat dieser Vorstellung noch einmal umfassend Raum gegeben (siehe Kap. 3.3.1). Diese Auffassung einer quasi ‚dynamischen Authentizität' findet sich bereits beim antiken Schriftsteller Plutarch (um 45 – um 125 n. Chr.) in seiner Schilderung zum ‚Schiff des Theseus'.

> **ZWEI UNTERSCHIEDLICHE GRUNDAUFFASSUNGEN VON AUTHENTIZITÄT BEREITS IN DER ANTIKE: PLUTARCH UND DAS ‚SCHIFF DES THESEUS'**
>
> Theseus, legendärer König in Athen und einer der beliebtesten Helden der griechischen Mythologie, war, wie sein entfernter Verwandter Herakles, vor allem durch eine Vielzahl von Heldentaten überaus populär. Als seine bekannteste gilt die Tötung des Minotauros, ein Ungeheuer mit Menschengestalt und Stierkopf, auf Kreta. Im Triumphzug segelte er von dort mit seinem Schiff und den geretteten Athener Jünglingen und Jungfrauen zurück in seine Heimatstadt. Die Umstände seiner Ankunft und das weitere Schicksal des Schiffes beschreibt der antike griechische Schriftsteller Plutarch (gegen 45 n. Chr. – um 125 n. Chr.) in seiner *Vita Thesei*: „Das Schiff, auf dem Theseus mit den Jünglingen losgesegelt und auch sicher zurückgekehrt ist, eine Galeere mit 30 Rudern, wurde von den Athenern bis zur Zeit des Demetrios Phaleros aufbewahrt. Von Zeit zu Zeit entfernten sie daraus alte Planken und ersetzten sie durch neue intakte. Das Schiff wurde daher für die Philosophen zu einer ständigen Veranschaulichung zur Streitfrage der Weiterentwicklung; denn die einen behaupteten, das Boot sei nach wie vor dasselbe geblieben, die anderen hingegen, es sei nicht mehr dasselbe." (Plutarch, *Vita Thesei* 23, Übersetzung von Wilhelm K. Essler) Das Problem der Identität respektive Authentizität beschäftigte also bereits die Menschen der Antike und Plutarch differenziert ohne eigene Wertung, indem er die beiden Auffassungen zum Schiff des Theseus, nämlich ‚Bewahrung von Materialität und Beschaffenheit' auf der einen Seite sowie ‚Bewahrung von Form und Erscheinungsbild' auf der anderen als einander gleichberechtigt vor dem historisch-ideellen Hintergrund gegenüberstellt (Fless et al. 2016). Die gleiche Thematik findet sich in der Anekdote von ‚John Locke's Socks'. John Locke, bedeutender englischer politischer Philosoph und Staatstheoretiker (*Two Treatises of Government*) im 17. Jahrhundert, bemerkt ein Loch in seinen Lieblingssocken und beschließt, diese mit einem Flicken zu reparieren. Er ist allerdings unschlüssig und zögert, wie mit zukünftigen Löchern und den erforderlichen Flicken umzugehen sei und ob es sich dann weiterhin um seine ‚bisherigen' Lieblingssocken handeln würde.

Auch wenn die Denkmaltheorie fürderhin Rekonstruktionen ablehnend (zumindest äußerst kritisch) gegenüberstand, waren sie doch weiterhin Alltag. Ein zur Heidelberger Diskussion zeitgleiches Beispiel ist der Campanile (Glockenturm) von San Marco in Venedig, der am 14. Juli 1902 vollständig zusammenbrach. Noch am selben Tag beschloss der Stadtrat den Wiederaufbau *„dov' erà e com' erà"*, also „wo er war und wie er war" (Schmidt 2008, 48–50). Derartige Katastrophen, insbesondere aber die Zerstörungen von Denkmälern durch deutschen Artilleriebeschuss in Belgien und Frankreich im Ersten Weltkrieg (‚Kollateralschäden') führten auch bei Paul Clemen (1866–1947), Rheinischer Provinzialkonservator und für den „Kunstschutz in den besetzten feindlichen Gebieten" zuständig, zu einem gewissen Einlenken gegenüber Rekonstruktionen (‚Wiederaufbauten'), die man nach Kriegsende vornahm (Schmidt 2008, 50–52; Scheurmann 2018, 238–245). Vergleichbar und zeitgleich zum Kunstschutzbeauftragten Paul Clemen organisierte der Archäologe Theodor Wiegand (1864–1936) – später (von 1932 bis 1936) Präsident des Archäologischen Instituts des Deutschen Reiches – als Generalinspekteur den Denkmalschutz der Altertümer für Syrien, Palästina und das Ostjordanland (Althoff/Jagust/Altekamp 2016, 13 f.). Er nahm Sicherungsarbeiten auch in Palmyra vor. Die antike Wüstenstadt und Drehscheibe zwischen Europa und Asien ist über Fachkreise hinaus auch als der Ort bekannt geworden, an dem der ‚Islamische Staat' bewusst Sprengungen und weitere Zerstörungen vorgenommen und im wahrsten Sinne des Wortes ein Ruinenfeld hinterlassen hat. In Abwandlung eines berühmten Ausspruchs des römischen Redners und Politikers Cicero (Cic. Mil. 4, 11) „*Silent enim leges inter arma*" („Im Krieg schweigen die Gesetze") traf Wilhelm von Bode, seinerzeit (1917) Generaldirektor der Königlich Preußischen Museen zu Berlin, die pessimistische Feststellung: „*Inter arma silent musae*" („Im Krieg schweigen die Musen"). Knapp 30 Jahre später sprengten auf Befehl Heinrich Himmlers deutsche Truppen im Jahr 1944 die letzten Überreste des Warschauer Schlosses, um nach der Niederschlagung des Warschauer Aufstandes bewusst die polnische Identität zu treffen.

Noch ist Palmyra, um den Faden wieder aufzugreifen, nur stark eingeschränkt zugänglich, doch hat schon eine intensive Diskussion um den Fortgang der notwendigen Arbeiten in Fachkreisen, der Politik, der Touristiker und der Öffentlichkeit eingesetzt. Im Grundverständnis stehen sich zwei Positionen – vergleichbar dem Heidelberger Schlossstreit – konträr gegenüber, was die Kenntnis der seinerzeitigen Debatte auch im Archäologenkreis und ihre ‚Zeitlosigkeit' evident macht: Ruinendenkmalpflege versus Rekonstruktion – nicht selten wohl Wiederaufbau (siehe Kap. 3.3.2).

> „Der Streit um Palmyra hat die inzwischen selbst schon historische Debatte [zum Heidelberger Schloss] um das Restaurieren bzw. Rekonstruieren, um Bild und Substanz auf eine neue Stufe der historischen Machbarkeit gehoben. Was zurzeit noch als ‚Sonderfall' beschworen wird, Geschichte nämlich schnell und sauber mittels 3-D-Druck zu reproduzieren, erscheint als Programm zur Heilung von Verlusten inzwischen durchaus realistisch und als zukünftige Form von Denkmalpflege immerhin denkbar." (Scheurmann 2018, 197; hierzu auch El-Mecky/Samida 2017).

Authentizität – etwas verknappt der durch Fachleute verbürgte Erhalt von Materialität und Erscheinungsbild bei einem Denkmal – ist natürlich nicht aus dem Wertekanon der Denkmalpflege verschwunden oder hat an Gewicht verloren, aber ausgehend von irreversiblen Substanzverlusten wird man sich auch mit anderen Formen der Überlieferung beschäftigen und zur eigenen Rolle im Rahmen der Erinnerungskultur positionieren müssen (Schweizer 2014; Saupe 2017; Knoch 2020, 113–174). Die von Michael Petzet in die denkmalpflegerische Diskussion im Zusammenhang mit dem Nara Dokument zur Echtheit/Authentizität eingeführte ‚authentische Reproduktion' (siehe Kap. 3.3.2) wird möglicherweise in derartigen Fällen eine Renaissance erleben. Auch die Warsaw Recommendation on Recovery and Reconstruction of Cultural Heritage von 2018 befürwortet mittlerweile derartige Maßnahmen für Objekte, die kriegsbedingt oder durch Naturkatastrophen schwer beschädigt oder gänzlich verloren gegangen sind. Dabei geht es heutzutage beim Umgang mit Denkmälern gegenüber der Öffentlichkeit nicht mehr um Belehrung und Erziehung oder auratische und ideologische Verklärung, sondern um Vermittlung und Partizipation. Die Europäische Union hatte das Jahr 2018 zum ‚European Year of Cultural Heritage' (ECHY) ausgerufen und unter das Motto „Sharing Heritage" gestellt. Heritage umfasst weit mehr als ‚steinerne oder tönerne Zeugnisse'. Es bezieht jegliche Form von Überlieferung (materiell wie immateriell) und Erinnerung ein und macht auch vor Unrechtsorten – in der angelsächsischen Literatur findet sich diesbezüglich die Bezeichnung ‚dark heritage' (Samida/Arendes 2019) – nicht halt. Das einzelne Individuum wird im Sinne eines ‚shared heritage' zum Erben und Teilhaber.

Weiterführende Literatur

Riegl 1903; Schmidt 2008; Scheurmann 2018.

2.5 | Organisationsformen der Bodendenkmalpflege in Deutschland und ihre Einbindung in nationale und internationale Strukturen

Beim Umgang mit dem baukulturellen und archäologischen Erbe in Deutschland muss man die zwei großen Bereiche Denkmalpflege und Denkmalschutz begrifflich und auch rechtlich voneinander trennen. In der organisatorischen und gesetzlichen Umsetzung sind hierfür auch unterschiedliche Institutionen verantwortlich, die im Fokus dieses Kapitels stehen sollen.

> DEFINITION: DENKMALPFLEGE UND DENKMALSCHUTZ
>
> Mit dem Begriff ‚Denkmalpflege' werden alle pflegenden, forschenden, beratenden und fördernden, nicht hoheitlichen Handlungen sowie die Fürsorge im Bereich des kulturellen Erbes umschrieben, welche die Erhaltung, Instandhaltung und Instandsetzung von Denkmälern (jeglicher Art) sowie deren Vermittlung gewährleisten. Hier haben die Landesämter als *Denkmalfach*behörden ihren Arbeitsschwerpunkt. ‚Denkmalschutz' hingegen bedeutet die Erhaltung der Denkmäler durch hoheitliche Gebote und Verbote, die in Gesetzen, Verordnungen und Erlassen geregelt werden. Hierfür stehen in einem Land die *Denkmalschutz*behörden der Kommunen, Kreise und Regierungspräsidien als Sonderordnungsbehörden gemeinsam mit einem vorgesetzten Ministerium als oberste Denkmalschutzbehörde in Verantwortung.

Landesarchäologie und ihre Akteure in der Bundesrepublik Deutschland

2.5.1

Den Umfang und die Ausgestaltung der Kulturhoheit, die bei den Bundesländern liegt, setzen die Länder nach eigenen Vorstellungen um und weisen entsprechend im Landeshaushalt die hierfür erforderlichen finanziellen Mittel und Personalstellen für Landesbedienstete aus. Neben der materiellen Vorsorge ist zudem die rechtliche Verankerung des Kulturerbes im Rahmen der Verfassung eines Landes und durch spezifische Landesgesetze entscheidend. Von besonderer Bedeutung für die Archäologische Denkmalpflege sind hier die Denkmalschutzgesetze sowie weitere zu Raum- und Fachplanungen oder zur Umweltverträglichkeit (siehe Kap. 2.6). Diese Gesetze werden unterhalb der Gesetzesebene durch (bisweilen zeitlich befristete) ministerielle Verordnungen und Erlasse ergänzt und konkretisieren Einzeltatbestände, wobei hier getroffene Regelungen inhaltlich nicht über den eigentlichen Gesetzestext hinausgehen können. Die Bundesländer legen darüber hinaus den Aufbau ihrer Landesverwaltung und -behörden in Landesorganisationsgesetzen fest. In Ausübung ihrer Organisationshoheit regeln sie in dem Zusammenhang neben dem Aufbau der Denkmalschutzbehörden auch Struktur und Umfang der Archäologischen Landesdenkmalämter und deren Zuweisung an ein übergeordnetes Ministerium. Unterhalb dieser Landesebene gibt es weitere Akteure, die ebenfalls bei der Archäologie eines Bundeslandes mitarbeiten und hier zu nennen sind. Es sind die Kreis- und Stadtarchäologien; sie unterliegen der kommunalen Selbstverwaltung und werden anschließend betrachtet.

Archäologische Landesämter

Trotz 16 Bundesländern mit jeweils eigenständiger Kultur- und Organisationshoheit existieren (glücklicherweise) deutlich weniger unterschiedliche ‚Spezies' von archäologischen Landesämtern in der Bundesrepublik. Mit den ersten Denkmalschutzgesetzen in Deutschland bzw. dem Deutschen Reich nach der Wende vom 19. zum 20. Jahrhundert (siehe Kap. 2.3.3) entstanden zwei Hauptformen, die sich in der Grundstruktur bis heute bewahrt und bewährt haben. Dabei fasste man vor allem in den süddeutschen Bundesstaaten bzw. Ländern (Bayern, Baden, Württemberg) die Baudenkmalpflege und die Bodendenkmalpflege in einem gemeinsamen Amt zusammen (Greipl 2008; Plate 2020). Institutionell unabhängig davon entstand dort eine museale Struktur mit Staats- bzw. Landesmuseen, in die die (bedeutenden) archäologischen Grabungsfunde eingeliefert wurden. Einen organisatorisch anderen Weg schlug hingegen Preußen für seine Provinzen ein. Die dortigen Provinzialmuseen waren durch die aus diesen Häusern berufenen Vertrauensmänner für kulturgeschichtliche Bodenaltertümer auch für die Bodendenkmalpflege in ihrem Arbeitsgebiet zuständig und so finden wir dort die Verbindung von (Provinzial-)Museum und Bodendenkmalpflege in einer

Institution, wohingegen die Baudenkmalpflege in einem hiervon unabhängigen Amt von einem Provinzialkonservator (heute: Landeskonservator) geleitet wurde (siehe Kap. 2.3.4). Die letztgenannte Struktur blieb in großen Teilen Deutschlands mit ‚preußischer Vergangenheit' bis weit nach Ende des Zweiten Weltkriegs und sogar bis heute bestehen – auch nachdem Preußen im Jahr 1947 durch den Kontrollrat der vier Besatzungsmächte aufgelöst worden war. Das betraf nicht nur die (alten) Bundesländer in der zwei Jahre später gegründeten Bundesrepublik Deutschland. Auch die DDR behielt in der Archäologie die aus preußischer Zeit stammende Organisationsform mit den dortigen fünf großen ‚Landesmuseen' und den zugeordneten ‚Forschungsstellen' bei, die die Bodendenkmalpflege in den 14 DDR-Bezirken versahen (siehe Kap. 2.3.5). Unabhängig hierzu gab es für das baukulturelle Erbe in der DDR das zentral agierende ‚Institut für Denkmalpflege' mit Sitz in (Ost-)Berlin.

In jüngerer Zeit, seit den 1990er Jahren, haben manche Bundesländer zu abweichenden Organisationsformen für die amtliche Bodendenkmalpflege gefunden, die beide Hauptstrukturen miteinander verbinden. Wir verzeichnen in der neuen Form einen Zusammenschluss von Museum, Baudenkmalpflege und Bodendenkmalpflege unter einem gemeinsamen organisatorischen Dach, so etwa in den Bundesländern Brandenburg, Hessen, Sachsen-Anhalt oder Thüringen (sowie in eingeschränkter Form auch in Baden-Württemberg). Manche Länder wie etwa Mecklenburg-Vorpommern (mit dem Landesamt für Kultur und Denkmalpflege) oder Rheinland-Pfalz (mit der Generaldirektion Kulturelles Erbe, GDKE) haben in diesen Verbund noch weitere Kulturinstitutionen hinzugenommen wie etwa das Landeshauptarchiv, die Landesbibliothek oder die Verwaltung Staatlicher Burgen und Schlösser.

Unstrittig ist es für die Bodendenkmalpflege von großem Vorteil, nicht nur für den Bodendenkmalschutz und die Ausgrabungen zuständig zu sein, sondern zudem über ein Museum mit entsprechenden Fachrestaurierungswerkstätten und Depots sowie einen Ausstellungsbereich als ständiges und aktuelles ‚Schaufenster der Landesarchäologie' zu verfügen – wie etwa in den nordrhein-westfälischen Städten Bonn, Köln und Münster bzw. Herne oder in Hamburg. Insofern hat sich dort das ‚preußische System' bis heute bewährt. Es lassen sich aber auch gute Gründe anführen, wenn Bau- und Bodendenkmalpflege in einem gemeinsamen Landesamt agieren, also dem ‚süddeutschen System' folgen, das mittlerweile auch im Norden (Niedersachsen) Verbreitung gefunden hat. So sind die Schnittmengen in der Arbeit von Bau- und Bodendenkmalpflege beträchtlich, wenn man etwa an historische Anlagen wie Burgen, Schlösser oder Kirchen oder an Sanierungsmaßnahmen in historischen Altstadtkernen denkt. Nicht zuletzt ist mit der ‚Archäologie der Moderne' ein neuer Bereich entstanden, der weit in das 20. Jahrhundert reicht, und auch die Kulturlandschaftspflege verfolgt einen ganzheitlichen, Institutionen übergreifenden denkmalpflegerischen

Ansatz. Ein weiteres Argument für eine institutionelle Zusammenlegung der Bau- und Bodendenkmalpflege liegt im rechtlichen Bereich. Bau- und Bodendenkmalpflege agieren – anders als seinerzeit in der DDR – auf derselben gesetzlichen Basis, wobei manche Denkmalschutzgesetze (Baden-Württemberg und Rheinland-Pfalz) mittlerweile nicht zwischen Bau- und Bodendenkmal kategorisieren, sondern nur noch allgemein das ‚Kulturdenkmal' als Schutzkategorie kennen (siehe Kap. 2.4.2).

Vor diesem Hintergrund spricht vieles für eine Trias unter einem Dach – bestehend aus Bau- und Bodendenkmalpflege sowie einem (Fach-)Museum –, wie wir sie vor allem aus den östlichen Bundesländern kennen, um beide systemischen Vorteile miteinander zu vereinen. Allerdings kann eine derartige Institution nur dann Synergien entfalten und erfolgreich in der Außendarstellung für gemeinsame Anliegen werben, wenn in der Binnenstruktur ein hohes Maß an Kollegialität und Kommunikation besteht und die unterschiedlichen Aufgaben und Ziele als einander gleichberechtigt angesehen werden. Dieses muss eine Amtsleitung sicherstellen.

Verband der Landesarchäologen in der Bundesrepublik Deutschland e.V. (VLA)

Vor mehr als 70 Jahren, am 15. September 1949, wurde in Wiesbaden der Verband der westdeutschen Landesarchäologen gegründet, dem nach der Wiedervereinigung auch die Vertreter der fünf neuen Bundesländer beitraten (Verband der Landesarchäologen in der Bundesrepublik Deutschland 1999a). Damit existiert ein Berufsverband für die Belange der Bodendenkmalpflege in Deutschland als länderübergreifende fachliche Institution, die jedoch nicht die Kulturhoheit der Länder überwinden kann und deshalb ‚nur' die Rechtsform eines eingetragenen Vereins aufweist. Der VLA besteht aus 60 aktiv im Beruf stehenden Mitgliedern (Leitungen der Landesämter und wenige weitere Mitarbeitende aus diesen Häusern), deren genaue Zusammensetzung sich aus einem festgelegten Länderschlüssel ergibt, der sich an der jeweiligen Flächengröße orientiert. Darüber hinaus gibt es beratende Mitglieder, die, mit zwei Ausnahmen (Direktor/Direktorin RGK und Generaldirektor/Generaldirektorin RGZM), über kein Stimmrecht verfügen. Als wesentliche Aufgabe des VLA wurde bereits in den Gründungsstatuten „die gemeinsame Beratung prinzipieller Fragen der Bodendenkmalpflege [für] eine wenigstens in den Grundzügen gleichartige Ausübung der Bodendenkmalpflege in den Ländern des Bundes" vorgesehen – eine Zielsetzung, die auch heute noch aktuell ist, weil die unterschiedliche personelle und finanzielle Ausstattung der Fachämter zur Verzerrung von Denkmalpflegelandschaften führen kann.

Vor dem Hintergrund der (durch Föderalismusreformen heute sogar noch gestärkten) Kulturhoheit der Länder ging es also seit der Gründung des Verbandes um inhaltliche Abstimmung in Bereichen, die gleichermaßen das Alltagsgeschäft und die strategische Ausrichtung umfassen. Die hierfür erforderliche gemeinsame Willensbildung findet zunächst einmal auf der jährlichen Verbandstagung statt und dort wird manches auch in formelle Beschlüsse gebracht. Über den Vorstand hinaus leisten zudem die Kommissionen des Verbandes eine wichtige Arbeit, etwa indem sie Grundsatzpapiere entwickeln oder auch konkrete Empfehlungen vorbereiten. Schon von Beginn an wurde ein Teil der Verbandsarbeit in dieser Form bewältigt, wobei manche Kommission ihre Aufgabe schon bald abschließen konnte, während andere sich um Langzeitaufgaben wie etwa das Problem der illegalen Archäologie mit dem momentanen Schwerpunkt des Einsatzes von Metalldetektoren kümmern (Siegloff 2019). Aktuell gibt es zehn Kommissionen, unter anderem mit folgenden Arbeitsgebieten: Archäologie und Informationssysteme, Grabungstechnik, Illegale Archäologie, Kommunalarchäologie und Unterwasserarchäologie. Der VLA gibt gemeinsam mit wbgTHEISS die auflagenstarke und populärwissenschaftliche Zeitschrift *Archäologie in Deutschland* (*AiD*) heraus, die im zweimonatlichen Turnus erscheint und durch AiD-Sonderhefte zu Spezialthemen ergänzt wird (siehe Kap. 2.1.3).

Kreis- und Stadtarchäologien (Kommunalarchäologie)

Nahezu alle Bundesländer weisen zusätzlich zu ihrem archäologischen Landesamt – in Nordrhein-Westfalen übernehmen diese Landesaufgabe, abweichend vom übrigen Bundesgebiet, die beiden Landschaftsverbände und die Stadt Köln (siehe Kap. 2.6) – auch Kreis- und Stadtarchäologien (Kommunalarchäologie) auf. Deren Anzahl ist allerdings nicht konstant, da es sich um eine freiwillige, also keine gesetzespflichtige Leistung einer Kommune handelt, solch eine Institution zu unterhalten. Die Kreise sowie Städte und Gemeinden mit einer eigenen Archäologie versprechen sich über das für die eigene Identität sowie die Naherholung und den Tourismus wichtige archäologische Kulturerbe hinaus weitere Vorteile. Diese beziehen sich vor allem auf die Gebiets- und Stadtentwicklung, wo man durch ortsnahe Archäologen etwa eine ‚schnelle Eingreiftruppe' im Vorfeld von Bauvorhaben zur Verfügung haben will. Besonders in den Bundesländern Bayern, Hessen, Niedersachsen und Nordrhein-Westfalen finden sich diese Kreis- und Stadtarchäologien, die nicht selten bei Unteren Denkmalschutzbehörden ressortieren und damit auch den gesetzlichen Vollzug fachlich begleiten (siehe Kap. 2.6). Zwischen einem archäologischen Landesamt und den Kreis- und Stadtarchäologien in einem Bundesland sind enge Abstimmungen erforderlich, wobei die Kommunen für ihre Grabungseinsätze in der Regel einer Genehmigung bedürfen. Es gibt allerdings auch Ausnahmen, wo Kreisen und Kommunen bei ausreichender fachlicher Qualifizierung ein dauerhaftes Ausgrabungsrecht zugewiesen werden kann (§ 20 Abs. 2 Niedersächsisches Denkmalschutzgesetz).

Nationale Partner und Strukturen

2.5.2

Eine besondere Bedeutung für die bürgerschaftlich und ehrenamtlich geprägten Altertumsvereine aber auch für die staatlichen archäologischen Institutionen in Deutschland haben und hatten die Altertumsverbände, die nach der Wende vom 19. zum 20. Jahrhundert entstanden sind (siehe Kap. 2.3.3). Nicht nur historische und Altertumsvereine, auch die Dienststellen der Bodendenkmalpflege wurden in aller Regel Mitglied eines der Altertumsverbände. Nach der Neugründung des Mittel- und Ostdeutschen Verbandes für Altertumsforschung (MOVA) im Jahr 1991, der im Wesentlichen das Territorium der ehemaligen DDR geographisch einbezieht (siehe Kap. 2.3.6), gab es im wiedervereinigten Deutschland nun drei Altertumsverbände, die die Bundesrepublik ganzflächig abdeckten. Recht bald kam in dem Zusammenhang die organisatorische Vorstellung auf, einen Gesamtverband zu gründen und die drei Altertumsverbände als hierarchisch eingegliederte Regionalverbände zu belassen. Der Zusammenschluss scheiterte an Partikularinteressen (Kunow 2002, 29 f.). Immerhin verständigten sich die drei Altertumsverbände mit dem Verband der Landesarchäologen, der Römisch-Germanischen Kommission des Deutschen Archäologischen Instituts und dem Museum für Vor- und Frühgeschichte / Staatliche Museen zu Berlin – Stiftung Preußischer Kulturbesitz, ein gemeinsames Präsidium der Deutschen Verbände für Archäologie (PDVA) zu bilden. Dieses wurde zum Nukleus des Deutschen Verbandes für Archäologie (DVA), der am 5. Oktober 2011 in Bremen als Dachverband und berufsständige Vertretung gegründet wurde. Aktuell gehören dem DVA 14 archäologische Vereinigungen und fachverwandte Nachbarwissenschaften an. Der DVA nimmt als Fachvertretung Belange der im In- und Ausland arbeitenden deutschen Archäologie gegenüber der Politik und Öffentlichkeit wahr und gibt unter anderem vierteljährlich die Zeitschrift *BLICKpunkt ARCHÄOLOGIE* hinaus, die sich analog der Mitgliederstruktur durch eine breite Palette fachlicher Themen auszeichnet. Auch die jährlichen Kolloquien des VLA werden mittlerweile hier veröffentlicht. Die Geschäftsstelle des DVA liegt beim Museum für Vor- und Frühgeschichte / Staatliche Museen zu Berlin – Stiftung Preußischer Kulturbesitz.

Vergleichbar der Bodendenkmalpflege mit ihrem VLA hat auch die Baudenkmalpflege mit der Vereinigung der Landesdenkmalpfleger (VDL) einen eigenständigen Berufsverband, der auf die Bau-, Kunst- und Gartendenkmalpflege bezogene Zielsetzungen verfolgt. Als wissenschaftliches Publikationsorgan dient der Vereinigung die Zeitschrift *Die Denkmalpflege*, die halbjährlich erscheint. Die VDL hat gegenüber dem VLA eine etwas abweichende Struktur, da die Möglichkeiten einer Mitgliedschaft dort weiter gefasst sind und über den engen Kreis der Landeskonservatoren hinausgehen. Diese bilden innerhalb der VDL die sogenannte Amtsleiterrunde, die sich in der Regel einmal jährlich trifft. Vergleichbar dem

VLA wird auch in der VDL die inhaltliche Arbeit weitgehend in Arbeitsgruppen geleistet, die regelmäßig Arbeitshefte und -blätter herausgeben. Insbesondere die Arbeitsgruppen Industriedenkmalpflege und Städtebauliche Denkmalpflege weisen große Schnittmengen auch zur Arbeit der Landesarchäologie auf. In unregelmäßigen Abständen verabreden sich VDL und VLA zu gemeinsamen Jahrestagungen.

Vor allem für die Baudenkmalpflege ist die mit staatlichen Zuschüssen, aber auch privaten Spenden arbeitende Deutsche Stiftung Denkmalschutz (DSD) eine wichtige Förderinstitution, wobei im Kuratorium der Stiftung seit einigen Jahren auch der VLA durch seinen Vorsitzenden vertreten ist. Die satzungsgemäßen Aufgaben der DSD umfassen die beiden Bereiche Denkmalförderung und Bewusstseinsbildung. Einige hundert Sanierungsprojekte (mit dem Schwerpunkt auf Baudenkmäler) fördert die Stiftung dabei jährlich, zusätzlich auch Konservierungsmaßnahmen an ausgewählten Bodendenkmälern. Die Deutsche Stiftung Denkmalschutz ist in der breiten Öffentlichkeit vor allem durch ihr in hoher Auflage verbreitetes Magazin *MONUMENTE* und die bundesweite Aktion ‚Tag des offenen Denkmals' bekannt, der jährlich am zweiten Sonntag im Monat September stattfindet und Bestandteil der European Heritage Days ist. Auch Bodendenkmäler und laufende Grabungen werden an diesem Tag der Öffentlichkeit zugänglich gemacht.

Bereits bei der Darstellung zur Entwicklung der Bodendenkmalpflege (siehe Kap. 2.3) wurden die engen und bis in das 19. Jahrhundert zurückreichenden Verbindungen der hiesigen Bodendenkmalpflege zu zwei Kulturinstitutionen herausgestellt, die über Deutschland hinaus auch global auftreten und hier nur schlaglichtartig in dem Kreis wichtiger Partner Erwähnung finden sollen. Das Deutsche Archäologische Institut (DAI) mit seiner Zentrale in Berlin, drei Kommissionen in Deutschland (darunter die Römisch-Germanische Kommission in Frankfurt) und weiteren Abteilungen vor allem in den Mittelmeerländern (Italien, Spanien, Griechenland, Türkei, Ägypten), aber auch darüber hinaus (u. a. Eurasien), ist nicht nur eine weltweit führende Forschungsinstitution im Bereich der Archäologie und Altertumswissenschaften, sondern hat gerade in den letzten Jahrzehnten seine Kompetenz für den Schutz, den Erhalt und die Vermittlung des kulturellen Erbes (*Heritage und Site Management*) erheblich ausgebaut. Vergleichbar dem DAI ist auch die Stiftung Preußischer Kulturbesitz (SPK) mit ihren international bedeutenden Museen ein ‚Global Player'. Sie ist Europas größte Kultureinrichtung und hat ebenfalls ihren Sitz in Berlin. Die SPK engagiert sich mit internationalen Partnern für den Kulturgutschutz mit Maßnahmen gegen Raubgrabungen in den sogenannten Quellenländern sowie den illegalen Handel von Antiken, die auch die Bundesrepublik Deutschland erreichen. Erst seit wenigen Jahren regelt das Kulturgutschutzgesetz in Deutschland die Maßnahmen auch auf rechtlicher Ebene (siehe Kap. 2.6).

Die weiteren, hier zu betrachtenden nationalen Partner stammen aus dem politischen Umfeld: Das Deutsche Nationalkomitee für Denkmalschutz (DNK) war anfangs konzipiert als temporäre Koordinierungs- und Geschäftsstelle im Zusammenhang mit dem Europäischen Denkmalschutzjahr 1975, das der Europarat unter dem Motto ‚Eine Zukunft für unsere Vergangenheit' ausgerufen hatte. Das DNK wurde wegen des enormen Erfolges des Europäischen Denkmalschutzjahres auch in Deutschland anschließend in eine ständige Einrichtung überführt. Sie wird bis heute paritätisch vom Bund und den Ländern, deren für den Denkmalschutz und die Denkmalpflege zuständige Minister dort Mitglied sind, finanziert und ist mit der Geschäftsstelle bei der Beauftragten der Bundesregierung für Kultur und Medien (BKM) angesiedelt. Innerhalb des DNK wird die Archäologie durch den Vorsitzenden des VLA und den Präsidenten des DVA als ordentliche Mitglieder repräsentiert. Das DNK ist eine wichtige Schnittstelle bei Kulturangelegenheiten geworden, die gleichermaßen die Bundes- und Länderebene betreffen. Eine der jüngsten dieser Maßnahmen war auf deutscher Seite die Federführung für das Europäische Kulturerbejahr 2018 ‚Sharing Heritage' (siehe Kap. 2.4.3). Das DNK tritt vor allem mit Veröffentlichungen, Empfehlungen und Appellen an die im Bundestag und in den Landesparlamenten vertretenen politischen Parteien, die Ministerien, Verwaltungen und an die Öffentlichkeit. Wichtig sind auch beim DNK die dortigen Arbeitsgruppen, wobei diejenigen für ‚Fachliche Fragen der Denkmalpflege', ‚Öffentlichkeitsarbeit' und ‚Recht und Steuerfragen' von besonderer Bedeutung für die Bodendenkmalpflege sind und in denen Vertreter aus den Landesämtern bzw. dem VLA ständig mitarbeiten.

Ein weiteres bundesländerübergreifendes Scharnier existiert seit dem Jahr 1948, also bereits aus der Zeit vor Gründung der Bundesrepublik Deutschland, mit der Kultusministerkonferenz (KMK). Die KMK hat ihre Schwerpunktaufgaben in der kulturellen Bildung und insbesondere in der Ausbildung im Schul- und Hochschulbereich, koordiniert aber ebenfalls kulturelle Angelegenheiten, die für das ‚Staatsganze' bedeutend sind. Auch wenn sie sich in den letzten Jahren mit grundsätzlichen und aktuellen Themen der Denkmalpflege eher selten befasst und eine diesbezüglich bestehende AG mittlerweile aufgelöst hat, sind doch vor allem zwei Geschäftsfelder der Denkmalpflege verblieben. Die Neuanmeldungen für UNESCO-Welterbestätten aus den Bundesländern laufen über die KMK. Unterstützt durch ein Expertengremium stellt sie die „Vorschlagsliste der Bundesrepublik Deutschland für die Nominierungen zur Liste des Kultur- und Naturerbes der Welt" (Tentativliste) in Abstimmung mit dem Auswärtigen Amt auf, das die Tentativliste offiziell bei der UNESCO als Dokument hinterlegt. Mittlerweile hat sich eine für einen Zeitraum von zehn Jahren gültige Tentativliste durchgesetzt, die etwa ein Dutzend Positionen umfasst, über die das Welterbekomitee der UNESCO auf seiner jährlichen Sitzung jeweils im Einzelverfahren befindet (siehe Kap. 2.6).

Europäisches Kulturerbe-Siegel

Über die UNESCO-Welterbestätten hinaus gibt es seit dem Jahr 2011 auf Beschluss der Europäischen Union eine vergleichbare Auszeichnung für Kulturdenkmale und Kulturlandschaften, die die europäische Erinnerung im besonderen Maße repräsentieren: das Europäische Kulturerbe-Siegel (https://ec.europa.eu/programmes/creative-europe/actions/heritage-label_de). Auch hier wird die nationale Vorauswahl bei den Anmeldungen durch ein von der KMK eingesetztes Expertengremium erarbeitet. Das Europäische Kulturerbe-Siegel ist noch eine vergleichsweise junge und zudem einem starken Selektionsprozess – maximal alle zwei Jahre kann ein EU-Mitgliedsstaat diese Auszeichnung für ein angemeldetes Objekt erlangen – unterworfene Initiative. In Deutschland sind demzufolge erst wenige Auszeichnungen für historische Bauten erfolgt, doch scheint eine auch für die hiesige Archäologie interessante Ebene angesprochen, die zwischen Welterbe einerseits und nationalem Erbe andererseits rangiert. Unter den archäologischen Monumenten in Europa wurden der Neandertalstätte Krapina (Kroatien), der historischen Landschaft des antiken Athener Stadtkerns (Griechenland) und dem Archäologischen Park Carnuntum (Österreich), aber auch dem bi-nationalen früheren KZ-Komplex Natzweiler-Struthof (Frankreich / Deutschland) mit seinen heute weitgehend eingeebneten, aber untertägig noch nachweisbaren Außenlagern (Hausmair / Bollacher 2019) bereits das Kulturerbe-Siegel verliehen.

Die Kulturhoheit der Länder bringt es mit sich, dass Ministerien des Bundes im unterschiedlichen Maße wichtig für die Bodendenkmalpflege in den Ländern sind. Nur einige Aspekte sind hier anzusprechen. Um den Kulturgutschutz auf nationaler Ebene und auch um Aspekte der Koordinierung kümmert sich in Deutschland die Beauftragte der Bundesregierung für Kultur und Medien (BKM), die den Amtstitel einer Staatsministerin (nicht Bundesministerin) trägt. Besonders hervorzuheben ist das seit Jahrzehnten dort bestehende Bundesprogramm ‚National wertvolle Kulturdenkmäler', das quasi eine ‚On-Top-Bundesförderung' für entsprechende Monumente ermöglicht (https://www.bundesregierung.de/breg-de/bundesregierung/staatsministerin-fuer-kultur-und-medien/kultur/kunst-kulturfoerderung/foerderbereiche/denkmalschutz-und-baukultur). Es liegt insbesondere an fehlenden Anträgen, dass das Förderprogramm für archäologische Stätten in Deutschland bislang erst selten zum Einsatz kam, doch lässt sich mit dem ‚Schlachtfeld von Kalkriese' (siehe Kap. 2.2.7) wenigstens ein Bodendenkmal unter den seit dem Jahr 1950 mittlerweile rund siebenhundert geförderten Objekten aufführen. Seit dem Jahr 2020 hat die BKM ein weiteres, mehrjähriges Programm aufgelegt: „Heimatmuseen: LandKulturErbe – Archäologie und Museen stärken". Die für den ländlichen Raum konzipierte Förderung soll helfen, dortige, häufig ehrenamtlich betriebene Museen attraktiver zu gestalten, aber auch archäologische Geländedenkmäler in der Region insbesondere für den Tourismus zu ‚ertüchtigen' (Wemhoff / Nawroth 2019).

Großen Zuspruch in archäologischen Fachkreisen hat darüber hinaus eine von der BKM koordinierte Gesetzesinitiative gefunden, die insbesondere für den legalen Handel auch mit heimischen *Archaeologica* relevant ist. Seit dem 6. August 2016 ist das Kulturgutschutzgesetz (KGSG) in Kraft (siehe Kap. 2.6); nach fünf Jahren Laufzeit soll es hinsichtlich seiner Wirksamkeit im Jahr 2021 turnusmäßig evaluiert werden. Hier wurde, das legen erste Erfahrungen nahe, unter Federführung der BKM ein Gesetz auf den Weg gebracht, das auch internationalen Forderungen genügt.

Neben der BKM ist mit dem Auswärtigen Amt (AA) ein weiteres Bundesministerium für die Bodendenkmalpflege relevant. Das AA hat als dritte Säule der deutschen Außenpolitik die ‚Auswärtige Kultur- und Bildungspolitik' installiert – eine politische Neuausrichtung, die für die Archäologie (insbesondere das nachgeordnete DAI) einen entsprechenden Bedeutungszuwachs signalisiert. Auch hierfür waren Kriege und Krisen im Vorderen Orient ein wichtiger Anlass. Internationale Kontakte für die Bundesrepublik Deutschland nimmt nach Abstimmung und unter Einbeziehung der Belange der Bundesländer das AA alleinverantwortlich nach außen wahr. Dazu zählt auch der Kontakt zur UNESCO oder zu ICOMOS, die die offiziell beauftragte Gutachterbehörde in allen Angelegenheiten der Welterbestätten ist (siehe Kap. 3.3.1). Überdies ist das AA auch in anderen Angelegenheiten, die die UNESCO betreffen, federführend. Hierunter fallen wichtige Konventionen der UNESCO zum Kulturerbeschutz, die Deutschland erst teilweise ratifiziert hat. Eines der größten Defizite besteht beim UNESCO-Übereinkommen über den Schutz des Unterwasser-Kulturerbes aus dem Jahr 2001, dessen Ratifizierung hierzulande weiterhin aussteht (siehe Kap. 3.5.5). Es geht dabei insbesondere um den Schutz jenseits der 12-Seemeilen-Zone, da die hiesigen Denkmalschutzgesetze der an Nord- und Ostsee angrenzenden Bundesländer jenseits dieser ‚Hoheitsgewässer' rechtlich nicht mehr greifen. Hier fängt die kartographisch exakt festgelegte ‚Ausschließliche Wirtschaftszone' (AWZ) mit besonderen rechtlichen Möglichkeiten für die Bundesrepublik Deutschland an, die derzeit nicht genügend wahrgenommen werden (Anton et al. 2019).

2.5.3 Internationale Partner und Strukturen

Internationale Partner wie UNESCO und ICOMOS wurden schon im nationalen Kontext kurz behandelt. Die politischen Ebenen wie die Europäische Union oder auch der Europarat fanden ebenfalls, wenigstens kurz, in ihrer Bedeutung etwa für Gesetzesinitiativen (Konvention von Malta / Valletta) gerade nach der Wiedervereinigung von 1990 Erwähnung (siehe Kap. 2.3.6 und 2.6). Hier sollen deshalb nur noch drei wichtige fachliche Organisationen auf europäischer Ebene vorgestellt werden, die bisher nicht näher beschrieben wurden.

Im Jahr 1999 erfolgte die Gründung eines europäischen Dachverbandes der staatlich bestellten Staats- bzw. Landesarchäologen, das Europae Archaeologiae Consilium (EAC), der eine vorbereitende Tagung des Verbandes der Landesarchäologen vorausgegangen war (Verband der Landesarchäologen in der Bundesrepublik Deutschland 1998). Die lateinische Bezeichnung des neuen Dachverbandes wurde allerdings nicht etwa bewusst antikisierend gewählt, sondern hatte einen pragmatischen Hintergrund: Mit einer Verbandsbezeichnung in der *Lingua Latina Aeterna* konnte sich jedes Mitglied der vielfältigen europäischen Sprachfamilie einverstanden erklären. Vergleichbar dem VLA ist das EAC in seiner Struktur mit Annual Meetings und Working Groups aufgebaut sowie in seiner Zielsetzung („Europae Archaeologiae Consilium supports the management of the archaeological heritage throughout Europe") tätig. Nur die Bezugsebenen unterscheiden sich: Die Mitglieder, also die Leiter der nationalen Denkmalämter, treffen sich im Rahmen der Jahresversammlung und beraten gesamteuropäische Themen des archäologischen Kulturerbes und stimmen dabei Leitlinien ab. Im Rahmen der Jahresversammlung findet – auch hier dem VLA vergleichbar – das EAC Heritage Management Symposium zu einem europaweit wichtigen und aktuellen Thema statt, das im Folgejahr als Veröffentlichung vorliegt (https://www.europae-archaeologiae-consilium.org/eac-occasional-papers). Seit dem Gründungsjahr 1999 sind mittlerweile mehr als dreißig Staaten in Europa dem EAC beigetreten. Weitere haben ihren Beitritt angekündigt und bezeugen auch damit die Entwicklung von einer ehemals national orientierten Bodendenkmalpflege hin zu deren Europäisierung (Olivier/Wollák 2018). ‚Unterhalb' des offiziell tätigen EAC hat es in der Vergangenheit immer wieder Initiativen eines Landes gegeben, zu bestimmten Themen Umfragen oder Round Tables mit einzelnen EAC-Mitgliedsstaaten zu organisieren. Jüngstes Beispiel ist hier der Final Report von verschiedenen Denkmalinstitutionen und Universitäten aus den Niederlanden. Diese waren vom dortigen Parlament offiziell aufgefordert, vor dem Hintergrund begrenzter Kapazitäten in den Kommunen zur Durchführung archäologischer Aufgaben, des Qualitätsdrucks auf Maßnahmen der sogenannten Kontraktarchäologie, also privater Ausgrabungsfirmen, und generell der geringen Sichtbarkeit der Archäologie in der Öffentlichkeit neue Konzepte zu entwickeln und dabei die Erfahrungen und Anregungen von fünf Nachbarstaaten bzw. Regionen (darunter Nordrhein-Westfalen) aufzugreifen (Knoop et al. 2021).

Bisweilen wird das EAC mit einer anderen, ebenfalls europaweit tätigen archäologischen Organisation verwechselt, der European Association of Archaeologists (EAA). Die Gründung der EAA erfolgte im Jahr 1994; sie ist also ebenfalls ein ‚Kind' des neuen Europas nach dem Ende des Kalten Krieges. Die EAA ist kein Berufsverband (wie das EAC), sondern ein Verein, der gleichermaßen professionellen Archäologen aus allen Bereichen (Universitäten, Museen, Ämter, Grabungsfirmen etc.) und interessierten Laien offensteht – also eine ‚klassische'

Nichtregierungsorganisation (NGO). Nach eigenen Angaben umfasst die *Association* mehr als 15 000 Mitglieder, die sich über aktuelle Forschungen und Vergleichbares austauschen. Highlight für die EAA ist das EAA Annual Meeting, zu dem im Schnitt einige tausend Mitglieder kommen und mehr als hundert parallele Sessions und über tausend Posterpräsentationen zu diversen Themen stattfinden. Vierteljährlich erscheint das *Journal of European Archaeology*, wobei die Zusammenstellung der Artikel keinem erkennbaren übergeordneten Konzept folgt. Da die EAA in ihren Statuten unter anderem eine Beratung politischer Gremien in Fragen des Umgangs mit dem archäologischen Erbe festgeschrieben hat und als NGO auch offiziell beim Europarat anerkannt ist, sah das EAC zunächst dieses als Eingriff in sein ‚Kerngeschäft'. Mittlerweile haben sich beide Organisationen bei ihren Veranstaltungen gegenseitig einen ‚Beobachterstatus' eingeräumt und interne Zwistigkeiten überwunden.

Eine dritte fachliche europäische Plattform ist das European Heritage Heads Forum (EHHF). Es handelt sich um einen informellen Round-Table europäischer Denkmalfachämter, wobei zu der Jahressitzung mit offener Agenda, die jeweils in einem anderen Land stattfindet, nur die ‚Heads' eines Landes Zutritt haben. Für die Bundesrepublik Deutschland sind dieses die Vorsitzenden des VLA und der VDL. Im Wesentlichen geht es bei dem 2006 gegründeten EHHF um den fachlichen Austausch und Absprachen gemeinsamer Belange sowie um Best Practise-Beispiele. Die selbstgewählte Form eines ‚nur' informellen Runden Tisches bringt es mit sich, dass das EHHF nicht als offizieller Ansprechpartner gegenüber europäischen Ebenen etwa der EU und des Europarates oder durch Resolutionen und Empfehlungen auftritt. Das EHHF wirkt also mehr im Hintergrund bzw. indirekt nach außen durch die dort vertretenen Mitglieder, ist aber gleichwohl eine wichtige Austauschplattform für europäische Anliegen der Denkmalpflege. Im rechtlichen Bereich wird das EHHF durch eine ständige Kommission, das European Heritage Legal Forum (EHLF), beraten.

Weiterführende Literatur

Verband der Landesarchäologen in der Bundesrepublik Deutschland 1999a; Olivier / Wolläk 2018.

Gesetzliche Regelungen und internationale Vereinbarungen | 2.6

Denkmalschutzgesetze, Denkmalschutzbehörden und Fachämter | 2.6.1

In der Bundesrepublik sind die Länder aufgrund der Kulturhoheit im föderalen System für Denkmalschutz und Denkmalpflege zuständig. Der in den Denkmalschutzgesetzen erläuterte Behördenaufbau ist verschieden. Es wird zwischen Denkmalschutzbehörden und Denkmalfachbehörden unterschieden

(Gumprecht 2003). Die Aufgaben und Zuständigkeiten von Denkmalfachbehörden (Ämter für archäologische Denkmalpflege / Archäologische Landesämter) und die der bei den Ministerien, Regierungspräsidien, Kreisen und Kommunen angesiedelten Denkmalbehörden bzw. Denkmalschutzbehörden werden in den 16 unterschiedlichen Denkmalschutzgesetzen der Länder geregelt. Die Denkmalfachbehörden der Länder wirken als unabhängige Fachämter über Einvernehmens-, Zustimmungs-, Benehmens- oder Beratungsregelungen an den denkmalrechtlichen Verfahren mit. Sie sind – inklusive der Ämter für archäologische Denkmalpflege – in Deutschland für die Fachfragen verantwortlich und betreuen die archäologischen Quellen ihres Landes. Die Denkmalschutzbehörden wiederum sind als Vollzugsbehörden für die Durchführung dieser Verfahren zuständig; in einigen Ländern sind Ämter für Bodendenkmalpflege zugleich auch Vollzugsbehörden.

Der Verband der Landesarchäologen in der Bundesrepublik Deutschland (VLA) hat in seinen Leitlinien zur archäologischen Denkmalpflege in Deutschland die Grundlagen für die bodendenkmalpflegerischen Belange skizziert (Verband der Landesarchäologen in der Bundesrepublik Deutschland 2001b). Dabei stehen Schutz und Pflege im Vordergrund, aber auch Kriterien zur Dokumentation archäologischer Befunde und Funde bei unvermeidbarer Zerstörung durch Baumaßnahmen und bei gezielten Bodeneingriffen (Archäologische Denkmalpflege in Deutschland 2003). Die Fachämter haben meist eine beratende Funktion im Gegensatz zu den Behörden, die Vollzugsorgane für die Erfüllung der gesetzlichen Vorgaben sind (Horn / Kier / Kunow / Trier 1991; Rind 2017; Recker / Davydov 2018).

In Abhängigkeit von der unterschiedlichen Größe und Dichte des Denkmalbestandes, aber auch der Bevölkerungszahl haben sich in den Ländern zwei- oder dreistufige Instanzen für die denkmalrechtliche Aufgabenwahrnehmung etabliert (Gumprecht 2003, 36–37). Länder mit zweistufigem Behördenaufbau benötigen keine Obere Denkmalbehörde. Oberste Denkmalbehörden sind die jeweils zuständigen Ministerien der Länder; zumeist sind dies Kultus- oder Wissenschaftsministerien, in Nordrhein-Westfalen ist es aufgrund der Städtebauförderprogramme aktuell das Ministerium für Heimat, Kommunales, Bau und Gleichstellung. Die übergeordneten Behörden wachen über die rechtmäßige Erfüllung der nachgeordneten Behörden (ebd. 36–38). In Nordrhein-Westfalen sind die Denkmalfachbehörden bei den Landschaftsverbänden Westfalen-Lippe (LWL), beim Landschaftsverband Rheinland (LVR) und bei der Stadt Köln angesiedelt. Für die Stadtstaaten und Nordrhein-Westfalen gelten gesonderte Regelungen: Hier sind alle 396 Gemeinden als Untere Denkmalbehörde für die lokalen Bau- und Bodendenkmäler zuständig.

Obere bzw. höhere Denkmalbehörden sind in sieben Ländern die Bezirksregierungen; in Nordrhein-Westfalen sind dies bei kreisangehörigen Gemeinden die Kreise. In Schleswig-Holstein sind die Fachämter zugleich Obere Denkmalbehörde; in Thüringen hat das Landesverwaltungsamt diese Kompetenz, in Hamburg ist die Kultusbehörde nicht nur Genehmigungsbehörde, sondern auch Fachamt mit Aufsichtspflicht (Gumprecht 2003, 37). Untere Denkmalbehörden sind in sechs Ländern die Unteren Baurechtsbehörden, d.h. Kreise, kreisfreie Städte oder privilegierte Gemeinden, in vier Ländern die Landräte und kreisfreien Städte. In zwei Ländern weisen Gemeinden mit sehr großem Denkmalbestand die Kompetenz als Untere Denkmalbehörde auf Antrag zu. Die Unteren Denkmalbehörden sind zumeist für den Gesetzesvollzug zuständig; sie treffen ihre Entscheidungen meist im Benehmen, in Hamburg im Einvernehmen mit den Fachämtern, seltener ist lediglich ein Beratungs- oder Anhörungsrecht. Für Konfliktfälle zwischen Fachamt und Genehmigungsbehörde gibt es in den Ländern unterschiedliche Lösungsansätze, die bis zu einer Ministeranrufung führen können.

Planungs- und Genehmigungsverfahren, Umweltverträglichkeitsprüfungen | 2.6.2

Bei öffentlichen Planungen und Maßnahmen sind die denkmalpflegerischen Belange entsprechend den Denkmalschutzgesetzen angemessen zu berücksichtigen (Bodendenkmäler in Nordrhein-Westfalen 2018, 21–23; Martin/Krautzberger 2017); dies gilt für alle Vorhabenträger und Verfahrensarten. Die zuständigen Behörden sollten zur Vermeidung von Konfliktfällen so früh wie möglich kontaktiert werden. Die Fachämter sind als Träger öffentlicher Belange (TöB) für die fachlichen Fragen von Denkmalschutz und Denkmalpflege in den Verfahren zuständig. Bei öffentlichen Planungen wie Raumordnung, Straßenbau oder Bauleitplanung greifen diese Mechanismen in der Regel gut, es gibt aber immer wieder Einzelmaßnahmen, wie Bodeneingriffe in historischen Stadt- und Ortskernen (z.B. Baugenehmigungen, Abrissanträge oder Verfahren nach §34 BauGB) oder Verfahren nach §35 BauGB (z.B. Mastställe, Windenergieanlagen), bei denen diese Beteiligungsformen oft nicht ausreichend sind, um archäologische Fundstellen entsprechend zu schützen (Deutsche Bundesstiftung Umwelt 2015).

Umweltverträglichkeitsprüfungen (UVP) sind umweltpolitische Instrumente, um bei unterschiedlichen Vorhaben vor ihrer Zulassung mögliche Umweltauswirkungen zu überprüfen. Dabei werden verschiedene Schutzgüter in diese Abwägung einbezogen (z.B. Nachhaltigkeit, Sozialverträglichkeit etc.). Umweltverträglichkeitsprüfungen sind unterschiedlich strukturiert und organisiert. Hierbei finden Screening-Prozesse zur Ermittlung der Notwendigkeit einer Maßnahme und Scoping-Prozesse (Abstimmung der Aufgaben in komplexen Planungsprozessen) zur Festlegung der Untersuchungsinhalte Anwendung; deshalb sind auch die Gutachten zu Bodendenkmälern hierbei im Rahmen der Beteiligung von Trägern öffentlicher Belange zu beachten, damit dem Denkmalschutzgesetz entsprochen wird.

2.6.3 | Verfahren der Unterschutzstellungen: Deklaratorisch versus konstitutiv

Die Denkmalschutzgesetze der Länder unterscheiden sich elementar in der Verfahrensart, die zu einer Unterschutzstellung von Bodendenkmälern führt: das deklaratorische, d.h. nachrichtliche System und das konstitutive, d.h. förmliche, rechtsbegründende System (Gumprecht 2003, 35–36).

Für die Unterschutzstellung von Bodendenkmälern genügt im deklaratorischen Verfahren (es findet in der überwiegenden Anzahl der Bundesländer Anwendung, z.B. in Bayern, Baden-Württemberg, Brandenburg, Mecklenburg-Vorpommern, Thüringen) die Führung eines Fundstellenverzeichnisses sämtlicher bekannter Denkmäler durch ein entsprechendes Fachamt (Aus gutem Grund 2013, 41–43). Der Denkmalschutz gilt dann automatisch für all diejenigen Objekte, die die im Denkmalschutzgesetz aufgeführten Voraussetzungen erfüllen und in der Denkmalliste aufgeführt sind; die Denkmaleigenschaft hängt also nicht von einer zusätzlich noch durchzuführenden, förmlichen Unterschutzstellung in die Liste ab. Die Gesetzesvorschriften gelten per se ohne ein zusätzliches rechtsbegründendes Verfahren für jeden Einzelfall. Die Anwendung des deklaratorischen Verfahrens hat sich gerade für Bodendenkmäler in zahlreichen Ländern seit langem bewährt. Aber Denkmaleigentümer haben, sofern sie nicht schriftlich vom Schutzstatus unterrichtet wurden, zur eigenen Entlastung unter Umständen die Möglichkeit, Unwissenheit bei (Teil-)Zerstörung eines Bodendenkmals anzugeben. Darüber hinaus kann der Denkmaleigentümer vom Fachamt ein ausführliches Gutachten verlangen, das insbesondere inhaltliche Begründungen liefert und etwa die flächige Ausdehnung eines untertägigen Bodendenkmals ausweist. Auch bei diesem Verfahren sind also gegebenenfalls umfangreiche fachliche Recherchen erforderlich.

Das konstitutive System ist ein förmliches Unterschutzstellungsverfahren. Für Nordrhein-Westfalen heißt es in § 3 Abs. 3 DSchG NRW: „Über die Eintragung ist [dem Eigentümer / Nutzungsberechtigten] ein Bescheid zu erteilen.“ Der Bescheid ist ein Schriftstück der Behörde, ein Verwaltungsakt. Dieser Verwaltungsakt erst macht das (bis dahin nur potentiell von Fachleuten als solches) ‚erkannte‘ Denkmal zu einem Denkmal im Sinne des Gesetzes mit allen Rechten und Pflichten, die sich für den Eigentümer / Nutzungsberechtigten daran knüpfen; mit anderen Worten: der Verwaltungsakt ‚konstituiert‘ also das Denkmal. Die Denkmaleigenschaft eines Objekts ergibt sich hier also nicht durch bloße Auflistung in der Denkmalliste, sondern bedarf eines streng formalisierten Verfahrens nach einer ganzen Reihe rechtlicher Vorschriften, die zusätzlich zum Denkmalschutzgesetz zu beachten sind (Gumprecht 2003, 35–36). Der zu erstellende Bescheid bedarf dabei aufwendiger (archäologischer) Voruntersuchungen zur Klärung der potentiellen Denkmaleigenschaft, denn die einschlägigen juristischen Vorschriften (§ 39 Abs. 1 S. 1 Verwaltungsverfahrensgesetz) verlangen, dass die zum Bescheid führenden Aspekte – also: Die Gründe, warum im konkreten Fall ein Denkmal vorliegt – detailliert aufgelistet werden müssen. In den letzten Jahren zeigt sich dabei eine tendenziell strengere Kontrolle dieser (naheliegender Weise ‚Denkmalwertbegründungen' genannten) Begründungen, die auf archäologischen Untersuchungsergebnissen beruhen, durch die im Klagefall zuständigen Verwaltungsgerichte. Nach der Prüfung der Denkmaleigenschaft mit einer ausführlichen Denkmalwertbegründung erfolgt die Benehmensherstellung der jeweils zuständigen Denkmalbehörden mit dem zuständigen Fachamt. Steht sodann behördlicherseits die Absicht fest, einen auf Eintragung gerichteten Bescheid zu erlassen, wird der Eigentümer bzw. Nutzungsberechtigte des vermuteten Bodendenkmals angehört. Ist der Denkmalwert danach zur Überzeugung der Behörden weiterhin festgestellt, d.h. sind keine erheblichen, d.h. begründeten Einwände seitens des Eigentümers / Nutzungsberechtigten vorgebracht worden, muss das Objekt in die Denkmalliste eingetragen werden und der dazu notwendige Bescheid wird dem Eigentümer / Nutzungsberechtigten erteilt. Hiergegen kann er innerhalb eines Monats nach Erteilung des Bescheids Klage beim Verwaltungsgericht erheben.

Im nordrhein-westfälischen Denkmalschutzgesetz, das seit 1980 das konstitutive System vorschreibt, hat man im Rahmen einer Artikeländerung im Jahr 2013 zusätzlich einen Passus gewählt, der das Schutzbedürfnis auch noch nicht formell unter Schutz gestellter Bodendenkmäler berücksichtigt (Davydov / Rind 2013, 22); diese Liste mit vermuteten Bodendenkmälern wird vom Fachamt geführt. Nunmehr heißt es in § 3 Abs. 1 S. 4 DSchG NRW zur Denkmalliste: „Die Vorschriften der §§ 1 Abs. 3, 11, 13 bis 17, 19, 28 und 29 gelten unabhängig von der Eintragung der Bodendenkmäler in die Denkmalliste". Hierdurch wird, wenn auch nur partiell, eine beachtliche Verschiebung des bis dato streng konstitutiven Systems hin zum deklaratorischen vollzogen.

Konstitutives und deklaratorisches Verfahren haben sowohl Vor- als auch Nachteile. Oft wird die Rechtssicherheit beim konstitutiven Verfahren gelobt, aber die damit verbundenen Verwaltungsvorgänge sind so aufwändig, dass etwa bis zum Jahr 2019 zum Beispiel nur knapp 4000 Fundstellen in Westfalen-Lippe unter Denkmalschutz stehen (Abb. 5). Bekannt sind aber über 50 000 archäologische Fundstellen in der Region, die in den Bestandskatalogen der Datenbanken erfasst sind (Abb. 6).

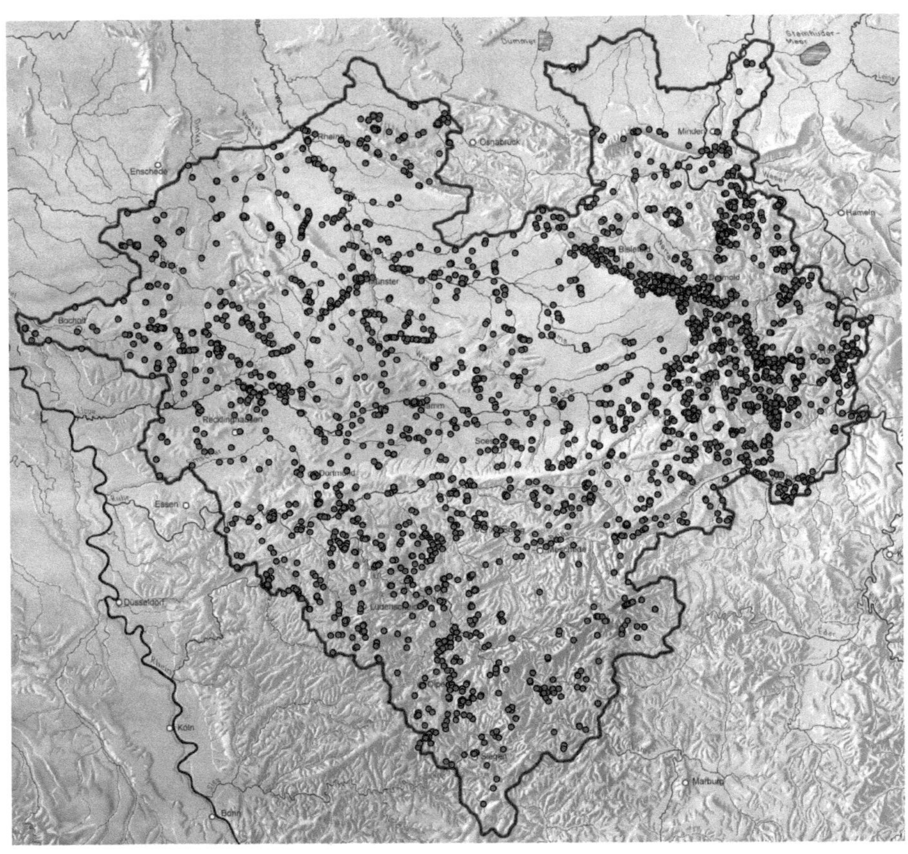

Abb. 5: Kartierung rechtskräftig eingetragener Bodendenkmäler in Westfalen-Lippe.

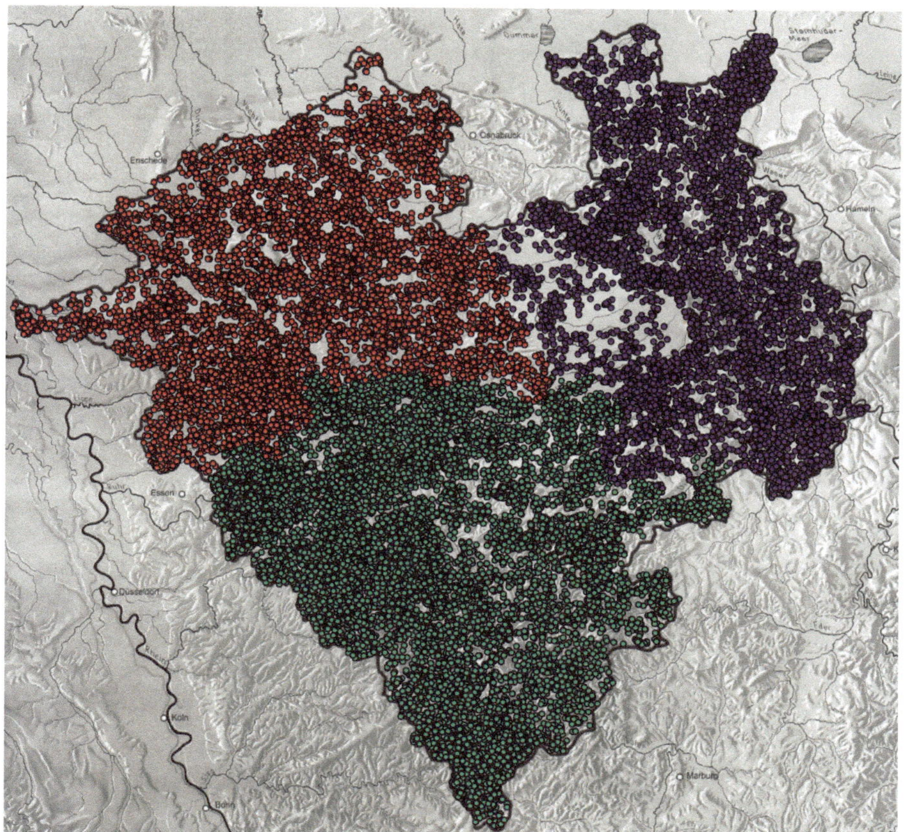

Abb. 6: Kartierung archäologischer Fundstellen bzw. vermuteter Bodendenkmäler in Westfalen-Lippe.

Benehmen / Einvernehmen 2.6.4

Benehmen und Einvernehmen sind gesetzlich vorgeschriebene Formen der Mitwirkung beim Erlass eines Verwaltungsaktes. Bei der gemäß § 21 Abs. 4 S. 1 DSchG NRW geforderten Benehmensherstellung mit dem Denkmalfachamt des jeweiligen Landschaftsverbandes darf die den Bürger gegenübertretende Denkmalbehörde den Verwaltungsakt erst erlassen, nachdem sie sich über die denkmalfachliche Bewertung des Sachverhalts mit dem Fachamt abgestimmt hat. Dabei soll Übereinstimmung in der fachlichen Auffassung hergestellt werden. Stimmen Fachamt und Denkmalbehörde nicht überein, kann letztere aber von der fachamtlichen Auffassung abweichen. Dies ist beim (im Denkmalschutzgesetz NRW nicht vorgesehenen, sondern aus dem Baurecht, § 36 BauGB, stammenden) ‚Einvernehmen' anders. Wird dort das vom Kreis einzuholende Einvernehmen von der betreffenden Gemeinde verweigert, kann der Verwaltungsakt nicht ergehen. Setzt sich der Kreis über dieses Veto dennoch hinweg, besteht der seltene Fall, dass die Gemeinde gegen den Kreis, also Behörde gegen Behörde, vor dem Verwaltungsgericht klagen kann.

Deshalb sind ‚Benehmen' und ‚Einvernehmen' zwei fundamental unterschiedliche Verwaltungsvorgänge. Das Benehmen ist ‚nur' beratungs-, das Einvernehmen jedoch auch entscheidungsrelevant. Der Nachteil bei der Benehmensherstellung liegt im fehlenden Vetorecht; die Denkmalbehörde kann sich im Einzelfall also über das Votum des Denkmalpflegeamtes hinwegsetzen, das Fachamt aber nicht gegen die Denkmalbehörde vor Gericht klagen. Dem Fachamt wurde allerdings die Möglichkeit eingeräumt, eine sogenannte Ministeranrufung vorzunehmen, wobei das Ministerium als Oberste Schutzbehörde eine Entscheidung einer unteren Denkmalbehörde aufheben kann. Ein Vorteil in Nordrhein-Westfalen ist zudem, dass im Haftungsfall allein die Denkmalbehörde haftet, die die Entscheidung gefällt hat, und nicht der Landschaftsverband bzw. die Stadt Köln.

Aus der Unverbindlichkeit der Äußerungen, die die Fachämter im Rahmen der Benehmensherstellung tätigen, folgt aber im Umkehrschluss auch, dass ein rechtliches Vorgehen des Bürgers gegen den Mitwirkungsakt mangels Klagebefugnis a priori aussichtslos ist. Zuletzt sei angemerkt, dass ein Verwaltungsakt, der vollständig ohne das zuvor einzuholende Einvernehmen oder Benehmen einer anderen Behörde erlassen wurde, zwar rechtswidrig wäre, weil seine formellen Verfahrensschritte nicht vollständig erfüllt wurden, jedoch nicht schon allein deshalb nichtig.

2.6.5 | Besonderheiten der Unterschutzstellung von Bodendenkmälern in Nordrhein-Westfalen

Durch die Existenz von Landschaftsverbänden sind die Verfahrensweisen im bevölkerungsreichen Nordrhein-Westfalen anders strukturiert als in den übrigen Bundesländern. Dort sind die Fachämter sogenannte Landesoberbehörden; nicht zu verwechseln mit der ‚Oberen Denkmalbehörde', welche meist der Kreis ist. Diese sind den jeweiligen Ministerien als ‚Oberster Landesbehörde' unmittelbar nachgeordnet und weisungsgebunden. Obere Landesbehörden wie das Brandenburgische Landesamt für Denkmalpflege und Archäologische Landesmuseum sind bei Erstellung fachlicher Gutachten allerdings auch nicht weisungsgebunden (siehe § 17 Abs. 3 Brandenburgisches DSchG). In Nordrhein-Westfalen unterhalten hingegen die kommunalen Gemeindeverbände (Landschaftsverbände Rheinland und Westfalen-Lippe) die Fachämter: das LVR-Amt für Bodendenkmalpflege im Rheinland und die LWL-Archäologie für Westfalen im östlichen Teil des Bundeslandes (Kraus 2012). Die Stadt Köln ist diesbezüglich autark, was auch als *lex Colonia* bezeichnet wird: dort ist das Römisch-Germanische Museum als Fachamt für Archäologische Bodendenkmalpflege für das gesamte Stadtgebiet örtlich zuständig. In Nordrhein-Westfalen liegt somit eine Trennung zwischen sogenannten landesunmittelbaren Denkmalschutzbehörden als Vollzugsbehörden einerseits und den davon autonomen und kommunalen Denkmalfachbehörden andererseits vor. Zu den weiteren Besonderheiten zählt die Ansiedlung der Unteren Denkmalbehörden bei allen 396 Gemeinden.

Verursacher- bzw. Veranlasserprinzip und Kostentragungspflicht 2.6.6

Um Rettungsgrabungen von gefährdeten Bodendenkmälern zu finanzieren, ist in den meisten Denkmalschutzgesetzen die Kostentragungspflicht im sogenannten Veranlasser- bzw. Verursacherprinzip geklärt. Das Veranlasser- bzw. Verursacherprinzip ist zumeist im Zusammenhang mit den Regelungen der Kosten und Gebühren, z.B. im § 29 DSchG NRW (Davydov/Rind 2013, 24–27) aufgeführt. Die Kostentragungspflicht des Vorhabenträgers sichert die Finanzierung der Ausgrabungs- und Dokumentationsarbeiten im Zuge zerstörerischer Maßnahmen von archäologischen Befunden und Funden (Gumprecht 2006; Denkmalschutz 2007, 385–405; Nethövel-Kathstede 2017).

Im nordrhein-westfälischen DSchG klingt das so: Gemäß § 29 Abs. 1 Satz 1 DSchG werden Veranlasserpflichten durch erlaubnispflichtige Maßnahmen im Sinne des § 9 Abs. 1 DSchG, aber auch durch sonstige Eingriffe in Denkmäler und Bodendenkmäler ausgelöst. Verpflichtet werden kann derjenige, welcher einer Erlaubnis nach § 9 Abs. 1 DSchG NRW oder einer diese gem. § 9 Abs. 3 DSchG ersetzenden Entscheidung (z.B. einer Baugenehmigung oder einer Planfeststellung) bedarf oder in sonstiger Weise Denkmäler oder Bodendenkmäler verändert oder beseitigt. Der Veranlasser einer solchen Maßnahme hat gem. § 29 Abs. 1 Satz 1 DSchG die vorherige wissenschaftliche Untersuchung, die Bergung von Funden und die Dokumentation der Befunde sicherzustellen. Der Begriff ‚wissenschaftliche Untersuchungen' ist weit zu interpretieren und umfasst nicht nur die wissenschaftlichen Ausgrabungsarbeiten, sondern z.B. auch die in den Bereich der Baudenkmalpflege fallenden bauhistorischen Untersuchungen mit dem Ziel, die in dem zu zerstörenden oder zu verändernden Denkmal gespeicherten Informationen als Sekundärquelle zu sichern. Ob zu diesen auch Prospektionsmaßnahmen (z.B. Magnetometer- oder Radaruntersuchungen oder Teiluntersuchungen kleiner Flächen, sogenannte Baggerschnitte zur Klärung eines Denkmalwertes) gehören, ist nicht abschließend geklärt. In der Vergangenheit ist vereinzelt die Auffassung vertreten worden, Prospektionen gehörten zu den Aufgaben der Denkmalpflegeämter, die gerade nicht über das Veranlasserprinzip dem Vorhabenträger zugemutet werden können. In einer Entscheidung des Oberverwaltungsgerichts Münster wurden zur Kostentragungspflicht des Veranlassers ausschließlich die Kosten einer Rettungsgrabung, nicht jedoch solche einer Prospektionsmaßnahme behandelt. Demgegenüber hat das Oberverwaltungsgericht Magdeburg entschieden, dass bei begründeten Anhaltspunkten für das Vorliegen eines Bodendenkmals dem Vorhabenträger, der in diesem Gebiet Kiesabbau betreiben möchte, die Anlegung von Suchschnitten in diesem Bereich kostenpflichtig auferlegt werden kann (Urteil vom 26. Juli 2012–2 L 154/10) (Davydov/Rind 2013, 24). Die meisten Denkmalschutzgesetze der Bundesländer haben mittlerweile das Verursacherprinzip rechtssicher verankert. Es unterscheidet sich aber durchaus in wichtigen Details, inwieweit beispielsweise Nachbereitungskosten einer Ausgrabung (wie etwa die Veröffentlichung) als kostenpflichtige Maßnahme genannt sind (vgl. § 14 DSchG Schleswig-Holstein).

2.6.7 | Zumutbarkeit/Kostentragungspflicht

Die Anwendbarkeit des Verursacher- bzw. Veranlasserprinzips basiert auf unterschiedlichen juristischen Überlegungen (Davydov 2015; Kemper 2015). Teilweise wurde die Geltung des Veranlasserprinzips auf Vorgaben des Art. 6 Abs. 2 des revidierten Europäischen Übereinkommens zum Schutz des archäologischen Erbes (Charta von Malta oder auch Valletta-Konvention) gestützt. Daraus lässt sich entnehmen, dass die Kosten von Schutzmaßnahmen nicht von der Öffentlichkeit getragen werden sollen, wenn sie dadurch entstehen, dass für private Interessen Gewinn erzielt wird (z. B. bei hochprofitablen Bauvorhaben in Städten oder Sand- und Kiesabbau in ländlichen Gebieten).

Die Regelungen der Kostentragungspflichten in den Denkmalschutzgesetzen enthalten keine Vorgaben, wer die wissenschaftliche Untersuchung, die Bergung von Funden und die Dokumentation der Befunde durchführt. In Nordrhein-Westfalen gehört die Durchführung von wissenschaftlichen Ausgrabungen und die Bergung von Bodendenkmälern beispielsweise zu den Aufgaben der Landschaftsverbände bzw. der Stadt Köln, die durch deren Denkmalpflegeämter wahrzunehmen sind. Allerdings zählt die Überwachung der oben genannten Maßnahmen zu den Aufgaben der Denkmalpflegeämter. Die Veranlasser können also die erforderlichen Maßnahmen durch private Grabungsfirmen durchführen lassen. Nur in begründeten Ausnahmefällen, z. B. dann, wenn aufgrund eines bestehenden Forschungszusammenhangs, der Notwendigkeit bestimmter Spezialkenntnisse oder spezieller Erfahrungen allein das Denkmalpflegeamt imstande ist, den erforderlichen wissenschaftlichen Standard zu gewährleisten, kann ein Fachamt fordern, die Ausgrabungen selbst vorzunehmen und die Aufwendungen hierfür erstattet zu bekommen.

Die Kosten der fachlich erforderlichen Maßnahmen hat der Veranlasser in der Regel (in Nordrhein-Westfalen gemäß § 29 Abs. 1 Satz 1 DSchG) im Rahmen des Zumutbaren zu tragen (Gumprecht 2006). Damit wird sichergestellt, dass die Heranziehung des Veranlassers mit der verfassungsrechtlichen Eigentumsgarantie (Art. 14 Abs. 1 GG) und dem allgemeinen Verhältnismäßigkeitsgrundsatz (Art. 3 Abs. 1 GG) im Einklang steht (Kemper 2015). Der Vorhabenträger, der die erforderlichen wissenschaftlichen Untersuchungen ermöglichen soll, hat demnach die für die Ausgrabung, Bergung und Dokumentation anfallenden Kosten bis zu einer im Einzelfall zu bestimmenden Obergrenze zu tragen.

Die Kostentragung bedeutet, dass der Veranlasser entweder für den durch die Grabung beim Denkmalpflegeamt oder der Denkmalbehörde entstehenden Personal- und Sachaufwand aufkommt und die veranschlagten Geldmittel vorab zur Verfügung stellt oder selbst ein privates Grabungsunternehmen beauftragt (Aus gutem Grund 2013, 83–85). Für die Kostentragungspflicht des Veranlassers ohne Bedeutung ist, ob das Denkmalpflegeamt oder die Denkmalbehörde die erforderlichen Maßnahmen mit eigenen Kräften vornehmen oder ob sie Dritte beauftragen und ihnen dadurch Fremdkosten entstehen (OVG NRW, Urteil vom 29. Januar 2009–20 A 2034/06) (Davydov/Rind 2013, 25).

Nur vereinzelt findet sich in den Denkmalschutzgesetzen eine Obergrenze für die Zumutbarkeit, diese liegt in Rheinland-Pfalz bei max. 1 % der Gesamtmaßnahmenkosten (DSchG Rheinland-Pfalz, § 21 Abs. 3). In der Mehrzahl der Gesetze wird die Grenze der Zumutbarkeit nach dem rechtsstaatlichen Gebot der Verhältnismäßigkeit flexibel offen gehalten. Die Frage nach der zumutbaren Höhe hängt vom Einzelfall ab und wird kontrovers diskutiert, eine zweifelsfreie rechtliche Lösung gibt es nicht, so dass hier noch Regelungsbedarf besteht; Einzelfalllösungen werden individuell geklärt (Kunow 2021). So urteilte das OVG Sachsen-Anhalt mit Urteil vom 16. Juni 2010 (2 C 292/08), dass eine Kostenbeteiligung grundsätzlich in Höhe von 10 % bis 20 % und durchschnittlich von 15 % der Gesamtinvestitionskosten zumutbar ist. In der Regel sind die Kosten für archäologische Dokumentations- und Grabungsmaßnahmen nicht höher als etwa 5 % der Kosten der jeweiligen Baumaßnahme, wobei es naturgemäß große Unterschiede zwischen den Kosten für archäologische Rettungsgrabungen mit komplexen Stratigraphien in Höhlen, Stadtkernen, Kirchen und Klöstern gegenüber einfacheren Befundsituationen bei Ausgrabungen in Mineralböden im ländlichen Umfeld gibt. Im Bereich der Kiesgewinnung liegen hingegen die investiven Kosten gegenüber dem Aufwand für großflächige Rettungsgrabungen recht niedrig, so dass in der Folge häufig eine Finanzierungslücke besteht (Kunow 2021).

Das Problem der Kostentragung bei Prospektionskosten sowohl für die Erstprospektion zur Sachverhaltsermittlung über das Vorhandensein eines Bodendenkmals als auch für eine qualifizierte Prospektion zur Abgrenzung und Kostenschätzung einer Grabungs- und Dokumentationsmaßnahme für ein Bodendenkmal richtet sich nach der Gesetzeslage; es wird oftmals aber pragmatisch gelöst, denn häufig liegt es im gegenseitigen Interesse des Fachamtes und des Vorhabenträgers, vor Beginn einer Baumaßnahme den Denkmalwert eines archäologischen Objektes und damit sich ergebender Grabungs- und Dokumentationskosten sowie des erforderlichen zeitlichen Aufwandes bestmöglich im Vorfeld abschätzen zu können.

Eine vollständige ‚Abwälzung' der Kostenlast auf den Vorhabenträger würde Privatpersonen Aufwendungen für eine Sache zumuten, die nach der Gesetzeslage und auch allgemein im öffentlichen Interesse liegt. Wo die Grenze der Zumutbarkeit bei § 29 Abs. 1 Satz 1 DSchG NRW verläuft, lässt sich nicht generell sagen, sondern hängt mit den Umständen des Einzelfalls zusammen. Aus dem Grundsatz der Sozialpflichtigkeit des Eigentums folgt, dass die Grenze der im Einzelfall zumutbaren Belastung auch davon abhängig sein kann, ob der Eigentümer die entsprechende Belastung bereits beim Grundstückserwerb gekannt oder zumindest das Risiko einer solchen Belastung bewusst in Kauf genommen hat (vgl. BVerfG, Beschluss vom 16. Februar 2000–1 BvR 242/91). Folglich kann demjenigen Veranlasser, der ‚sehenden Auges' ein mit Bodendenkmälern ‚belastetes' Grundstück mit der Absicht erworben hat, Bodenschätze zu fördern, tendenziell eine höhere Kostenlast zugemutet werden, als einem Veranlasser, für den das Vorhandensein von Bodendenkmälern zum Zeitpunkt des Grundstückserwerbs nicht absehbar war. Bei einem Abbauvorhaben kann sich auf die Obergrenze der Kostenbeteiligung des Vorhabenträgers z. B. die zu gewinnende Menge an Bodenschätzen, die Dauer der Verwirklichung und die wirtschaftliche Tragweite des Vorhabens auswirken.

Zu den individuellen Umständen, die sich auf die Zumutbarkeit der Kostenbeteiligung auswirken können, zählt auch die Frage, ob das zum Denkmaleingriff führende Vorhaben wirtschaftliche Ziele verfolgt (etwa Rohstoffabbau) oder der Realisierung nichtwirtschaftlicher privater Belange dient (privater Eigenbau).

Da es sich bei dem Zumutbarkeitsvorbehalt um eine Vorkehrung zur Vermeidung von unverhältnismäßigen Grundrechtseingriffen handelt, greift er nur zugunsten solcher Vorhabenträger, die Grundrechtsträger sind bzw. sich auf das Eigentumsgrundrecht (Art. 14 Abs. 1 GG) berufen können. Für Bund, Länder, Gemeinden und Gemeindeverbände als Veranlasser im Sinne des Absatzes 1 gilt der Zumutbarkeitsvorbehalt deshalb nach zutreffender Ansicht nicht. Für diese öffentlichen Vorhabenträger dürfen folglich hinsichtlich der Kostentragungspflicht andere Beurteilungsmaßstäbe gelten als für private Vorhabenträger (Davydov/Rind 2013, 26).

2.6.8 | Grabungserlaubnisverfahren

In den einzelnen Denkmalschutzgesetzen der Länder (in NRW gem. §§ 15, 16 DSchG NRW) wird auch geregelt, wie man sich nach der Entdeckung eines Bodendenkmals zu verhalten hat (weiterführend dazu: Gumprecht 2003, 32–34). Gleiches gilt für Nachforschungs- bzw. Ausgrabungsgenehmigungen gem. § 13 DSchG

NRW, die Fachämter bzw. Denkmalbehörden erteilen und die gegebenenfalls mit Auflagen und Bedingungen versehen sein können. Hierzu gehören in der Regel die einzelnen Grabungs- und Dokumentationsrichtlinien, die von Bundesland zu Bundesland unterschiedlich sind und vom jeweiligen Landesamt herausgegeben werden (Denkmalschutz 2007, 385–405).

Die Erlaubnispflicht vor Durchführung einer Ausgrabung besteht in Nordrhein-Westfalen unabhängig von der förmlichen Unterschutzstellung (§ 3 Abs. 1 S. 4 DSchG NRW mit Verweis auf § 13). Sie gilt generell nicht nur für Privatpersonen (z. B. Sondengänger) und wissenschaftliche Organisationen und Forschungseinrichtungen (z. B. Akademien, Universitäten), sondern auch für Grabungsfirmen und Kommunalarchäologien.

Schatzregal 2.6.9

Der Begriff Schatzregal kommt von ‚Regalien' (lat. *iura regalia*), dem Herrschaftsrecht eines Landesherrn oder Königs. Es beinhaltet eine rechtliche Regelung für herrenlose Schätze und ist somit ein Hoheitsrecht. Bereits im 13. Jahrhundert findet sich im Sachsenspiegel – dem ältesten Rechtsbuch des Mittelalters – das königliche Regal: „Alle Schätze, die tiefer unter der Erde begraben sind als ein Pflug geht, gehören der königlichen Gewalt".

Da der Terminus ‚Fund' kein rechtsbestimmter Begriff ist, ist die Klärung der in der Archäologie verwendeten Begriffe vor allem hinsichtlich der in der Rechtsprechung gebräuchlichen Terminologien dringend notwendig: Was versteht ein Wissenschaftler im Gegensatz zu einem Juristen unter einem Fund, einem Befund, einem Zufallsfund und einem Schatzfund (Rind 2017, 30–31)? Mitunter führt erst die Rechtsprechung auch zur Änderung von Denkmalschutzgesetzen wie im Falle der Einführung des Veranlasser- bzw. Verursacherprinzips mit Kostentragungspflicht in Nordrhein-Westfalen (Davydov / Rind 2013).

Mit dem Bürgerlichen Gesetzbuch (BGB), das erstmals im Januar 1900 in Kraft getreten ist, gilt in der Bundesrepublik mit § 984 BGB die sogenannte Hadrianische Teilung im Sachenrecht; sie ist nach dem römischen Kaiser Hadrian (76–138 n. Chr.) benannt und ordnet nach der Entdeckung eines herrenlosen Fundes (‚Schatzfund') hälftiges Miteigentum (§ 1008 BGB) für den Finder und den Grundstückseigentümer an. Eine Veränderung dieses bundesrechtlichen Grundsatzes (das BGB ist deutschlandweit geltendes Bundesrecht) durch abweichende Regelungen in landesrechtlichen Denkmalschutzgesetzen ist aus juristischer Sicht nicht selbstverständlich. Denn im staatsrechtlichen Grundsatz gilt: Hat der Bund eine Regelung geschaffen, für die er (hier gem. Art. 74 Abs. 1 Ziff. 1 GG) die Gesetzgebungskompetenz hat, dürfen inhaltlich abweichende landesrechtliche Regelungen, die denselben Sachverhalt betreffen, nicht bestehen bzw. gar nicht mehr erlassen werden. Gem. Art. 31 GG bricht in solchen Fällen (aber auch nur in solchen) eigentlich Bundesrecht das Landesrecht. Jedoch hat der Bundesgesetzgeber hier den Ländern die Möglichkeit zur abweichenden Regelung über Art. 79 des Einführungsgesetzes zum BGB explizit und ausnahmsweise eingeräumt, so dass die Länder hier in den Denkmalschutzgesetzen eben doch von der ‚Hadrianischen Teilung' des BGB (zu ihren Gunsten) abweichen dürfen.

Die Einführung entsprechend abweichender Vorschriften, sogenannter Schatzregalien erfolgte in der Bundesrepublik Deutschland mit unterschiedlichem zeitlichen Abstand zueinander; nur in Bayern gibt es bisher noch kein Schatzregal, so dass dort mangels landesrechtlicher Regelung die bundesrechtliche ‚Hadrianische Teilung' nach wie vor uneingeschränkt gilt.

Die in deutschen Denkmalschutzgesetzen formulierten Schatzregalien weichen voneinander ab. In der Regel werden archäologische Funde mit der Entdeckung Eigentum des Landes, wenn sie bei erlaubten Ausgrabungen oder in Grabungsschutzgebieten entdeckt werden oder wenn sie für die wissenschaftliche Forschung von (besonderem) Wert sind. In manchen Ländern, z. B. in Sachsen, Mecklenburg-Vorpommern und Hamburg gibt es sogenannte große Schatzregalien; diese gelten für alle Funde – unabhängig davon, ob diese von einer Grabung oder aus einem Grabungsschutzgebiet stammen. Im nordrhein-westfälischen Denkmalschutzgesetz ist das nach § 17 nur der Fall, wenn es sich um bewegliche Denkmäler und bewegliche Bodendenkmäler oder um Funde von ‚besonderer wissenschaftlicher Bedeutung' handelt. Weder der Entdecker noch der Eigentümer des Fundgrundstücks erwerben zu irgendeinem Zeitpunkt Eigentum an diesen Fundstücken. Das betrifft Funde, die herrenlos sind oder solange verborgen waren, dass das Eigentum nicht mehr zu ermitteln ist. Während die beiden erstgenannten Arten von Objekten in § 2 Abs. 4 und 5 DSchG NRW definiert sind, handelt es sich bei der Objektkategorie „Funde von besonderer wissenschaftlicher Bedeutung" um einen neuen Zusatz in Analogie zu anderen Denkmalschutzgesetzen, z. B. in Niedersachsen und Rheinland-Pfalz. Gemeint sind damit Sachen, in der Regel archäologische bzw. paläontologische Funde, die aus wissenschaftlichen Gründen besonders bedeutend sind, ohne dass es sich um bewegliche Denkmäler oder Bodendenkmäler handeln muss. Dem Schatzregal unterliegen also Funde, die z. B. als Gegenstand der naturwissenschaftlichen, prähistorischen, archäologischen, kunsthistorischen oder historischen Forschung in Betracht kommen und besonders wichtige Erkenntnisse für die Wissenschaft erbringen können.

Im Zusammenhang mit dem Schatzregal haben einzelne Denkmalschutzgesetze Belohnungsregelungen für Fundmeldungen vorgesehen. Diese stellen keine Entschädigungen dar, weil die Funde mit der Sekunde ihrer Entdeckung in das Eigentum des Landes übergehen und deshalb schon per juristischer Definition kein anderer (Durchgangs-)Eigentümer Ansprüche geltend machen kann. Im nordrhein-westfälischen Denkmalschutzgesetz heißt es dazu:

> „Denjenigen, die ihrer Ablieferungspflicht nachkommen, soll eine angemessene Belohnung in Geld gewährt werden, die sich am wissenschaftlichen Wert des Fundes orientiert. Ist die Entdeckung bei unerlaubten Nachforschungen gemacht worden, sollte von der Gewährung einer Belohnung abgesehen werden. Über die Gewährung der Belohnung und ihre Höhe entscheidet im Einzelfall die Oberste Denkmalbehörde im Einvernehmen mit dem örtlich zuständigen Denkmalpflegeamt." (DSchG NRW § 17 Abs. 2)

Die Formulierung ‚soll eine Belohnung erhalten' ist dabei ein ‚intendiertes Ermessen', das regelmäßig bei Soll-Vorschriften gegeben ist. Demnach ist der im Gesetz angegebenen Rechtsfolge, d.h. das Auszahlen einer Belohnung, in der Regel zu entsprechen. Nur bei sogenannten atypischen Konstellationen kann unter angemessener Begründung hiervon abgesehen werden. Atypisch wäre z.B. der Fall eines Fundes im Kontext mit unerlaubten Nachforschungen.

Die Nachteile der komplizierten und problematischen ‚Hadrianischen Teilung' nach dem BGB liegen auf der Hand: denn ein Rechtsanspruch auf den Wertanteil des Fundes besteht unter anderem auch dann, wenn das Stück aus einer illegalen Raubgrabung stammt. Zudem besteht die Gefahr, dass Fundstücke veräußert und damit der Öffentlichkeit so entzogen werden. Stammt ein Fundstück aus einem Land, in dem es kein Schatzregal gibt, greift automatisch der § 984 BGB. Finder und Grundstückseigentümer müssten dann entsprechend entschädigt, die Funde also von Dritten angekauft werden, sofern man sich über den Wert des Fundes einig wird und – vorgelagert – Finder wie Grundstückseigentümer sich als sogenannte Bruchteilsgemeinschaft am Fund überhaupt über dessen Veräußerung einig werden (vgl. §§ 1008, 741, 747 S. 2 BGB).

Infobox

Beispiel: Römerzeitlicher Pferdekopf aus Lahnau-Waldgirmes

Exemplarisch für die Hadrianische Teilung sei der sensationelle Fund des lebensgroßen vergoldeten römerzeitlichen Pferdekopfes aus Lahnau-Waldgirmes hier erwähnt: Rechtsstreitigkeiten aufgrund der seinerzeit in Hessen noch gültigen ‚Hadrianischen Teilung' des Fundes zogen sich über mehrere Jahre hin, was zur Folge hatte, dass das berühmte Fundstück sehr lange nicht öffentlich ausgestellt werden konnte. Der Pferdekopf lag auf der Sohle eines über 11 m tiefen Brunnens in einer zivilen römischen Siedlung im heutigen hessischen Lahn-Dill-Kreis und wurde im Rahmen einer regulären Ausgrabung der RGK im Jahr 2009 entdeckt (Becker/Rasbach 2015); das Schatzregal wurde in Hessen erst zwei Jahre später (und in Folge der schwierigen Umstände, den römerzeitlichen Pferdekopf in öffentliches Eigentum zu überführen) eingeführt. Aber unterschiedliche Ansichten über die Höhe des Wertes im Rahmen einer Enteignungsentschädigung führten zu einem jahrelangen Rechtsstreit. Ähnlich kompliziert gestalteten sich die Wertdiskussionen um die von Sondengängern entdeckten Schlachtrelikte am niedersächsischen Harzhorn, einem römisch-germanischen Schlachtfeld des 3. Jh. n. Chr. bei Northeim (Geschwinde / Lönne / Meyer 2018).

Die Notwendigkeit der Einführung des Schatzregals wird besonders bei der Entdeckung spektakulärer Einzelfunde augenfällig. Eines der berühmtesten Fundstücke der letzten Jahrzehnte ist die Himmelsscheibe von Nebra. Beschlagnahmung und Rückführung der Scheibe nach Sachsen-Anhalt wären ohne ein in diesem Land geltendes Denkmalschutzgesetz mit Schatzregal kaum möglich gewesen (Meller 2004; Meller / Bertemes 2010; Meller 2018; Meller / Michel 2018).

In Deutschland sind also länderspezifisch verschiedene rechtliche Grundlagen bei der Frage des Eigentums an archäologischen Funden gegeben. Wir haben Bundesländer mit einem sogenannten Großen (oder umfassenden) Schatzregal, weiterhin solche, die das Schatzregal an gewisse Voraussetzungen wie Funde aus Ausgrabungen, von wissenschaftlichem Wert oder aus Grabungsschutzgebieten knüpfen und momentan noch ein Bundesland (Bayern) ohne jegliches Schatzregal mit einer Eigentumszuweisung auf der Grundlage von § 984 BGB (‚Hadrianische Teilung'). Notwendig ist daher eine Gesetzesharmonisierung, um einheitliche Grundlagen des Fundverbleibs in Deutschland zu schaffen. Das wird insbesondere dann deutlich, wenn Funde ohne klare Herkunftszuweisung bekannt werden und als Provenienz etwa ‚Nord- oder Süddeutschland' oder ‚aus östlichem Bundesland' angegeben ist.

2.6.10 | Bodendenkmäler

Bodendenkmäler sind ‚Bodenurkunden' (siehe Kap. 2.4.2), die den Archäologen als Quellen dienen (Davydov 2018; Kunow 1991, 48–50; Reichstein 1991; Trier 1991); bei den Begriffsdefinitionen gilt es zwischen Sach- und Rechtsbegriff zu unterscheiden. Trotz vieler Bemühungen in den Denkmalschutzgesetzen ist der Rechtsbegriff des Bodendenkmals ebenso wenig einheitlich existent wie der des archäologischen Fundes (Oebbecke 1991, 39; Fuchs 2015). Das führt mitunter zu Problemen, wenn der Unterschied zwischen Fund und Befund nicht gesehen wird; so kann man darüber streiten, ob ein zufällig entdecktes Bodendenkmal wie ein Töpferofen in einer abgeschobenen Straßentrasse nun ein ‚Zufallsfund' oder ein Bodendenkmal im klassischen Sinne ist (Davydov 2018, 22–23). Als Fund wird die Entdeckung als solche genauso genannt wie das Fundstück selbst; als Befund bezeichnet man dagegen den Kontext des Fundes: Wo liegt ein Fundstück und wie ist dieser Fundumstand zu interpretieren (Grube, Graben, Pfostenloch, Grab, Hort etc.)? Nicht jeder Fund kann zumindest in den Ländern mit konstitutivem Verfahren (Hamburg, Schleswig-Holstein und Nordrhein-Westfalen) unmittelbar als bewegliches Bodendenkmal angesprochen werden – es müssen weitere Kriterien hinsichtlich seiner Bedeutung hinzukommen; aber alle archäologischen Gegenstände sind Fundstücke, die nach den Denkmalschutzgesetzen beachtens- und schützenswert sind. Ob sich hier ein Konflikt zwischen der Konvention von Malta und Schatzregalregelungen im nordrhein-westfälischen Denkmalschutzgesetz ergibt (Fuchs 2015, 349; Davydov 2018, 22–23), bleibt wohl Ermessenssache. Die Befürchtung von Kritikern der Denkmalschutzgesetze, der Gesetzgeber könnte archäologische Funde ggf. nicht mehr als (bewegliche) Bodendenkmäler betrachten, ist obsolet, denn im DSchG NRW sollte lediglich zum Ausdruck kommen, dass Funde von besonderem wissenschaftlichen Wert der Schatzregalregelung unterliegen (Davydov 2018, 22–23).

In mehreren Denkmalschutzgesetzen ist statt des Begriffs ‚Bodendenkmal' einfach von ‚Kulturdenkmal' mit unterschiedlichen Gegenstandsgruppen die Rede (siehe Kap. 2.2.1). Das schließt dann aber ganze Objektgruppen wie paläontologische Fossilien, die in anderen Gesetzestexten eingeschlossen sind, aus (siehe Kap. 2.2.6).

> DEFINITION: FOSSILIEN
>
> Versteinerte Reste von Pflanzen oder Tieren bzw. deren Hinterlassenschaften aus der Zeit vor dem Beginn des Holozäns (vom lat. *fossilis* „ausgegraben"); ihre Erforschung erfolgt durch die Paläontologie.

Und es kann sogar dazu führen, dass man in situ gefundene Neandertalerknochen ohne Manipulationen und Befundzusammenhang oder auch Skelettfunde von frühmittelalterlichen Gräberfeldern aus Bayern (vgl. Art. 1 Abs. 1 Bayerisches DSchG) streng genommen gar nicht als Bodendenkmal bezeichnen und unter Schutz stellen kann (Oebbecke 1991, 40). So kursiert in Bodendenkmalkreisen das Bonmot, dass beim ‚Ötzi', wäre er in den bayerischen Alpen gefunden worden, auf Grundlage des bayerischen Denkmalschutzgesetzes (Art. 1 Abs. 1 BayDSchG: „Denkmäler sind von Menschen geschaffene Sachen oder Teile davon aus vergangener Zeit …"), zwar nicht das Skelett hätte geschützt werden können, wohl aber die Tattoos auf seinem Körper …

Infobox

Beispiel: ‚Ötzi'

1991 in den Südtiroler Ötztaler Alpen entdeckte Gletschermumie, auch ‚Mann vom Hauslab'- oder ‚Tisenjoch' genannt. Nach der ^{14}C-Methode und Fundstücken etwa 5250 Jahre alter, durch Gefriertrocknung konservierter Leichnam eines ca. 45-jährigen Mannes. Nach der Entdeckung einer Feuersteinpfeilspitze in der linken Schulter ist Mord als Todesursache wahrscheinlich. Kleidungsreste und zahlreiche Ausrüstungsgegenstände (Rückentrage, Gürteltasche, Pfeile und Eibenholzbogen, Kupferbeil) haben sich hervorragend erhalten.

Auch die Abgrenzung zwischen Bau- und Bodendenkmal ist im Einzelfall strittig, die Begriffe überschneiden sich (Oebbecke 1991, 42–43; Trier 1991, 57–58); allein eine Trennung zwischen ober- und unterirdischen Strukturen ist nicht immer gegeben und auch sinnvoll, wie etwa vorgeschichtliche Grabhügel oder Ringwälle mit einem obertägig vorhandenen Wall und einem eingeebneten, jetzt untertägigen Graben anzeigen (siehe Kap. 2.2.4). Der aus dem Bauordnungsrecht stammende Begriff des Baudenkmals bezeichnet Anlagen mit Denkmalwert, die aus Baustoffen bestehen und mit dem Boden verbunden sind; hierzu gehörten dann auch unterirdische Gebäudereste.

Vereinheitlichungen und Generalisierungen verbieten sich aufgrund des föderalen Systems (Horn / Kier / Kunow / Trier 1991, 84). Zumindest hat aber die Bundesrechtsprechung die fachlichen Begründungen für die Unterschutzstellungsmaßnahmen an Bodendenkmälern akzeptiert.

2.6.11 | Bewegliche Bodendenkmäler

In der Mehrzahl der Denkmalschutzgesetze wird zwischen beweglichen und ortsfesten Bodendenkmälern unterschieden (siehe Kap. 2.2.4). Unklar bleibt aber meist, was man unter beweglichen Bodendenkmälern zu verstehen hat (Fuchs 2015; Davydov 2018, 23–25). Nicht jeder Fund kann a priori ein bewegliches Bodendenkmal sein, das verbietet sich z. B. beim konstitutiven Verfahren, sonst müsste für jedes Fundstück ein eigener Unterschutzstellungsantrag gestellt werden. Deshalb werden in der Regel nur größere örtlich versetzte, sogenannte translozierte Objekte als bewegliche Bodendenkmäler angesprochen; dazu kann beispielsweise ein aus dem Fundverband herausgelöster Stein eines Megalithgrabes gehören. Im Rheinland gibt es 27 eingetragene bewegliche Bodendenkmäler, dabei handelt es sich zumeist um römerzeitliche Steinsarkophage und Teile von translozierten römischen Wasserleitungen (zur Problematik von Translozierungen siehe Kap. 3.3.2). Aber auch größere Fossilien wie der Schwimmsaurier bzw. Plesiosaurier *Westphaliasaurus simonsensii* aus dem westfälischen Nieheim sind als bewegliche Bodendenkmäler unter Schutz gestellt (Davydov / Rind 2013, 23; Rind 2017, 33).

2.6.12 | Vermutete Bodendenkmäler

Ein Problem bei Stellungnahmen zur Begutachtung von archäologischen Fundstellen ist häufig die Unsicherheit über die Ausdehnung von Fundstreuungen und Befunden bei Bodendenkmälern. Vieles bleibt bis auf weiteres unsichtbar und bis zur endgültigen Ausgrabung im Boden verborgen und entzieht sich damit einer einwandfreien Einschätzung über das Objekt. Deshalb wurde der Begriff des ‚Vermuteten Bodendenkmals' eingeführt, wobei ‚Vermutung' aber über eine reine ‚Mutmaßung' hinausgehen muss (Kriterien Bodendenkmäler 2016; Aus gutem Grund 2013; Bodendenkmäler in Nordrhein-Westfalen 2018; Davydov 2018, 26–27). Solche etwa in der Abgrenzung (noch) nicht sicher nachgewiesenen Bodendenkmäler sollten aber den gleichen Schutz genießen wie diejenigen, über die man bereits detailliertere Erkenntnisse hat. Wenn also den Umständen nach anzunehmen ist, dass in einem bestimmten Areal Bodendenkmäler sind, sollten die in den Denkmalschutzgesetzen bestimmten Regelungen Anwendung finden. Kriterien für vermutete Bodendenkmäler können sein: räumliche Nähe zu einem bereits bekannten Bodendenkmal, Denkmaldichte eines Areals, besondere topographische oder geologisch-bodenkundliche Siedlungsgunst; außerdem können Prospektionsergebnisse der Luftbildarchäologie, Magnetogramme, Radarbilder oder Oberflächenaufsammlungen Erkenntnisgrundlage für vermutete Fundstellen sein. In diesbezüglichen Verwaltungsgerichtsurteilen wurde darüber hinaus der Analogieschluss, also die Ableitung aus bekannten und vergleichbaren Situationen, als Nachweis grundsätzlich anerkannt.

Suche mit Metalldetektoren, Sondengängerei 2.6.13

Ein besonderes Phänomen der vergangenen Jahrzehnte ist das Schatzsucherhobby mit Metalldetektoren. Auch hier gibt es keine einheitliche bundesweite Regelung. Jedes Land geht anders mit sogenannten Sondengängern um und die Regelungen in den Denkmalschutzgesetzen beinhalten unterschiedliche Voraussetzungen. Allen Denkmalschutzgesetzen gemeinsam ist nur das Verbot der Suche in bekannten Bodendenkmälern.

Ein Problem liegt in der Definition der in den Denkmalschutzgesetzen verwendeten Begriffe: Ist bereits die Suche genehmigungspflichtig oder erst die auf die Ortung eines Fundstückes erfolgte oberflächige Aufsammlung oder Ausgrabung desselben? Ebenfalls problematisch ist die Frage nach der Motivation für die Suche mit Metalldetektoren: Kontrovers diskutiert werden deshalb die Gründe für die Suche nach Fundstücken und aus welchem Kontext diese stammen.

In Nordrhein-Westfalen ist die Suche eingeschränkt, hier bedarf es einzelner Grabungsgenehmigungen für die Suche mit anschließender Freilegung der entdeckten Objekte, die bei den Oberen Denkmalbehörden bzw. bei den Bezirksregierungen beantragt und nach Einzelfallprüfung gebührenpflichtig ausgestellt werden können. Voraussetzung ist eine Schulung oder ein Aufklärungsgespräch mit dem zuständigen Referat des Denkmalpflegeamtes; zudem wird das Gebiet, für das die Genehmigung gilt, exakt in einer Karte eingetragen (LWL-Archäologie für Westfalen 2017). Waldgebiete und Dauergrünlandflächen müssen gemieden werden, da man hier von weitgehend ungestörten Befundverhältnissen ausgehen kann.

2.6.14 | Grabungsschutzgebiete

In den einzelnen Ländern gibt es zudem Möglichkeiten, für besonders schützenswerte Areale Grabungsschutzgebiete auszuweisen, die einen besonderen Bestandsschutz garantieren sollen. Zahlreiche Denkmalschutzgesetze haben temporäre und langfristige Grabungsschutzgebiete als Rechtsverordnungen vorgesehen (Gumprecht 2003, 36), auch wenn die Umsetzung in der Praxis sehr verschieden ist.

Grabungsschutzgebiete sollen dazu beitragen, archäologische Fundstellen langfristig vor der Zerstörung zu schützen und die im Boden konservierten Artefakte entsprechend zu bewahren. In solchen besonders geschützten Arealen dürfen mit Bodeneingriffen verbundene Arbeiten, die das Bodendenkmal gefährden könnten, nur mit Genehmigung des Denkmalamtes bzw. der Denkmalbehörde durchgeführt werden (Oebbecke 1991, 43–44). Der Gesetzgeber versucht hierbei auch solche Arbeiten einzubeziehen, die nach anderen Verordnungen oder Gesetzen nicht a priori genehmigungspflichtig sind. Dabei darf nicht verschwiegen werden, dass es bei der Ausweisung von Grabungsschutzgebieten zu Interessenskollisionen kommen kann.

Mitunter ist auch der Eigentumsvorbehalt des Landes bei Fundstücken aus Grabungsschutzgebieten gesondert geregelt (z.B. in Baden-Württemberg). Die Länder Rheinland-Pfalz und Baden-Württemberg haben mit aktuell 519 und 231 Grabungsschutzgebieten einen sehr großen Anteil an solchen besonders geschützten Stätten, in Schleswig-Holstein gibt es 18, im Saarland sieben Grabungsschutzgebiete, in Brandenburg einzig den ‚Siedlungs- und Ritualraum Königsgrab Seddin' (siehe Kap. 2.2.7). Mecklenburg-Vorpommern, Thüringen, Hessen, Westfalen und das Rheinland haben gar keine archäologischen Schutzzonen ausgewiesen. Grabungsschutzgebiete sollten eigentlich einen Qualitätsgewinn hinsichtlich des Schutzes eines Bodendenkmals sein, aber das ist nicht immer der Fall. Die unterschiedlichen Eintragungszahlen der Länder sind Spiegelbild der verschiedenen Gesetzestexte: wenn die Ausweisung eines Grabungsschutzgebietes keinen zusätzlichen Schutz bewirkt, sondern im Gegenteil mitunter den rechtlichen Status z.B. wegen zeitlicher Einschränkungen des Schutzes noch verschlechtert, ist es nicht verwunderlich, dass dieses theoretische Schutzkonstrukt nicht greift. Fatal können die Folgen sein, wenn Grabungsschutzgebiete laut Denkmalschutzgesetz grundsätzlich zeitlich begrenzt sind; nach dem Verwaltungsverfahrensgesetz ist das z.B. in Bayern der Fall.

Im Saarland ist die römische Villa Borg eine von sieben Schutzzonen. Im baden-württembergischen Neckarburken umfasst ein Grabungsschutzgebiet zwei römische Kastelle, den dazugehörigen Vicus und zwei Bäder. Auch in einigen Städten sind Grabungsschutzgebiete ausgewiesen, z.B. in Lübeck die ‚innere Stadt' und die ‚Teerhofinsel'. In Mainz wurde ein 200 Jahre altes Massengrab mit französischen und deutschen Soldaten zum temporären Grabungsschutzgebiet erklärt. In Rheinland-Pfalz wurden darüber hinaus z. B. weite Teile des Trierer Stadtgebietes als Grabungsschutzzone ausgewiesen, das Grabungsschutzgebiet ‚Archäologisches Trier der römischen Zeit und seine Entwicklung bis in die frühe Neuzeit' ist in 13 Zonen unterteilt. Es umfasst nicht nur die antike Stadt, sondern auch einen Tempelbezirk, römische Militärlager, Gräberfelder und Klosterareale. Eine Besonderheit weist Sachsen auf. Hier gibt es zusätzlich zum Grabungsschutzgebiet das ‚Archäologische Reservat' als besondere Schutzzone.

Kulturgutschutzgesetz 2.6.15

Gegenüber benachbarten europäischen Staaten war spätestens seit der Jahrtausendwende deutlich geworden, wie zögerlich die Bundesrepublik Deutschland gegen die illegale Einfuhr von Antiken vorging und dem Einfluss von Lobbyisten des Kunst- und Antiquitätenhandels unterlag, die jegliche Gesetzesverschärfungen zu verhindern versuchten. Eine Wende in der politischen Einstellung trat mit dem Krieg gegen den sogenannten Islamischen Staat (IS) ein, als Medien über Verkäufe von gestohlenen und illegal ausgegrabenen Antiken aus Syrien und dem Irak in sogenannte Nehmerländer zur Finanzierung des IS berichteten. Das zuvor, seit 2007, in Kraft getretene Kulturgüterrückgabegesetz (KultGüRückG) hatte sich nicht bewährt, da ausländische Staaten, wenn sie überhaupt von Zurückhaltungen von Objekten durch den deutschen Zoll erfuhren, ihren Rückgabeanspruch mittels einer Liste führen sollten, auf der das Objekt aufgeführt sein musste. In der Praxis kam es in fast zehn Jahren Gültigkeit dieses Gesetzes zu keiner einzigen Rückführung! Zudem bemängelten Fachkreise von Beginn an, dass Objekte aus Raubgrabungen niemals auf irgendeiner Liste würden auftauchen können. Das neue Kulturgutschutzgesetz (KGSG) aus dem Jahr 2016 hat die Nachweispflicht nun umgekehrt, so dass derjenige, der archäologisches Kulturgut nach Deutschland einführen will, entsprechende Bescheinigungen des Ausfuhrlandes (‚Quellenlandes') vorlegen muss. Das neue Kulturgutschutzgesetz regelt darüber hinaus als wesentliche Neuerung den Verkauf (der Gesetzgeber spricht vom ‚Inverkehrbringen') von *Archaeologica* auch innerhalb Deutschlands. Deshalb war auf Grund der Kulturhoheit der Länder auch eine Zustimmung im Bundesrat für das KGSG erforderlich. Der Handel hat jetzt eine besondere Prüf- und Dokumentationspflicht hinsichtlich einer legalen Provenienz angebotener Objekte (§§ 40–48 KGSG), unabhängig, ob diese aus Deutschland oder dem Ausland stammen. Die Beauftragte der Bundesregierung für Kultur und Medien (BKM) (siehe Kap. 2.5.2) hat hier gemeinsam mit den Bundesländern ein in der Form bislang einzigartiges Gesetz auf den Weg gebracht, das die Bundes- und die Länderebene im Zusammenhang mit dem archäologischen Kulturgut miteinander harmonisiert. In der Praxis bestehen aber leider immer noch Probleme bei der zeitnahen

Begutachtung archäologischer Objekte aus fernen Kulturkreisen, die vom Zoll beschlagnahmt worden sind. Nach einer fünfjährigen Gültigkeit sollen die bisherigen Erfahrungen mit dem KGSG ausgewertet werden.

2.6.16 | Regelungen zum Kulturschutz: Europarat und UNESCO-Konventionen

Das Bewahren von Kulturgut ist seit langem auch im Fokus der europäischen Politik (Rind 2015). Lange vor der Konvention von Malta gab es ein Europäisches Kulturabkommen (http://www.dnk.de/_uploads/media/133_1954_Europarat_Eupop_Kulturabkommen.pdf; http://www.dnk.de/_uploads/media/171_1992_Europarat_archaeologErbe.pdf), das in Paris am 19. Dezember 1954 unterzeichnet worden ist:

> „Die unterzeichneten Regierungen der Mitglieder des Europarats, in der Erwägung, dass der Europarat die Herstellung einer engeren Verbindung zwischen seinen Mitgliedern zur Aufgabe hat, insbesondere um die Ideale und Grundsätze, die ihr gemeinsames Erbe bilden, zu wahren und zu fördern; in der Erwägung, dass ein besseres gegenseitiges Verständnis zwischen den europäischen Völkern es ermöglichen würde, diesem Ziel näher zu kommen; in der Erwägung, dass es deshalb wünschenswert ist, nicht nur zweiseitige Kulturabkommen zwischen den Mitgliedern des Europarates abzuschließen, sondern auch gemeinsam zu handeln, um die europäische Kultur zu wahren und ihre Entwicklung zu fördern [...]." (www.conventions.coe.int/treaty/ger/treaties/html/018.htm bzw. www.dnk/media/ed2b5a0dcc3c0f0)

Darin fanden sich mehrere Artikel, die diese Unterstützung zusichern sollten:

> Artikel 1
> Jede Vertragspartei trifft geeignete Maßnahmen zum Schutz und zur Mehrung ihres Beitrages zum gemeinsamen kulturellen Erbe Europas.
>
> Artikel 2
> Jede Vertragspartei wird, soweit möglich, a) bei ihren Staatsangehörigen das Studium der Sprachen, der Geschichte und der Zivilisation der anderen Vertragsparteien fördern und diesen Vertragsparteien auf ihrem Gebiet Erleichterungen für die Ausgestaltung solcher Studien gewähren; b) bestrebt sein, das Studium ihrer Sprache oder Sprachen, ihrer Geschichte und ihrer Zivilisation im Gebiet der anderen Vertragsparteien zu fördern und deren Staatsangehörigen die Möglichkeit zu geben, sich solchen Studien auf ihrem Gebiet zu widmen.
>
> Artikel 3
> Die Vertragsparteien konsultieren sich im Rahmen des Europarats, um ihr Vorgehen zur Förderung der im europäischen Interesse liegenden kulturellen Maßnahmen aufeinander abzustimmen.

Knapp 40 Jahre später wurde das Europäische Übereinkommen zum Schutz des archäologischen Erbes in Valetta/La Valette am 16. Januar 1992 verabschiedet (Haas/Schut 2014). Die einzelnen hier relevanten Artikel lauten:

> Artikel 1
> Ziel dieses Übereinkommens ist es, das archäologische Erbe als Quelle gemeinsamer europäischer Erinnerung und als Instrument für historische und wissenschaftliche Studien zu schützen.
>
> Artikel 2
> Zu diesem Zweck gelten als Elemente des archäologischen Erbes alle Überreste und Gegenstände sowie alle aus vergangenen Epochen herrührenden sonstigen Spuren des Menschen,
> i) deren Bewahrung und Untersuchung dazu beitragen, die Geschichte des Menschen und seiner Beziehung zur natürlichen Umwelt zurückzuverfolgen;
> ii) für die Ausgrabungen oder Funde und andere Methoden der Erforschung des Menschen und seiner jeweiligen Umwelt als hauptsächliche Informationsquellen dienen;
> iii) die sich in einem beliebigen Gebiet unter der Hoheitsgewalt der Vertragsparteien befinden.
>
> Artikel 3
> Das archäologische Erbe umfasst Bauwerke, Gebäude, Baugruppen, erschlossene Stätten, bewegliche Gegenstände, Denkmäler jeder Art sowie ihre Umgebung, gleichviel ob an Land oder unter Wasser.

Konvention von La Valletta bzw. Charta von Malta

Mit der Unterzeichnung der Konvention von Malta (Valetta Treaty No. 143) im Europarat 1992 beschritt man auch in Deutschland nach der Ratifizierung neue Wege zum Schutz des archäologischen Erbes. Allerdings werden die dort beschlossenen Maßnahmen in der Praxis nicht alle auch umgesetzt, dazu gehört z. B. die Kostenbeteiligung an der wissenschaftlichen Auswertung von Ausgrabungen (Art. 7), die in den meisten Fällen aufgrund fehlender Zumutbarkeit nicht mit auferlegt werden.

Das Europäische Übereinkommen zum Schutz des Archäologischen Erbes von 1992, die sogenannte Konvention von La Valletta (Malta), die bei der 3rd European Conference of Ministers for the Cultural Heritage in Valletta vorgelegt und am 25. Mai 1995 in Kraft getreten ist, ersetzte das bereits 1969 zuerst erarbeitete europäische Abkommen (Haas/Schut 2014). Von der Bundesrepublik Deutschland wurde der Vertrag erst am 22. Januar 2003 ratifiziert und trat am 23. Juli 2003 in Kraft.

Ziel des Abkommens ist der Schutz des archäologischen Erbes, das europaweit stark gefährdet ist. Die Vertragsstaaten verpflichten sich darin, Schutzsysteme aufzubauen bzw. zu unterhalten, unerlaubtes Ausgraben zu ahnden und möglichst zu verhindern, sowie Schutzzonen zu errichten und die finanzielle Ausstattung archäologischer Forschungen und Schutzmaßnahmen zu gewährleisten und zu fördern. Es hat damit viele Anregungen von ICOMOS in der Charta für den Schutz und die Pflege des archäologischen Erbes (Charta von Lausanne) aufgegriffen (siehe Kap. 3.3.1).

Die Konvention von Malta beinhaltet unter anderem auch eine internationale Verpflichtung zur Kostentragung für groß angelegte öffentliche und private Maßnahmen (Art. 6) aus dem Kostenrahmen der entsprechenden Maßnahme (Gumprecht 2003, 33). Zudem wird in dem Europaabkommen der Umgang mit illegalen Funden geregelt. Enthalten ist auch der Anspruch einer Förderung des wissenschaftlichen Austauschs und des öffentlichen Interesses an der Archäologie.

Konvention von Faro

Im Rahmenübereinkommen des Europarats über den Wert des Kulturerbes für die Gesellschaft, der sogenannten Konvention von Faro (Florjanowicz 2016), die im Oktober 2005 vom Europarat verabschiedet wurde, wird unter anderem die Erforschung des Kulturerbes als Bürgerrecht definiert. Der Begriff des Kulturerbes wird in der Konvention weit gefasst. So werden menschliche Werte in den erweiterten Kulturerbebegriff eingebunden. Grundvoraussetzung dabei ist, dass das Kulturerbe Aufgaben erfüllt, die für die Zivilgesellschaft wichtig sind. Die Vertragsstaaten werden in 23 Artikeln dazu angehalten, Zugang zum Kulturerbe und kulturelle Vielfalt zu fördern. Dementsprechend sollten die Denkmalschutzgesetze in der Bundesrepublik Deutschland auf die Vereinbarkeit mit der Faro-Konvention überprüft werden. Der Bundesrat hat die Ratifizierung empfohlen.

UNESCO-Welterbe

Die UNESCO führt eine Liste, auf der Welterbestätten verzeichnet sind; Anfang 2021 waren darin 1121 Stätten in 167 Ländern erfasst. Diese verteilten sich auf 869 Weltkulturerbestätten und 213 Weltnaturerbestätten, 39 Stätten sind als gemischte Kultur- und Naturerbestätten registriert. Die Titel werden aufgrund ihrer weltbedeutenden Einzigartigkeit (*outstanding universal value*), Authentizität (*authenticity*) und Integrität (*integrity*) verliehen und beruhen auf der Welterbekonvention von 1972 (siehe Kap. 3.3.1). Das Antragsverfahren ist komplex, aufwändig und langwierig und beruht auf unterschiedlichen Kriterien der Unterschutzstellung; die Stätten werden zunächst auf eine Vorschlagsliste (Tentativliste) gesetzt (siehe Kap. 2.5.2). Einmal im Jahr berät das Welterbekomitee über die Aufnahmeanträge der Vertragsstaaten. Die einmal nominierten Stätten werden in einem Monitoringverfahren regelmäßig überprüft und gegebenenfalls kann der Status des Welterbes auch wieder aberkannt werden; in Deutschland war hiervon die ehemalige Welterbestätte „Kulturlandschaft Dresdner Elbtal“ betroffen. Die Staaten verpflichten sich um besondere Schutz- und Erhaltungsmaßnahmen der Welterbestätten, dazu gehört unter anderem auch die Lübecker Erklärung aus dem Jahr 2007, die auf der Konferenz „UNESCO-Welterbestätten in Europa – Ein Netzwerk für Kulturdialog und Kulturtourismus“ formuliert worden ist und in der die Welterbekonvention von 1992 als wirksames und universell anerkanntes Schutzinstrument des Kultur- und Naturerbes der Menschheit gewürdigt wird (Denkmalschutz 2007, 410–411).

Die einem besonderen Schutz unterliegenden archäologischen Welterbestätten in Deutschland sind bis 2019 römische Baudenkmäler in Trier, das karolingische Westwerk und die Civitas Corvey in Höxter, der Obergermanisch-Raetische Limes, die Höhlen und Eiszeitkunst der Schwäbischen Alb und der Grenzkomplex Haithabu und Danewerk; auch einige Fundstellen prähistorischer Pfahlbauten rund um die Alpen sind hier mit aufgenommen und bilden zusammen mit zahlreichen anderen Fundstellen aus Österreich, der Schweiz, Frankreich, Italien und Slowenien ein transnationales UNESCO-Welterbe. Hinzu kommt die paläontologische Fossilienfundstätte Grube Messel. Ein transnationales Welterbe sind auch The Frontiers of the Roman Empire, das später einmal die Grenzen des *Imperium Romanum* auf den drei Kontinenten Europa, Asien und Afrika erfassen soll. Im Juli 2021 wurden zwei Abschnitte des römischen Limes mit Streckenabschnitten in Nordrhein-Westfalen und in Bayern, „The Lower German Limes“ und „The Danube Limes (Western Segment)“ als Bestandteile von Frontiers of the Roman Empire, als Welterbestätten ausgewiesen.

Übereinkommen der UNESCO zum Schutz des Unterwasser-Kulturerbes

Die UNESCO-Konvention zum Schutz des Kulturerbes unter Wasser stammt aus dem Jahr 2001 und dient dazu, den Kulturerbeschutz nicht nur auf das Land einzuschränken. Die 2009 in Kraft getretene Konvention ist von 61 Staaten ratifiziert worden, bisher zur Jahresmitte 2021 aber noch nicht von Deutschland, Österreich und der Schweiz; der Bundesrat hat die Ratifizierung empfohlen. Die Konvention umfasst alle Spuren menschlicher Existenz, die mehr als 100 Jahre unter Wasser gelegen haben und von historischer oder kultureller Bedeutung sind. Besonders hinsichtlich der Schiffswracks und U-Boote aus den beiden Weltkriegen ist diese Jahresregelung nicht unproblematisch. Die Konvention regelt keine Eigentumsverhältnisse und bewirkt keine Eingriffe in die staatlichen Hoheitsrechte auf See. Sie ist insbesondere wichtig für Regelungen des Kulturgutschutzes in der Ausschließlichen Wirtschaftszone der Bundesrepublik Deutschland (siehe Kap. 3.5.5).

Weiterführende Literatur

Lüth / Jöns 2015; Rind 2017; Anton et al. 2019.

Praxis

Grundlagen und Methoden der Bodendenkmalpflege

Denkmäler sind – juristisch gesehen – Sachen, Mehrheiten oder Teile von Sachen, an deren Erhaltung und Nutzung öffentliches Interesse besteht. Dies ist der Fall, wenn diese Sachen bedeutend für die Geschichte der Menschen, für Städte und Siedlungen oder der Entwicklung der Arbeits- oder Produktionsverhältnisse sind. Bodendenkmäler, auch als archäologische Denkmäler bezeichnet, sind im Boden oder in Gewässern verborgene Zeugnisse der Kulturgeschichte oder der Paläontologie. In der Regel sind dies von Menschen geschaffene Überreste von Siedlungen, Kult- oder Bestattungsplätzen, Verkehrswegen, Produktions- oder Wirtschaftsbetrieben, Grenzen und menschliche Überreste (wie Moorleichen oder ‚Ötzi'), dazu zählen – in manchen Bundesländern – aber auch Fossillagerstätten mit Versteinerungen von Lebewesen (Pflanzen oder Tiere) bzw. deren Aktivitäten (z.B. Ausscheidungen oder Trittspuren). Nationale und internationale Vereinbarungen regeln die Anerkennung des Denkmalwertes und den Umgang zum Schutz von Bau- und Bodendenkmälern (siehe Kap. 2.6 und 3.3.1).

Man unterscheidet nicht nur zwischen ober- und untertägig erhaltenen, sondern auch zwischen unbeweglichen und beweglichen Bodendenkmälern (siehe Kap. 2.2.4; 2.2.5 und 2.4.1). Zur ersten Gruppe gehören die meisten Bodendenkmäler, die in situ erhalten sind, also ortsfeste Befundstrukturen, seien sie obertägig sichtbar oder im Erdreich verborgen. Problematischer ist die Definition von beweglichen Bodendenkmälern. Nicht jeder Fund ist automatisch ein bewegliches Bodendenkmal, denn einige Denkmalschutzgesetze treffen diesbezüglich Unterscheidungen. Wäre jeder Fund automatisch ein bewegliches Bodendenkmal, müsste in den Ländern mit konstitutivem Unterschutzstellungsverfahren für jedes Fundstück ein Unterschutzstellungsantrag mit dem entsprechenden bürokratischen Aufwand gestellt werden, ein aussichtsloses Unterfangen. Aber einzelne herausragende Objekte können durchaus den Status eines beweglichen Bodendenkmals erlangen. Als westfälische Beispiele seien hier der translozierte Bildstein des Galeriegrabes in Warburg oder größere Fossilien wie der 190 Millionen Jahre alte Schwimmsaurier (Plesiosaurier) aus Nieheim genannt.

> **Definition: Galeriegrab**
>
> Besondere Bauart eines Großsteingrabes (Megalithgrab) in der Trichterbecher- und Wartberg-Kultur. Kennzeichnend sind die in den Boden eingetieften Grabkammern, Wand- und Decksteine; sie ragten aus dem Erdreich heraus und waren ursprünglich überhügelt. Die langschmalen Grabkammern aus Stein und Holz enthielten früher zahlreiche Kollektivbestattungen. Galeriegräber sind vom Pariser Becken über Belgien bis nach Hessen verbreitet, wo sie auch unter dem Begriff ‚hessisch-westfälische Steinkisten' bekannt sind.

Der Erhaltungsgedanke, der hinter dem Denkmalschutz steht, bezieht sich auf abgeschlossene Geschichts- bzw. Kulturepochen. Deshalb schließt er auch Objekte aus dem 20. Jahrhundert wie Schlachtfelder, Bunker, Konzentrations- und Arbeitslager oder Fluchttunnel aus der Zeit des Kalten Krieges mit ein; hierfür hat sich der Begriff ‚Archäologie der Moderne' etabliert (siehe Kap. 2.2.1).

Entdecken, Ausgraben, Forschen, Dokumentieren, Schützen und Erhalten sind die primären Aufgaben der Fachämter für Bodendenkmalpflege in der Bundesrepublik Deutschland. In der Regel schützt und bewahrt der Boden die archäologischen Relikte. Reste von Pflanzen, Tieren und Zeugnisse menschlicher Präsenz bleiben oft über lange Zeit erhalten und sind wichtig für die Rekonstruktion damaliger Umwelt. Jeder Eingriff in ein Bodendenkmal zerstört die Originalsituation und damit viele wichtige Informationen. Das oberste Ziel der Bodendenkmalpflege ist deshalb der Erhalt und die Pflege von Bodendenkmälern. In der Regel sind Eingriffe in ein Bodendenkmal erst dann zu rechtfertigen, wenn Bauvorhaben, Erosion, landwirtschaftliche Nutzung oder vergleichbare Gefährdungen seine Existenz bedrohen. Die meisten archäologischen Ausgrabungen sind deshalb Not- bzw. Rettungsgrabungen. Im Gegensatz dazu wird bei Forschungsgrabungen ein besonderer Erforschungsansatz verfolgt.

Ist ein Bodendenkmal etwa durch Bauarbeiten in seinem Bestand bedroht, erforschen, dokumentieren und bewahren die Archäologen die erhaltenen Spuren der Vergangenheit. Dabei muss man sich bewusst sein, dass jede Ausgrabung zugleich eine Zerstörung ist, jeder Eingriff in den Boden verursacht unwiderrufliche Schäden am Originalzustand des Denkmals (Reichstein 1991, 34; Kunow 1991, 47).

Zu den häufigsten Befundstrukturen aus prähistorischer Zeit gehören Gräber, Siedlungen, Höhlen, Kultplätze, Schlachtfelder, Versteckfunde, Schiffswracks oder Mauerreste, jüngere Befunde finden sich auch in Kirchen, Klöstern und Stadtkernen (siehe Kap. 2.2.2). Eine Besonderheit stellt die ‚Archäologie der Moderne' dar. Hier gilt es zumeist zusätzliche Informationen über neuzeitliche Fundorte zu erhalten, dazu zählen Kriegsrelikte aller Art wie z. B. Bunkeranlagen, Schützengräben, Erschießungsplätze, Konzentrationslager oder Schutzwälle (Westwall), aber auch Werkplätze, Produktions- und Industrieanlagen (Deutscher Verband für Archäologie 2017).

Die Vielfalt an Bodendenkmälern bedingt auch die entsprechende Vielfalt von Untersuchungsmethoden und Verfahren, die hier zum Einsatz kommen. Denkmalschutz bezieht sich dabei nicht nur auf Befunde, sondern auch auf Fundstücke. In Schichten, Grubenverfüllungen und Gräben finden sich oft eingelagerte Keramikfragmente und verschiedenste Werkzeuge, Artefakte aus Geweih, Knochen oder Holz, aber auch Leder- und Textilreste, sowie Werkstücke unterschiedlicher Art aus Stein, Metall oder Verbundstoffen, z.B. Glas. Bodenproben beinhalten Informationen z.B. in Form von Blütenstaub für die Anwendung der Pollenanalyse, Jahrringe in Hölzern helfen bei der jahrgenauen Datierung mit Hilfe der Dendrochronologie.

DEFINITION: POLLENANALYSE UND DENDROCHRONOLOGIE

Bei der *Pollenanalyse* (Palynologie) wird die Häufigkeitsverteilung von Blütenstaub (Pollen) aus Sedimenten und Torfschichten in Mooren untersucht. Die Auswertung in Pollendiagrammen erlaubt Rückschlüsse auf Vegetations- und Klimaentwicklung bzw. die Rekonstruktion der Umwelt einer archäologischen Fundstelle in der näheren Umgebung.
Die *Dendrochronologie* (Baumringdatierung) basiert auf der unterschiedlichen Ausprägung der Jahrringe in Bäumen aufgrund wechselnder Klimaverhältnisse. Durch Abgleich von Ringmustern vieler Bäume, bevorzugt Eichen, entsteht eine Jahrringchronologie, die bei Erhaltung entsprechender Jahrringe eine jahrgenaue Datierung der Holzprobe ermöglicht.

Zu den Grundlagen bodendenkmalpflegerischer Aufgaben gehört die Sachverhaltsermittlung. Bevor eine archäologische Fundstelle als Bodendenkmal bezeichnet werden kann, müssen konkrete Anhaltspunkte dokumentiert werden, die es erlauben, Ansprache und Status des Denkmals festzulegen. Dazu gehören Recherchen schriftlich überlieferter Quellen genauso wie der Blick in alte Chroniken und Karten, auf Luft- oder Scanbilder, Magnetogramme und Radarmessungen. Die digitale Fotografie, Geoinformationssysteme (GIS) und Räumliche Informationssysteme mit den dazugehörigen ‚Geodaten' sowie Scanverfahren bieten vielfältige Einsatzmöglichkeiten in der Archäologischen Denkmalpflege. So hilft seit einigen Jahren das Airborne-Laserscanning (s.u.), ein System zur Vermessung von Landschaftsoberflächen und -strukturen, bei der Erfassung von obertägig erhaltenen Bodendenkmälern wie z.B. Grabhügeln (Abb. 7), Wall- oder Grabenanlagen, historischen Ackerfeldstrukturen (*celtic fields*) oder Landwehren. Besonderen Wert hat diesen Verfahren auch in Waldgebieten (siehe Kap. 3.5.2).

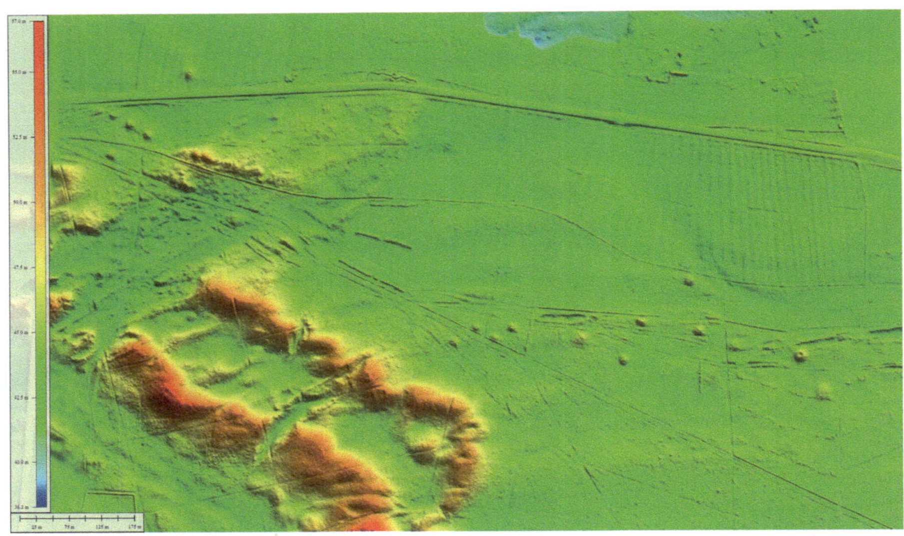

Abb. 7: Haltern am See, Kr. Recklinghausen. Grabhügel im Digitalen Geländemodell. Ohne Maßstab.

Die gesammelten Informationen werden in spezielle Datenbanken eingepflegt und langfristig gesichert. Grabungstechniker dokumentieren die auf der Grabung freipräparierten Befunde und Funde mit Hilfe von detaillierten Beschreibungen, sie erfassen GPS-gestützte Daten, Ausmaße von Befunden, Höhen- und Tiefenangaben, fertigen Zeichnungen und Fotografien an. Wichtig sind besonders stratigrafische Beobachtungen: welcher Befund wird wovon überlagert oder geschnitten, welche Schicht gehört wozu, wie schließen Schichten an Mauerstrukturen an, wo genau (Lage und Höhe) hat jeder Fund gelegen? Die Fundstücke werden während der Ausgrabung freigelegt und geborgen, vorläufig konserviert, vorsichtig verpackt und nummeriert, um sie später ihrer Fundstelle genau zuordnen zu können.

Die eigentliche Arbeit der Auswertung aller Daten beginnt erst nach der Ausgrabung. Zu den wissenschaftlichen Aufgaben zählen die Erfassung, Inventarisation und Ansprache archäologischer Funde; diese helfen unter anderem bei der zeitlichen Einordnung und Interpretation eines Fundkomplexes. Die Funde werden je nach Zustand in einem Magazin inventarisiert und aufbewahrt oder bereits zuvor in Werkstätten von Restauratoren konserviert, um den weiteren Verfall aufzuhalten. Die aussagekräftigsten Funde werden gezeichnet und fotografiert. Danach beginnt die wissenschaftliche Auswertung: Auf der Grundlage der dokumentierten Daten werden beispielsweise Funde mit ähnlichen Entdeckungen an anderen Orten verglichen, die Lage der Funde und Befunde in den

Schichten des Bodens analysiert, das Alter der entdeckten Artefakte entweder auf typologischem Weg (Eggert 2008, 181–200) anhand der wissenschaftlichen Literatur oder absolutchronologisch aufgrund naturwissenschaftlicher Verfahren bestimmt. Wichtig ist deshalb auch die Kooperation mit Naturwissenschaften – vom Physiker, der anhand der ^{14}C-Methode das Alter von organischen Resten bestimmen kann, über Anthropologen, Paläogenetiker, Archäobotaniker, Dendrochronologen oder Numismatiker bis zum Geologen und Archäozoologen sind die interdisziplinären Zusammenarbeiten vielfältig (Eggert/Samida 2013, 164–174). Erst diese umfangreichen archäometrischen Auswertungen ermöglichen es, die neuen Entdeckungen richtig zu verstehen und einzuordnen.

Die Funde, die Dokumentation und die wissenschaftlichen Auswertungen sind schließlich das ‚Gedächtnis und Archiv' für das Bodendenkmal. Mit der Publikation der Ergebnisse im Open Access oder als Print-Produkt wird dieses Wissen anderen Forschern sowie allen Interessierten zugänglich gemacht.

Archäologische Methoden 3.1.1

Vielfältig sind die unterschiedlichen in der Archäologie angewendeten Methoden, wobei die naturwissenschaftlichen (Hrouda 1978) von den klassischen Konzepten und Methoden (Eggers 1959; Eggert 2006; Eggert 2008; Eggert/Samida 2021; Mölders/Wolfram 2014; Renfrew/Bahn 1991; Renfrew/Bahn 2009) zu trennen sind. Die häufigsten in der alltäglichen Bodendenkmalpflege eingesetzten Methoden sind Prospektionsverfahren, Ausgrabungen und Surveys. Zusätzlich haben sich seit vielen Jahren auch die Unterwasserarchäologie und die experimentelle Archäologie mit zahlreichen Erkenntnissen etabliert.

Zu den klassischen Methoden der wissenschaftlichen Auswertung von Funden und Befunden zählen neben den erwähnten naturwissenschaftlichen Analysen (Archäometrie) vor allem Kartierungen, Klassifikationen (Typologie), vergleichende Beobachtungen und Seriationsverfahren sowie ein umfangreiches Literaturstudium (Eggert 2008, 123–146). Die Konservierung und Restaurierung von Fundstücken ist Voraussetzung für die mittelfristige Sicherung und exakte Ansprache der Objekte.

Die räumliche Analyse archäologischer Quellen führt zu einer synchronen und diachronen Betrachtungsweise von Funden und Befundbildern (ebd. 289–327), unter anderem auch auf der Basis von Verbreitungskarten. Klassifikationen dienen der Ordnung archäologischer Funde (ebd. 123–146). Seriationsverfahren wie die Kombinationsstatistik helfen bei der Ordnung des archäologischen Sachguts (ebd. 201–239). Aber auch die ‚horizontalstratigraphische Methode' der Fundtopographie durch räumliche Verteilung (auch Chorologie genannt) dient durch ihre Gliederung von Gräberfeldern und Siedlungen in verschiedene Zonen weiterem Erkenntnisgewinn (ebd. 240–264).

3.1.2 | Inventarisation: Ermitteln – beschreiben – bewerten

Das Aufbewahren archäologischer Fundstücke ist nicht nur vor dem Hintergrund der sich ständig verbessernden Methoden der Material- und Altersbestimmungen sinnvoll und hat eine lange Historie, die sich bereits im Erlass des preußischen Staatskanzlers Fürst Karl August von Hardenberg vom 4. Januar 1820 findet (siehe Kap. 3.4).

Die Archivierung archäologischer Funde ist in der Bundesrepublik Deutschland wegen der Kulturhoheit der Länder nicht einheitlich geregelt (Rind 2015). Der Umgang mit Kulturgut aus Forschungs- und Rettungsgrabungen, Surveys und Sammlungen ist deshalb unterschiedlich (Perrin et al. 2014).

Ermitteln, Sammeln, Bewahren und Forschen stehen neben der Vermittlung und der Ausstellung der Exponate im Fokus vieler Museen mit archäologischem Sachgut (Thiemeyer 2018, 7–16). Daneben inventarisieren zahlreiche Fachämter für Bodendenkmalpflege die archäologischen Kollektionen der Landesarchäologien in eigenen Fundmagazinen (Münz-Vierboom 2011); in manchen Ländern sind die Fundstücke in Landesmuseen untergebracht (Schmauder 2014; Kunow 2014, 72). Bei der bodendenkmalpflegerischen Arbeit der Länder steht nicht die Kollektion einer Sammlung im klassischen Sinn im Vordergrund, sondern die Aufbewahrung der Fundstücke im Sinne eines Archivguts (siehe Kap. 3.4). Selektionsstrategien zur Aufbewahrung umfangreicher Fundkomplexe werden in Europa kontrovers diskutiert (Karl 2015; Weiß-König 2015).

3.1.3 | Klassische und moderne Dokumentationsverfahren

Prospektionsmethoden

Unterschiedliche Prospektionsmethoden erlauben aus der Luft, am Boden und unter der Wasseroberfläche erste Erkenntnisse über Bodendenkmäler. Zu den terrestrischen Methoden gehört die klassische Feldbegehung (Survey) mit der Beobachtung der Erdoberfläche und dem Aufsammeln oberflächlich erhaltener Funde. Such- bzw. Baggerschnitte zur Denkmalwertermittlung werden mitunter auch als ‚harte Prospektion' bezeichnet. Zu den physikalischen Prospektionsmethoden gehören Radar- und Magnetprospektionen (Archäologische Prospektion 1996; Archaeological Prospection 1999; Neubauer 2001; Archaeological Prospection 2013; Kunow 2018; Hrouda 1978, 48–62). Die Bedeutung von Geoinformationssystemen (GIS) nimmt ständig zu, dazu gehört das Airborne-Laserscanning mit der Auswertung von LiDAR-Scans (Wohlfarth / Keller 2018, 69–146; Opitz / Cowley 2013; Kokalj / Hesse 2017; Crutchley 2010). Oberirdisch erhaltene Geländedenkmäler lassen sich durch diese Methode auch bei minimalen Geländeunebenheiten erkennen. Unter Wasser helfen Scanbilder z. B. versunkene Schiffswracks oder U-Boote zu lokalisieren oder Pfahlstrukturen zu entdecken.

Luftbildarchäologie

Luftbildarchäologie, die auch als archäologische Flugprospektion bezeichnet wird, ist eine wichtige archäologische Forschungsmethode, bei der Fotos aus großer Höhe dazu beitragen können, Bodendenkmäler zu entdecken, die allein vom Boden aus in der Form nicht erkannt werden können (Christlein/Braasch 1982; Planck/Braasch/Oexle/Schlichtherle 1994; Archäologische Prospektion 1996; Song/Leidorf/Heller 2019). Hierzu werden Flugzeuge, Hubschrauber, Drohnen, Satelliten oder Ballone eingesetzt. Zu den Begründern der Luftbildarchäologie gehört der britische Pilot und Archäologe Osbert Crawford, der als Erster vom Flugzeug aus archäologische Fundstätten in England fotografierte (Crawford 1928).

Grundlage der Methode ist die Erkenntnis, dass sich aus der Luft Vegetations- und Geländeanomalien beobachten lassen, meist sind dies sogenannte Bewuchsmerkmale. Im Erdreich erhaltene Befunde beeinflussen z.B. den Wuchs von Getreide oder Grasflächen. Dabei zeichnen sich ganz unterschiedliche Strukturen im Boden ab, die abhängig von Witterungsverhältnissen sind: Schatten-, Schnee-, Flut- und Feuchtemerkmale zählen zu den klassischen Luftbildbefunden. Bei Luftbildprospektionen können sich im Boden erhaltene Mauerreste genauso abzeichnen wie Gruben, Gräber oder Grabenverfüllungen. Solche und andere Veränderungen in der Landschaft, die durch verborgene Relikte der Vergangenheit beeinflusst werden, sind aus der Luft oft klar zu erkennen (Christlein/Braasch 1982, 24–38).

Die Merkmale der Luftbildarchäologie hängen von naturräumlichen Bedingungen, Jahres- und Tageszeiten und Aufnahmedaten ab (Song/Leidorf/Heller 2019, 35–65). Als Bodenmerkmale bezeichnet man durch Erosion bedingte oder durch Bodenbewirtschaftung hervorgerufene Bodenveränderungen, oftmals in Form von Verfärbungen, dies können prähistorische Gruben, Gräben oder Pfostenlöcher sein. ‚Bewuchsmerkmale' können sich durch unterschiedliche Vegetationsverhältnisse positiv oder negativ zu erkennen geben. Dabei spielt das Pflanzenwachstum die entscheidende Rolle: über humos verfüllten Strukturen wachsen Pflanzen besser als über Mauerzügen, die dicht unter der Erdoberfläche liegen. Schattenmerkmale lassen sich nur bei tiefem Sonnenstand an oberirdisch noch erhaltenen Bodendenkmälern erfassen. Diese werden durch die Strukturen im Bodenrelief aufgrund der durch Sonnenstrahlen verursachten Licht- und Schattenverhältnisse hervorgerufen. Schattenmerkmale erscheinen über noch nicht ganz eingeebneten Fundstellen; sie lassen sich am besten spät abends beobachten. Schnee-, Frost- und Reifmerkmale entstehen durch Differenzen der Bodentemperatur in der winterlichen Landschaft; Schneeverwehungen können auch minimale Niveauunterschiede sichtbar werden lassen. Des Weiteren führen die schon beim ‚Bewuchsmerkmal' auftretenden Bodenunterschiede in Feuchtigkeit und Kälte zur Herausbildung von Schnee-, Frost- und Reifmerkmalen. Flutmerkmale entstehen bei Hochwasser meist in Überschwemmungsgebieten oder auf sehr sumpfigem Untergrund, sie können aber auch in Äckern durch Bildung von Tauwasser auf gefrorenem Boden auftreten. Feuchte- oder Feuchtigkeitsmerkmale können sich nach heftigen Regenfällen abzeichnen und sind durch das unterschiedliche Wasserspeichervermögen der Böden gekennzeichnet. Über Mauerresten trocknet der Boden schneller und über verfüllten Gräben langsamer als die Erde in der Umgebung. Mittels moderner Computerfahren können Luftbilder nicht nur entzerrt, sondern auch georeferenziert aufbereitet und damit passgenau in andere Kartenwerke eingefügt werden (Verhoeven et al. 2012).

Satelliten- und Lasertechnik

Fortschritte in der Digitalisierung und in der Satellitentechnologie haben seit einigen Jahren hervorragende Erkenntnisse zu Bodendenkmälern bewirkt. In der Satellitenarchäologie treten Daten aus der Erdvermessung hinzu, die bei der Überfliegung mit Flugzeugen in das Gebiet der Geophysikalischen Archäologie fallen, wie Infrarotbilder, Magnetometrie oder Radar. Mit den modernen Satellitengenerationen stehen solche Daten seit einigen Jahren in ausreichender Detailgenauigkeit im Dezimeterbereich zu Verfügung, um zumindest bauliche Strukturen zu identifizieren.

Airborne-Laserscanning / LiDAR-Scanning

Airborne-Laserscanning bzw. LiDAR (Light Detection And Ranging) bezeichnet ein flugzeug- bzw. helikoptergestütztes Abtasten der Erdoberfläche mit einem Laserstrahl; das Verfahren ist im Zuge topographischer Landesaufnahmen seit mehr als 20 Jahren im Einsatz. Dabei tastet ein Laserscanner, der in einem Flugobjekt installiert ist, aus größerer Höhe mit pulsierenden Lichtstrahlen die Geländeoberfläche ab. Zu einer GPS-Einheit im Fluggerät wird ein geographischer Bezug hergestellt. So entstehen Punktwolken, aus denen sich digitale Oberflächenmodelle (DOM) und digitale Geländemodelle (DGM) ableiten lassen.

Ein Beispiel soll hier genügen: 2017 konnte Jansen Venneboer auf Laserscanbildern aus dem ostwestfälischen Bielefeld-Sennestadt Oberflächenstrukturen identifizieren, die sich als obertägig erhaltene Reste eines 26 ha großen römischen Marschlagers aus der Zeit des Kaisers Augustus entpuppten; vom Boden aus sind diese Strukturen im Waldgebiet – hier bringt die übliche Luftbildarchäologie keine guten Ergebnisse wegen der Überdeckung des Waldbodens durch die Baumkronen – mit bloßem Auge kaum erkennbar. Teile des Walles sind heute noch bis zu 40 cm hoch erhalten, das Aushubmaterial stammt aus dem vorgelagerten Spitzgraben (Abb. 8). Aus den Werten der Scans lassen sich also Oberflächenstrukturen ermitteln, die auch feine Bodenstrukturen erkennen lassen und so helfen, obertägig erhaltene Bodendenkmäler zu lokalisieren.

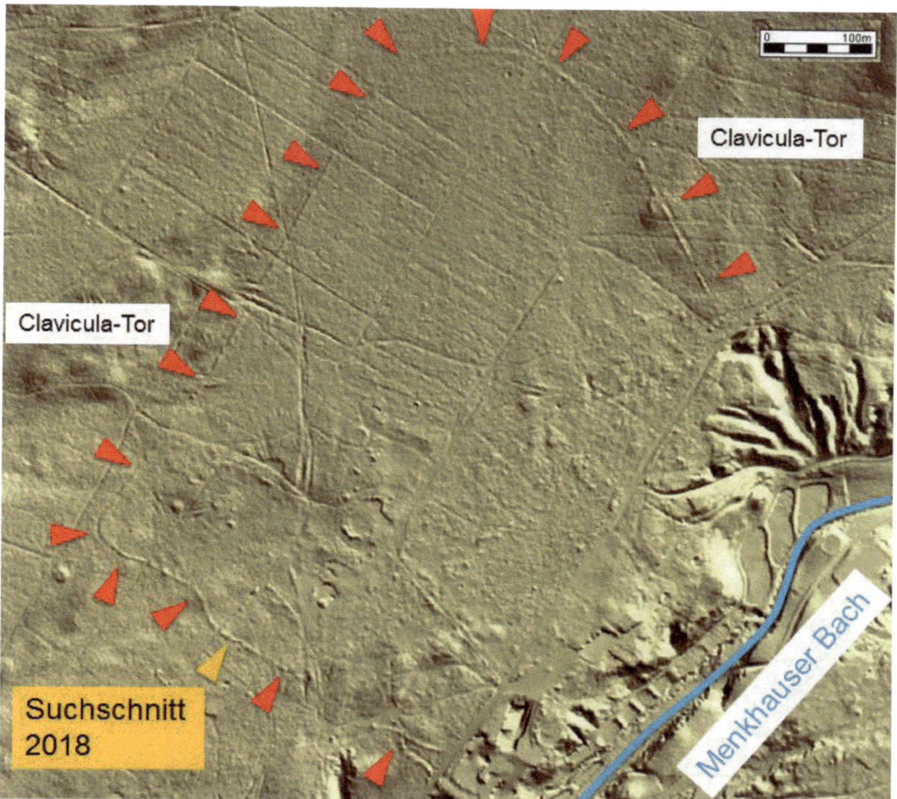

Abb. 8: Plan des frührömischen Marschlagers von Bielefeld-Sennestadt.

Geophysikalische Prospektionsmethoden

Geophysikalische Prospektionen ermöglichen es, mit Hilfe von Magnetometern (Fluxgate, Cäsium-Magnetometer) und Bodenradarmessungen (Ground Penetrating Radar) tief im Boden versteckte Strukturen wie Mauern, ehemalige Pfostenstellungen, Gruben und Gräben ohne Freilegung durch eine Ausgrabung zu erkennen (Archäologische Prospektion 1996; Archaeological Prospection 1999; Archaeological Prospection 2013; Neubauer 2001). In den graphischen Aufzeichnungen in Form von Graustufenbildern, den Magnetogrammen, lassen sich im Boden verborgene archäologische Befunde entdecken, so z. B. die Pfostenstellungen von Hausgrundrissen der linienbandkeramischen Kultur am Desenberg bei Warburg (Abb. 9).

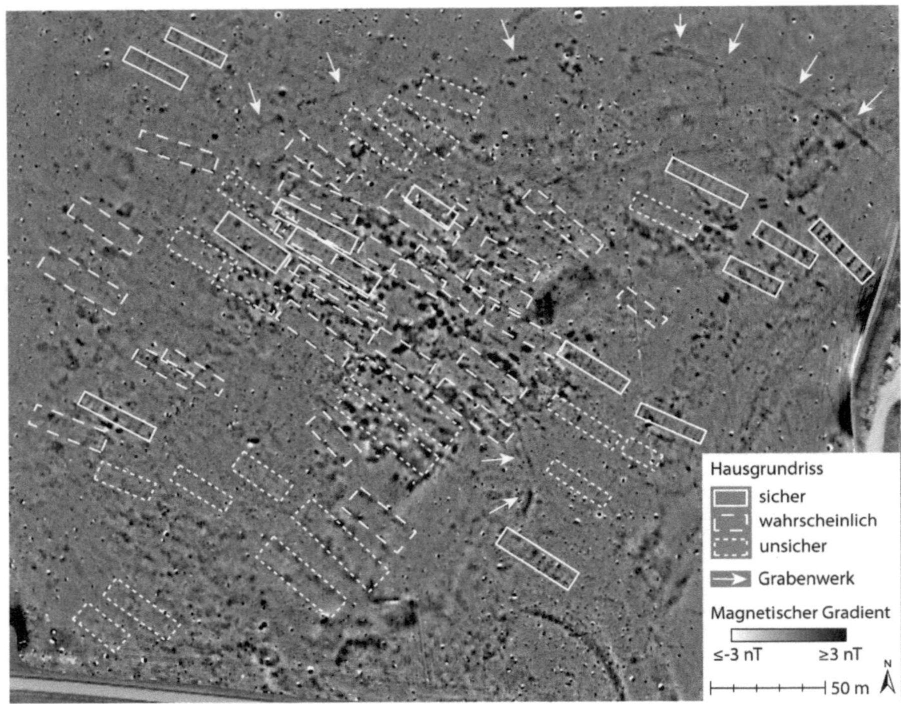

Abb. 9: Magnetogramm der linearbandkeramischen Siedlung von Warburg-Desenberg.

Sondengängerei

Die Suche mit Metalldetektoren, die sogenannte Sondengängerei (umgangssprachlich auch ‚Sondeln' genannt), ist zu einem Massenphänomen geworden; sie ist zwar nicht grundsätzlich verboten, aber in den Denkmalschutzgesetzen mit Auflagen versehen (Sondengänger und Archäologie 2017). Der Umgang mit Sondengängern und deren Funden wird im Fach kontrovers diskutiert (von Carnap-Bornheim 2015). Genehmigungsverfahren zur Suche und Bergung von archäologischen Fundstücken sind in den einzelnen Ländern der Bundesrepublik Deutschland unterschiedlich (siehe Kap. 3.4). Die Akzeptanz der Sondengängerei und der damit verbundenen Anerkennung und Auswertung von Einzelfunden, zu denen der Befundkontext meist fehlt, variiert zwischen Ablehnung und Kooperation. In einigen Ländern funktioniert die Zusammenarbeit zwischen den Archäologen und Sondengängern zufriedenstellend und professionell, so dass nicht nur die Freude bei der Suche gewährleistet wird, sondern der wissenschaftliche Informationsgehalt der entdeckten Funde letztlich der Allgemeinheit zu Gute kommt.

Der Informationsgehalt über den Einsatz von Metalldetektoren, die dazu notwendigen Genehmigungsverfahren und das Verhalten nach der Auffindung archäologischer Funde reicht von ungefilterten Informationen aus dem Internet bis zu den Informationsebenen der Fachämter (Sondengänger und Archäologie 2017); der Unterschied der Informationsgehalte schwankt immer noch erheblich. Festzuhalten gilt, dass das Aufspüren archäologischer Metallfunde grundsätzlich als Prospektionsmethode anzusprechen ist. Auch aus diesem Grund muss gewährleistet sein, dass die Suchenden fachliche Kenntnisse haben, die alle aufzuspürenden Funde, auch Kriegshinterlassenschaften und scharfe Munition, betreffen (siehe Kap. 3.4).

Archäometrie / Nachbarwissenschaften 3.1.4

Zahlreiche Nachbarwissenschaften sind für die erfolgreiche Interpretation archäologischer Funde und Befunde erkenntnisreich (Hauptmann / Pingel 2008; Eggert / Samida 2013, 141–174). Mit Hilfe der Archäobotanik und der Bodenkunde lassen sich Natur und Kulturlandschaft in früheren Zeiten rekonstruieren. Die Archäozoologie erforscht die ehemaligen Tierwelten, wobei auch Fragen der Domestikation relevant sind. Anthropologen kümmern sich um die menschlichen Überreste und können Aussagen etwa über Alter, Ernährung, Krankheiten oder Verletzungen treffen. Dank der Archäogenetik liefert auch alte DNA neue Erkenntnisse für Rekonstruktionen der Ur- und Frühgeschichte (Brather-Walter 2019). Numismatiker können für Zeiten mit Geldwirtschaft alte Münzen zeitlich und regional einordnen und damit nicht nur bei der Datierung von Fundstellen helfen, sondern auch wirtschaftshistorische Grundlagen erforschen.

Der Altersbestimmung dienen die ^{14}C-Methode (auch in Anlehnung an die englische Bezeichnung Radiokarbonmethode bzw. sinnvoller Radiokohlenstoffdatierung genannt), verschiedene Lumineszenzverfahren (Thermolumineszenz, Optisch Stimulierte Lumineszenz) und als sicherstes Verfahren die Dendrochronologie, bei der vorbehaltlich der Erhaltung von entsprechenden Jahrringen jahrgenaue Ergebnisse geliefert werden können (Archäologie und Naturwissenschaften 1977; Hrouda 1978; Eggert 2008, 147–162; Hauptmann / Pingel 2008). Zusätzlich kann in Seen bei entsprechenden jahreszeitlichen Sedimentablagerungen die geochronologische Methode der Warvenchronologie zur Altersbestimmung beitragen, in den (heute durch die Erderwärmung besonders bedrohten) Permafrostgebieten kann dies durch die Stratigraphie in Eisbohrkernen erfolgen. Gesteine lassen sich mit Hilfe anderer geochronologischer Datierungsverfahren, z. B. der Uran-Thorium-Datierung bei der Datierung von Sinterablagerungen in Höhlen oder der Kalium-Argon-Datierung zeitlich eingrenzen, was bei Fossilien in Tuff- oder Lavaschichten von besonderer Bedeutung ist.

3.1.5 Ausgrabung / Dokumentationsmethoden

Nach wie vor ist die wichtigste Methode zur Erforschung vergangener Kulturen die Ausgrabung (Hrouda 1978; Schwarz 1979; Wheeler 1960; Renfrew / Bahn 2009, 83–90; Davidovic 2014). Da jede Ausgrabung in der Regel zugleich eine (im gewissen Sinne ‚kontrollierte') Zerstörung der Befunde ist (Reichstein 1991, 34; Kunow 1991, 47), muss größter Wert auf eine sorgfältige Dokumentation gelegt werden, denn wenn diese nicht detailgenau ist, lassen sich später – zeit- und ortsunabhängig – viele Angaben nicht mehr überprüfen.

Hierbei ist deutlich zwischen (‚objektiver') Dokumentation und (‚subjektiver') Interpretation eines Ausgrabungsleiters zu unterscheiden. Die Dokumentation umfasst dabei eine Datensammlung in Form von Vermessungen, Beschreibungen, Zeichnungen, Fotos und anderen bildhaften Dokumenten wie z.B. Filme oder Digitalfotos. Digitalfotos können dann für hochauflösende fotogrammetrische Techniken wie Structure from Motion (SfM) oder Reflectance Transformation Imaging (RTI) dienen. Beide Methoden sind bei der dreidimensionalen Betrachtungsweise von archäologischen Objekten von großem Vorteil. Die bei SfM eingesetzte Software verknüpft markante gescannte Punkte eines Objektes, die zuvor durch unterschiedliche Aufnahmewinkel erzeugt worden sind; so erhält man dreidimensionale Punktwolken, die in ein 3D-Modell umgesetzt werden (Doneus et al. 2011; Reinhard 2013; Styliandis et al. 2016). RTI ist eine andere computerbasierte Methode der Fotografie, bei der von einer fixen Kameraposition mehrere Fotos mit unterschiedlichen Beleuchtungspositionen gemacht werden (Mudge et al. 2010; Mytum / Peterson 2018). Die vom Computer zusammengesetzten Bilder können anschließend mit veränderten Lichtquellen betrachtet werden, so dass sich feinste Details z.B. im Schräglicht sehr genau erkennen lassen.

3.1.6 Standardisierung durch Grabungsstandards und Grabungsrichtlinien

Im föderalen System liegt die Kulturhoheit bei den einzelnen Ländern; jedes Land hat deshalb seine eigenen Rahmenbedingungen entwickelt, um die Qualitätsansprüche bei Ausgrabungen zu standardisieren. Darin werden Grabungsmethodik und Dokumentationsrichtlinien festgelegt. Schutz und Pflege der Bodendenkmäler stehen im Vordergrund, aber Richtlinien sind bei unvermeidbaren Bodeneingriffen vonnöten, um die Qualität und Vergleichbarkeit der Daten langfristig zu sichern. Auch der Verband der Landesarchäologen (VLA) in der Bundesrepublik Deutschland hat in seinen Leitlinien zur archäologischen Denkmalpflege in Deutschland Kriterien zur Dokumentation archäologischer Befunde und Funde bei unvermeidbarer Zerstörung durch Baumaßnahmen und bei gezielten Bodeneingriffen vorgelegt (Verband der Landesarchäologen in der Bundesrepublik Deutschland 2003). Dabei hat der Erhalt der Bodendenkmäler grundsätzlich Priorität vor einer wie auch immer gearteten zerstörerischen Maßnahme.

Weiterführende Literatur

Eggers 1959; Eggert 2008; Renfrew / Bahn 2009; Bodendenkmäler in Nordrhein-Westfalen 2018; Eggert / Samida 2013.

Aufgaben der Bodendenkmalpflege 3.2

Die Aufgaben der Bodendenkmalpflege bzw. Archäologischen Denkmalpflege in der Bundesrepublik Deutschland gehören zu den kulturhoheitlichen Belangen der Länder (Verband der Landesarchäologen 2003). Sie sind in den jeweiligen Denkmalschutzgesetzen beschrieben (Viebrock et al. 2005). Dementsprechend gibt es zahlreiche Unterschiede: Alle Länder stellen den Schutz der Bodendenkmäler bzw. der archäologischen Fundstellen in den Vordergrund. Wenn die Zerstörung eines Bodendenkmals als irreversibler Eingriff in das archäologische Erbe unvermeidbar ist, muss eine fachgerechte qualifizierte Ausgrabung und eine damit einhergehende sachgerechte Dokumentation der Befundumstände und der Fundstücke gewährleistet werden. Ist die ‚Primärquelle' nicht mehr vorhanden, stellt die Dokumentation die einzige Grundlage einer Quellenfunktion dar. Einzelne Richtlinien für archäologische Maßnahmen geben die Standards für landes- und bundesweite Ausgrabungen vor (Verband der Landesarchäologen 2003; Bodendenkmäler in Nordrhein-Westfalen 2018; download Grabungsrichtlinien für archäologische Maßnahmen in Westfalen-Lippe unter: www.lwl.org/pdf/Grabungsrichtlinien; im Rheinland unter: www.bodendenkmalpflege.lvr.de; download Grabungstechnikerhandbuch unter: www.landesarchaeologen.de). Da die Entwicklung von Technik und Wissenschaft schnell voranschreitet, ist eine ständige Aktualisierung der Richtlinien unabdingbar. Die aus den Dokumentationen resultierenden Informationen über die Fundstellen, die mitunter auch als ‚Sekundärdenkmal' oder ‚Sekundärquelle' bezeichnet worden sind, stellen nur einen Kompromiss in Bezug auf den Informationsgehalt eines unter Schutz gestellten Bodendenkmals dar. Deshalb sollte die Unterschutzstellung und damit langfristige Bewahrung eines archäologischen Denkmals ‚in situ', also im Kontext der Fundstelle ohne zerstörerische Eingriffe, als vorrangiges Ziel angestrebt werden.

Der Begriff ‚Bodendenkmal' hat sich, wie erwähnt, gegenüber dem zuvor oft benutzten Terminus ‚Bodenaltertümer', oder auch ‚vaterländische Bodenaltertümer', ‚vorgeschichtliche Denkmäler' bzw. ‚Denkmäler des Altertums' seit den 1930er-Jahren durchgesetzt (Kunow 2014, 69). Schutz, Pflege, Inwertsetzung, Erforschung und Vermittlung von Bodendenkmälern stehen im Vordergrund (Buttler 1938; Kunow 2014).

Der Schutz von archäologischen Kulturgütern betrifft nicht nur ur- und frühgeschichtliche Epochen, sondern auch Bereiche unserer jüngsten Vergangenheit. Ausschlaggebend für die Archäologie der Moderne ist die abgeschlossene Kulturepoche (Kunow 1996; Kunow 2014, 69–70; Deutscher Verband für Archäologie 2017), diese beinhaltet die Archäologie der Weltkriege ebenso wie die des Kalten Krieges. Gerade (siehe Kap. 2.2.4) wegen bewusster Zurückhaltung von Informationen und gezielter Desinformation in diesen Zeiten bietet die Bodendenkmalpflege durch das Aufspüren von sachorientierten Funden und Befunden nicht nur eine objektivere Interpretationsmöglichkeit, sondern auch eine Erhöhung des Forschungswertes der Originalsubstanz (Kunow 1996; Deutscher Verband für Archäologie 2017).

Neben den durch Oberflächenfunden, Surveys, geophysikalische Prospektionsmethoden oder Ausgrabungsaktivitäten bekannten archäologischen Fundstellen gibt es zahlreiche Areale, bei denen die Umstände nahelegen, dass sich ein noch unbekanntes Bodendenkmal im Boden befindet. Anhaltspunkte dafür können die Lage der Fundstelle, z. B. die räumliche Nähe zu einem bekannten Bodendenkmal, topographische oder geologisch-bodenkundliche Siedlungsgunst oder regionale Regelhaftigkeiten, sein. Kriterien zur Vermutung von Bodendenkmälern hat das Bayerische Landesamt für Denkmalpflege 2016 (Kriterien Bodendenkmäler 2016) definiert, was in Ländern mit deklaratorischem Verfahren der Unterschutzstellung genauso wichtig ist wie in Ländern mit konstitutivem Unterschutzstellungsverfahren (siehe Kap. 2.6.3), die ebenfalls Kriterien für ihre Fundstellen definiert haben (z. B. Bodendenkmäler in Nordrhein-Westfalen 2018).

3.2.1 | Flächige Bodendenkmalpflege oder Leuchttürme?

Wie die in personeller und finanzieller Hinsicht begrenzten Ressourcen der Landesämter am effektivsten eingesetzt werden sollten, beschäftigt die Bodendenkmalpflege seit langem. Die Frage gewann erheblich an Bedeutung mit neu eingeführten Landesdenkmalschutzgesetzen seit den 1970er Jahren. Jetzt sah man sich auch rechtlich verpflichtet, nicht nur mit öffentlichkeitswirksamen Großgrabungen – häufig von der Deutschen Forschungsgemeinschaft finanziert (siehe Kap. 2.3.5) – Bodendenkmalpflege zu betreiben, sondern einen gesetzlichen Auftrag auf das gesamte Bundesland bezogen, also flächig umzusetzen. Der Verband der Landesarchäologen näherte sich der Thematik ‚Schwerpunktbildung' auf seiner Jahrestagung 2000 in Cottbus (Verband der Landesarchäologen in der Bundesrepublik Deutschland 2001a). In einem Beitrag für die Festschrift Dieter Planck vertiefte dann Sebastian Sommer diese Problematik und stellte mit den Landesarchäologien in Baden-Württemberg und Bayern zwei, auf den ersten Blick konträre Konzepte gegenüber (Sommer 2009). Beide waren ihm bestens vertraut aus seiner Referatsleitung für römische Großgrabungen in Baden-Württemberg und anschließend als Landesarchäologe in Bayern. Er selbst stellte den gesetzlichen Auftrag für eine flächige Bodendenkmalpflege und dabei insbesondere den Denkmalschutz in den Fokus. Vor dem Hintergrund begrenzter Ressourcen und umfassender Bedrohungen des Denkmalbestandes seien ‚reine' Forschungsgrabungen nicht vertretbar, die man zudem auch Jahrzehnte nach Beendigung häufig noch nicht abschließend veröffentlichen würde. Der vermeintliche Antagonismus ‚flächige Bodendenkmalpflege versus Leuchtturmprojekte' lässt sich auf dieser Ebene allerdings nicht auflösen. Es macht aber natürlich Sinn, die Fragestellung zu verfolgen, jedoch eher auf der praktischen Arbeitsebene (Kunow 2021). Die fünf Haupteinsatzgebiete der praktischen Bodendenkmalpflege werden an anderer Stelle behandelt (siehe Kap. 3). Dabei wird deutlich, dass wir etwa bei der Trassen-, aber auch mit gewissen Einschränkungen bei der Stadtarchäologie ein flächiges Konzept verfolgen können, da insbesondere das sogenannte Verursacherprinzip (siehe Kap. 2.6) finanzielle Möglichkeiten für archäologische Untersuchungen schafft. Erheblich schwieriger stellt sich die Situation hingegen bei der Archäologie in Agrarlandschaften und Wäldern dar, wo der Bodendenkmalbestand einem stetigen Zerstörungsprozess durch die Form der Bewirtschaftung, aber auch durch den seit zwei Jahrzehnten deutlich spürbaren Klimawandel ausgesetzt ist und man eher auf ‚großformatige' Einzelobjekte oder regionale ‚Beleggebiete' setzt. Noch dramatischer ist die Ausgangslage in Landschaften, wo Rohstoffgewinnung stattfindet. Hier verfolgt man von archäologischer Seite schon seit langem Schwerpunktprojekte, da eine ‚vollflächige' Rettungsgrabungstätigkeit aus Kapazitätsgründen ausscheidet. Die hier erzielten Ergebnisse sind besonders beeindruckend, wenn eine Zeitscheibe – etwa zum Neolithikum oder der Römerzeit (siehe Kap. 3.5.3) – in den Fokus langjähriger Untersuchungstätigkeit gerückt wird (Kunow 2021).

3.2.2 Forschungsaspekte und Ressourcengedanke

Nicht in allen Denkmalschutzgesetzen ist der Forschungsauftrag enthalten, er fehlt beispielsweise im Bayerischen Denkmalschutzgesetz. Der Forschungsauftrag darf aber nicht mit der individuellen Befriedigung von Neugier gleichgesetzt werden. Forschung und auf archäologischen Quellen basierende Untersuchungen zur Landesidentität sind Kernaufgaben der Denkmalpflegeämter in den Bundesländern; Bodendenkmalpflege ohne Forschungsansätze wäre sinnlos (Kunow 2021).

Jede Ausgrabung ist trotz der damit einhergehenden Zerstörung von Befunden zugleich ein Teil der Forschung. Ausgrabungen sind nur dann sinnvoll, wenn wissenschaftliche Fragestellungen dahinterstehen; persönliche Neugier sollte nicht die Intention sein und die Forschung sollte auf dem Erhaltungsgebot basieren (Sommer 2017, 89). Bei archäologischen Ausgrabungen sollte immer der wissenschaftliche bzw. historisch relevante Erkenntnisgewinn im Mittelpunkt stehen, der dem öffentlichen Interesse dient (siehe Kap. 4.2). Auch wenn der Erhaltungsgedanke im Vordergrund steht, sind Forschungsgrabungen zur

Klärung wichtiger Forschungsfragen entscheidend, Beispiele dafür liefern z.B. die Erkenntnisse zu den Kreisgrabenanlagen aufgrund der Grabungsergebnisse in Pömmelte (Spatzier 2017) und Goseck (Bertemes/Northe 2012). Forschung ist nötig, um Geschichte zu rekonstruieren und zu erzählen; dies kommt letztlich auch dem Schutz von Bodendenkmälern und Funden zugute. Qualifizierung in der Forschung beinhaltet auch die Suche nach den Dingen, über die wir wenig wissen. Forschung dient somit auch dem Schutz von Artefakten.

3.2.3 | Beteiligungen bei Planungsverfahren und ihre Auswirkungen auf Bodendenkmäler

Die Fachämter für Archäologie bzw. Bodendenkmalpflege werden im Rahmen der Beteiligung als Träger öffentlicher Belange (TöB) in die Planungsverfahren eingebunden (siehe Kap. 2.6.2). Sie geben Stellungnahmen ab und können Auflagen und Bedingungen definieren. Ihre Aufgabe ist es, die in den Archiven und Planunterlagen vorhandenen Informationen über Bodendenkmäler zu bewahren, zu recherchieren und in Gutachten zu dokumentieren. Das Einbinden lokaler ehrenamtlicher Hilfskräfte und externer Einrichtungen (z.B. Geschichts- oder Heimatvereine) gehört zum Alltag eines gut funktionierenden und vernetzten Fachamtes (siehe Kap. 3.4).

Ziel ist es, möglichst viele Informationen zu sammeln, damit im Falle drohender zerstörerischer Aktivitäten an Bodendenkmälern und archäologischen Fundstellen präventive Maßnahmen zum Schutz der Fundorte und deren Fundstücke verlangt werden können. Auf dem Verordnungswege sollten so früh wie möglich Beteiligungen bzw. Beratungen der archäologisch geschulten Fachinstitutionen stattfinden, damit sich konfrontative Konfliktsituationen, die oft aus Unkenntnis entstehen, gar nicht erst ergeben. Die Verordnungen und gegebenenfalls Auflagen werden von den zuständigen Denkmalbehörden, also nicht den Fachämtern, die lediglich gutachterlich bzw. beratend tätig sind, erteilt.

3.2.4 | Inwertsetzung und Vermittlung, Erschließung, Nutzung und Erleben von Denkmalen

Die Entwicklung in anderen europäischen Staaten hinsichtlich eines vergleichbaren *Heritage and Site Managements* führte zu einer ‚Europäisierung der Bodendenkmalpflege' (siehe Kap. 2.3.6). Hierbei spielen die bereits erwähnten Konventionen eine große Rolle, z.B. die Haager Konvention von 1954, das Londoner Abkommen von 1969 und die am 25. Mai 1995 in Kraft getretene Konvention von Valletta/Malta, die das Europäische Übereinkommen zum Schutz des Archäologischen Erbes beinhaltet und von der Bundesrepublik Deutschland 2003 ratifiziert worden ist (Verband der Landesarchäologen 2010; Archäologie im Fokus 2012, 35–40; Kunow 2014, 73).

Die Nutzung und das Erleben von Bodendenkmälern, ihre Erschließung und Vermittlung werden auch als Inwertsetzung bezeichnet. Es gibt in Deutschland zahllose Beispiele für ein gutes Heritagemanagement und die Erlebbarkeit von Bodendenkmälern an ihrem originären Standort (siehe Kap. 3.3.2). Anschauliche Beispiele sind die sogenannten *documente* in Regensburg, die nicht zuletzt durch den Druck der UNESCO-Nominierung der Regensburger Altstadt entstanden sind (Codreanu-Windauer 2021). Die *documente* umfassen das materiell-bauliche Erbe sei es als Gebäudeteil oder als archäologischer Befund. Dazu zählen die fachgerecht restaurierten und didaktisch in Wert gesetzten *documente Porta Praetoria* (Abb. 10) – von der Bedeutung in etwa vergleichbar der als Stadttor in Trier überlieferten Porta Nigra – das einzige erhaltene römische Lagertor nördlich der Alpen, das *document Legionsmauer*, das *document Neupfarrplatz* und das *document Niedermünster* als Beispiele für Bodendenkmäler sowie die *documente Schnupftabakfabrik* und *Reichstag* als Baudenkmäler.

Abb. 10: Regensburg, Document Porta Praetoria.

Mitunter lassen sich Translozierungen, d. h. das meist aus bautechnischen Gründen notwendige Versetzen von Gebäuden oder Teilen davon, nicht vermeiden (siehe Kap. 3.3.2). In zahlreichen Freilichtmuseen stehen anschauliche Beispiele dafür. Auch wenn bisweilen arbeitstechnisch bedingte Translozierungen unabwendbar sind, bedeutet das nicht a priori einen Verlust an Visualisierungskraft. Ein gutes Beispiel dafür ist die neue Aufstellung des römischen Hafentores in der U-Bahn am Kurt-Hackenberg-Platz in Köln (Abb. 11). Das Hafentor wurde mit dem umliegenden Ufergelände im Zuge der Notgrabungen archäologisch untersucht und dokumentiert sowie später transloziert, um es abschließend im Nahbereich einer Haltestelle der Kölner Nord-Süd Stadtbahn zu präsentieren (Trier/Naumann-Steckner 2012 und 2018; Dodt/Schäfer 2019, 164–166).

Abb. 11: Köln, transloziertes römisches Hafentor.

An herausragenden Fundplätzen, die von vielen Menschen besucht werden, sind Mittel und Wege gefunden worden, einerseits dem Wunsch der Besichtigung nachzukommen, andererseits die Objekte selbst zu schonen, ein Beispiel dafür ist der Nachbau bzw. die Visualisierung der Grotte Chauvet im Ardèchetal, Frankreich (Abb. 12), bei der sich das Betreten des Originals schon aus Gründen der Empfindlichkeit der paläolithischen Wandmalereien verbietet. Mancherorts hat sich eine regelrechte *Heritage Industry* gebildet, die die Verwaltung geschichtsträchtiger Orte und deren touristische Ausnutzung betreibt, z. B. an so berühmten Orten wie im britischen Stonehenge, im irischen Newgrange oder am deutschen Mittelberg bei Nebra. Die Tourismus- und Kulturerbeindustrie hat weltweit zahlreiche Arbeitsplätze geschaffen und sorgt für eine Kanalisierung der Erlebbarkeit von archäologischen Denkmälern.

Abb. 12: Außenarchitektur der Grotte Chauvet II im Ardèchetal.

Auch als zukünftige Aufgaben der Bodendenkmalpflege verbleiben die Erkundung, Erfassung und Dokumentation von Bodendenkmälern im Boden und unter Wasser (Anton et al. 2019) (siehe Kap. 3.5.5). Die wissenschaftliche Untersuchung von unabweisbar bedrohten Bodendenkmälern durch Ausgrabungen stehen im Fokus, aber auch das Konservieren, Restaurieren, Untersuchen und Inventarisieren der Funde sind Aufgaben der archäologischen Fachämter (Kunow 2014). Schleichende Zerstörung durch forst- und landwirtschaftliche Nutzung und oft damit einhergehende Erosion stellen neben einer akuten Gefährdung durch Überbauung die größten Probleme für die Bodendenkmalpflege dar (siehe Kap. 3.5.2). Deshalb ist der Informationsfluss zwischen den Genehmigungsbehörden und den archäologischen Fachämtern wichtig. Letztere sind für die fachliche Beratung der Denkmalbehörden bei Planungen aller Art zuständig. Sie erstellen auf der Grundlage der in den Datenbanken vorhandenen Informationen über archäologische Fundstellen Gutachten über nachgewiesene oder vermutete Bodendenkmäler und schlagen Auflagen zur Sicherung der Fundorte oder einer entsprechenden fachlich fundierten Dokumentation im Falle einer unvermeidbaren Zerstörung vor. Die Fachämter stellen zudem Anträge auf Unterschutzstellung bzw. Eintragung von archäologischen Fundstellen als Bodendenkmäler in die Denkmallisten der Kommunen. Außerdem gewährleisten sie die fachliche Beratung der Eigentümer bei Schutz und Pflege ihrer Bodendenkmäler. Neben den Fachämtern in den Landeseinrichtungen gibt es in zahlreichen Ländern auch kommunal getragene Archäologieeinrichtungen wie Stadt-, Kreis- oder Bezirksarchäologien. Durch die unmittelbare Anwesenheit am Ort ist deren Tätigkeit gerade in Bereichen mit hohem Denkmalbestand eine sinnvolle Ergänzung zum Schutz des archäologischen Erbes (siehe Kap. 2.5.1).

Zu den Aufgaben der Fachämter gehört auch die Wissensvermittlung. Mittlerweile stehen neben dem klassischen Veröffentlichen der Forschungsergebnisse durch Printprodukte auch die digitalen Medien für eine breite Streuung der Untersuchungsergebnisse zur Verfügung. Im Internet wird dieses Wissen nicht nur durch Open Access, sondern auch durch zahlreiche Homepages und Foren verbreitet.

Eine andere Form der Wissensvermittlung wird durch Ausstellungen in den archäologischen Museen betrieben (Thiemeyer 2018). Zahlreiche Landesmuseen und regionale Museen präsentieren Dauerausstellungen zum Thema Archäologie und in Sonderausstellungen werden spezielle Themenschwerpunkte beleuchtet.

Die Durchführung öffentlichkeitswirksamer Veranstaltungen in Form von Vorträgen und Kolloquien dient ebenso der Verbreitung aktuellen Wissens im Bereich der archäologischen Forschung.

3.2.5 | Bewahren (Magazin / Archivierung): Selektion und Verantwortung

Ein zunehmendes Problem in der bodendenkmalpflegerischen Arbeit ist der z. T. enorme Fundanfall: Bei sehr großen Mengen an Fundstücken muss bisweilen eine Auswahl der langfristig aufzubewahrenden Fundstücke schon auf der Ausgrabung getroffen werden (z. B. Sampling für Proben). Selektionsstrategien für archäologische Sammlungen sind die Voraussetzung für eine ordnungsgemäße und langfristige Sicherung der Fundkonvolute; ‚Entsammlungskonzepte' können helfen, alte Bestände zu überprüfen (Karl 2015), für die Archivierung von Funden aus der täglichen Grabungstätigkeit hingegen gibt es in der Regel kein Sammlungskonzept, da sowohl Proben als auch Funde a priori als aufzubewahrendes ‚Beweismittel' gelten und dementsprechend für die wissenschaftliche Nutzung langfristig eingelagert und gesichert werden müssen (siehe Kap. 3.4).

In zahlreichen Landesarchäologien werden die archäologischen Funde in zentralen Fundarchiven eingelagert (Schmauder 2014; Rind 2015), dort sind sie an einem gesicherten Ort mit optimalen klimatischen Bedingungen fachgerecht betreut und verwahrt, geschützt und zugänglich. Für die Identifizierung, Auffindung und Überprüfung des Restaurierungszustandes ist eine digitale Datenablage unerlässlich (Münz-Vierboom 2011). Die unterschiedlichen Materialgruppen wie z. B. Keramik, Stein, Knochen, Holz, Leder und Textilien erfordern individuelle Rahmenbedingungen für die Einlagerung. Hier gilt es darauf zu achten, dass die meisten Funde in säurefreien Normkartons untergebracht werden. Funde aus Metall und Glas oder aus organischen Materialien stellen andere Anforderungen an klimatische Verhältnisse und müssen deshalb gesondert gelagert werden. Ähnliches gilt für Hölzer, die zunächst in Nassholzlagern konserviert und anschließend gesondert gelagert werden müssen. Um einen schnellen Zugriff auf die Fundstücke zu ermöglichen, ist eine gute Beschriftung (Münz-Vierboom 2014) und eine moderne Lagerhaltung vonnöten, eine barcodegestützte Funderfassung ist sinnvoll (Münz-Vierboom 2011).

Weiterführende Literatur

Verband der Landesarchäologen 2010; Kunow 2014; Rind 2015; Kriterien Bodendenkmäler 2016.

Umgang mit Bodendenkmälern in der denkmalpflegerischen Praxis | 3.3

Wurde zunächst im Zusammenhang mit der Bedeutung respektive dem Wert eines Bodendenkmals festgestellt, dass die ‚Denkmalwürdigkeit' als zentrale Eigenschaft vorliegen muss (siehe Kap. 2.4.2), gibt es noch eine zweite gleichwertige Eigenschaft, die vor allem für die praktische Umsetzung aller Schutz- und Pflegemaßnahmen entscheidend ist: die ‚Denkmalfähigkeit'. Dahinter verbirgt sich – wie das Kompositum unschwer erkennen lässt – die ‚Fähigkeit des Erhalts als Denkmal' (Hönes 2019, 134–138). Diese ‚Fähigkeit des Erhalts als Denkmal' ist dann gegeben, wenn konkrete denkmalpflegerische Maßnahmen – deren verschiedene Anlässe und Verfahren weiter unten noch konkretisiert werden – unter Wahrung der Authentizität und auch Materialität erfolgen. Die ‚Denkmalfähigkeit' bezieht dabei gleichermaßen ortsfeste wie bewegliche Bodendenkmäler ein.

Im Alltag der Archäologischen Denkmalpflege tritt nicht selten der Fall ein, dass zwar die Denkmalwürdigkeit von ortsfesten Monumenten und Fundstätten unzweifelhaft vorliegt, eine nachhaltige Denkmalfähigkeit im Sinne eines dauerhaften ‚in situ-Erhalts' hingegen nicht (mehr). Dieses ist die ‚klassische' Ausgangssituation in Regionen, wo die Landesplanung etwa die Sicherung und Bergung von energetischen und nicht-energetischen Rohstoffen durch sogenannte Vorranggebiete gekennzeichnet hat, umfasst aber darüber hinaus großflächige Bauprojekte (Industrieansiedlungen, Neubausiedlungen, Stadterneuerungsmaßnahmen etc.) jeglicher Art, wenn denkmalverträgliche Umplanungen – aus welchen Gründen auch immer – nicht greifen (siehe Kap. 3.5.1 und 3.5.3). Hier werden von der amtlichen Bodendenkmalpflege umfassende Rettungsgrabungen zu Lasten des Verursachers gefordert, um wenigstens die ‚Sekundärerhaltung' in Form der Grabungsdokumentation und der geborgenen Funde (‚ex situ') sicherzustellen (siehe Kap. 3.2).

Aber es bestimmen nicht nur derartige äußere Anlässe bzw. Bedrohungen die Denkmalfähigkeit. Gleichermaßen entscheidet der Erhaltungszustand eines ortsfesten oder beweglichen Bodendenkmals über dessen weitere Zukunft. So weiß etwa jeder erfahrene Ausgräber um den zumeist schlechten Knochenerhalt der Skelette, wenn er in kalkarmen Böden einen vorgeschichtlichen oder frühmittelalterlichen Friedhof, dessen Denkmalwürdigkeit natürlich unstrittig ist, untersucht. Die zumeist kläglichen Skelettreste der Bestatteten können bei Rettungs- oder Forschungsgrabungen nur noch eingeschränkt geborgen und damit ausgewertet werden. Probleme mit der Materialität eines Objektes können natürlich auch im anorganischen Bereich bestehen. Gerade frisch geborgene Metallfunde, deren Zustand auf den ersten Blick noch passabel wirken mag, erweisen sich dann in den Restaurierungswerkstätten derart korrodiert, dass bisweilen nicht einmal mehr ein Metallkern im Röntgenbild nachweisbar ist. Weitere konservatorische oder restauratorische Anstrengungen unterbleiben zumeist in diesen Fällen aufgrund des unverhältnismäßig großen und kaum ergiebigen Aufwands. Man belässt es in diesen und vergleichbaren Fällen nicht selten bei einer digitalen Rekonstruktion (Arbeitskreis Theorie und Lehre der Denkmalpflege 2017).

In diesem Kapitel wollen wir uns aber vorrangig den Fällen widmen, in denen die Denkmalfähigkeit, also die ‚Fähigkeit des Erhalts als Denkmal', gegeben ist oder erzielt werden kann. Hier sind verschiedene Vorgehensweisen und Verfahren zu unterscheiden, auf die sich Fachleute verständigt haben. Die Grundsätze für den praktischen und denkmalgerechten Umgang sowie die entsprechende Terminologie sind in internationalen Chartas verankert, von denen die für die Archäologie wichtigsten hier kurz vorgestellt werden sollen.

3.3.1 | Regelungen in internationalen Chartas

Im Gegensatz zu den Konventionen bzw. Übereinkommen der UNESCO oder des Europarates (siehe Kap. 2.6), die mit der Ratifizierung durch einen Staat in nationales Recht überführt werden, treten diesen internationalen Chartas keine Länder bei. Es handelt sich folglich um keine Dokumente mit Rechtscharakter, sondern um fachliche Empfehlungen, die allerdings gleichermaßen bei den ‚Praktikern' wie auch in der Gesellschaft und Politik hohe Akzeptanz genießen. Die bekanntesten Chartas sind vom International Council on Monuments and Sites (ICOMOS) erarbeitet, einer weltweit tätigen Nichtregierungsorganisation, die in vielen Ländern eigene nationale Komitees unterhält und die UNESCO insbesondere beim Welterbe berät.

Bereits ein Jahr vor offizieller Gründung von ICOMOS wurde die Internationale Charta über die Konservierung und Restaurierung von Denkmälern und Ensembles – allgemein bekannt als Charta von Venedig – im Jahr 1964 unterzeichnet, die man gleichwohl als ‚Mutter' aller folgenden ICOMOS-Dokumente auffasst. Ihr Text wurde im Rahmen eines in Venedig von Architekten und Technikern der Denkmalpflege veranstalteten Kongresses verabschiedet, was die starke

Ausrichtung auf das baukulturelle Erbe erklärt. Weiterführende Aussagen zur Archäologie finden sich eigentlich nur in zwei der insgesamt 16 Artikel umfassenden Charta, nämlich zu Ausgrabungen (Art. 15) und zur Dokumentation und Publikation (Art. 16). Gleichwohl gelten die Grundsätze der Charta und deren Umsetzung für alle Denkmalgattungen (Petzet 1992). Als Grundlage jeglicher ‚Erhaltung' (im englischen bzw. französischen Originaltext *conservation*) wird dort die dauernde Pflege (Art. 4) definiert, hingegen die ‚Restaurierung' (Art. 9) als Maßnahme mit Ausnahmecharakter beschrieben, die die ästhetischen und historischen Werte zu bewahren hat und nur unter strengen Auflagen etwa hinsichtlich Materialwahl bei Ergänzungen sowie nach vorbereitenden und begleitenden (auch archäologischen) Untersuchungen erfolgen darf. Der ‚Bannstrahl' der Charta von Venedig – mit ihrer bisweilen apodiktisch formulierten Rigorosität – traf allerdings auch eine von den Archäologen seit Jahrzehnten ausgeübte und bis dahin nicht beanstandete Praxis:

> „Jede Rekonstruktionsarbeit soll von vornherein ausgeschlossen sein; nur die Anastylose kann in Betracht gezogen werden, das heißt, das Wiederzusammensetzen vorhandener, jedoch aus dem Zusammenhang gelöster Bestandteile" (Art. 15).

Im ‚archäologischen Alltag' hatte und hat man hier einen anderen Weg eingeschlagen (Verband der Landesarchäologen in der Bundesrepublik Deutschland 1991). Mittlerweile haben etwa beim Welterbe Frontiers of the Roman Empire sogar ‚Rekonstruktionen' – wir kommen auf die begriffliche Umsetzung vor dem Hintergrund fachlicher Definitionen zurück – wie das ‚Römerkastell Saalburg' im Taunus Welterbestatus erhalten, sofern deren Errichtung vor dem Stichjahr 1965 erfolgte.

Dennoch dienen bis heute viele in der Charta von Venedig vorgenommene Empfehlungen und Festlegungen – darunter erstmalig in einem internationalen Dokument zur Denkmalpflege „die Verpflichtung, die Denkmäler im ganzen Reichtum ihrer Authentizität weiterzugeben" (Präambel) – als Fundament denkmalgerechten Handelns und wurden zur Basis für spätere Chartas, die sich insbesondere einzelnen Denkmalgattungen zuwendeten. Man fügte dort nicht nur wichtige Aspekte hinzu, wie etwa die Forderung nach ‚Reversibilität' (‚Umkehrbarkeit') in der Konservierung und Restaurierung, sondern differenzierte auch bei manchen Grundsätzen der Denkmalpflege schärfer (Petzet 1992, 7–43; Schmidt 2008, 77 f.).

Für die Bodendenkmalpflege bzw. die Archäologie ist ein weiteres Dokument von ICOMOS in Nachfolge der Charta von Venedig von besonderer Relevanz: die Charta für den Schutz und die Pflege des archäologischen Erbes aus dem Jahr 1989, die ein Jahr später auf der Generalversammlung von ICOMOS verabschiedet wurde. Bekannt ist sie als Charta von Lausanne. Auch wenn diese Charta methodisch weniger stringent und tiefgreifend sein mag als ihre berühmte Vorgängerin aus Venedig, finden sich dort wesentliche Aussagen für die Praxis der Bodendenkmalpflege, die bis heute Bestand haben. So forderte man hier ausreichende gesetzliche und finanzielle Regelungen zum Schutz des archäologischen Erbes (Art. 3). Zudem gab man ein klares und dem Ressourcengedanken Rechnung tragendes Statement auch zu Anlass und Umfang von Ausgrabungen ab (Art. 5). Danach sollten (nach heutiger Diktion) nur Rettungsgrabungen an gefährdeten Objekten vorgenommen werden; Abweichungen hiervon wurden stark eingeschränkt:

> „In Ausnahmefällen können an nicht bedrohten archäologischen Stätten Ausgrabungen durchgeführt werden, um wissenschaftliche Fragen zu klären oder eine verbesserte Präsentation in der Öffentlichkeit zu erzielen" (Art. 5).

Dabei billigte man im Zusammenhang mit der Präsentation des archäologischen Erbes für die Öffentlichkeit und für die experimentelle Forschung – abweichend von der negativen Konnotation in der Charta von Venedig – jetzt auch Rekonstruktionen. Diese sollten allerdings „nicht unmittelbar auf den archäologischen Überresten errichtet werden, und sie müssen als Rekonstruktionen erkennbar sein" (Art. 7). Noch eine weitere Regelung in der Charta ist gerade für eine Einführung und ein Handbuch insbesondere für die Studierenden der archäologischen und geschichtswissenschaftlichen Fächer bemerkenswert. Sie betrifft die universitäre Ausbildung:

> „Die Ausbildung zum Archäologen auf Universitätsebene soll dem inzwischen eingetretenen Wandel in der Politik Rechnung tragen, wonach die Erhaltung in situ der Ausgrabung vorzuziehen ist" (Art. 8).

Die Charta von Lausanne traf somit klare Festlegungen, die die bodendenkmalpflegerischen Anliegen auch gegenüber anderen archäologischen Institutionen stärkten, dennoch war ihr kein wirklicher Erfolg und Bekanntheitsgrad beschieden. Der Zeitpunkt ihrer Entstehung und Veröffentlichung fiel mit einem anderen Dokument überein, das größere Wirkungskraft und sogar Gesetzesnorm entfaltete: das Europäische Übereinkommen zum Schutz des archäologischen Erbes, die Charta von Malta/Valletta des Europarates aus dem Jahr 1992 (siehe Kap. 2.6).

Die Charta von Venedig regte in der Konkretisierung eines denkmalgerechten Umgangs darüber hinaus weitere international bekannte Dokumente an, von denen zwei hier wenigstens kurz Erwähnung finden sollen. Auch wenn sie durchaus theoretische Tiefe aufweisen, haben sie doch einen unmittelbaren Bezug zur denkmalpflegerischen Praxis und werden deshalb in diesem Abschnitt behandelt: das Nara-Dokument zur Authentizität und die Charta von Burra.

Ausgangspunkt des erstgenannten Dokumentes war – angestoßen und gefördert durch UNESCO und ICOMOS – eine Konferenz in der japanischen Stadt Nara im Jahr 1994, zu der internationale Experten geladen waren und deren verabschiedetes Dokument – das Nara Dokument zur Echtheit/Authentizität – auf der nachfolgenden UNESCO-Welterbekonferenz in Phuket (Thailand) zustimmend zur Kenntnis genommen wurde. ‚Authentizität' als sicherlich wichtigste Eigenschaft eines Denkmals war ja bereits in der Präambel der Charta von Venedig von 1964 wenigstens als Schlagwort angesprochen (Falser 2011; Schweizer 2014). Allerdings drang die UNESCO auf inhaltliche Vertiefung und beauftragte ihre Beraterorganisation ICOMOS, denn der zentrale Begriff der Authentizität tauchte in der wohl wichtigsten UNESCO-Konvention, dem Übereinkommen zum Schutz des Kultur- und Naturerbes der Welt aus dem Jahr 1972, nicht auf. Man wollte diese ‚Fehlstelle' unbedingt schließen und in bereits angekündigte Handlungsempfehlungen (Operational Guidelines for the Implementation of the World Heritage Covention), die im Jahr 1978 in überarbeiteter Form bindend wurden, integrieren. Mittlerweile sind dort ‚Authentizität' (‚Echtheit/Ursprünglichkeit') und ‚Integrität' (‚Intaktheit/Unversehrtheit') neben dem ‚herausragenden universellen Wert' (*outstanding universal value, OUV*) als die bestimmenden Elemente des Welterbes verankert. Natürlich ist ‚Authentizität' aber nicht allein ein Wesensmerkmal von Welterbestätten, sondern betrifft gleichermaßen die unbeweglichen und beweglichen Denkmäler aller Gattungen (siehe Kap. 2.4.2). Gemäß Nara umfasst ‚Authentizität' „die ursprünglichen und später hinzugekommenen Merkmale des Kulturerbes" (Art. 9). Dabei ist sie charakterisiert durch „Form und Gestaltung, Material und Substanz, Verwendung und Funktion, Traditionen und Techniken, Lage und Umfeld, Geist und Gefühl und andere interne oder externe Faktoren" (Art. 13). Mit dieser umfassenden Definition für die Beschreibung und Bewahrung der ‚Authentizität' wird das Nara-Dokument gleichermaßen zur Leitlinie sowohl für die Praxis der Archäologischen Denkmalpflege im Gelände als auch für die Arbeit in den archäologischen Restaurierungswerkstätten.

Nur scheinbar wird die chronologische Darstellung der international wichtigen Chartas durch die Charta von Burra (Australien) aus dem Jahr 1979 unterbrochen. Das dortige nationale Komitee von ICOMOS hat, ergänzt durch weitere ausführliche Dokumente, die im Nachgang die Praxisumsetzung vertiefen, ein Grundsatzdokument verfasst, das regelmäßig Änderungen und Aktualisierungen erfährt. Mittlerweile gab es vier ‚Updates', das letzte im Jahr 2013. The Burra Charter, The Australia ICOMOS Charter for Places of Cultural Significance hat jetzt weltweit Akzeptanz und Anwendung erfahren, wurde allerdings erst rund dreißig Jahre nach Entstehung hierzulande in einer deutschen Übersetzung (in der Fassung von 1999) bekannt gemacht (Schmidt 2008, 156–162 mit Abb. 32). Die Charta von Burra darf für sich in Anspruch nehmen (auch ohne die später hinzugekommenen zusätzlichen Handlungsempfehlungen), die am klarsten strukturierte und präziseste ICOMOS-Charta zu sein. Sie besteht aus insgesamt 34 Artikeln und einer Präambel, die bereits deutlich macht, dass man nicht allein professionelle Denkmalpfleger, sondern auch Denkmaleigentümer ansprechen will. Vorgeschaltet dem eigentlichen Text sind präzise Definitionen der Begrifflichkeiten, die in diesem Dokument auftauchen (Art. 1). Den denkmalpflegerischen Grundsätzen (Art. 2–13) folgen die verschiedenen denkmalpflegerischen Verfahren, die zur Anwendung kommen (Art. 14–25). Letztere werden hier in einer Infobox zusammengefasst. In der Infobox haben wir diese ergänzt durch Festlegungen aus dem Managementplan der Welterbestätte Obergermanisch-Raetischer Limes. Dort wird zusätzlich der Aspekt der Wiederaufbauten und Nachbauten spezifiziert, der in der Charta von Burra keine Rolle spielt. Im fachlichen Diskurs folgt diese Einführung in die Archäologische Denkmalpflege der Terminologie und den Definitionen der Charta von Burra. Diese finden als ‚Normsetzung' weltweit Verbreitung, hierzulande allerdings erst eingeschränkt.

Infobox

Fachliche Definitionen beim Erhalt und Umgang mit ortsfesten und beweglichen Bodendenkmälern gemäß der Charta von Burra sowie von Wiederaufbauten und Nachbauten:
Unterhalt ist dort erforderlich, wo es Substanz von kultureller Bedeutung (im Original: *cultural significance*) gibt, um diese zu bewahren.
Konservierung meint die Erhaltung der Substanz eines Objektes in ihrem bestehenden Zustand und das Verzögern des weiteren Verfalls. Dabei wird akzeptiert, dass alle Objekte und ihre Bestandteile sich im Lauf der Zeit verändern.
Restaurierung meint die Rückführung der bestehenden Substanz eines Objektes in einen bekannten, früheren Zustand durch das Entfernen von späteren Zutaten oder durch Wiederzusammensetzen vorhandener Bestandteile ohne das Einbringen neuer Materialien außer zur Sicherung.
Rekonstruktion meint das Hinführen vorhandener Strukturen zu einem bekannten früheren Zustand, bei dem im Unterschied zur Restaurierung teilweise umfangreich neue Materialien in das Objekt eingebracht werden.
Wiederaufbau oder auch **Reproduktion** meint die Schaffung eines vermuteten früheren Zustandes auf dem Originalbefund mit weitgehendem oder vollständigem Einsatz neuer Materialien. Basis bilden erhaltene Belege (z. B. Skizzen, Zeichnungen, Fotos) von diesem Ort oder vergleichbare Objekte (Analogien) andernorts.
Nachbau oder auch **1:1-Modell** meint einen Wiederaufbau abseits des Originalbefundes.
Quellen:
Charta von Burra (Australien) von 1979 (fortgeschrieben), https://australia.icomos.org/wp-content/uploads/The-Burra-Charter-2013-Adopted-31.10.2013.pdf
Andreas Thiel (Hg.), Managementplan, Beilage Verfahrensweise bei Rekonstruktion, Nach- und Wiederaufbau von Bodendenkmalen des Obergermanisch-Raetischen Limes. In: Der Limes als UNESCO-Weltkulturerbe. Beiträge zum Welterbe Limes Bd. 1 (Stuttgart 2008) 119 f.

3.3.2 | Unterschiedliche Verfahren und konkrete Maßnahmen an ortsfesten und beweglichen Bodendenkmälern

Bei der Umsetzung von konkreten Schutz- und Pflegemaßnahmen an Bodendenkmälern können wir drei Arten von Verfahren grundsätzlich trennen, nämlich (1) Maßnahmen der Instandhaltung, (2) Maßnahmen der Instandsetzung sowie (3)

Maßnahmen, die den Wiederaufbau bzw. Nachbau sowie die Reproduktion verfolgen. Etwas verkürzt können wir hier auch von Kopien bzw. 1:1-Modellen sprechen. Bei den drei Verfahren gibt es in der konkreten Anwendung häufig Überschneidungsbereiche. So ist es durchaus üblich, dass man an demselben Objekt (etwa eine vorgeschichtliche Ringwallanlage oder ein archäologischer Fund in einer Restaurierungswerkstatt) sowohl Instandhaltungs- als auch Instandsetzungsmaßnahmen durchführt. Dennoch ist es sinnvoll, die Verfahren zunächst getrennt darzustellen.

(1) Maßnahmen der Instandhaltung

Ein geregelter Unterhalt (*maintenance*) ist die beste Vorsorge gegen Veränderungen und Schäden am Denkmal. Die dabei zum Einsatz kommenden präventiven Maßnahmen umfassen häufig recht einfache Dinge wie von Mitarbeitern der Fachbehörde oder ehrenamtlichen Mitarbeitern im Rahmen eines ‚Monitoring' regelmäßig durchgeführte Ortsbegehungen, um bereits eingetretene oder absehbare Gefahren an Geländedenkmälern und ihrer Umgebung einzuschätzen. Hierzu gehört auch die Beseitigung von Spuren jeglicher Form der Verwahrlosung, etwa von Vermüllung oder beschädigten Informationstafeln, von ‚Trampelpfaden', künstlich angelegten ‚Sprungschanzen' der Mountainbiker oder das Wiedererrichten von niedergelegten Schutzzäunen, bevor der ‚Broken-Windows-Effekt' zu nachhaltigeren Schäden führt. Sofern ein Bodendenkmal nicht unmittelbar bedroht war, überließ man es in der Vergangenheit zumeist sich selbst. Diese Praxis besteht aus personellen und finanziellen Kapazitätsgründen durchaus heutzutage fort – nicht selten, um gerade bei den untertägigen Bodendenkmälern zu einem späteren Zeitpunkt festzustellen, in welchem Umfang mittlerweile land- und forstwirtschaftliche (Über-)Nutzung, Wegebau, Grundwasserabsenkungen oder Bodenabträge und Erosion sowie ungenehmigte Bauvorhaben die Substanz geschädigt haben (siehe Kap. 3.5.2). Vor diesem Hintergrund wird deutlich, dass ein effektiver Denkmalschutz des geregelten Monitorings unbedingt bedarf, um Schäden oder Gefährdungen des Denkmalbestandes – das bezieht natürlich auch die beweglichen Bodendenkmäler mit der Kontrolle von Objekten in Ausstellungen und besonders Magazinen mit ein – frühzeitig zu erkennen und das Paradigma des Ressourcengedankens im Sinne der Charta von Lausanne, mithin die Bewahrung dieses Bestandes über die Gegenwart hinaus, glaubhaft zu vertreten.

Selbstverschuldete Schäden an Bodendenkmälern gab es zuvor auch durch eine leichtfertige archäologische Praxis. War es im 19. Jahrhundert und zu Beginn des 20. Jahrhunderts (teilweise sogar darüber hinaus) durchaus gang und gäbe, etwa Grabungsschnitte in vorgeschichtlichen Wallanlagen oder Grabhügeln nicht zu verfüllen oder freigelegte Mauerstrukturen von teiluntersuchten römischen *villae rusticae* oder Wachtürmen des Limes im Ausgrabungszustand zu belassen und nicht oder nur unzureichend mit Erdreich gegen Erosion oder Frostschäden zu überdecken, hat doch mit Einführung der modernen Denkmalschutzgesetze ein grundsätzliches Umdenken stattgefunden. Ein übliches Verfahren der noninvasiven Sicherung untertägiger und bisweilen auch obertägig sichtbarer Strukturen – zum Spezialfall der ‚Terra-Modellierung' siehe weiter unten – ist mittlerweile die ‚konservatorische Überdeckung', wobei man bei Bauvorhaben nur bis zum Antreffen der obersten archäologischen Befunde abtieft (sogenanntes erstes Planum) und anschließend zwischen dem neu aufgebrachten Oberboden und den archäologischen Strukturen als trennende Zwischenschicht steriles Material (‚reiner Sand', Schotterkoffer) und wasserdurchlässiges Geotextil (‚Schutzvlies') einbringt (Aus gutem Grund 2013, 22 f., 52 f., 75 f.). Langzeiterfahrungen zum Zustand von Befunden und Funden bei großflächigen Überdeckungen unter Zuhilfenahme von Geotextilien hinsichtlich Kompression von Objekten, Verdichtung der Böden oder Veränderung des Wasserhaushaltes liegen allerdings noch nicht vor, doch wird das Verfahren der konservatorischen Überdeckung nicht nur im terrestrischen, sondern auch im aquatischen Bereich regelmäßig angewendet, etwa als Strömungsschutz und gegen Unterspülungen bei den Uferrandsiedlungen im Bodensee oder bei der Sicherung von Schiffswracks (siehe Kap. 3.5.5).

Zur Instandhaltung zählen auch schützende Maßnahmen gegen allzu ‚sorglosen' Besucherverkehr oder Witterungseinflüsse mit Hilfe von Abdeckungen des originalen Mauerwerks durch lagenweise Neuaufmauerungen, wobei hier tunlichst auf die Verwendung von originalem Baumaterial verzichtet werden sollte, um eine klare Trennung von historischer Substanz und moderner Ergänzung auch optisch zu ermöglichen. In dem Zusammenhang fand auch schon früh die Sicherung von Mauerkronen durch Rasensoden (bisweilen auch Ziegel- oder später Betonabdeckungen) allgemeine Verbreitung, die noch vor einiger Zeit durchaus üblich war, mittlerweile aber aus konservatorischen und auch ästhetischen Gründen kaum noch Anwendung findet (Schiwall 2018, 26–74). Aufwändiger als einfache Abdeckungen sind Schutzbauten in Form von Schutzdächern oder sogar Schutzhäusern (Schmidt 1988; Schiwall 2018, 84–116). Hierfür gibt es architektonisch äußerst gelungene, über einen reinen Funktionsbau hinausgehende Beispiele wie die große Thermenanlage im Archäologischen Park Xanten (Abb. 13), wo der Schutzbau im äußeren Erscheinungsbild die antike Kubatur der Badeanlage und im Inneren die römerzeitliche Tragwerkskonstruktion durch moderne Metallelemente nachzeichnet. In Baden-Württemberg finden wir ebenfalls vorbildliche Anlagen wie den römerzeitlichen Thermenkomplex von Badenweiler südlich von Freiburg mit seiner transparenten Schutzdachkonstruktion aus Stahl und Glas oder in Dalkingen in einer Art überdimensionalen Großvitrine, die das dortige Limestor im Freilichtmuseum Rainau-Buch, Kr. Aalen, umschließt (Müller / Otten / Wulf-Rheidt 2011).

Abb. 13: Große Thermenanlage im Archäologischen Park Xanten. Der Schutzbau greift die antike Kubatur im Äußeren auf, und die römerzeitliche Gewölbekonstruktion im Inneren zeichnen moderne Metallelemente nach.

Instandhaltungsmaßnahmen betreffen natürlich gleichermaßen die beweglichen Bodendenkmäler, also die archäologischen Funde. Hier ist ebenfalls deren regelmäßige Zustandsüberprüfung erforderlich. Besondere Aufmerksamkeit beanspruchen fragile Objekte aus organischen Materialien sowie solche aus Eisen oder Glas. Grundvoraussetzungen für deren dauerhaften Erhalt sind von Restauratoren professionell betreute Magazine und Depots, die hinsichtlich Raumklima und -feuchtigkeit, aber auch Verpackung den individuellen Anforderungen der dort gelagerten Objekte genügen (siehe Kap. 3.2).

(2) Maßnahmen der Instandsetzung

Instandhaltungsmaßnahmen an Denkmälern allein reichen für deren Fortbestehen nicht aus; es müssen solche der Instandsetzung hinzukommen. Die schonendste und von Fachleuten akzeptierteste Art ist die Konservierung, die alle Pflegemaßnahmen umfasst, allerdings ohne weitere Zuhilfenahme von objektfremden Materialien auskommt. Wobei mit diesem Verfahren fortschreitender Verfall in der Regel nur verzögert, aber nicht auf Dauer verhindert werden kann. Ein besonderes Problem besteht für Denkmalämter und Museen bei Funden aus ‚Fremdeigentum' bzw. noch nicht abschließend geklärten Eigentumsverhältnissen, die ‚frisch' von einer Grabung oder zur wissenschaftlichen Begutachtung eingeliefert werden. Hier sind diese Institutionen ggf. zu Konservierungsmaßnahmen verpflichtet, um den eingelieferten Zustand (weiterhin) zu gewährleisten. Allerdings will man darüberhinausgehende aufwändige und wertsteigernde Restaurierungsmaßnahmen vermeiden, soweit bzw. solange kein öffentliches Eigentum vorliegt. Diese Trennung zwischen Konservierung und Restaurierung besteht zwar gemäß ‚reiner Lehre'. In der Praxis ist sie oft weniger eindeutig, wenn ohne zusätzliche Maßnahmen ein schleichender Substanzverlust droht und man daher in begrenztem Umfang bei der Sicherung über eine übliche Konservierung hinausgehen muss.

Dennoch, hier haben sich die archäologische Praxis und das Verständnis gegenüber den anvertrauten *Archaeologica* in Fragen der Behandlung und Ergänzung geändert. Man reagiert wesentlich zurückhaltender als noch in früheren Jahrzehnten. Ein ergrabener Gebäudegrundriss wird nicht mehr phantasievoll als ‚Vollrekonstruktion' ertüchtigt, um tourismustauglich zu sein, und eine archäologische Fachwerkstatt schleift beispielsweise nicht mehr die Patina eines Metallobjektes solange ab, bis ein ästhetisch gefälliges Vitrinenobjekt vorliegt. Seit einigen Jahren sind in Restaurierungswerkstätten mittlerweile Teilrestaurierungen an archäologischen Funden geläufig, wo nur in einzelnen Bereichen die Originaloberfläche, um einen Eindruck von deren Form und Aussehen wiederzugeben, freigelegt wird und der ‚Rest' unter der schützenden (und konservierten) Patina verbleibt. Teilrestaurierungen sind ebenfalls bei Geländedenkmälern durchaus üblich, wobei nicht umfassend gesicherte Bereiche wieder mit Erdboden abgedeckt werden.

Die durchgreifendste und auch umstrittenste Form der Instandsetzungsmaßnahmen ist die Rekonstruktion. Auf das ablehnende Diktum der Charta von Venedig wurde bereits eingegangen, wo man nur die Anastylose, d.h. die Wiedererrichtung und den Einbau von Originalteilen zugestand. Anzahl und Erhaltungszustand hiesiger Steinmonumente aus der Römerzeit oder dem Mittelalter lassen die Anastylose naturgemäß nicht so in den Vordergrund treten wie in den ‚Ruinenfeldern' mediterraner Länder. Aber natürlich gibt es auch hierzulande Beispiele dafür, wobei über die Anastylose hinaus aus Präsentationsgründen in der Regel weitergehende rekonstruierende Ergänzungen bei einem Objekt vorgenommen wurden (Schiwall 2018, 130 f.).

Die Überlieferung eines archäologischen Denkmals ist immer eine fragmentarische (Kunow 2008). Deshalb war die Frage von Rekonstruktionen – zunächst zeichnerisch oder als Modell, um eine Anmutung zu schaffen und ein Objekt zu verstehen, dann auch gegenständlich für die Öffentlichkeit und den Tourismus – spätestens um 1900 zum Zeitpunkt der baudenkmalpflegerischen Kontroverse um das Heidelberger Schloss (siehe Kap. 2.4.3) auch für die Archäologie und Bodendenkmalpflege ein Thema. Dennoch ging sie es in der Regel eher vorsichtig, d.h. konservatorisch oder auch restauratorisch im Sinne einer Ruinensicherung mit ggf. einigen baulichen Ergänzungen wie lagenweisen Aufmauerungen von Mauerzügen an, die Bewahrung, aber auch Anschaulichkeit gewährleisten sollten. In enger Beziehung zur baudenkmalpflegerischen Debatte um 1900 entstand seinerzeit auch eine Diskussion um die hoch erhaltenen römischen Ruinen der Trierer Kaiserthermen, früher als ‚Kaiserpalast' gedeutet. Hier sollte bald nach der Jahrhundertwende eine Rekonstruktion der Hauptapsis erfolgen, an der als Sponsor auch die einschlägige Werkstoffindustrie interessiert war. Der Bonner Archäologieprofessor Georg Loeschcke wandte sich entschieden gegen das Vorhaben und beschwor ganz im Sinne Riegls und Dehios, „die Reste der Vergangenheit als historische Dokumente zu behandeln, die unverändert und unvermindert der Nachwelt zu bewahren heilige Pflicht ist" (zit. nach Schmidt 2000, 22). Zu Beginn der 1980er Jahre wurde das Vorhaben doch umgesetzt. Der Teilwiederaufbau der Apsiswände ist materialgetreu, technisch einwandfrei und für den Betrachter auch ästhetisch zufriedenstellend erfolgt (Schmidt 2000, 50 mit Abb. 72 und 73). Allerdings dominieren nun die ergänzten Bauteile in ihrer Wirkung gegenüber den heutzutage eher unscheinbar wirkenden Oberflächen aus der Spätantike. Das Original – in der rigorosen Auffassung mancher Besucherin und manches Besuchers seiner bisherigen ‚Authentizität' (Saupe 2014) und ‚Aura' (Eggert / Stoessel 2014) teilweise beraubt – sieht sich einer durch Fachwissenschaftler veranlassten Konkurrenz gegenüber.

Beim Umgang mit Bodendenkmälern ist der Wunsch nach Teil- oder Vollrekonstruktionen, der häufig von der Politik und der Öffentlichkeit geäußert wird, nicht einfach zu bejahen oder zu verneinen (Verband der Landesarchäologen in der Bundesrepublik Deutschland 1991). Die Umsetzung ist einzelfallabhängig und eingebunden in einen Gesamtrahmen, dessen Parameter insbesondere eine in schriftlicher und darstellender Form vorliegende Gesamtkonzeption, wissenschaftlicher Kenntnisstand, Wechselwirkung mit dem Original, Klärung der Beseitigung bzw. des Rückbaus von als störend empfundenen späteren Zusätzen, technisch und materialbezogen einwandfreie Ausführung, ästhetische Aspekte, Einbeziehung des Umfeldes und von Sichtbezügen, Nachhaltigkeit, Monitoring und nicht zuletzt Finanzierbarkeit bilden. Am wichtigsten sind jedoch angesichts der Unvollkommenheit und Zeitbezogenheit jeder Rekonstruktion der schonende Umgang mit der Originalsubstanz und die Reversibilität der Maßnahmen. Das zuletzt Gesagte betrifft nicht allein Rekonstruktionen, sondern Restaurierungen und Konservierungen jeglicher Art, gleich, ob es sich um ein ortsfestes oder bewegliches Bodendenkmal handelt. Dieses sind die wichtigsten, immer zu beachtenden Grundregeln, quasi der ‚Katechismus der Bodendenkmalpflege', den der Verband der Landesarchäologen (2001b) in seinen Leitlinien zum Umgang mit Bodendenkmälern fixiert hat.

(3) Wiederaufbauten und Nachbauten sowie Translozierung, Terra-Modellierung und Reproduktion von Bodendenkmälern

Man wird die umgangssprachlich verwendete Bezeichnung Rekonstruktion für quasi jegliche Form von Ergänzung oder Reproduktion eines Denkmals oder für die Präsentation eines zwei- oder dreidimensionales ‚Lebensbildes' nicht aus der Welt bekommen. Tatsächlich handelt es sich in vielen Fällen aber nicht um Rekonstruktionen im Sinne der Definitionen der Charta von Burra, sondern um etwas Anderes, nämlich um Wiederaufbauten bzw. Nachbauten, die dieser Abschnitt fachlich voneinander abgrenzen will. Wohl das bekannteste Beispiel in Deutschland hierfür ist die von Besuchern stark frequentierte Saalburg im Taunus, ein ‚wiedererrichtetes' römisches Auxiliarlager (Hilfstruppenlager), dessen Grundstein der letzte deutsche Kaiser, Wilhelm II., am 11. Oktober 1900 legte. Mit der Eintragung des Obergermanisch-Raetischen Limes (ORL) in die Welterbeliste der UNESCO im Jahr 2005 erhielten auch ‚Rekonstruktionen' den Welterbestatus, deren Errichtung vor das Stichjahr 1965 datiert, darunter die Saalburg. In Fortschreibung der Charta von Burra bzw. in Anlehnung an den Managementplan des Obergermanisch-Raetischen Limes ist die Saalburg als Wiederaufbau eines römischen Auxiliarlagers zu charakterisieren, den man am historischen Ort und mit neuen Materialien errichtet hat und dessen Ausführung sich auf eine Vielzahl von Ausgrabungsbefunden (vor allem Grundrisse der Lagerinnenbauten sowie der Umwehrung) und auf weitere fachliche Überlegungen stützt (Schmidt 2000, 17–22; Schiwall 2018, 45–48; 225). Auch wenn man manche ‚bauliche Interpretation' heutzutage abweichend sieht, was etwa die zu engen Zinnenabstände der Umwehrung oder die unverputzten Außenmauern betrifft.

Für das (ehemalige ‚Germanengehöft' und heutige) Archäologische Freilichtmuseum Oerlinghausen in Lippe sowie das Pfahlbaudorf in Unteruhldingen am Bodensee hingegen – um zwei ‚prähistorische' Beispiele und in der Öffentlichkeit ebenfalls stark frequentierte Tourismusdestinationen anzuführen, die auf die Zeit von Hans Reinerth (siehe Kap. 2.3.4) als Initiator zurückgehen – ließe sich geltend machen, dass diese ebenfalls auf konkreten Ausgrabungen und weiteren Untersuchungen basieren (Schmidt 2000, 68–80). Die Ergebnisse stammen allerdings nicht von den heutigen Standorten der Museen, so dass wir in beiden Fällen heute besser von Nachbauten oder auch 1:1-Modellen sprechen sollten.

Das Gesagte schmälert jedoch keinesfalls die Akzeptanz in Fachkreisen und in der breiten Öffentlichkeit gegenüber der Saalburg oder den vergleichbaren, wissenschaftlich betriebenen Archäologischen Freilichtmuseen in Deutschland. In den hiesigen Archäologischen Parks begegnet man zumeist Wiederaufbauten oder Nachbauten, die (ob gewollt oder auch nicht) ein von Besuchern ebenfalls nachgefragtes ‚Authentizitätsbedürfnis' bedienen, und seltener echten (Teil-) Rekonstruktionen. Die ‚Wahrhaftigkeit des Erlebten' für Besucher wird dabei durch Fachleute (‚personale Authentizität') autorisiert und abgesichert (Saupe 2014; 2017). Die Parks oder vergleichbare Anlagen sollten dennoch im Abgleich mit dem historischen Denkmal keinesfalls als ‚Fake' oder ‚Disneyland' diskreditiert werden (Rieche 2012). Sie sind vielmehr Angebote, die man benötigt, um im Sinne der Charta von Lausanne (Art. 7) fachliche Interpretationen dreidimensional zu überprüfen, insbesondere aber um die Öffentlichkeit, also die Steuerzahler, für die Anliegen von Archäologie und Bodendenkmalpflege durch wissenschaftlich fundierte Anmutungen zu gewinnen. Dabei ist der Vermittlungsansatz mittlerweile wesentlich breiter und schließt Erlebniskomponenten oder narrative Konzepte mit ein.

Die Translozierung von Denkmälern, gleich, ob Bau- oder Bodendenkmal, wird üblicherweise in Fachkreisen abgelehnt. Hintergrund hierfür ist weniger die Befürchtung, dass bei einer räumlichen Versetzung das Denkmal Schaden nehmen könnte, sondern die Veränderung des topographischen Umfeldes, das mit dem Denkmal eine Einheit bildet: Denn ein Denkmal ist in seiner Lage und Umgebung nicht beliebig, sondern ‚untrennbar' mit dem konkreten Ort seiner Errichtung verbunden. Das betrifft natürlich auch ortsfeste Bodendenkmäler, wie es das Eigenschaftswort bereits deutlich aussagt. Dennoch, es kann Szenarien geben, wo die Translozierung als einzig mögliche Alternative eines (wenn auch in seiner Bedeutung eingeschränkten) Denkmalerhaltes verbleibt. Das wohl bekannteste Beispiel ist die Höherlegung der beiden nubischen Felsentempel mit den Kolossalstatuen bei Abu Simbel (Ägypten), eine weltweit einzigartige Rettungsaktion auf Initiative der UNESCO in den 1960er Jahren im Vorfeld des Assuan-Staudammprojektes. Auch wenn neben der Authentizität – wie im vorigen Abschnitt dargestellt – die Integrität eines der herausragenden Denkmalkriterien ist, wurden die beiden translozierten Tempelanlagen bereits im Jahr 1979 auf die Welterbeliste der UNESCO gesetzt, die ein Jahr zuvor mit wenigen Denkmälern (darunter der Aachener Dom) erstmals aufgestellt wurde. Möglicherweise würde man heutzutage eine andere technische Lösung finden als seinerzeit das Zersägen der riesigen Steinblöcke und deren Wiederzusammenfügen an einem anderen (allerdings unweiten) Ort. Auch in Deutschland hat es nicht nur die Translozierung einzelner Bauteile – etwa von der römischen Eifelwasserleitung nach Köln –, sondern kompletter archäologischer Bauten gegeben (Schiwall 2018, 154–185). Es waren jeweils besondere Konfliktsituationen und daraus resultierende Einzelentscheidungen, kein Laissez-faire oder gar ‚Sündenfall' gegenüber denkmalpflegerischen Grundsätzen. Hierzu zählt auch eine unlängst translozierte, zuvor völlig unbekannte römische Thermenanlage in Bonn, die nach ihrer Freilegung in der bereits in Ausführung befindlichen zentralen Zufahrt eines internationalen Kongresszentrums – das wichtigste Bauprojekt bei der Konversion des ehemaligen Bundesviertels – lag und nun (sinnigerweise) in einem Wellnessbereich eines dazugehörigen Hotelneubaues ihre Neuaufstellung gefunden hat (Luley 2018).

Schon kurz wurde das Schlagwort ‚Terra-Modellierung' erwähnt. Diese kommt bei Instandsetzungen an Geländedenkmälern als Rekonstruktion oder als Wieder- bzw. Nachbaumaßnahme vor (Schiwall 2018, 150–153). Wie es der Terminus bereits wiedergibt, geht es bei der Terra-Modellierung (lat. *terra*, Erde) nicht wie bei der Anastylose um Denkmäler aus Stein bzw. deren Reste, sondern um Erdanlagen. Schon in das 19. Jahrhundert datiert eine bayerische königliche Verordnung, (teil-)zerstörte Grabhügel nach Ausgrabungen in ihren vorherigen Zustand zurückzuführen. Noch weiter ging man bei dem berühmten Grabhügel von Hochdorf im Umfeld des Keltenmuseums (Baden-Württemberg). Der stark abgeflachte bzw. eingeebnete Hügel, der nur durch seine Unscheinbarkeit der Aufmerksamkeit von Raubgräbern entgangen war, präsentiert sich heute an originaler Stelle den Besuchern mit einer (fachlich ermittelten) ursprünglichen Höhe von 6 m und einen Durchmesser von 60 m als moderner Wiederaufbau. Hingegen als Rekonstruktionen wird man Maßnahmen bezeichnen dürfen, die etwa am großen römischen Amphitheater in Trier oder am zeitgleichen, jedoch deutlich kleineren Theater in Xanten-Birten, das den Soldaten vom Legionslager *Vetera castra* bei Xanten zum Zeitvertreib diente, vorgenommen wurden. Hier brachte man jeweils die erodierte *cavea*, also den Zuschauerbereich in Hanglage, mit zusätzlichem Erdmaterial wieder in seine antike Gestalt, wobei im Trierer Fall der Steigungswinkel wohl zu gering ausfällt (ebd. 152). Terra-Modellierung umfasst als Maßnahme nicht nur das Aufschütten mit Erdmaterial im Zusammenhang mit prähistorischen, römischen oder frühgeschichtlichen Anlagen, sondern auch das vorsichtige Abtragen bzw. Freilegen von zugeschwemmten Grabenanlagen etwa bei Ringwällen und Burgen und damit die Modellierung des heutigen Geländereliefs. Sowohl der aufschüttende als auch der eintiefende Geländeeingriff findet seinen fachlichen Ansatz in einer deutlicher konturierten Präsentation eines Bodendenkmals für eine breite Öffentlichkeit. An die Änderungsmaßnahmen selbst sind die gleichen Dokumentationspflichten zu stellen wie an Ausgrabungen. In der Vergangenheit ging man hier etwas leichtfertiger vor und häufig gibt es nur noch einzelne Fotos, die nicht den Ausgangsbefund, sondern nur den Zustand unmittelbar nach Fertigstellung dokumentieren.

In diesem Abschnitt ist abschließend noch einmal auf die beweglichen Bodendenkmäler, also die Funde, einzugehen. Jeder besser sortierte Museumsshop eines archäologischen Museums bietet Repliken seiner (oder auch fremder) originalen Objekte zum Verkauf an. Insbesondere Schmuck oder Statuetten sind nachgefragt, aber auch Gefäße aus Glas oder Ton erfreuen sich großer Beliebtheit. So exakt hinsichtlich Aussehen Repliken auch immer sein mögen, jeder Käufer weiß, dass er die Kopie eines Originals erwirbt; dieses wurde in einem Reproduktionsprozess vervielfältigt. Reproduktionen haben bisweilen eine ausgezeichnete Qualität und werden nicht selten stellvertretend für das Original ausgestellt, insbesondere dann, wenn gleichermaßen exzeptionelle wie fragile

Originale aus konservatorischen oder Sicherheitsgründen nicht in den (internationalen) Leihverkehr gehen können. Dass beim ‚Ersatzgegenstand' kein dem Original immanenter ‚Alterswert' im Sinne Alois Riegls (siehe Kap. 2.4.2) vorliegt, ist jedem Betrachter klar.

In etwas anderem inhaltlichen Kontext hat Michael Petzet vor dem Hintergrund des Nara-Dokumentes die ‚authentische Reproduktion' als neuen Terminus ins Spiel gebracht. An dieser Bezeichnung und dem dahinterstehenden Beispiel – der hier angeführte Shinto-Schrein von Ise, Japan, mit seiner regelmäßigen De- und Remontage sei nur vor dem Hintergrund spezifischer, Jahrhunderte alter religiöser Praktiken verständlich und als Belegexemplar für die hiesige Authentizitäts-Diskussion ungeeignet – wurde seitens der Baudenkmalpflege Kritik geäußert und die Begrifflichkeit konnte sich nicht durchsetzen (Falser 2011). In Parenthese gesetzt kann die ‚authentische Reproduktion' bei archäologischen Objekten in spezifischen Fällen gleichwohl eine gewisse Rechtfertigung, zumindest eine begriffliche Nachvollziehbarkeit beanspruchen. Etwa, wenn im Abgleich mit dem Original eine besondere Qualität in Form, Material und Ausführung vorliegt (und möglicherweise das Original darüber hinaus zerstört oder etwa in Kriegswirren verlustig gegangen ist). Natürlich bleibt es eine Reproduktion, und wir haben es auch nicht mit (dem in der Philosophie diskutierten Problem) einer ‚doppelten Identität' zu tun. Es ist ein gegenwartsorientiertes Erinnerungsobjekt, verkörpert aber dennoch einen eigenständigen Wert, den der ein oder andere hinsichtlich der oben genannten Eigenschaften und des Kontextes als ‚authentisch' bezeichnen mag.

Weiterführende Literatur

Petzet 1992; Falser 2011; Aus gutem Grund 2013; Schiwall 2018.

Partner der Bodendenkmalpflege | 3.4

Denkmaleigentümer | 3.4.1

In Deutschland fällt der Denkmalschutz unter die Kulturhoheit der Länder, daher verfügt jedes Land über ein eigenes Denkmalschutzgesetz (Verband der Landesarchäologen in der Bundesrepublik Deutschland 2001b). Bau- und Bodendenkmäler sind in der Regel in Denkmallisten – mitunter auch Denkmalbuch, Denkmalverzeichnis oder Denkmalkataster genannt – eingetragen, die den zuständigen Genehmigungsbehörden bei der Entscheidungsfindung einzelner Anträge helfen (siehe Kap. 2.6). Die archäologischen Fachämter verfügen darüber hinaus über Fundstellenverzeichnisse bzw. digitale Datenbanken, in denen zudem auch vermutete oder noch nicht eingetragene Bodendenkmäler bzw. Fundorte registriert sind.

Denkmaleigentümer tragen eine besondere Verantwortung im Umgang mit Bau- und Bodendenkmälern. Das steht im Einklang mit Art. 14 GG, wonach ‚Eigentum verpflichtet'. Diese Verantwortung betrifft nicht nur den Erhalt des Denkmals, sondern insbesondere auch alle Veränderungen bis zur Beseitigung, die nur in Ausnahmefällen zulässig und mit besonderen Auflagen versehen ist. Die Erhaltung von Denkmälern ist allerdings ein besonderes Anliegen. Deshalb ist in den meisten Denkmalschutzgesetzen ein Passus enthalten, wonach die Eigentümer und sonstigen Nutzungsberechtigten ihre Denkmäler instand halten müssen, sowie diese sachgemäß zu behandeln und vor Gefährdung zu schützen, soweit ihnen das zumutbar ist (im nordrhein-westfälischen DSchG ist das z. B. im § 7 geregelt). Baudenkmäler und ortsfeste Bodendenkmäler sind so zu nutzen, dass die Erhaltung der Substanz auf Dauer gewährleistet ist.

In den Denkmalschutzgesetzen der Länder sind für Denkmaleigentümer unterschiedliche Genehmigungsverfahren zum Umgang mit Denkmälern vorgesehen, die es einzuhalten gilt. Im nordrhein-westfälischen DSchG heißt es in § 9 dazu:

> „(1) Der Erlaubnis der Unteren Denkmalbehörde bedarf, wer a.) Baudenkmäler oder ortsfeste Bodendenkmäler beseitigen, verändern, an einen anderen Ort verbringen oder die bisherige Nutzung ändern will, b.) in der engeren Umgebung von Baudenkmälern oder ortsfesten Bodendenkmälern Anlagen errichten, verändern oder beseitigen will, wenn hierdurch das Erscheinungsbild des Denkmals beeinträchtigt wird, oder c.) bewegliche Denkmäler beseitigen oder verändern will. (2) Die Erlaubnis ist zu erteilen, wenn a.) Gründe des Denkmalschutzes nicht entgegenstehen oder b.) ein überwiegendes öffentliches Interesse die Maßnahme verlangt."

Im Genehmigungsverfahren werden in der Regel nach Absprache mit den Fachämtern entsprechende Auflagen gegenüber den Denkmaleigentümern erteilt, die die im DSchG beschriebenen Interessen berücksichtigen (Hallenkamp-Lumpe 2020). Von besonderer Bedeutung sind die unterschiedlichen Benehmens- und Einvernehmensherstellungen im Vollzug der Denkmalschutzgesetze in der Bundesrepublik Deutschland; beide Formen finden dort Anwendung (siehe Kap. 2.6).

3.4.2 | Ehrenamtliche Bodendenkmalpflege / Citizen Sciences

Ehrenamtliches Engagement, auch als ‚bürgerschaftliches Engagement' bezeichnet, spielt beim Erhalt von Bau- und Bodendenkmälern eine nicht unerhebliche Rolle und hat eine lange Tradition, die bis in das 19. Jahrhundert mit den Altertums- und Geschichtsvereinen zurückreicht (Verband der Landesarchäologen in der Bundesrepublik Deutschland 2002) (siehe Kap. 2.3.2). Ein Problem liegt aber in der Abgrenzung bzw. Definition der Begriffe ‚Ehrenamt' und ‚Bürgerschaftliches Engagement', das von Privatpersonen, Heimatpflegern, Arbeitskreisen oder

Vereinen ausgeübt wird. Gemeinsamkeiten liegen in der unentgeltlichen Tätigkeit und dem freiwilligen Engagement (Bloier 2012). Beim klassischen Ehrenamt (z. B. Heimatpfleger) übt der Ehrenamtliche eine durch Wahl oder Beruf und durch eine Behörde legitimierte öffentliche Funktion aus.

Neben dem klassischen Ehrenamt hat sich im Sprachgebrauch seit einigen Jahren der Begriff des ‚Citizen Science' durchgesetzt. Damit werden Methoden und Fachgebiete der Wissenschaft bezeichnet, bei denen Forschungsprojekte unter Zuhilfenahme von Laien durchgeführt werden, angefangen von der Recherche bis zur Datenauswertung. Diese Partizipation am Forschungsprozess wird unter anderem mit dem Slogan ‚Bürger schaffen Wissen' umschrieben (https://www.bmbf.de/de/citizen-science-wissenschaft-erreicht-die-mitte-der-gesellschaft-225.html).

Daneben praktizieren die meisten Fachämter die Beauftragung von Privatpersonen oder Vereinen für einzelne Aufgaben, z. B. im Rahmen von Begehungen (Surveys) oder Aufsammlungen. Diese Tätigkeiten ohne Aufwandsentschädigungen sind letztlich keine ‚offiziellen' ehrenamtlichen Tätigkeiten, sondern unentgeltliche Auftragsarbeiten im Interesse der Landesarchäologie. Hierbei können auch Sondengänger zielführend eingesetzt werden, die mit einem Landesamt vertrauensvoll zusammenarbeiten wollen.

Im föderalen System der Bundesrepublik sind in allen Ländern ehrenamtliche Mitarbeiter sowie Beauftragte eine wertvolle Stütze der Archäologie bzw. Denkmalpflege, die für ihre Tätigkeit geschult werden. Ihre Beobachtungen bei Begehungen auf Denkmalflächen, Hinweise auf neue Fundstellen und die Kontrolle offener Bodeneingriffe sind wichtige Elemente, die dazu beitragen, das archäologische Erbe zu schützen und zu retten. Interessenten wenden sich dabei an die zuständigen Fachämter für archäologische Denkmalpflege, an die Kommunalarchäologien, die Archäologischen Gesellschaften der Länder oder den Verband der Landesarchäologen.

Auf der Basis des freiwilligen Engagements basieren auch Bürgerinitiativen, die sich beispielsweise für Gedenkstätten im Rahmen der Erinnerungskultur oder als Lernorte einbringen. In den Leitlinien zur ‚Archäologie der Moderne' hat der Deutsche Verband für Archäologie dieses Tätigkeitsfeld beschrieben (Verband der Landesarchäologen in der Bundesrepublik Deutschland 2017).

Museen | 3.4.3

Die Magazinierung archäologischer Funde und die Präsentation archäologischer Exponate in Museen ist in der Bundesrepublik Deutschland nicht einheitlich geregelt. Die Fachämter für Bodendenkmalpflege sind unterschiedlich ausgestattet und die Verhältnisse mit dem Umgang von Kulturgut aus Ausgrabungen, Surveys und privaten Aufsammlungen in den einzelnen Bundesländern sehr unterschiedlich (100 Jahre / 100 Funde 2020). So haben nicht alle Bundesländer eigene archäologische Landesmuseen.

Auf dem 8. Deutschen Archäologiekongress in Berlin im Jahr 2014 wurde im Rahmen der Fachgruppe ‚Archäologische Museen und Sammlungen' des Deutschen Museumsbundes die Problematik der Magazinierung archäologischer Fundstücke thematisiert. Das Leitthema lautete: „Sammlungsstrategien auf dem Prüfstand". Dabei wurden folgende Fragen diskutiert: Wie sollen, können oder wollen wir sammeln? Was bewahren wir und für welchen Zeitraum? Können wir selektieren? Wie vernünftig ist das? Was hilft wirklich?

Bereits 2008 hatte der Verband der Landesarchäologen in der Bundesrepublik Deutschland auf seiner Jahrestagung in Sankelmark mit dem Thema: „Analog und digital – Probleme und Perspektiven der Archivierung und Magazinierung archäologischer Quellen" diese Thematik diskutiert. Zuvor konnte der Verband 2004 die Kommission ‚Archäologie und Informationssysteme' in Bad Bederkesa gründen. Die daraus resultierende Publikation aus dem Jahr 2013 ist bis heute ein wichtiger Sammelband mit dem Resümee achtjähriger Tätigkeit (Winghart 2013). Seit kurzem liegt zudem das Handbuch des Europae Archaeologiae Consilium (EAC) zur Magazinierung auch digital im Netz vor; Ergebnis eines ARCHES-Projekts unter Leitung von David Bibby („Archaeological Resources in Cultural Heritage – a European Standard"). Darin findet sich unter anderem eine Checkliste zur Archivierung; außerdem wird hier erstmals ein gemeinsamer europäischer Standard definiert (Bibby 2014).

Die ‚Sammeltätigkeit' im Rahmen der bodendenkmalpflegerischen Arbeit hat im klassischen Sinne nichts mit gezielt ausgewähltem Sammlungsgut zu tun, denn die Funde aus archäologischem Kontext amtlicher Bodendenkmalpflege werden nicht nach ausgewählten Kriterien eines Sammlungskonzeptes mit einer bestimmten Ausrichtung selektiert. Die in den meisten Fällen durch Bautätigkeiten eher fremdbestimmte bodendenkmalpflegerische Tätigkeit (z.B. bei Rettungsgrabungen) basiert auf dem Handeln nach den unterschiedlichen Denkmalschutzgesetzen in der Bundesrepublik Deutschland und geht damit den gesetzlichen Aufträgen nach. Deshalb ist zu betonen: Bodendenkmalpflegeämter sammeln nicht, sie archivieren!

Der verstärkte Flächenverbrauch (z.B. durch Überbauung, Versiegelung, Renaturierung etc.) führt zu immer stärker anwachsenden Fundbeständen. In Nordrhein-Westfalen überdecken Siedlungs- und Verkehrsflächen ca. 23 % der gesamten Landesfläche. Allein dort werden täglich etwa 10 ha bisher unverbauter Fläche überbaut. Mit der Einführung des Verursacher- bzw. Veranlasserprinzips (und damit verbunden auch dem verstärkten Einsatz von Grabungsfirmen) im Denkmalschutzgesetz NRW seit 2013 ist die Zahl archäologischer Maßnahmen in NRW stark angestiegen.

Es muss noch einmal darauf hingewiesen werden, dass die Fundkomplexe aus dem Bereich der Bodendenkmalpflege sehr heterogen zusammengesetzt sind. Neben paläontologischen Funden in Form von Fossilien finden sich in den Fundbeständen unterschiedlichste Materialien aus Stein, Metall, Keramik, Glas, Knochen, Geweih, Holz, Leder und zahlreichen anderen organischen Materialien.

Die Übernahme von privaten archäologischen Sammlungen bleibt zumindest nicht zuletzt wegen der meist geringen Ankaufsetats die Ausnahme. Im Einzelfall wird man nach einer juristischen Klärung der Eigentumsverhältnisse entscheiden müssen, ob die archäologischen Funde für die jeweilige Landesarchäologie von Bedeutung sind.

Das Aufbewahren archäologischer Fundstücke steht schon seit langem im Fokus von Wissenschaft und Obrigkeit, wie ein Blick in die Historie Nordrhein-Westfalens verdeutlicht (100 Jahre/100 Funde 2020, 22–52). So findet sich in einem Erlass des preußischen Staatskanzlers Fürst Karl August von Hardenberg vom 4. Januar 1820 folgende Passage (Fuchs 1971, 29):

> „Um die interessanten Fragmente aus der römischen Zeit vor Zerstörung und Zerstümmelung sicherzustellen und für ihre künftige Erhaltung zu sorgen, um durch eine genauere Bekanntschaft mit der Vergangenheit die Liebe zum vaterländischen Boden noch zu vermehren, und die gelehrte Welt mit diesen schätzbaren Ueberresten des Alterthums näher bekannt zu machen und durch Beschreibung und Abbildungen ein allgemeineres Interesse für diese Antiquitäten zu erwecken als bis jetzt bei ihrer bisherigen Isolierung geschehen konnte, so habe ich den Hofrath Dorow zum Dirigenten eines Antiquitäten-Museums in Bonn bestimmt, und ihm die Befugnis ertheilt, für den Zweck der künftig anzustellenden Nachgrabungen, Erhaltung der Alterthümer, Abbildung der interessantesten und Sammlung der disponiblen Kunstwerke für das Museum, die rheinisch-westphälischen Provinzen zu bereisen [...]".

Im 20. Jahrhundert folgten dann Europäische Rahmenbedingungen zum Umgang mit archäologischem Erbe (siehe Kap. 2.3.6).

Die Fachämter der Bodendenkmalpflege arbeiten seit langem auf den in den Denkmalschutzgesetzen fußenden Grundlagen. Dort sind die Aufgaben der Denkmalpflege klar definiert. So steht im § 1 des nordrhein-westfälischen Denkmalschutzgesetzes bezüglich der ‚Aufgaben des Denkmalschutzes und der Denkmalpflege': „Denkmäler sind zu schützen, zu pflegen, sinnvoll zu nutzen und wissenschaftlich zu erforschen". Sie sollen der Öffentlichkeit im Rahmen des Zumutbaren zugänglich gemacht werden (Davydov/Hönes/Otten/Ringbeck 2016, 31). Damit ist der Auftrag auch zur Sicherung und Bewahrung des archäologischen Sachgutes unter Einbeziehung der Konservierung, Restaurierung, sachgerechter Lagerung und Erschließung gegeben. Die langfristige Sicherung des ‚Wissensarchivs der Geschichte' anhand archäologischer Funde (und deren

Dokumentationen) wird hierdurch ermöglicht und umgesetzt, was nur in geeigneten, von Restauratoren betreuten Magazinen bzw. Depots und entsprechend ausgestatteten Museen möglich ist.

Eine Selektion von archäologischen Fundstücken im Sinne einer ‚Reduktion der Masse' ist nur in begründeten Ausnahmefällen möglich, denn natürlich sind die Funde bereits mit ihrer Bekanntgabe an ein Landesamt oder dem Umfang von Rettungsgrabungen bereits einem Selektionsprozess unterworfen gewesen. Die Auswahl an bekannt gewordenen Objekten findet nach individuellen, am besten ‚verschriftlichten' Kriterien im Einzelfall vor der Einlieferung in die Magazine bzw. Archive statt, etwa bei sehr großem Fundanfall von Schmiedeschlacken, Hölzern oder neuzeitlichem Töpfereiabfall. Im Regelfall sind archäologische Funde allerdings nicht selektierbar, weil auch die ‚Geschichte nicht selektierbar ist' und eine Auswahl als *pars pro toto* immer nur im Einzelfall nach Abwägung aller Kriterien und Rahmenbedingungen stattfinden kann (Schmauder 2014, 6). Es sollten grundsätzlich alle archäologischen Funde, die bei Ausgrabungen geborgen worden sind, gesammelt und bewahrt werden, weil die auf Grabungen dokumentierten archäologischen Befunde (z. B. Gräber, Siedlungsbefunde, Hortfunde, Gräben, Gruben, Steinsetzungen) nur in unmittelbarer Verbindung mit den archäologischen Funden langfristig und ortsunabhängig interpretierbar bleiben. Hinzu kommt, dass durch neu entwickelte, vor allem naturwissenschaftliche Methoden Funde möglicherweise erst sehr viel später eine Aussagekraft erreichen, die sich zum Zeitpunkt der Bergung noch nicht abzeichnet. Dies gilt insbesondere für Fragestellungen, die sich nur auf der Grundlage einer breiten Materialbasis beantworten lassen (z. B. wirtschaftsarchäologische [neolithische Steingeräteproduktion, Töpfereibetriebe etc.] oder soziologische und demographische Fragestellungen [Gräberfelder, Siedlungen etc.]).

Die Bedeutung von Funden lässt sich a priori bei der Auffindung nicht endgültig abschätzen, wie sich etwa am Fallbeispiel des Neandertalers zeigen lässt. Die menschlichen Knochen wurden 1856 im Zuge von Steinbrucharbeiten im Neandertal bei Mettmann gefunden; die Skelettreste hielt man zunächst für die Knochen eines Bären und warf sie achtlos weg. Erst später sammelte man die Funde auf Betreiben des Steinbruchbesitzers wieder ein. Johann Carl Fuhlrott, ein Lehrer aus Wuppertal, interpretierte die Knochen als Reste eines ‚Vormenschen', während der Pathologe und Urgeschichtsforscher Rudolf Virchow in dem Skelett einen debilen Zeitgenossen sah und gutachtete: Den Neandertaler gibt es nicht. Bis zum Ende des 19. Jahrhunderts hielt ein erbitterter Streit um die Ansprache als ‚Vormensch' an. Bis heute sind die international bedeutenden Funde, die im LVR-LandesMuseum Bonn verwahrt werden, Gegenstand der Forschung und erst moderne Analyseverfahren können helfen, neue Erkenntnisse aus den alten Funden zu gewinnen (Krankheitsbilder, Ernährung, DNA etc.). Hätte man seinerzeit die Funde in Unkenntnis über deren Bedeutung weggeworfen, wäre der Wissenschaft ein niemals behebbarer Schaden entstanden.

Vereine

3.4.4

Vielfältig sind die archäologischen Gesellschaften und Vereine (Freundeskreise, Fördervereine, Gruppen etc.) als gemeinnützige Zusammenschlüsse von Personen, die sich um die Archäologie bzw. Bodendenkmalpflege bemühen und die archäologische Forschung unterstützen. Nur vereinzelt können diese Institutionen auf ein über 100jähriges Engagement zurückblicken (z. B. Verein von Altertumsfreunden im Rheinlande oder Rheinischer Verein für Denkmalpflege und Landschaftsschutz); manche Vereine, die nach der Gründung der Bundesrepublik Deutschland entstanden, haben mehrere tausend Mitglieder (z. B. Gesellschaft für Archäologie in Württemberg und Hohenzollern e. V. oder Gesellschaft für Archäologie in Bayern e. V.).

Ausgrabungsfachfirmen

3.4.5

Seit den 1990er Jahren unterstützen zahlreiche Grabungsfirmen als Dienstleister die hoheitlichen Aufgaben der archäologischen Fachämter in der Bundesrepublik Deutschland (siehe Kap. 2.3.6 und 4.2). Die Beauftragung von Fachfirmen z. B. für Prospektionen oder Ausgrabungen im Zuge notwendiger Baumaßnahmen erfolgt auf der Grundlage der Denkmalschutzgesetze derzeit in den Ländern Baden-Württemberg, Bayern, Berlin-Brandenburg, Hessen, Niedersachsen, Nordrhein-Westfalen, Sachsen-Anhalt und Schleswig-Holstein. Einige Firmen, die Wissenschaftler, Techniker und studentische Hilfskräfte beschäftigen, sind in landesweiten Vereinen organisiert (z. B. im Verband archäologischer Fachfirmen NRW oder im Landesverband selbständiger Archäologen in Bayern). Auflagen, fachliche Aufsicht bzw. Überwachung obliegt hierbei den denkmalpflegerischen Fachbehörden, die auch auf die Planung, Logistik, Grabungsmethode, Dokumentation und Personaleinsatz Einfluss nehmen können und die Arbeiten kontrollieren. Die Finanzierung der Prospektionen und Ausgrabungen erfolgt in der Regel im Rahmen des Zumutbaren über das gesetzlich verankerte ‚Verursacher'- bzw. ‚Veranlasserprinzip' (siehe Kap. 2.6).

CIfA-Zertifizierungen

3.4.6

Um ethische und fachliche Standards für Grabungsfirmen zu erwirken, bemüht sich seit 2019 das Chartered Institute for Archaeologists (CIfA), ein eingetragener Verein, der in Großbritannien gegründet worden ist, auch in Deutschland einheitliche Standards zu definieren und diese zu zertifizieren. Gemäß dem Vorbild der in Großbritannien und Irland angewendeten Zertifizierungsverfahren soll das Modell der Akkreditierung archäologischer Fachfirmen auch in Deutschland Anwendung finden. Das britische Rechtssystem (*common law*) unterscheidet sich aber grundlegend vom deutschen Recht; daher ist eine Rechtsverbindlichkeit solcher Zertifzierungen in der Bundesrepublik Deutschland ausgeschlossen. Das Chartered Institute for Archaeologists versucht dennoch, durch die Einhaltung sozialer und ethischer Wertvorstellungen, die Einführung klarer Regeln und einer adäquaten Bezahlung für Mitarbeiter Standards zu gewährleisten; dadurch sollen unter anderem prekäre Arbeitsverhältnisse vermieden werden. Diese Regelungen sollen außerdem zur Erleichterung von Vergabeverfahren für Investoren führen.

Vielfältig sind die Argumente gegen die Einführung eines ‚archäologischen Gütesiegels'. Ob eine Akkreditierung durch CIfA in Vergabeverfahren langfristig neutrale und verbindliche Standards gewährleistet und dadurch Investoren mehr Sicherheit bei der Beauftragung von Grabungsfirmen gibt, bleibt nicht nur grundrechtlich fraglich. Ob letztlich die Kontrolle bei der Vergabe einem Berufsverband mit freiwilliger Mitgliedschaft zugestanden wird, ist noch zu diskutieren. Ebenso bleibt fraglich, ob die Akkreditierung eines solchen Verbandes ‚Klassifizierungen' stellvertretend für die öffentliche Hand vornehmen soll und darf. Insofern ist die Berufsfreiheit und im Einzelfall auch gegebenenfalls die Eigentumsfreiheit betroffen. Für eine solche dann öffentlich-rechtliche Pflichtmitgliedschaft bedürfte es einer gesetzlichen Grundlage, die den verfassungsrechtlichen Vorgaben von Art. 2 I GG in Bezug auf die Absicherung freier Entfaltungsmöglichkeiten genügt. Somit scheint eine durch CIfA vorgenommene Zertifizierung für keinen öffentlichen Auftraggeber bindend. Zudem sind die Rollen der Fachämter bei diesem geplanten Zertifizierungsverfahren nicht klar definiert. Sehr kritisch wird unter anderem gesehen, dass eine Zertifizierung nur solche Betriebe erhalten sollen, die Mitglied des Instituts sind und die Zertifizierung durch ein Gremium erfolgt, über dessen Zusammensetzung die CIfA selbst entscheidet; in dem Gremium sitzen ausschließlich Mitglieder der CIfA. Um Unabhängigkeit zu bewahren, müssten eigentlich dort Vertreter der Fachbehörden bzw. die Landesarchäologen tätig sein, ggf. ergänzt durch Firmenvertreter. Die Kontrolle des ‚Marktes' würde ansonsten nur durch die CIfA selbst erfolgen.

Während die Mehrzahl der Landesarchäologen eine externe Qualitätssicherung außerhalb der Fachämter nicht für nötig erachtet, befürwortet man in Bayern ein solches Qualifizierungssystem, um dort die Qualität der archäologischen Facharbeiten garantieren zu können.

Sogenannte Raubgräberei, Hobbyarchäologen, Sondengängerei, Magnetangeln, Schatzsuche und Schatzregal

Raubgräberei

Illegale, ungenehmigte Ausgrabungen bzw. Fundbergungen, die allgemein als ,Raubgräberei' bzw. ,Raubgrabungen' bezeichnet werden, sind keine Kavaliersdelikte. Auch wenn der Begriff ,Raubgrabung' etwas unglücklich gewählt ist, denn unter ,Raub' versteht die Rechtsprechung einen Gewaltakt oder zumindest einen Akt unter Androhung für Leib und Leben, drückt er im Wesentlichen doch das aus, was damit gemeint ist: die unautorisierte, d.h. nicht genehmigte Bergung von archäologischem Kulturgut mit der Absicht der illegalen Aneignung der Fundstücke (Verband der Landesarchäologen in der Bundesrepublik Deutschland 2006). Die Eigentumsverhältnisse bei Funden von besonderer wissenschaftlicher Bedeutung sind in den meisten Bundesländern durch die sogenannten Schatzregale (siehe Kap. 2.6) zugunsten der Länder geregelt (mit Ausnahme von Bayern). Für alle anderen Fundstücke gilt § 984 BGB mit der sogenannten Hadrianischen Teilung: Wird eine Sache, die so lange verborgen gelegen hat, dass der Eigentümer nicht mehr zu ermitteln ist (Schatz), entdeckt und infolge der Entdeckung in Besitz genommen, so wird das Eigentum zur Hälfte von dem Entdecker, zur Hälfte von dem Eigentümer der Sache (Grundstück) erworben, in welcher der Schatz verborgen war. Diese 50:50-Regelung des Eigentums wird von Findern leider nicht immer beachtet; neben Fundunterschlagungen – der Grundstückseigentümer wird nicht oder unzureichend unterrichtet – ist mitunter auch Hehlerei als Straftat in diesem Zusammenhang zu beobachten. Bei dubiosen Fundumständen und schwierigen Beweisführungen ist es in der Vergangenheit sogar schon dazu gekommen, dass in einem Vergleich vor Gericht die zukünftigen Eigentumsverhältnisse per Losentscheid und Münzwurf getroffen worden sind (Kunow 2010).

Neben den juristischen Problemen ist aber vor allen Dingen folgender Aspekt ärgerlich: Bei ungenehmigten, also gesetzeswidrigen Ausgrabungen werden die Funde von Laien in der Regel ohne Rücksicht auf den Befundkontext und ohne ordnungsgemäße Dokumentation dem Boden entrissen. Dadurch gehen wertvollste Informationen unwiederbringlich verloren. Die Motive für solche illegalen Fundbergungen sind meist Entdeckertrieb, Sammelleidenschaft, finanzielles Interesse oder falsch verstandenes Geschichtsbewusstsein (Landschaftsverband Rheinland 2006). Für die Archäologie bedeutet das eine Reduzierung der Informationen auf den reinen Materialwert bzw. antiquarischen Wert des Fundes. Einmal aus dem Zusammenhang, dem Befund, gerissen, sind die Exponate ihrer Geschichte beraubt (Otten 2012, 7–27). Archäologische Denkmäler sind nicht erneuerbar, jeder zerstörte Befundzusammenhang ist für immer verloren und lässt sich nicht mehr rekonstruieren. Im Nachhinein interpretierte Befundsituationen bleiben meist spekulativ und verursachen große Skepsis bei der Interpretation der Fundumstände; prominente Beispiele dafür sind die nach wie vor kontrovers geführten Diskussionen zum Fundensemble der Himmelsscheibe von Nebra (vgl. zuletzt Gebhard / Krause 2020; Meller / Schefzik 2020) und zum Fundkomplex aus Bernstorf (Gebhard / Krause 2016; Weiss 2017).

Hobbyarchäologen

Eigentlich sollte der Begriff ‚Hobbyarchäologe' vermieden werden. Damit bezeichnet man umgangssprachlich Laien, die sich geschichtsinteressiert archäologisch engagieren möchten. Da es sich bei der Archäologie um eine Wissenschaft handelt, deren Inhalte durch verschiedene Studiengänge vermittelt werden (siehe Kap. 4.1) und ein Archäologe erst nach Abschluss des Studiums diese Bezeichnung führen sollte, verbietet sich eigentlich a priori dieser Zusammenschluss zweier Wörter, in der Linguistik ‚Amalgamierung' genannt, denn sie widersprechen sich inhaltlich. In der Umgangssprache hat sich der Begriff allerdings etabliert und meint damit alle Personen, die nicht fachlich ausgebildet sind, sich aber in ihrer Freizeit mit der Archäologie beschäftigen; diese Bezeichnung machen sich auch zahlreiche illegale Sondengänger zu eigen, um sich augenscheinlich eine Legitimierung zu verschaffen.

Sondengängerei und Magnetangeln

Umfassend und kontrovers diskutiert wird das Thema der Sondengängerei im Zuständigkeitsbereich der Archäologie (Sondengänger und Archäologie 2017). Unter Zuhilfenahme eines Metalldetektors, den man problemlos in besser sortierten Baumärkten oder natürlich im Internet legal erwerben kann, lassen sich Metallfunde aufspüren, woraus sich in den letzten Jahrzehnten nicht zuletzt wegen sinkender Preise der Detektoren ein großer Freizeitmarkt entwickelt hat. Für dieses Hobby gelten Regeln (z.B. Erlaubnisverfahren) und Gesetze, die von Land zu Land variieren (von Carnap-Bornheim 2015).

Ein grundsätzliches Problem besteht in manchen Gesetzesformulierungen. Dort ist etwa festgehalten, dass der Vorsatz zur Suche nach einem Bodendenkmal gegeben sein muss, bevor bestimmte Verfahrensregeln greifen. Es reicht gegebenenfalls nicht allein die Ortung eines Gegenstandes, bei der jemand ertappt wird, sondern erst durch diese Person die anschließende Bergung, die in der Regel mit einer Ausgrabung endet. Natürlich scheint die Annahme lebensfremd, dass allein der Ortung wegen ein Metalldetektor eingesetzt wird, ohne dass der ‚Geräteführer' sich weiter vergewissert, was ihm angezeigt wurde und daher bedarf es hier Klarstellungen im Gesetzestext.

Der Einsatz von Metalldetektoren bedarf einer Genehmigung, die an Voraussetzungen geknüpft wird, wie z.B. Nichteinsatz auf bekannten Bodendenkmälern, Genehmigung nur für festgelegte Flächen, Beachtung von Dokumentationsrichtlinien, Fachwissen, Fundmeldung, Vermessung etc.

Regelhaft ist zunächst die Unkenntnis dessen, was sich im Boden verbirgt, wenn ein Detektor anschlägt. Hier liegt auch ein Risiko für den Sondengänger, denn mit Metalldetektoren lässt sich unter anderem scharfe Munition orten, schließlich war das der Anlass für die Entwicklung solcher Geräte. Kampfmittelräumdienste verfügen hier als Einzige über das nötige Fachwissen zur Beseitigung solcher Kriegsrelikte. Risikolos ist die Suche mit Metalldetektoren also nie.

Die Suche nach archäologischen Relikten ist unterschiedlich geregelt. In Nordrhein-Westfalen erteilt die Obere Denkmalbehörde bzw. die Bezirksregierung nach § 13 DSchG auf Antrag eine Sucherlaubnis für eingegrenzte Areale nach Rücksprache mit dem zuständigen Fachamt. Diese Suchgenehmigungen sind zeitlich befristet; Schulungen und Aufklärungsgespräche sind Voraussetzung dafür (Sondengänger und Archäologie 2017).

Die Zusammenarbeit zwischen den Fachämtern, Behörden und Sondengängern variieren von Land zu Land. In einigen Bundesländern besteht die Auflage, dass nur von der Landesdenkmalpflege geschulte Sondengänger mit der systematischen Prospektion auf bestimmten Flächen beauftragt werden können. Wer ungenehmigte Nachforschungen mit Metallsonden unternimmt, begeht nach den meisten Denkmalschutzgesetzen eine Ordnungswidrigkeit, die mit einer Geldbuße in empfindlicher Höhe geahndet werden und sogar strafrechtliche Folgen haben kann, wenn eine Fundunterschlagung hinzukommt.

Da sich leider nicht alle Sondengänger an die oben skizzierten Regeln der Bodendenkmalpflege halten, gibt es sowohl legale als auch illegale damit verbundene Tätigkeiten.

Das sogenannte Magnetangeln, d.h. die Suche und Bergung von archäologischen Metallfunden aus Gewässern, ist ebenso wie die ‚Sondengängerei' genehmigungspflichtig, es gelten dieselben Regeln wie für Sondengänger.

Schatzsuche

Begriffe wie ‚Schatz', ‚Schatzsuche', ‚Schatzjäger', ‚Schatzkarte' usw. lösen zahlreiche Assoziationen aus: Abenteuer, Entdeckertrieb, Sammelleidenschaft, finanzielles Interesse oder falsch verstandenes Geschichtsbewusstsein. Die Motivation nährt sich häufig aus dem Sucherlebnis mit Aussicht auf einen potentiellen Gewinn.

Ein Schatz bedeutet nicht nur eine Anhäufung kostbarer Dinge ('Schatz des Priamos', ‚Schatz der Nibelungen', ‚Schatz im Silbersee' etc.), sondern auch etwas, was jemandem viel wert ist; dies kann beispielsweise auch ein geliebter

Mensch sein. Deshalb sollte zunächst der Begriff ‚Schatz' definiert werden. In Lexika wie z.B. Brockhaus und Meyers Enzyklopädischem Lexikon gibt es nur den Begriff ‚Schatzfund', nicht den des Schatzes allein, dieser Begriff stammt aus dem Bürgerlichen Recht, der im §984 BGB beschrieben wird: Gemeint ist damit der Fund einer Sache, die solange verborgen gelegen hat, dass der Eigentümer nicht mehr zu ermitteln ist. In Ländern ohne Schatzregalregelungen erwerben Finder und Eigentümer je zur Hälfte Eigentum an der Sache nach §984 BGB (siehe Kap. 2.6).

Auch ‚Fund' ist kein unproblematischer Begriff, denn es handelt sich um einen bisher noch nicht genau definierten, einen sogenannten unbestimmten Rechtsbegriff, obwohl er auch in Gesetzestexten genannt wird, z.B. bei der Anwendung des Schatzregals im Hinblick auf ‚Funde von besonderer wissenschaftlicher Bedeutung'.

Wann es sich bei einem Fund um einen Schatzfund handelt, ob und wann er eine wissenschaftliche Bedeutung erlangt, ist eine Einzelfallentscheidung am konkreten Beispiel, die von der fachlichen Wertfestlegung abhängt.

Im Gegensatz zum häufig assoziierten Bild des Archäologen betreibt die Wissenschaft der Archäologie allerdings keine Schatzsuche; entgegen dem leider oft vermittelten Bild in der Art eines Howard Carter, Heinrich Schliemann, Indiana Jones oder Lara Croft sind Archäologen keine Schatzsucher, sondern exakt arbeitende Wissenschaftler, die die Vergangenheit und die Entwicklung der Kulturgeschichte des Menschen erforschen (siehe Kap. 5).

In diesem Sinne sollte das kulturelle Erbe bewahrt und die gnadenlose Ausbeute von archäologischen Fundstellen nach Internetrecherchen vermieden werden, auch wenn dies reizvoll scheint. Durch die modernen Medien ist die Recherche sehr einfach geworden: Mittlerweile finden sich im World Wide Web zahlreiche Pop-Up-Menüs mit Verweisen auf gezielte Suche und Ausbeute potenzieller Bodendenkmäler im Internet. Die Seite ‚Schatzsucher.de' gehörte 2011 laut eigenen Aussagen zu den 6000 wichtigsten deutschen Internet-Adressen!

Um alle Interessen gebührend zu berücksichtigen, kann die Problemlösung nur heißen: Miteinander arbeiten. Das bedeutet auch die Einbindung von Sondengängern in die archäologische Forschung. Die Bewahrung des kulturellen Erbes sollte im Vordergrund stehen. Eine fachliche Begleitung des Engagements durch die Denkmalfachämter und -behörden ist dabei unbedingte Voraussetzung.

Weiterführende Literatur

Verband der Landesarchäologen in der Bundesrepublik Deutschland 2006; Otten 2012.

Haupteinsatzgebiete der praktischen Bodendenkmalpflege | 3.5

Betrachten wir die Bundesrepublik Deutschland in ihrer Gesamtheit und vernachlässigen zunächst regionale Spezifika (z. B. die Montanarchäologie in den Mittelgebirgen oder Maßnahmen für den Hochwasserschutz wie Deichanlagen oder Retentionsflächen an den großen Flüssen) zeichnen sich seit Jahren fünf Einsatzgebiete der praktischen Bodendenkmalpflege als die wichtigsten ab, in deren Zusammenhang die weitaus meisten Ausgrabungen, aber auch sonstigen denkmalpflegerischen Maßnahmen wie die Inventarisierung oder Unterschutzstellungsverfahren erfolgen. Hiervon handelt dieses Kapitel. Mit einer gewissen Berechtigung könnte man hier einen weiteren, einen sechsten Schwerpunkt erwarten, der vom Betreuungsaufwand her die Landesämter insbesondere durch die Zusammenarbeit mit legalen Metallsondengängern zunehmend beschäftigt, aber gleichzeitig im Gegenzug viele Helfer und Unterstützer (s. o.) an ein Amt bindet. Die Rede ist von den *Citizen Sciences* (siehe Kap. 3.4). Ihre landesweiten Aktivitäten und Kenntnisse werden überall in der bodendenkmalpflegerischen Praxis eingesetzt und deshalb hier auch nicht als eigenständiger Arbeitsschwerpunkt behandelt.

Der Fokus der Darstellung in diesem Kapitel soll bei den einzeln benannten Haupteinsatzgebieten allerdings weniger in einer Aufzählung und Bewertung der teilweise hervorragenden fachwissenschaftlichen Ergebnisse in den letzten Jahren liegen, die in den fünf Einsatzgebieten erzielt wurden. Informativer für ein Studienbuch scheint es, die jeweilige Dynamik dieser Einsatzgebiete und die sich in knappen Zeitabständen teilweise radikal verändernden Rahmenbedingungen – seien diese gesetzlicher, gesellschaftspolitischer sowie ökonomischer Natur oder bedingt durch den Klimawandel – in den Fokus zu stellen, da sie selten und allenfalls beiläufig in forschungsorientierten Fachartikeln Erwähnung finden (Kunow 2021). In den Bodendenkmalpflegekreisen kursiert diesbezüglich ein Bonmot, das diesen Alltag charakterisiert: Für die Landesarchäologie ist der Wirtschaftsteil einer Zeitung häufig wichtiger als ihr Feuilleton.

Stadtarchäologie | 3.5.1

Aus- und Umbau in unseren Städten für Wohnen, Freizeit, Arbeit und Gewerbe oder Maßnahmen des Verkehrs und der Infrastruktur – dabei nicht zu vernachlässigen auch die suburbanen Bereiche – gehören zu den wichtigsten Einsatzgebieten der Bodendenkmalpflege, da bei Baumaßnahmen fast immer in das ‚Bodenarchiv' eingegriffen wird. Die hier tätige Stadtarchäologie wird dabei nicht selten mit der Mittelalterarchäologie vor dem historischen Hintergrund gleichgesetzt, dass sich die Vielzahl der Städtegründungen in Deutschland (genauer im damaligen *Sacrum Imperium*) erst im Zeitraum zwischen 1150 bis 1250 vollzog und deren

Anzahl von etwa 170 auf beinahe 1200 anstieg. Dennoch, der Beginn der Erforschung der Stadt mit archäologischen Mitteln in Deutschland erfolgte zunächst in den Römerstädten entlang des Rheins und der Donau und dabei spielten bald auch Kontinuitätsfragen hin zum ‚dunklen Mittelalter' eine Rolle. Die Mittelalterarchäologie widmete sich hingegen zunächst nicht dem ‚Phänomen Stadt' in Gänze; ihr Forschungsinteresse galt dortigen Einzeldenkmälern wie den großen Profan- und Sakralanlagen, also Burgen und Pfalzen, Kirchen und Klöstern (Fehring 1992; 1996). In anderen europäischen Ländern war man schon weiter; man betrachtete die Historizität und damit Arbeitsaufgabe auf das gesamte Stadtgebiet bezogen. Eine Vorreiterrolle, die darüber hinaus nicht nur die historische Entwicklung einer einzelnen Stadt, sondern die Landesperspektive im Blick hatte, nahm diesbezüglich England ein. Dort erschien im Jahr 1972 unter der Herausgeberschaft des Council for British Archaeology, Urban Research Committee, eine landesweite Studie, die neben England auch Wales und Schottland erfasste. Die Archäologin Carolyn M. Heighway (1972) trug Erhebungen von über neunhundert Städten mit historischen Stadtkernen zusammen, von denen sie damals beinahe sechshundert durch die aktuelle Stadtentwicklung als *threatened* herausstellte. Die strategische Studie *The Erosion in History: Archaeology and Planning in Towns* gilt bis heute als Meilenstein. Andere Staaten, insbesondere die skandinavischen Länder, aber auch die Niederlande und Belgien orientierten sich an dem Vorbild und nahmen vergleichbare Erhebungen (wenn auch auf einer kleineren quantitativen Basis) vor. Deutschland war zunächst nicht darunter und hinkte der Entwicklung hinterher (Fehring 1996, 9). Dabei gab es im Zuge des Wiederaufbaus der kriegszerstörten Städte in den 1950er und frühen 1960er Jahren zunächst durchaus wichtige Ausgrabungen in West (u. a. Lübeck, Hamburg, Köln und Trier) und Ost (Leipzig, Magdeburg, Frankfurt / Oder).

Die hiesige Stadtarchäologie hat sich jedoch seit den letzten Jahrzehnten aufbauend auf diesen ersten Erfahrungen als ein besonderer Bereich der Bodendenkmalpflege und Wissenschaft auch international etablieren können. Als ‚Paradebeispiel' gilt bis heute die Hansestadt Lübeck, die – vergleichbar dem gesetzlichen Sonderstatus von Köln in Nordrhein-Westfalen – eine eigene archäologische Denkmalfachbehörde unterhält (Fehring 1996). Eine Stadtarchäologie wird im hohen Maße durch zweierlei Rahmenbedingungen geprägt: zum einen durch ein umfangreiches historisches Erbe mit teilweise meterstarken Schichtpaketen und komplexen baulichen Strukturen, die im Laufe vieler Jahrhunderte entstanden sind, und zum anderen gegenwartsbezogen durch einen äußerst dynamischen Veränderungsdruck, der den Anliegen von Bevölkerungsentwicklung, wirtschaftlicher Prosperität, Wohnungsbau, Infrastruktur, fließendem und ruhendem Verkehr etc. Rechnung trägt. Fast immer sind bei Maßnahmen der Stadtentwicklung erhebliche Auswirkungen auf das ‚Archiv im Boden' gegeben. Die Bodendenkmalpflege versucht hier, nicht nur durch einzelne Rettungsgrabungen zu reagieren, sondern Stadtentwicklung mitzugestalten. Nicht allein durch ‚Verbote' etwa von Tiefgaragen und modernen Kellereinbauten in Altstadtquartieren, sondern durch Integration des historischen Erbes in den städtischen Alltag. Hierbei wird deutlich, nicht nur wie singulär die Geschichte jeder einzelnen Stadt verlaufen ist, sondern dass jede einzelne auch das Recht auf ihre eigene Vergangenheit und deren historische Zeugnisse hat (Kunow 2021). Das betrifft insbesondere – aber nicht nur – die stark kriegszerstörten Städte, deren Geschichte sich nicht mehr im heutigen Stadtbild ablesen lässt und die gleichwohl einen Anspruch auf historische Orientierung und damit auch ‚Heimatverbundenheit' besitzen.

Verstärkt seit den 1980er Jahren verfolgt die Stadtarchäologie in Deutschland eine alle historischen Stadtquartiere berücksichtigende übergreifende Strategie und hat hierfür einen diesbezüglichen Methodenkanon entwickelt. Primär geht es darum, Umfang, Zustand und Bedeutung des untertägigen archäologischen Erbes auch großflächig einzuschätzen. Dabei helfen verschiedene Kataster, die man in (heutzutage digitaler) Kartenform anlegt (Oexle 1989; Isenberg 1992). Zunächst werden alle bereits vorhandenen archäologischen Informationen einer Stadt dreidimensional (Fläche und Tiefe) in Planunterlagen erfasst, die etwa von Baustellenbeobachtungen, Kanalaufschlüssen oder auch von Flächengrabungen vorliegen. Eine anschließende Maßnahme dient der Baualterskartierung des sichtbaren Bestandes, der häufig auf älteren Vorgängerbauten aufsetzt und verbunden mit einem weiteren Kartenwerk ist. Dieses erfasst urkundliche und vergleichbare Schriftquellen aus dem Mittelalter und der Frühen Neuzeit, die Hinweise auf lokalisierbare ältere, im Stadtbild nicht mehr sichtbare Bebauung liefern. In vielen Städten gibt es zudem ältere Stadtansichten und Pläne, wo heute abgegangene Bereiche wie etwa die Bewehrung (Stadttore und Türme) und wichtige Einzelbauten abgebildet sind. Alle diese Objekte werden in modernen Stadtplänen unter Verwendung von GIS-Programmen verortet; man spricht hier von der sogenannten historisch-topographischen Methode (Isenberg 1992, 33 f.). In Baden-Württemberg, wo mehr als dreihundert ‚Altstädte' in die Zuständigkeit der dortigen Landesarchäologie fallen, ist man in den 1980er Jahren noch einen Schritt weitergegangen. Aus der Auswertung der archäologischen Informationen, der Baualterskartierung des sichtbaren Gebäudebestandes sowie der Verortung der älteren schriftlichen und kartographischen Überlieferung hat man für einzelne Städte wie Ulm und Konstanz einen archäologischen Rahmenplan mit (drei bzw. vier) abgestuften archäologischen Relevanzzonen erarbeitet und diesen den Bau- und Planungsämtern zur Verfügung übergeben (Oexle 1989). An dieser Art von Kartenwerken wurde recht bald Kritik laut, die etwa darauf verwies, dass man einer Stadtverwaltung einen (zumindest auf die komplette Altstadt bezogenen) wenig abgesicherten Wissensstand als fixe Planungsgrundlage zur Verfügung stellen würde. Bei aller berechtigten Kritik an unterschiedlichen Relevanzzonen, die Zielsetzung bleibt natürlich legitim, zumal unter Archäologen vielerorts und unausgesprochen ein ‚fachliches Flächenranking' auf der Basis höchst subjektiver ‚Mental Maps' stattfindet (Kunow 2021). Wie unterschiedlich auch immer derartige Planunterlagen weiterhin beurteilt oder optimiert werden, ein weiteres Kataster hat sich auf breiter Front (nicht nur für mittelalterliche Altstädte, sondern etwa auch für Römerlager in heutigen Innenstädten) als Standard durchgesetzt: die Bodeneingriffskartierung. Hier werden, unter Einbeziehung auch der Ausgrabungsareale, alle Bodeneingriffe (etwa Kellereinbauten, Tiefgaragen, Kanalleitungen etc.) anhand von Bauakten und Begehungen in ihrer flächigen Ausdehnung und Tiefe kartenmäßig erfasst. Man spricht daher auch von einem ‚Verlustzonen'- oder ‚Negativkataster', wobei der neutraleren Bezeichnung ‚Bodeneingriffskataster' der Vorzug zu geben ist, denn nicht selten stellt sich erst im konkreten Fall einer tiefgründigen Neubebauung heraus, dass in der vorgesehenen Fläche doch noch historische Spuren im Vorfeld der Bauaktivitäten untersucht werden müssen.

Es soll in diesem Abschnitt der Eindruck vermieden werden, Stadtarchäologie allein auf die Planung und Durchführung von Ausgrabungen unterschiedlichen Umfangs zu reduzieren. Zunehmend und mit Erfolg engagiert die Archäologie sich vielerorts im Rahmen der Städtebausanierung, aktiv in Prozesse einzugreifen und Bodendenkmäler (häufig erst nach deren Freilegung) sichtbar im Stadtraum dauerhaft zu integrieren. Es geht letztendlich darum, die Präsentation archäologischer Denkmäler nicht nur fernab der Städte und als Anliegen einer Freizeitgesellschaft zu begreifen, wo eine Akzeptanz gleichsam garantiert ist, sondern sie auch in der alltäglichen Umgebung in Wert zu setzen (Hesberg/Kunow/Otten 2016–2021).

3.5.2 | Archäologie und Land- und Forstwirtschaft

Seit Jahrzehnten nimmt der Verstädterungsgrad in Deutschland ständig zu. Mehr als drei Viertel der Bevölkerung in Deutschland lebt mittlerweile in Städten oder in größeren zusammenhängenden Agglomerationsräumen, also Ballungsräumen wie dem Ruhrgebiet oder der Rhein-Main-Region. Dennoch, deren Flächenanteil (unter Einbeziehung von Verkehrsflächen) liegt nach aktuellen Angaben des Statistischen Bundesamtes unter 15 % bezogen auf die Gesamtfläche, die die Bundesrepublik Deutschland einnimmt. Hingegen weisen die landwirtschaftlich und forstwirtschaftlich genutzten Flächenanteile Werte von über 50 % bzw. knapp 30 % aus, zusammengenommen also rund 80 % des Gebietes der Bundesrepublik Deutschland. Bereits aus diesen quantitativen Angaben wird die Bedeutung der Land- und Forstwirtschaft für die Bodendenkmalpflege evident, denn die Masse der archäologischen Fundplätze ist von diesen beiden Nutzungsformen unmittelbar betroffen. Der Verband der Landesarchäologen hat darauf reagiert und die eigene Kompetenz durch eine neu gegründete Kommission, die Kommission für Land- und Forstwirtschaft, gestärkt. Seit dem Frühjahr 2008 existiert diese Kommission, die insbesondere die auf europäischer Ebene getroffenen agrarpolitischen Weichenstellungen beobachten und für den hiesigen archäologischen Denkmälerbestand bewerten soll (Strobel/Westphalen 2015a).

Bodendenkmalpflege und Landwirtschaft

Der Arbeitsumfang und die Ausgangsvoraussetzungen für eine effiziente Bodendenkmalpflege sind auf dem Land ungleich schwieriger als in der Stadt. Eine ‚Panoptikum-Archäologie', die die landwirtschaftliche Nutzung und deren Auswirkungen auf Fundplätze quasi von oben beobachtet und kontrolliert, bleibt Illusion. Durch den Einsatz der Luftbildarchäologie und abgesichert durch terrestrische Begehungen (siehe Kap. 3.1) gibt es jedoch an vielen Stellen den Nachweis großflächiger Erosionsprozesse, die Ergebnis einerseits einer intensiven landwirtschaftlichen Nutzung seit Jahrzehnten sind, andererseits die immer deutlicher spürbaren Auswirkungen des Klimawandels manifestieren (Verband der Landesarchäologen in der Bundesrepublik Deutschland 2012). Diese schleichenden Zerstörungen sind durch die Möglichkeiten eines Denkmalschutzgesetzes kaum aufzuhalten. Denn der Einsatz immer schwererer, den Ackerboden verdichtender landwirtschaftlicher Geräte, das Tiefpflügen oder die korrodierende Wirkung jährlicher Düngergaben auf im Acker gelegene Fundplätze (insbesondere die dortigen Metallfunde) bedürfen keiner spezifischen denkmalpflegerischen Zustimmung, solange man nicht von der bisherigen Form der Bewirtschaftung abweicht (Schulz/Behm 2012). Hinzu kommen durch die Klimaveränderung immer häufiger auftretende Starkregenfälle, die nicht nur den Mutterboden abschwemmen, sondern auch die dann ungeschützten archäologischen Schichten und Befunde.

Ein weiteres, erst zu einem späteren Zeitpunkt von der Bodendenkmalpflege in seinem Ausmaß realisiertes Problem ist in Folge des Erneuerbare-Energie-Gesetzes (EEG) entstanden, das im April 2000 (mit mittlerweile vielen rechtlichen Anpassungen) in Kraft getreten ist. Im Jahr 2015 organisierten hierzu die Deutsche Bundestiftung Umwelt (DBU) gemeinsam mit dem Verband der Landesarchäologen und den Landesämtern in Niedersachen und Sachsen die Tagung „Energiewende und Archäologie", die viele kritische Anwendungsbereiche ansprach (Deutsche Bundesstiftung Umwelt 2015; Strobel/Westphalen 2015a, 38–41). Der Ausstiegsbeschluss aus der Kernenergie im Jahr 2011 und aktuell für die Braunkohlegewinnung führten bzw. führen nicht nur zum Ausbau der Standorte von Solarparks und Windkraftanlagen, deren Umsetzung ein eigenes Problem für das Erscheinungsbild unserer Kulturlandschaften darstellt. Die Nachfrage nach nachwachsenden Rohstoffen für Bioethanol und -diesel hat eine neue Marktsituation geschaffen, die mit einer besonders intensiven Bodennutzung einhergeht. Ein erhebliches Problem bilden auch die von der EU geförderten Biogasanlagen, deren Betrieb vor allem der sogenannte Energiemais absichert. Im Gegensatz zu anderen Kulturpflanzen sind Maisfelder durch den relativ großen Pflanzenabstand besonders erosionsanfällig. Erosionsprobleme und hoher Düngereinsatz sind natürlich auch von den bäuerlichen Betrieben als Problemquellen erkannt. Ein von der Deutschen Bundestiftung Umwelt in der Lommatzscher Pflege – eine Hochertragslandschaft mit großem Denkmalbestand in Sachsen – gefördertes Modellprojekt hat neue Wege skizziert, Agrarwirtschaft und Bodendenkmalpflege auf gemeinsame Zielvorgaben einzustimmen (Verband der Landesarchäologen in der Bundesrepublik Deutschland 2012, 145–153). Aber selbst hier scheint dauerhafte Euphorie wenig angebracht, wenn die archäologische Seite konstatiert: „Es wäre bereits ein Erfolg, wenn in zehn Jahren auf den untersuchten Flächen keine weitere Verschlechterung der archäologischen Substanz verzeichnet werden müsste" (ebd. 152). Seit einigen Jahren ist ein neuer großflächiger Bearbeitungstrend in der Agrarwirtschaft zu verzeichnen, der ebenfalls Erosionsprobleme in den Griff bekommen soll: die pfluglose Landwirtschaft, auch ‚Grubbern' genannt (engl. *to grub*, ‚mahlen, wühlen'). Hier erfolgt eine nichtwendende Bodenbearbeitung (also kein Pflugeinsatz), allerdings kann man nach gewissen Zeitabschnitten auf eine Tiefenlockerung des verdichteten Bodens nicht verzichten. Dennoch, es wird hier wenigstens eine Art ‚Verschnaufpause' für untertägige Objekte erzielt. Bereits nach kurzer Zeit zeichnet sich aber ein Manko für die terrestrische Prospektion ab: Archäologische Kleinfunde werden nicht mehr an die Ackeroberfläche transportiert und neue Fundplätze in Regionen, in denen vorwiegend gegrubbert wird, werden seltener bekannt.

Dieser Abschnitt scheint eine gewisse Ratlosigkeit der Bodendenkmalpflege hinsichtlich der Herausforderung zu signalisieren, wie im landwirtschaftlich genutzten Raum der schleichenden Zerstörung und den immer neuen ökonomischen Ausgangsbedingungen konzeptionell zu begegnen ist. Es werden allerdings von den Landesämtern national wie international verschiedene Anstrengungen unternommen und unterschiedliche Ansätze verfolgt (Wohlfarth / Keller 2018). Ein durchaus vielversprechender Weg scheint, natur- und / oder kulturräumlich definierte Schwerpunkt- bzw. Beispielregionen herauszuarbeiten und dort (zunächst) mehrjährige Projekte mit dem Fokus auf Prospektion, Bohrungen und Testsondagen zu starten, um den Denkmalbestand zu evaluieren und dessen Erhaltung oder Ausgrabung in langfristig wirkende Strategien einzubinden. Von einer früheren Option hat die Bodendenkmalpflege allerdings Abschied nehmen müssen. Über zwanzig Jahre, von 1988 bis 2009, gab es zur Senkung der Überproduktion insbesondere von Getreideprodukten umfangreiche, in der Regel obligatorische Flächenstilllegungsprogramme der EU in einer Größenordnung von durchschnittlich 10 % der bewirtschafteten Fläche. Diese Flächenstilllegungen, verknüpft mit flächengebundenen Ausgleichszahlungen, sorgten für den (zumindest) temporären Schutz mancher Fundplätze und Denkmäler. Die Zuspitzung der Welternährungslage und der stark gestiegene Anbau von Energiepflanzen haben quasi deutschlandweit dazu geführt, dass es Brach- oder Ödland kaum noch gibt. Landwirtschaftsbetriebe verkaufen mittlerweile keinen Ackerboden mehr, der gleichermaßen knappes Gut und sicheres Vermögen ist. So scheiterte bislang die geplante Überführung in öffentliches Eigentum des größten Legionslagers am römischen Limes, *Vetera castra* auf dem Fürstenberg bei Xanten, das durch seine Hanglage einer starken Erosion ausgesetzt ist, nicht an der Finanzierung, die zum Flächenankauf der 60 ha geregelt war, sondern am Desinteresse der Grundstückseigentümer zu veräußern und nahe gelegene Ausgleichsflächen im Tausch standen nicht zur Verfügung (Kunow 2021). Es gibt seltene Ausnahmen einer Sicherung wie die geglückte Überführung einer *villa rustica* bei Großbottwar (Baden-Württemberg) in öffentliches Eigentum und Herausnahme aus der ackerbaulichen Nutzung (Bollacher/Meyer 2020).

Bodendenkmalpflege und Forstwirtschaft

Es ist gar nicht lange her, dass in Fachkreisen vom ‚Wald als besten Bodendenkmalpfleger' die Rede war (Landschaftsverband Rheinland/Rheinisches Amt für Bodendenkmalpflege 1995). Vor allem wirtschaftliche Aktivitäten in den Wäldern, aber auch die Klimaveränderung haben die Ausgangsvoraussetzungen mittlerweile grundsätzlich geändert. Dabei haben Waldgebiete nicht nur eine artenreiche Flora und Fauna sowie für unsere Freizeit und Erholung eine immense Bedeutung; sie sind häufig auch ‚Archaeotope', d.h. ‚Rückzugsgebiete', in denen sich insbesondere obertägig sichtbare Geländedenkmäler wie vorgeschichtliche Grabhügelfelder oder Wallanlagen erhalten konnten, die anderswo längst der Pflug eingeebnet hat (siehe Kap. 2.2.3). Hinzu kommen für Waldgebiete typische Objekte wie die Spuren von ehemaligen Bergwerksaktivitäten (Stollen und Pingenfelder, Schlackenhalden, Hammerwerke etc.), Kohlemeilerplätze als Zeugnisse einer früheren Holzwirtschaft oder historische Wölbäcker, die seinerzeit natürlich noch nicht überwaldet waren (Schade-Lindig/Steinbring 2018; Schreg 2021).

Die äußeren Rahmenbedingungen aller für Waldgebiete charakteristischen Denkmalgattungen haben sich verschlechtert. So wurden in vielen Bundesländern ehemals staatliche Forstbehörden in Landesbetriebe überführt und dabei die Zuschnitte der Revierförstereien aus ökonomischen Gründen vergrößert. „Aufgrund des Zeit- und Kostendrucks wird [zudem] durch fremde Arbeitskräfte – die das Forstrevier und etwaige zu beachtende Bodendenkmäler nicht kennen – im Akkord mit dem Vollernter (Harvester) gearbeitet, der – abhängig vom Untergrund und dem Wetter – den Boden verdichten oder aber tiefe Fahrspuren hinterlassen kann" (Wagner 2018, 258). Auch der Ausbau der Windenergie hat die Wälder in vollem Umfang erreicht. Da vielerorts die gesetzlich geforderten Mindestabstandsflächen der Standorte von Windkraftanlagen zur nächsten Siedlung nicht eingehalten werden können, weicht man in diese dünn- oder unbesiedelten Gebiete aus. Bald steht jedes zehnte terrestrische Windrad im Forst. Für die Aufstellung eines einzigen dieser Windräder rechnet man in der Bauphase mit rund einem Hektar Waldfläche, die gerodet und eingeebnet werden muss. Zum Transport der überdimensionalen Bauteile – eine Anlage neueren Typs hat eine Höhe von über 200 m und lässt etwa den 160 m hohen Kölner Dom weit unter sich – werden Waldwege verbreitert und es kommen erhebliche Bodeneingriffe für die Verlegung kilometerlanger Leitungen von dem Rotorenstandort zu den Überlandleitungen hinzu (Deutsche Bundesstiftung Umwelt 2015, 102 f.; Wagner 2018, 258 f.). Angesichts dieser Baumaßnahmen wirken illegal angelegte Mountainbikerstrecken fast schon marginal, allerdings werden ärgerlicherweise prähistorische und mittelalterliche Wallanlagen oder Grabhügel ‚gerne' zu Sprungschanzen ausgebaut.

Wie eingangs bereits erwähnt bereitet die spätestens seit der Jahrtausendwende deutlich spürbare Klimaveränderung auch der in Waldgebieten arbeitenden Bodendenkmalpflege erhebliche Sorgen. Der Dürre- oder Trockenstress für den Baumbestand durch ausbleibenden Regen mit dann einsetzendem Schädlingsbefall insbesondere bei den Nadelhölzern (vor allem bei Fichte und Kiefer, die einen Anteil von über 50 % am Waldbestand hierzulande einnehmen) führt in vielen Wäldern zu nicht geplanten großflächigen Einschlägen und Aufforstungen mit resilienten Baumarten. Der klimainduzierte Waldumbau ist im vollen Gange und die maschinelle Bodenbearbeitung verursacht dabei großflächig erhebliche Schadensbilder. Ein in der Dimension hierzulande neues Phänomen waren und sind heftige Orkane wie ‚Lothar' im Dezember 1999 und ‚Kyrill' im Januar 2007 oder auch das Sturmtief ‚Xavier' im Oktober 2017 mit ihren Schneisen der Verwüstung in zusammenhängenden Waldregionen. So sinnvoll einsetzende Aktivitäten der Bodendenkmalpflege nach Unwetter und Windbruch auch sind, umgestürzte Wurzelteller auf archäologische Kleinfunde zu untersuchen und bislang unbekannte Fundstellen zu registrieren, wirkt es doch wie ein ‚Hauch von Leichenfledderei'.

Bei allen geschilderten Problemen, denen die Landesarchäologie im Forst begegnet, durch das LiDAR-Scanning (siehe Kap. 3.1) sind völlig neue Erkenntnismöglichkeiten zur Entdeckung von Bodendenkmalstrukturen gerade in nur schwer zugänglichen Waldgebieten entstanden. Eine Vielzahl neuer Fundstellen und Bodendenkmäler wurde auf diese Weise bekannt. Im sehr fein erfassten Geländerelief geben sich bei diesem Verfahren (allerdings nur an der Oberfläche sich abzeichnende) Objekte zu erkennen, die das menschliche Auge vor Ort zunächst einmal nicht registriert. Auch hierzulande neue oder bislang doch nur selten belegte Denkmaltypen tauchen ‚plötzlich' in großer Anzahl in den Wäldern auf wie etwa am Niedergermanischen Limes die anhand LiDAR-Scans klar ansprechbaren Übungslager römischer Legionäre, die hier für ihren Einsatz in der feindlichen *Germania magna* auf das Schanzen gedrillt wurden (Kunow 2021). Auch römische Straßendämme oder mittelalterliche Hohlwege lassen sich im LiDAR-Scan kilometerweit verfolgen. Waren schon früher in unseren Wäldern obertägig sichtbare Objekte und zudem in topographischen Kartenwerken oder in Wanderkarten eingetragene Bodendenkmäler wie Grabhügel massiv durch Raubgräber gefährdet, sind LiDAR-Bilder nicht nur für dienstliche Zwecke auswertbar, sondern für jedermann im Internet gebührenfrei abrufbar. Das sind die Schattenseiten dieser allgemein zugänglichen Technik: Neue Tatorte kommen dadurch auf uns zu. Seit einiger Zeit wird seitens der Landesarchäologie auch erhöhtes Augenmerk darauf gerichtet, Nachweise für archäologische Fundstellen und Bodendenkmäler in die forstwirtschaftlichen Informationssysteme einzuspeisen; darüber hinaus stehen spezielle Schulungen auf dem Programm (Kunow 2021).

Alte und neuartige Gefährdungen für den Denkmalbestand sowie innovative Ansätze und neue technische Möglichkeiten prägen also auch in den Wäldern die Arbeit der Bodendenkmalpflege. Sie ist auf eine enge Kooperation mit den vor Ort gesetzlich Verantwortlichen (Revierförster) angewiesen. Beispielhaft ist eine digital abrufbare Broschüre, die die hessenARCHÄOLOGIE vor wenigen Jahren herausgegeben hat (Schade-Lindig / Steinbring 2018). Sie erschien (so auch der Untertitel) als *Handreichung für Forstbedienstete* und klärt nicht nur umfassend über den Reichtum und die Verschiedenartigkeit des archäologischen Kulturerbes in den Wäldern auf, sondern gibt praktische Hinweise zu einer denkmalverträglichen, integrativen Forstwirtschaft vor dem Hintergrund eines Waldumbaus, der in den nächsten Jahren an Intensität zunimmt. Ein einfach umzusetzendes Anwendungsbeispiel für den Denkmalschutz ist dort nachzulesen, nämlich das Auspflocken von Bodendenkmälern mit Flatterband vor Beginn von Waldarbeiten (ebd. 47).

Archäologie und Rohstoffgewinnung | 3.5.3

Die archäologische Begleitung von Maßnahmen der Rohstoffgewinnung hat in den vergangenen Jahrzehnten massiv an Bedeutung gewonnen. Man unterscheidet bei den Rohstoffen energetische (für Deutschland insbesondere Stein- und Braunkohle) von nicht-energetischen (Mutterboden, Sand, Kies, Stein). Vor allem die Kohlereviere sind nach dem Zweiten Weltkrieg Schwerpunkt der Bodendenkmalpflege in beiden Teilen Deutschlands geworden, wobei die mittlerweile eingestellte Steinkohlegewinnung keine Ressourcen der Bodendenkmalpflege (Ausnahme ist die paläontologische Bodendenkmalpflege) gebunden hatte, da sie im Schachtbetrieb und in großer Tiefe erfolgte. Anders hingegen die Braunkohlegewinnung, die in offenen Tagebauen mit einem erheblichen jährlichen Flächenverbrauch geschieht. Enormen wissenschaftlichen Fortschritten der Archäologie im Vorfeld eines Tagebaubetriebs stehen hier dauerhafte Verluste ganzer Kulturlandschaften entgegen, da ein Denkmalschutz, also der Erhalt wenigstens von Teilbereichen nicht möglich ist. In der Abwägung wird daher auch vom ‚januskopfigen Charakter der Braunkohlenarchäologie' gesprochen (Kunow 2021).

Nach dem Zweiten Weltkrieg haben sich mit dem Rheinischen Braunkohlenrevier, dem Helmstedter Revier (seit 2016 eingestellt, durch den paläolithischen Jagdplatz Schöningen auch weltweit bekannt geworden), dem Mitteldeutschen und dem Lausitzer Revier zunächst vier, jetzt drei Schwerpunktregionen ergeben. Mit dem Zusammenschluss einzelner Tagebaue zu größeren betrieblichen Einheiten seit den 1950er Jahren in West und in Ost erfolgte eine immense Steigerung der Kohleförderung und damit verbunden des Landschaftsverbrauches. Die Bodendenkmalpflege reagierte seit Beginn dieses Prozesses mit Großgrabungen, etwa der vollständigen Untersuchung der mittelalterlichen Burganlage Motte Husterknupp oder dem fränkischen Fürstengrab und zugehörigem Gräberfeld in Morken im Rheinland. In der DDR waren die Forschungsstellen in Potsdam, Dresden und Halle für die Braunkohlenarchäologie in den jeweiligen Revieren zuständig, doch fehlte es ihnen für große Flächengrabungen häufig an zusätzlichen Arbeitskräften und technischem Großgerät. Hier trat das Zentralinstitut für Alte Geschichte und Archäologie der Akademie der Wissenschaften (siehe Kap. 2.3.5) ein und führte die wichtigsten, oft viele Jahre andauernden Großgrabungen unter Beteiligung der institutseigenen Labore für ein umfangreiches naturwissenschaftliches Begleitprogramm durch. Beispielhaft hierfür steht die mehr als 20 ha umfassende Untersuchung des slawischen Burgwalls von Tornow (Niederlausitz) mit der zugehörigen Siedlungskammer und den Vorgängersiedlungen (Herrmann 1989, 654–658). In der (alten) Bundesrepublik Deutschland wurden die besonderen Bedingungen und Möglichkeiten einer Braunkohlenarchäologie, die Geländeforschungen im Vorfeld der Tagebaue ohne jegliche Einschränkungen hinsichtlich Flächenausmaß oder auch Bodeneingriffstiefe sowie Geländewiederherstellung erlaubt, insbesondere durch die zehnjährige Förderung (1971–1981) der DFG für das Projekt „Siedlungsarchäologie des Neolithikums auf der Aldenhovener Platte" im ehemaligen Tagebau Zukunft-West deutlich, das federführend das Kölner Universitätsinstitut für Ur- und Frühgeschichte gemeinsam mit dem Rheinischen Landesmuseum realisierte (Landschaftsverband Rheinland/Rheinisches Amt für Bodendenkmalpflege 1996; LVR-Amt für Bodendenkmalpflege im Rheinland 2010).

Ausgehend von diesen Erfahrungen legte man im rheinischen Tagebau Hambach, der im Jahr 1978 angefahren wurde, den Schwerpunkt auf die Erforschung einer römischen Siedlungslandschaft westlich von Köln, der damaligen Hauptstadt *Colonia Claudia Ara Agrippinensium* (*CCAA*) der römischen Provinz *Germania inferior* (LVR-Amt für Bodendenkmalpflege im Rheinland 2010, 76–86). Seit mehr als vierzig Jahren wird jetzt schon eine römerzeitliche Agrarlandschaft mit der damaligen Infrastruktur im Hinterland einer antiken Metropole ausgegraben und im Ergebnis gibt es wohl nirgends im *Imperium Romanum* eine vergleichbare Forschungsdichte für eine landwirtschaftlich geprägte Mikroregion. Ein besonderes Augenmerk liegt bei den ländlichen Siedlungen auf den römerzeitlichen Tiefbrunnen (siehe Kap. 2.4.2). Deren zumeist auf das Jahr datierbare hölzerne Brunnenfassungen mit teilweise exzeptionellen Verfüllungen – siehe auch den Brunnenbefund auf dem Titelbild – erreichen eine Sohlentiefe von über 20 m unter der heutigen Oberfläche und können nur hier im laufenden Tagebaubetrieb untersucht werden; derartige Tiefengrabungen sind normalerweise außerhalb eines fachlichen Zugriffs. Gleichzeitig werden aber auch die Nöte einer Braunkohlenarchäologie evident. Der jährliche Flächenverlust im Rheinischen Braunkohlenrevier beträgt immer noch etwa 300 ha *per annum*. Im ‚Wettlauf mit dem Bagger' hat man sich tagebaubezogen häufig schwerpunktmäßig zugunsten einer einzigen Zeitepoche entschieden und die diachronische Entwicklung einer abgehenden Kulturlandschaft vernachlässigen müssen, da man – so die Schätzungen für alle Braunkohlenreviere in Deutschland – von den jährlich abgehenden Tagebauflächen nur etwa 5 % umfassend archäologisch untersuchen kann. Beim ‚Rest' versucht man, durch umfassende Prospektions- und Sondageprogramme wenigstens quantitativ einen Überblick zu den Siedlungsaktivitäten aller Zeitepochen mit ihren abgehenden Fundstätten zu erhalten.

Momentan scheint unter der Maßgabe der zur Verfügung stehenden finanziellen und personellen Ressourcen ein Trend in der Braunkohlenarchäologie erkennbar, eher kein, auf eine einzelne Zeitepoche bezogenes Schwerpunktprogramm langfristig zu verfolgen, sondern verstärkt eine diachrone Gesamtübersicht einer massiv von der Zerstörung bedrohten Kulturlandschaft anzustreben. Bislang vernachlässigte Epochen – im Rheinland etwa die Metallzeiten – oder ganze Objektgruppen stehen zusätzlich im Vordergrund. Hiervon hat auch die Archäologie in den zahlreichen Dörfern profitiert, die dem Tagebaubetrieb weichen mussten. Deren Anfänge reichen nicht selten in das 12./13. Jahrhundert zurück. Die Förderung der Dorfkernarchäologie hat dabei dem historischen Umstand Rechnung getragen, dass im späten Mittelalter und bis weit in die Neuzeit hinein – bis zum Beginn der Industrialisierung – deutlich weniger als 10 % der Bevölkerung in den Städten, die Masse also auf dem Land lebte. Gerade zur ländlichen Bevölkerung finden sich in der schriftlichen und urkundlichen Überlieferung nur sporadisch Hinweise, so dass archäologische Forschungen gerade für die dortige Alltagsgeschichte wichtige Kenntnisse liefern. Beispielhaft stehen neben bereits etwas früheren Untersuchungen im Kirchspiel Lohn (Tagebau Inden, Rheinisches Revier) die ‚nachwendezeitlichen' Großgrabungen in den abgegangenen Dörfern Wolkenberg und Horno (Tagebaue Welzow-Süd und Jänschwalde, Niederlausitzer Revier) in Brandenburg und insbesondere Breunsdorf und Heuersdorf mit Großhermsdorf (Tagebau Vereinigtes Schleenhain, Mitteldeutsches Revier) in Sachsen (Kunow 2021).

Auch wenn Deutschland noch heute weltweit zu den führenden Förderländern gehört, ist doch der Höhepunkt der Verstromung mit Braunkohle überschritten. Konkrete Ausstiegsszenarien, verbunden mit Strukturwandelprogrammen für die Reviere, wurden von der Politik beschlossen. Wenn dort spätestens nach dem Jahr 2030 das Thema Rettungsgrabungen für die betroffenen Landesämter weitgehend erledigt sein dürfte, setzt die systematische Aufarbeitung aller hier dokumentierten archäologischen Befunde und Funde in Zusammenarbeit mit Universitäten und anderen Forschungseinrichtungen ein. Nicht nur im Rheinland bereitet man sich schon jetzt auf diese neue Etappe vor, wobei man sich dort auf die Möglichkeiten einer spezifischen archäologischen Stiftung, der ‚Stiftung zur Förderung der Archäologie im rheinischen Braunkohlenrevier', finanziell stützen kann.

Auch wenn also die ‚Braunkohlenära' in den nächsten 10 bis 15 Jahren endet, bleibt Deutschland – zumindest für einige Bundesländer – ein Land, in dem auch zukünftig im großen Umfang Rohstoffe ausgebeutet werden. Gemeint sind die nicht-energetischen Rohstoffe, vor allem Kies und Sande, aber auch Mutterboden, wobei der Torfabbau, der früher besonders spektakuläre Objekte wie Moorleichen oder vorgeschichtliche Bohlenwege freilegte, seit den 1980er Jahren aus Gründen des Umweltschutzes rapide eingeschränkt wurde. Die Schwerpunkttätigkeit im Vorfeld der Rohstoffgewinnung für die betroffenen Landesämter bleibt erhalten und damit auch das Problem der Selektion bei den umfangreichen Rettungsgrabungen gegenüber Bodendenkmälern, die vor ihrem Abgang nur unzureichend dokumentiert werden können. Für Nordrhein-Westfalen, insbesondere für seinen westlichen Landesteil (Rheinland), weist die Landesplanung für die nächsten 20 Jahre Kiesareale in einer Gesamtfläche von etwa 150 km² aus, wo – durch die Landesplanung abgesichert – die Rohstoffförderung den Vorrang vor jeder anderen Nutzungsart (auch dem Denkmalschutz) hat (Kunow 2021). Das entspricht recht genau der Hälfte der Fläche, die durch den Braunkohlenabbau im Laufe von Jahrzehnten verloren gegangen ist. Die ‚Kiesarchäologie' steht dabei vor spezifischen logistischen Problemen. Sie kann sich nicht auf ein einziges (wenn auch großes) Revier konzentrieren. Zudem hat man nicht einen Bergbaubetreiber als Ansprechpartner, sondern einige hundert Kiesgrubenbesitzer unterschiedlicher Größenordnung, die zudem ihre Förderung nach Auftragslage kurzfristig steigern oder drosseln und häufig erst kurz vor dem eigentlichen Abbau die notwendigen Flächen erwerben und damit Betretungsmöglichkeiten für Rettungsgrabungen schaffen. Die gesetzlichen und planungsrechtlichen Bedingungen haben sich allerdings für die Bodendenkmalpflege seit einigen Jahren durch die Einführung des ‚Verursacherprinzips' und der in Raumplanungen frühzeitig festgelegten Ausweisung zukünftiger Kiesareale entscheidend verbessert. Die rheinische Bodendenkmalpflege konnte hier unterschiedliche regionale Cluster ausweisen, wo man schwerpunktmäßig in den nächsten beiden Jahrzehnten tätig werden will. Auch hier wird der ‚janusköpfige Charakter' deutlich, dem man schon bei der ‚Braunkohlenarchäologie' begegnete. Großen Verlusten ganzer Kulturlandschaften steht (schon jetzt deutlich erkennbar) auch großer wissenschaftlicher ‚Mehrwert' entgegen, denn man wird vor allem in bislang von der Land- und Viehwirtschaft geprägten Gebieten tätig, die zuvor aus bodendenkmalpflegerischer Perspektive etwas abseits lagen, da keine akuten Bedrohungen für das archäologische Kulturerbe bestanden (Obladen-Kauder 2018). Die hier für den Niederrhein näher ausgeführte Ausgangssituation besteht in allen Flusslandschaften großer Ströme und ihren anschließenden Mittelterrassen von Weser, Elbe, Oder, Main, Mosel oder Donau.

Trassenarchäologie 3.5.4

Die ständige archäologische Begleitung während der Bauphase von kilometerlangen Arbeiten an Trassen für den Verkehr (Autobahn, Bundesstraßen, Schienenwege) oder von linearen Projekten der Wirtschaft und für die Infrastruktur (Chemie-, Öl- oder Gaspipelines, Leitungen der Stromversorgung oder der Kommunikation) beschäftigt die hiesige Bodendenkmalpflege seit vergleichsweise kurzer Zeit, nämlich erst seit rund drei Jahrzehnten. Dennoch zählt die Trassenarchäologie mittlerweile zu den wichtigsten ‚Geschäftsfeldern' der Bodendenkmalpflege; eine besondere Langzeitwirkung und Nachhaltigkeit zeichnet diese aus (Kunow 2021). Nicht nur in Deutschland, in vielen europäischen Staaten entwickelten sich zeitgleich bauvorgreifende oder -begleitende archäologische Maßnahmen im Zusammenhang mit linearen Projekten zu einem neuen Arbeitsschwerpunkt (Bofinger/Krauße 2012). Auch dieser Aspekt manifestiert die ‚Europäisierung der Bodendenkmalpflege' (siehe Kap. 2.3.6).

Vorbild für die Beschäftigung mit linearen Projekten hierzulande war der Bau des dänischen Erdgasnetzes und dessen archäologische Begleitung. Während zehn Jahren und über eine Erstreckung von 3000 km konnten fast 1700 archäologische Fundplätze registriert werden (Kunow 1995). Im doppelten Wortsinn war von ‚Dänemarks längster Ausgrabung' die Rede. Dabei gab es in Deutschland bereits in den 1930er durchaus ähnliche Ansätze im Zusammenhang mit dem Reichsautobahnbau und intensiven archäologischen Beobachtungen und Rettungsgrabungen beim Berliner Ring. Noch heute in den Archiven der Brandenburgischen Landesarchäologie vorhandene damalige Streckenprotokolle waren wichtige Ausgangspunkte, als man nach der Wiedervereinigung im Zusammenhang mit der Verbreiterung des Berliner Rings um eine weitere Fahrbahnspur direkte Anschlussflächen fast 70 Jahre später untersuchen konnte (Kunow 2021). Seinerzeit wie auch heute begrenzt in der Regel die Breite einer Trasse auch das

Aktionsfeld der Bodendenkmalpflege. Es gibt gute Gründe hierfür, die gleichermaßen im Erhaltungsgedanken des ungefährdeten benachbarten Areals einer Fundstelle und in der Art der Grabungsfinanzierung durch den Bauherrn liegen. Natürlich werden jedoch durch die Baumaßnahmen bereits angeschnittene Befunde wie Gruben oder Gräber, die über den eigentlichen Baustreifen hinausreichen, vollständig untersucht und geborgen. Ein weiterreichendes fachliches Interesse in Anschlussflächen, das bisweilen durchaus vorhanden sein kann, geht allerdings zu Lasten und auf Kosten der Archäologischen Landesamtes, nicht des Verursachers der Maßnahme.

Aus- und Neubaumaßnahmen von Verkehrswegen wurden nach der Wiedervereinigung im großen Stil geplant und mittlerweile weitgehend realisiert. ‚Megavorhaben' für die Bodendenkmalpflege waren dabei die 17 ‚Verkehrsprojekte Deutsche Einheit' (VDE), großangelegte Verkehrsverbindungen (mit der Ausnahme eines Wasserstraßenprojektes) von Autobahn und Schiene zwischen Ost- und Westdeutschland. Eines der ersten war die Schnellbahnstrecke Berlin – Hannover mit einer durchschnittlichen Trassenbreite im Bauablauf von 35 m und einer Länge von etwa 300 km, die drei Flächenbundesländer und die Stadt Berlin tangierte (Kunow 1995). Bei den späteren Schnellbahn- und Autobahntrassen und insbesondere den zahlreichen Gasleitungstrassen (Deutsche Bundesstiftung Umwelt 2015, 20–31; Schmidt 2015) stimmten sich die betroffenen Landesarchäologien bei länderübergreifenden Projekten inhaltlich immer besser ab und setzten gegenüber den Bauherren gleiche fachliche Standards und Kostenregelungen durch. Das ist mittlerweile zum Regelverfahren geworden. Jüngstes gelungenes Beispiel ist eine 370 km lange Chemie-Pipeline von Münchsmünster bei Ingolstadt nach Ludwigshafen (Abb. 14) durch die drei Bundesländer Bayern, Baden-Württemberg und Rheinland-Pfalz (Berg/Bofinger/Schulz 2019). Während der vierjährigen Bauzeit wurden in den drei Bundesländern durch mehrere gleichzeitig arbeitende Grabungsteams rund vierhundert archäologische Fundplätze angeschnitten, darunter allein einhundert neu entdeckte Fundstellen in Baden-Württemberg. Für Bayern war der Bau des Main-Donau-Kanals als Verbindung zwischen der Nordsee und dem Schwarzen Meer eines der größten linearen Bauprojekte in den 1970er und 1980er Jahren (Rind 1988). Die zahlreichen monographischen Publikationen in der Reihe „Archäologie am Main-Donau-Kanal" haben zu einem völlig neuen Verständnis der Geschichte des Altmühltals geführt.

Abb. 14: Die Trasse einer 370 km langen Chemiepipeline, die durch die drei Bundesländer Bayern, Baden-Württemberg und Rheinland-Pfalz führte, wurde durch die drei Landesarchäologien im Vorfeld gemeinsam untersucht.

Die Archäologische Denkmalpflege in den Bundesländern wird in den nächsten Jahren bzw. sogar Jahrzehnten auch weiterhin mit linearen Projekten schwerpunktmäßig zu tun haben. Dabei fällt dem Ausbau des nationalen Stromversorgungsnetzes eine besondere Bedeutung zu, wobei nach politischem Beschluss der Strom weitgehend über Erdkabel (also untertägig) vom Norden (Offshore-Windkraftanlagen in der Nordsee) in den Süden der Republik transportiert werden soll (Strobel/Westphalen 2015b). Die Trassenarchäologie wird also in ihrer Bedeutung und Ressourcenbindung für die Bodendenkmalpflege weiter zunehmen. Ihr Nutzen und die Aussagemöglichkeiten sind vielfältig, insbesondere, wenn man die bislang archäologisch begleiteten Trassen in Neubewertungen ständig einbezieht. Lineare Projekte sind ‚Idealprofile' durch untertägige Fundlandschaften. Die Quellenkenntnis vermehrt sich hier enorm, in einzelnen Regionen um den Faktor 10. Die genaue Analyse der Fundplätze kann zudem Präferenzen von gewissen natürlichen Rahmenbedingungen in einzelnen Zeitepochen herausarbeiten und für unbekanntere Regionen sogar prognostizieren (‚Archäoprognose'). Lineare Projekte haben in der Vergangenheit aber auch immer wieder Landschaften zu erkennen gegeben, wo durch Übernutzung, insbesondere durch die Landwirtschaft, heute kaum noch archäologische Fundstätten anzutreffen sind. Zusammengefasst liefert also die Trassenarchäologie mit ihrer fachlichen

Begleitung von linearen Projekten Grundlagen für umfassende, landschaftsbezogene Schutz- und Forschungsstrategien der amtlichen Bodendenkmalpflege, deren Auswirkungen generationenübergreifend sind (Kunow 2021).

3.5.5 | Unterwasserarchäologie

In der Außenwahrnehmung präsentiert sich die hiesige Unterwasserarchäologie weder als ‚Paradedisziplin' der amtlichen Bodendenkmalpflege noch der universitären und außeruniversitären Fachinstitute in Deutschland, und so kann im Ergebnis das aktuelle Diskussionspapier *Spuren unter Wasser* der Leopoldina – Nationale Akademie der Wissenschaften vom November 2019 nicht wirklich verwundern:

> „Die Archäologie in Deutschland ist weitgehend terrestrisch ausgerichtet [...]. An deutschen Wissenschaftseinrichtungen gibt es keine unterwasserarchäologische Forschung, die dem Umfang und der Bedeutung der urgeschichtlichen Landschaften und der Schiffsarchäologie angemessen wäre" (Anton et al. 2019, 7).

Hierfür zeichnen verschiedene äußere Faktoren gesetzlicher und administrativer Natur in unserem föderalen Staat, aber auch eine wenig systematische und koordinierte Arbeit seitens der deutschen Archäologie verantwortlich. Ein Vergleich mit benachbarten Küstenländern wie Großbritannien, Frankreich, den Niederlanden oder den skandinavischen Ländern lässt diese Defizite deutlich werden. Die Leopoldina ist durch ihre Arbeitsgruppe ‚Archäologisches Kulturerbe' mit einer umfangreichen Schrift, die den Status quo wie auch den notwendigen Änderungsbedarf darstellt, in die Öffentlichkeit und insbesondere in den politischen Raum – national wie international – mit einer deutsch- und einer englischsprachigen Version gegangen (ebd.). Die Resonanz war auf beiden politischen Ebenen erheblich und so wurde etwa die Broschüre bald nach Erscheinen im Bundestag – ausgelöst durch eine Anfrage der FDP-Fraktion – diskutiert und die Bundesregierung sagte für ihren Zuständigkeitsbereich eine Prüfung bzw. Umsetzung zu (Drucksachen 19/17467 und 19/18055). Die Angelegenheit ist allerdings höchst komplex, da sich Bund- und Länderzuständigkeit derzeit nicht wirklich ergänzen und es zudem internationales Seerecht zu beachten gilt.

Bis zur Wiedervereinigung gab es in Deutschland nur zwei nennenswerte unterwasserarchäologische Projekte: zum einen die Entdeckung und Bergung der Bremer Kogge von 1380 (ausgestellt im Deutschen Schifffahrtsmuseum Bremerhaven) in der Weser und zum anderen die eines wikingerzeitlichen Langschiffes in der Schlei zusammen mit weiteren Wrackteilen von zwei zeitgleichen Schiffen bei Haithabu (ausgestellt im Wikinger-Museum Haithabu bei Schleswig); beide Maßnahmen wären ohne weitreichende fachliche Hilfe von außen nicht realisierbar gewesen (Lüth/Maarleveld/Rieck 2004). Abseits einer maritimen

Archäologie konnte sich aber bereits seit den 1970er Jahren in Süddeutschland (Baden-Württemberg) eine professionelle Unterwasserarchäologie mit einem festen Stützpunkt in Gaienhofen-Hemmenhofen etablieren. Diese Forschungsstelle war nicht nur in Feuchtgebieten tätig, sondern auch am Bodensee. Dort katalogisierte sie die Seeuferrandsiedlungen (‚Pfahlbausiedlungen'), untersuchte ausgewählte Siedlungen über Jahrzehnte mit einem umfangreichen naturwissenschaftlichen Begleitprogramm und entwarf Schutzkonzepte zur Sicherung des Unterwassererbes vor Ort (Verband der Landesarchäologen in der Bundesrepublik Deutschland 2011, 140–147). Man konnte hier von den Erfahrungen und der guten Zusammenarbeit mit der Schweizer Unterwasserarchäologie profitieren, die schon seit den 1950er Jahren professionell in den dortigen Seen tätig war (ebd. 178–187). Den Projekten war ein großer Erfolg beschieden, seit 2011 sind einige Seeuferrandsiedlungen am Bodensee Bestandteil des circumalpinen UNESCO-Welterbes Prähistorische Pfahlbauten um die Alpen.

Bald nach der Wiedervereinigung erfolgte im Jahr 1993 die Gründung der Kommission für Unterwasserarchäologie (KUWA) anlässlich der Jahrestagung des Verbandes der Landesarchäologen in Bruchsal (Lüth/Jöns 2015, 10). Gerade im Bereich der maritimen Archäologie bestand ein hoher Nachholbedarf und Veränderungsdruck durch Bau- und Abbaumaßnahmen in den Meeren, zudem waren nach der Wiedervereinigung die Hoheitsgewässer vor Mecklenburg-Vorpommern mit seiner Außenküste von über 350 km Länge, das sogenannte Küstenmeer, nicht mehr militärisches Sperrgebiet in der Ostsee wie zu DDR-Zeiten. Es entwickelte sich außerdem eine gute Zusammenarbeit mit dem Bundesamt für Seeschifffahrt und Hydrographie (BSH) mit seinen Zentralen in Hamburg für die Nord- und in Rostock für die Ostsee. Das BSH ist nicht nur in den Hoheitsgewässern der BRD, sondern auch in der Ausschließlichen Wirtschaftszone (AWZ) – zu den Begrifflichkeiten und Auswirkungen etwas später – unter anderem für die Ortung und Kartierung von Unterwasserhindernissen bis zu einer Seetiefe von 40 m verantwortlich, um die Sicherheit der Seeschifffahrt zu gewährleisten. Als Unterwasserhindernisse gelten alle Objekte mit einer Kantenlänge von über 2 m, darunter auch Schiffswracks aller Zeitepochen. Als wichtiger Partner wurde das BSH auch zur Jahrestagung des Verbandes der Landesarchäologen (VLA) im Jahr 2010 nach Schwerin eingeladen; dort widmete man sich im Rahmen des Kolloquiums der Unterwasserarchäologie (Verband der Landesarchäologen in der Bundesrepublik Deutschland 2011). Die Kolloquiumsbeiträge machen die zwischenzeitlich erreichten fachlichen Fortschritte bei den Landesämtern gleichermaßen deutlich wie die weiterhin bestehenden Defizite in deren Personalkörpern. Nicht eines der drei Küstenbundesländer hatte bis dahin einen hauptamtlichen Unterwasserarchäologen ‚in ihren Reihen', im Gegensatz zu zwei Binnenländern (ebd. 116–120). Mehr als ein Jahrzehnt später hat sich diese Situation erst wenig verbessert.

Doch nicht nur personelle, letztlich bis heute nicht abgestellte Defizite wurden auf der besagten Jahrestagung im Jahr 2010 in Schwerin deutlich. Die gastgebende Landesarchäologie gab einen beeindruckenden Bericht ihrer Aktivitäten in Binnenseen, Gewässern und der Ostsee (Verband der Landesarchäologen in der Bundesrepublik Deutschland 2011, 128–139). Nach dem KUWA-Gründungsjahr 1993 galt der dortige Schwerpunkt zunächst der Schiffsarchäologie in der Ostsee mit der Bergung bzw. Sicherung einiger Schiffswracks vor Ort. Zwei dieser Wracks zeigten einen besonders beunruhigenden Befund. Der Klimawandel hat mittlerweile nicht nur eine Versauerung des Meerwassers und in Folge eine erhöhte Korrosion aller Objekte aus Eisen oder Stahl erbracht, sondern durch Nährstoffeinträge und steigende Wassertemperaturen auch die Ansiedlung bislang hier unbekannter Organismen, darunter die Schiffsbohrmuschel (lat. *teredo navalis*), die in den 1990er Jahren auch in die Ostsee eingewandert ist und jegliches Holz zersetzt (Anton et al. 2019, 69 f.). Nachdem zunächst Schiffswracks im Fokus der dortigen Unterwasserarchäologie standen, wendete man sich bald auch der Erforschung submariner Siedlungsplätze des Meso- und Neolithikums zu. Diese ursprünglich terrestrischen Fundplätze waren nach dem Anstieg des Wasserspiegels durch Abschmelzen gewaltiger Eisschilde in der Nacheiszeit unter Wasser geraten. Ein Tätigwerden der Schweriner Landesarchäologie war nur deshalb möglich, da im Hoheitsgebiet, also innerhalb der 12 Seemeilenzone, das jeweilige Denkmalschutzgesetz des Küstenlandes (noch) greift und die dortigen Fundplätze der Mittel- und Jungsteinzeit nicht in großer Tiefe liegen. Problematisch ist der Schutz des archäologischen Unterwassererbes jenseits des Hoheitsgebietes. Das betrifft besonders die Nordsee. Dort reichen die versunkenen Landschaften in nördlicher Richtung noch weit über Schottland hinaus. In Teilen bestand hier bis gegen 6200 v. Chr. eine kompakte, heute vollständig überflutete Landmasse – ‚Doggerland' bezeichnet – mit den entsprechenden Spuren menschlicher Aktivitäten und der damaligen terrestrischen Umwelt (ebd. 16 f. mit Abb. 1). Auf diese Reste stößt man auf dem Meeresboden (auch als Festlandsockel bezeichnet) etwa bei der Fundamentierung der Offshore-Windkraftanlagen, bei unterseeischen Rohrleitungsarbeiten oder der Gewinnung energetischer (Öl und Gas) und nicht-energetischer (Sand, Kies) Rohstoffe. Die Bundesrepublik Deutschland tut sich rechtlich und faktisch ausgesprochen schwer, jenseits ihres Hoheitsgebietes in dem unmittelbar anschließenden Bereich, der ihr gemäß Seerechtsübereinkommen zur Kontrolle und wirtschaftlichen Nutzung zusteht, auch den Schutz des Unterwassererbes zu sichern. Dieses Gebiet, das jedem Küstenstaat als gewisser Anteil im Weltmeer vertragsgemäß übertragen wurde, trägt die Bezeichnung Ausschließliche Wirtschaftszone (AWZ). Dort greifen die Landesdenkmalschutzgesetze – abweichend vom Hoheitsgebiet – nicht und die Archäologischen Landesämter haben demzufolge auch keinen gesetzlichen Zugriff, hier aktiv zu werden! In der deutschen AWZ in Nord- und Ostsee mit einer Flächengröße nur wenig kleiner als das Bundesland Nordrhein-Westfalen wird als Bundesbehörde zur Überwachung allerdings das BSH tätig; es hat mittlerweile einige hundert ‚Unterwasserhindernisse', zumeist Schiffswracks, in der deutschen AWZ kartiert (ebd. 30 f. mit Abb. 5). Einen darüberhinausgehenden gesetzlichen Auftrag zum Kulturerbeschutz, etwa für Bergungs- oder Sicherungsaktivitäten, hat das BSH aber nicht.

Nach allgemeiner Rechtsauffassung hätte bereits jetzt der Bund die Möglichkeit und auch die Pflicht, Maßnahmen für den Schutz des archäologischen Kulturgutes in der AWZ einzuleiten und etwa die Erstellung und Führung eines archäologischen Inventars und die Ausweisung von archäologischen Schutzzonen vorzunehmen. Grundlage ist das Europäische Übereinkommen zum Schutz des archäologischen Erbes, die Charta von Malta, die für die Bundesrepublik Deutschland im Sommer 2003 Rechtskraft erlangte und in der AWZ Anwendung findet (siehe Kap. 2.6). Es gibt seitens des Bundes aber noch ein größeres Versäumnis. Deutschland vertagt seit zwei Jahrzehnten die Ratifizierung der Konvention zum Schutz des Kulturerbes unter Wasser der UNESCO aus dem Jahr 2001, obwohl der Beitritt laut Koalitionsverträgen vergangener Bundesregierungen bereits mehrfach anstand (siehe Kap. 2.6). Der Kulturgutschutz wäre durch die UNESCO-Konvention erheblich strikter abgesichert als durch die Charta, da unter anderem dem Unterzeichnerstaat explizit das Recht zugewiesen wird, jede auf dieses Erbe gerichtete Tätigkeit zu verbieten oder zu genehmigen. Immerhin hat die Bundesregierung in der Beantwortung der oben ausgeführten FDP-Anfrage vom 17.03.2020 (Drucksache 19/18055) ausgeführt:

> „Die Bundesregierung strebt nach jetzigem Planungsstand eine Unterzeichnung des UNESCO-Übereinkommens zum Schutz des Unterwasser-Kulturerbes bis Ende des Jahres 2021 an".

Die faktische Umsetzung des Kulturerbeschutzes und seine Abbildung würde man „institutionell im staatlichen Behördenaufbau" – so die schriftliche Antwort – auf Bundesebene prüfen. Man muss allerdings skeptisch sein, ob die Ratifizierung nicht wiederum einer neuen Bundesregierung überlassen wird.

Die Unterwasserarchäologie in Deutschland, jedenfalls im maritimen Bereich, war und ist international nicht konkurrenzfähig; eine jüngst erschienene aktuelle Handreichung für Baumaßnahmen im Küstenmeer von archäologischer Seite bedeutet aber in jedem Fall einen Schritt in die richtige Richtung (Landesamt für Kultur und Denkmalpflege et al. 2020). Probleme bestanden und bestehen zum einen bei der weiterhin unzureichenden personellen Ausstattung der hier zuständigen Archäologischen Landesämter, aber auch in der komplexen Rechts- und Verwaltungsmaterie. Die Broschüre der Leopoldina *Spuren unter Wasser* war zweifellos erforderlich, neue Impulse zu setzen. Erste positive Rückantworten geben Hoffnung. Nicht nur im Küstenmeer (Hoheitsgebiet), gerade in der

Außenwirtschaftszone liegt ein enormes wissenschaftliches Potential auf dem Meeresgrund, das man nur gemeinsam und koordiniert mit den angrenzenden AWZn der benachbarten Küstenstaaten erforschen und für die Nachwelt bewahren kann, wie es insbesondere die UNESCO-Konvention von 2001 nachhaltig einfordert.

Weiterführende Literatur

Verband der Landesarchäologen in der Bundesrepublik Deutschland 2011; Strobel / Westphalen 2015a; Schade-Lindig / Steinbring 2018; Anton et al. 2019; Landesamt für Kultur und Denkmalpflege Mecklenburg-Vorpommern et al. 2020; Kunow 2021.

Studium und Berufsfelder | 4

Das Studium | 4.1

Es gibt an deutschen bzw. deutschsprachigen Universitäten eine ‚Vielzahl von Archäologien', die man studieren kann. Eggert (2006, 189–196 mit Abb. 11.1) bezeichnet diese als ‚Einzelarchäologien', die ihre Gemeinsamkeiten in der Theoriebildung und Methodenebene, in vergleichbaren Deutungsmöglichkeiten sowie insbesondere im primären Quellenbestand, der vor allem auf nicht-schriftlichen Zeugnissen basiert, haben. Schließlich sehen sich alle den historischen respektive kulturhistorischen Wissenschaften zugehörig. Die an hiesigen Universitäten verbreitesten Einzelarchäologien sind die Prähistorische Archäologie (bzw. Ur-/Vor- und Frühgeschichte), die Klassische Archäologie, die Provinzialrömische Archäologie, die Archäologie des Mittelalters und der Neuzeit sowie die Vorderasiatische Archäologie. Darüber hinaus führt Eggert die nur an wenigen deutschen Universitäten vertretene Biblische und die Christliche Archäologie an. Es ließen sich mit gewissen Einschränkungen weitere ergänzen wie die Ägyptologie und die Altamerikanistik, wo man ebenfalls sein Studium und insbesondere die Abschlussarbeit (Bachelor, Master, Magister oder Promotion) schwerpunktmäßig auf die Hinterlassenschaften der materiellen, nicht-schriftlichen Kultur ausrichten kann. Ebenfalls, wenn auch in Deutschland seltener, kann man die Sinologie und vergleichbare Länderstudiengänge mit einem archäologisch-kulturgeschichtlichen Schwerpunkt studieren.

Dennoch, entscheidet man sich bereits während des Studiums für das spätere ‚Berufsfeld Archäologische Denkmalpflege' oder will sich, was am häufigsten vorkommen dürfte, wenigstens die Option offenhalten, scheiden im Grunde alle die Einzelarchäologien aus, die sich geographisch und thematisch nicht mit den hiesigen archäologischen Hinterlassenschaften beschäftigen. Stellenausschreibungen der archäologischen Landesämter für wissenschaftliche Mitarbeiter tragen diesem Umstand Rechnung und fordern in der Regel als Voraussetzung (sogenanntes Muss-Kriterium) einen Abschluss alternativ in den Studienfächern Prähistorische Archäologie, Provinzialrömische Archäologie (jedenfalls in den Bundesländern mit Zeugnissen ehemaliger römischer Präsenz) oder Mittelalter-/Neuzeitarchäologie (siehe Kap. 1). Kann man dieses konstitutive Merkmal nicht nachweisen, scheidet man aus dem Kandidatenfeld zumeist vorzeitig aus. Früher war die Situation auf dem Stellenmarkt teilweise eine andere. So wurden etwa (bis zu Beginn der 1980er Jahre) Absolventen der Klassischen Archäologie in ihren ersten Berufsjahren zu ‚Provinzialrömern umgeschult', da diese Disziplin nur an einigen Universitäten im Hauptfach studiert werden konnte und die Anzahl an Universitätsabgängern entsprechend gering ausfiel (Eggert 2006, 135–140). Die Nachfrage an besetzbaren Stellen übertraf seinerzeit häufig das Angebot an ‚einschlägigen' Absolventen, allerdings waren durch das Studium der Klassischen Archäologie mit der Kenntnis des Denkmälerbestandes im ‚italischen Mutterland' gute Grundlagen bereits vorhanden, sich geographisch neu zu orientieren und mit den materiellen Hinterlassenschaften der westlichen römischen Provinzen vertraut zu machen. Eine vergleichbare Situation haben wir derzeit noch bei der ‚Archäologie der Moderne'. Es gibt kaum Universitätsabgänger, die sich im Laufe des Studiums mit Produktionsstätten des Industriezeitalters oder Zwangslagern des 20. Jahrhunderts aus archäologischer Perspektive intensiv beschäftigt, geschweige denn hier spezialisiert haben. Gleichwohl gibt es hier einen Bedarf im Bereich der Landesarchäologie, etwa was Rettungsgrabungen, aber auch die Sicherung und Präsentation von freigelegten Baustrukturen oder die gesellschaftliche Vermittlungsarbeit angeht. Die Lücke füllt sich derzeit nicht nur mit grabungserfahrenen Absolventen aus dem Bereich der Prähistorischen, sondern auch der Klassischen und der Vorderasiatischen Archäologie im Sinne von ‚*Learning by Doing*' (Bernbeck 2017).

Jeder, der sich für das Berufsfeld Archäologische Denkmalpflege interessiert, sollte während des Studiums zusehen, nicht nur an Lehr- und Forschungsgrabungen seiner Universität teilzunehmen, sondern auch an den zumeist unter Termindruck stehenden Ausgrabungen oder Surveys eines Landesamtes, einer Kommunalarchäologie oder auch einer Grabungsfirma. Derartige Feldaktivitäten führen zugleich zur ersten Kontaktaufnahme mit der institutionellen Archäologischen Denkmalpflege. Aber allein die Mitarbeit im dortigen Außendienst verschafft noch keinen umfassenden Einblick. Bald noch wichtiger ist es, auch das ‚Innenleben' solcher Institutionen kennenzulernen, denn darüber erfährt man in der Regel während des Studiums nichts. Das betrifft nicht nur die dortigen Abteilungen, wo die Grabungs- und Prospektionsfunde gereinigt und ggf. konserviert sowie bestimmt und inventarisiert werden. Hinzu kommen der Publikationsbereich und das Ortsarchiv, wo alle archäologischen Informationen zu Fundplätzen im Arbeitsgebiet in umfangreichen Datenbanken gesammelt werden, sowie die Abteilungen, die die Aufgaben des Denkmalschutzes und der Denkmalpflege und der Öffentlichkeitsarbeit wahrnehmen. Alle Landesämter mit ihren Außenstellen bieten eine ehrenamtliche Mitarbeit oder entsprechende, häufig unbezahlte Praktika in den Semesterferien, bisweilen auch vergütete studentische Hilfskraftstellen an. Einen zusätzlichen Erfahrungsinput für Studierende versprechen auch Praktika in Forschungsinstitutionen wie die Römisch-Germanische Kommission (RGK) des Deutschen Archäologischen Instituts (DAI) in

Frankfurt, das Niedersächsische Institut für historische Küstenforschung (NIhK) in Wilhelmshaven, das Zentrum für Baltische und Skandinavische Archäologie (ZBSA) am Museum Schloss Gottorf in Schleswig oder das Römisch-Germanische Zentralmuseum (RGZM) – Leibniz-Forschungsinstitut für Archäologie in Mainz.

Neben einer Universität besteht die Möglichkeit, ein stärker praxisorientiertes Studium zu wählen. Entsprechende Bachelor-Studiengänge gibt es an der Hochschule für Technik und Wirtschaft (HTW) Berlin für den Bereich Grabungstechnik/Feldarchäologie sowie dort und an zusätzlichen Hochschulen für die Restaurierungswissenschaften, die ggf. problemlos im Netz zu recherchieren sind. Weiterführende Masterstudiengänge sind teilweise eingerichtet. Für Absolventen beider Bereiche besteht weiterhin ein Bedarf bei Denkmalämtern, und vor allem bei den privaten Ausgrabungsfirmen sucht man gut ausgebildete ‚Grabungsingenieure' mit Hochschulabschluss, die mit neuen Feld- und Dokumentationsverfahren vertraut sind.

Weniger ‚einschlägig' für den Bereich Archäologische Denkmalpflege sind die mittlerweile an einigen Universitäten oder Hochschulen eingerichteten Aufbaustudiengänge für Denkmalpflege und Welterbestätten (siehe auch Kap. 6). Sie richten sich schwerpunktmäßig an Absolventen nach einem abgeschlossenen Architekturstudium oder der Kulturwissenschaften und haben das baukulturelle Erbe im Fokus. Dennoch werden auch in diesen Aufbaustudiengängen Themen der Archäologie und Bodendenkmalpflege behandelt.

Die Berufsfelder | 4.2

Die Möglichkeiten in Deutschland, Archäologie als Beruf auszuüben, sind vielfältig, gerade hinsichtlich unterschiedlicher Praxisfelder. Mit den Landes- und Kommunalarchäologien, den Universitäten und den Fachmuseen/Archäologischen Parks sowie den Forschungsinstitutionen sind die vier traditionell wichtigsten öffentlichen Arbeitgeber genannt (Eggert/Samida 2013, 299–307). Seit den 1990er Jahren ist mit den privaten Grabungsfirmen ein weiterer mitarbeiterintensiver Bereich hinzugekommen, dessen Aufkommen ursächlich mit der Inkraftsetzung des ‚Verursacherprinzips' in Deutschland und in vielen weiteren europäischen Ländern im Zusammenhang steht (siehe Kap. 2.3.6 und 2.6). Weiterhin, allerdings leider noch eher selten, sind Archäologen hauptberuflich als Fachleute in Denkmalverwaltungen (Denkmalschutzbehörden) der Kommunen, Kreise und der Länder tätig; das betrifft im Wesentlichen auch den Medienbereich.

Was verbindet nun die aufgeführten Institutionen miteinander und welche ihrer Kernaufgaben sind spezifisch, also worin unterscheiden sie sich? Gemeinsames und verbindendes Element ist für alle genannten Einrichtungen die Forschung am archäologischen Kulturerbe. Das bezieht sich im Bereich der Archäologischen Denkmalpflege auf die ortsfesten, aber auch beweglichen Bodendenkmäler (Funde), für die man landesweit (bzw. regional) zuständig ist (siehe Kap. 3.2). Forschung ist natürlich neben der Lehre das zweite Standbein auch jedes Universitätsinstitutes, wobei die jeweiligen Landesuniversitäten mit archäologischem Fächerangebot häufig mit ‚ihrem' Landesdenkmalamt abgestimmten wissenschaftlichen Fragestellungen – beispielsweise durch eigene Ausgrabungen oder die Betreuung von Abschlussarbeiten – in einem Bundesland nachgehen und die Studierenden dadurch auch Einblick in die Arbeit der Bodendenkmalpflege gewinnen können. Ebenfalls forschen natürlich die Museen; man greift dabei insbesondere auf die eigenen Bestände aus den Ausstellungen, Sammlungen und Magazinen zurück. In vielen Bundesländern arbeiten seit einigen Jahrzehnten auch Grabungsfirmen im Rahmen der Landesarchäologie. Da als Abschluss jeder Verursachermaßnahme (häufig spricht man von ‚Drittgrabungen', in Abgrenzung zu ‚Amtsgrabungen' oder ‚Lehr- und Forschungsgrabungen') neben einem technischen, auch ein wissenschaftlich fundierter Grabungs- oder Prospektionsbericht dem Fachamt übergeben werden muss, liegt hier in der Vielzahl der Fälle auch eine respektable Forschungsleistung vor. Die Mitarbeiter von Grabungsfirmen können ihre Ergebnisse oft monatelanger Feldtätigkeit allerdings nur selten für den Druck aufbereiten, da die umfassende wissenschaftliche Aufarbeitung und grabungsübergreifende Synthese (also auch die Einbeziehung vergleichbarer Objekte), die in der Regel gegenüber der Feldphase in einem zeitlichen Verhältnis von (mindestens) 1:1 stehen, nicht ausfinanziert sind. Daher muss man sich mit kurzen Vorberichten begnügen, die die wesentlichen Ergebnisse darstellen und zumeist in den Jahrbüchern der Landesämter erscheinen. Dadurch werden aber die Maßnahmen bekannt und lassen sich für universitäre Abschlussarbeiten bereitstellen – natürlich unter Wahrung der Urheberrechte und in Abstimmung mit dem Ausgräber. Ähnliches gilt für Landesarchäologien, die ebenfalls Themen für universitäre Abschlussarbeiten vergeben, sich auch bei der fachlichen Betreuung engagieren und – in der Bedeutung nicht zu überschätzen – eigene wissenschaftliche Reihen für eine spätere Veröffentlichung vorhalten (Krausse/Spatzier 2021). Die ausschließlich der Forschung verpflichteten oben aufgeführten Forschungseinrichtungen haben eine nationale und internationale Forschungsagenda, wobei – ähnlich den Universitäten – auch hier eine enge Abstimmung mit einem Landesamt erfolgt, das für Tätigkeiten in seinem Bundesland die erforderliche Grabungsgenehmigung erteilt. Forschung ist natürlich nicht nur eine institutionell-kollektive, sondern in hohem Maße auch eine individuelle Leistung, die nicht selten außerhalb des dienstlichen Alltags geschieht. Daher findet sie grundsätzlich auch von archäologischen Mitarbeitern in Institutionen wie Kulturverwaltungen oder Stiftungen statt, die hier nicht näher ausgeführt werden.

Über die Forschung hinaus, die als gemeinsames Profilmerkmal aller archäologischen Berufsfelder gelten kann, gibt es eine Vielzahl von unterschiedlichen Tätigkeiten und Verantwortlichkeiten, die wenigstens in Kürze Erwähnung finden sollen: Etwas ausführlicher in der Darstellung und am Anfang soll die **Archäologische Denkmalpflege** stehen (siehe Kap. 3.2). Fast alle Landesämter bieten ein in der Regel zweijähriges Volontariat für Hochschulabgänger an. Diese Fortbildungsplätze sind allerdings rar gesät und die Vergütung richtet sich nach landesüblichen Vorgaben. Man durchläuft hier in einem Kursus alle Abteilungen und bekommt zum Ende des Volontariates zumeist auch ein eigenes Projekt in Eigenverantwortung übertragen. Manche Häuser bieten zusätzlich Schwerpunktvolontariate an, wo man die Hälfte eines Volontariates in einer einzelnen Abteilung, etwa dem Publikationsbereich oder der Presse- und Öffentlichkeitsarbeit, verbringt. Hier haben natürlich diejenigen die besten Bewerbungschancen, die neben der Archäologie auch einen medienspezifischen Abschluss nachweisen können. Jährlich oder alle zwei Jahre wird – neben der regelmäßigen Teilnahme an hauseigenen Fortbildungen – den Volontären archäologischer Häuser in Deutschland (Landesämter und Museen) zumeist auch eine mehrtägige gemeinsame Veranstaltung angeboten, um sich kennenzulernen und auszutauschen. Die Bundesländer wechseln sich hier als Veranstalter ab.

Die Landesämter, um den Faden wieder aufzunehmen, arbeiten – und das unterscheidet sie gemeinsam mit den Denkmalschutzbehörden gegenüber den anderen Einrichtungen – im gesetzlichen Auftrag, auf der Grundlage von Denkmalschutzgesetzen, wo sie als Denkmalfachbehörde (siehe Kap. 2.6) eigens aufgeführt sind. Deren wichtigste Arbeitsbereiche (siehe Kap. 3.2) sind mit den Schlagworten Denkmalschutz und Denkmalpflege genannt. Auch Ausgrabungen lassen sich im übertragenen Sinn dem ‚sekundären' Denkmalschutz zuordnen, insbesondere, wenn es sich um Rettungsgrabungen vor der Zerstörung eines archäologischen Platzes handelt, denn die Befunddokumentation und die geborgenen Funde bleiben auf Dauer ‚ex situ' in Archiven und Magazinen gesichert (siehe Kap. 3.2.5). Die Denkmalpflege hingegen umfasst insbesondere alle pflegenden und beratenden Maßnahmen, die den dauerhaften Erhalt eines Bodendenkmals vor Ort absichern. Da die Denkmalämter Träger öffentlicher Belange (TöB) sind und in allen Planungsverfahren den ‚Belang Denkmalschutz' vertreten, brauchen sie genaue Kenntnisse zum Denkmälerbestand etwa in neu ausgewiesenen Baugebieten oder neuen Verkehrstrassen (siehe Kap. 2.6 und 3.5). Diese Kenntnisse werden durch Prospektionteams und die Denkmälerinventarisation erhoben, die Denkmäler vor Ort ermittelt, beschreibt und bewertet (siehe Kap. 3.1). Wichtig für die Akzeptanz der Archäologischen Denkmalpflege ist die Vermittlung der eigenen Arbeit und der Ergebnisse. Jedes Landesamt in Deutschland unterhält in dem Zusammenhang verschiedene Buch- und Zeitschriftenreihen, die sich an Fachleute, aber auch an die interessierte Öffentlichkeit, die Politik und die Verwaltung wenden. Alle richten darüber hinaus kleinere oder größere Sonderausstellungen mit aktuellen Funden, ‚Tage des offenen Denkmals', ‚Denkmaltouren', öffentliche Grabungsbesichtigungen und vergleichbare Aktionen aus.

Universitäten haben einen anderen gesellschaftlichen Auftrag. Mit den Schlagworten ‚Forschung und Lehre' sind die beiden wichtigsten dortigen Arbeitsfelder genannt. Während die Lehre an den Universitäten eine bewusst breit angelegte Ausbildung der Studierenden umfasst, gibt es zudem **Hochschulen** (früher: Fachhochschulen), wo das Studium berufsorientiert ist. Der Schwerpunkt der Vermittlung nach außen erfolgt bei den Universitäten und (eingeschränkter) bei den Hochschulen in Form von Veröffentlichungen (insbesondere der Projekt- und Abschlussarbeiten) und Kongressen für die Fachwelt. Neben einer überschaubaren Anzahl von festangestellten Mitarbeitern (Professoren, Mittelbau) und zeitlich befristeten Assistenten sind Projektstellen, die von Institutionen wie der Deutschen Forschungsgemeinschaft (DFG) oder Stiftungen gefördert werden, an vielen Universitäten üblich. Diese sind ebenfalls zeitlich befristetet und unterliegen besonderen gesetzlichen Bestimmungen (Wissenschaftszeitvertragsgesetz).

Wiederum ein anderes berufliches und fachliches Profil haben die **Museen**. Ihr Dachverband ist der Deutsche Museumsbund, dem auch die archäologischen Museen und Archäologischen Parks angehören. Die Kernaufgaben jedes Museums sind durch Leitlinien fixiert. Neben dem Forschen am Museumsbestand, das schon Erwähnung fand, ist die wichtigste Aufgabe das Sammeln. Hierzu gehört auch das Bewahren bzw. Sichern des Sammlungsbestandes, wobei Bewahren und Sichern viele einzelne Facetten umfasst wie das Konservieren und Restaurieren des Sammelgutes, aber auch das fachgerechte Magazinieren in geeigneten, klimatisierten Depots. Hinzu kommt ebenfalls – durch spektakuläre Einbrüche immer wieder ins Bewusstsein gerückt – die Sicherung gegenüber Diebstahl. Nach außen, also in die Öffentlichkeit, tritt jedes Museum insbesondere durch das Präsentieren in Dauer- und Wechselausstellungen auf. Darüber hinaus gehört die Vermittlungsarbeit mit allen ihren Möglichkeiten gegenüber der Öffentlichkeit, aber auch der Fachöffentlichkeit zu den Kernaufgaben.

Von den privaten **Ausgrabungsfirmen** – in vielen europäischen Ländern findet sich auch die übergreifende Bezeichnung ‚Kontraktarchäologie' – war bereits die Rede. Ihr Profil wird natürlich durch jedwede Form der Feldarchäologie, also insbesondere terrestrische Prospektionen, Sondagen, Ausgrabungen oder Vermessungsarbeiten bestimmt. Darin gleichen sie den Landesämtern. Für ihre Feldtätigkeit bei Einzelmaßnahmen benötigen sie auf der Grundlage des jeweiligen Denkmalschutzgesetzes eine Erlaubnis, die im Genehmigungsverfahren ein fachliches Konzept und die Nennung und Qualifikation der Grabungsleitung vorschreibt. Damit hat ein Landesamt bereits frühzeitig die Möglichkeit des fachlichen Einflusses, auch wenn es nicht Auftraggeber der Maßnahme ist. Diese Fachaufsicht dauert während der Tätigkeit vor Ort an und endet mit der inhaltlichen und technischen Prüfung des eingereichten Grabungsberichtes (inklusive diverser Listen) und der Übergabe der geborgenen Funde und der Felddokumentation. Heutzutage ist die Dokumentation weitgehend digital, so dass sich nicht mehr, wie noch in früheren Zeiten, die Frage nach deren Originalverbleib stellt. Viele Ausgräber in Grabungsfirmen sind spezialisiert etwa auf großflächige Siedlungsgrabungen, die Stadtkernarchäologie oder auf spezielle Zeitepochen. Natürlich muss eine Grabungsfirma auch wirtschaftlich arbeiten, wobei man sich am Angebot bzw. Auftrag orientiert. Das hat dazu geführt, dass gerade die digitale Dokumentation, bisweilen optimiert durch Eigenentwicklungen, bei den Grabungsfirmen auf einem hohen technischen Niveau Anwendung findet.

Es verbleiben neben Bereichen, wo Archäologen noch in der Minderzahl sind wie die hauptamtliche Tätigkeit in **Denkmal- und Kulturverwaltungen** oder im Bereich des **Journalismus**, noch die **Forschungseinrichtungen**. Die vier wichtigsten in Deutschland wurden oben bereits namentlich erwähnt. Schon in früheren Jahrzehnten hat man sich dort neben Einzelmaßnahmen insbesondere durch Langzeitprojekte profilieren können wie etwa die Limesforschung (national und international) oder die historische Küstenforschung, auch diese im Verbund mit der jeweiligen Landesarchäologie bzw. internationalen Partnerinstitutionen. War beim Römisch-Germanischen Zentralmuseum Mainz durch seine hervorragenden Fachwerkstätten die Konservierung und Restaurierung (und daran anschließend die wissenschaftliche Bearbeitung) der beweglichen archäologischen Objekte schon ‚seit alters her' ein Markenzeichen, haben jetzt über die Forschung hinaus auch die Römisch-Germanische Kommission und das Niedersächsische Institut für historische Küstenforschung die Bewahrung des hiesigen archäologischen Kulturerbes an Land und im Wasser als wichtiges Thema entdeckt. Damit sind die vielfältigen Tätigkeitsfelder der Archäologie in Deutschland in Form einer Kurzcharakterisierung angerissen sowie die gemeinsamen Schnittmengen und die jeweiligen Spezifika der in Deutschland tätigen wichtigsten Einrichtungen erläutert.

Image der Bodendenkmalpflege / Archäologie | 5

Selbstwahrnehmung und Fremdwahrnehmung der archäologischen Forschung klaffen weit auseinander. Der Begriff ‚Archäologie' kam 1685 durch Jacques Spon (1647–1685) auf und geht auf das in der Renaissance keimende Interesse an Altertümern aus der klassischen Antike zurück (siehe Kap. 2.1.3). Seitdem zeichnet sich ein Bild der sich damit beschäftigenden Wissenschaftler ab, das seit dem 17. Jahrhundert mehrfach Veränderungen unterworfen war. Vom 16. bis zum 19. Jahrhundert beschäftigten sich Historiker, Humanisten, Künstler, Numismatiker, Philologen und Sammler mit der Archäologie (siehe Kap. 2.3.1). Das dadurch entstandene heterogene Bild wurde in der Gesellschaft entsprechend aufgenommen und gerne auch karikiert (Abb. 15).

Abb. 15: Sir William Hamilton in seinem Antikenkabinett.

Das Image des ausgrabenden Abenteurers und Schatzsuchers werden die Archäologen wohl nie ganz los, obwohl die meisten sich stets zu zeigen bemühen, dass diese Vorstellungen falsch sind. Dazu zählt auch die nicht ganz stimmige Zuweisung von ‚Pinselchen und Schäufelchen' bei der Ausgrabungstätigkeit (siehe Kap. 2.2.1). Nicht nur im 19. und 20. Jahrhundert überwog in der Öffentlichkeit ein verklärtes Bild von Archäologen à la Heinrich Schliemann und Howard Carter. Die Filmindustrie hat mit Indiana Jones und Lara Croft zudem Figuren erschaffen, mit denen sie sich der Abenteuerlust auf die Archäologie bedient; dass diese Vorstellungen ganz und gar nicht der Lebenswelt entsprechen interessiert in diesem Zusammenhang nicht. Hier spiegeln sich ähnliche Bilder wider wie bei einem James Bond, der ja auch nicht stellvertretend eine reale Spionageszene vertritt.

Eine Parallelwelt – was Eigen- und Fremdwahrnehmung angeht – hat sich in den letzten Jahren in den Social Media-Kommunikationsforen entwickelt. Hier geht es vor allem um die sehr kontroversen Ansichten zum Thema Sondengängerei mit Metalldetektoren und einer oft damit verbundenen Stichelei der ‚Laien' gegen die Amtsarchäologie (siehe Kap. 3.4). Hier ist nicht nur Stil und gesunder Menschenverstand vonnöten, sondern auch objektiver Sachverstand, um Fakten von ‚Fake News' zu unterscheiden.

Mindestens ebenso problematisch wie das Image der Archäologie ist das Image der Bodendenkmalpflege bzw. Archäologischen Denkmalpflege als Berufsfeld. Der Begriff ‚Bodendenkmal' wurde von Werner Buttler in den 1930er Jahren geprägt (Buttler 1938). Im Laufe der Zeit wurden in diesem Zusammenhang häufig Stereotypen verwendet, die nicht den Tatsachen entsprechen. So wird die Archäologische Denkmalpflege oft mit Baustopps in Verbindung gebracht und als Problem für Bauprojekte betrachtet. Die Realität zeigt ein anderes Bild: Die Archäologische Denkmalpflege zeichnet sich bundesweit durch eine hohe Bereitschaft zur Kompromissfähigkeit aus, wobei sie natürlich die ihr vom Gesetzgeber und der Gesellschaft zugewiesenen Aufgaben nicht aufgeben kann und darf (siehe Kap. 2.6 und 3.2). Im Alltagsgeschäft steht der Schutz des Denkmals meist im Hintergrund, denn insbesondere durch Bautätigkeiten werden Bodendenkmäler in der Regel beseitigt. Der Kompromiss besteht hier in einer fachgerechten Ausgrabung mit entsprechender Dokumentation und Fundbergung. Die daraus resultierenden Ergebnisse werden bisweilen nicht ganz sachgerecht als ‚Sekundärdenkmal' bezeichnet (Rind 2016).

Die landläufige Meinung, es stünden einzelne Funde im Vordergrund des archäologischen Interesses, trifft selten zu. Wenngleich die Freude über spektakuläre Fundstücke verständlich ist, gehört diese aber nicht unbedingt zum täglichen Prozedere der Archäologie. Vielmehr steht die Rekonstruktion der Kulturgeschichte anhand der im Boden verborgenen Funde und Befunde im Vordergrund. Die methodische Grundlage ist in der Regel die Ausgrabung und die damit verbundene akribische Dokumentation ähnlich einer kriminaltechnischen Untersuchung. Als Garant für die professionelle Abwicklung von archäologischen Ausgrabungen und deren Auswertungen stehen die Fachämter für Bodendenkmalpflege, Kommunalarchäologien, Fachfirmen und Universitätsinstitute sowie die einschlägigen Forschungsinstitutionen zur Verfügung (siehe Kap. 3.4).

Die Wissenschaft der Archäologie ist nicht mit dem Suchen und Finden von Antiquitäten gleichzusetzen. Es geht hier um die akribische Dokumentation von Funden und Befunden und deren Auswertung, die ohne interdisziplinäre Zusammenarbeit insbesondere mit diversen Natur- und Nachbarwissenschaften gar nicht mehr denkbar ist. Die Qualität der Bergung und Dokumentation archäologischer Befunde und Funde garantiert, dass noch in Jahrzehnten Archäologen mit diesen Quellen wissenschaftlich arbeiten können. Dabei steht das Verständnis sozialgesellschaftlicher und historischer Prozesse im Vordergrund.

Wichtige Institutionen, Verbände und Vereinigungen sowie Studiengänge

In diesem Kapitel werden in alphabetischer Reihenfolge und mit ihren offiziellen Abkürzungen die für die Archäologische Denkmalpflege in Deutschland wichtigsten Institutionen sowie Verbände und Vereinigungen aufgelistet. Da diese wiederholt im Text auftauchen, wird auf eine Kurzcharakteristik verzichtet, jedoch ein Link auf die jeweilige Homepage (Stand: Juni 2021) angegeben. Darüber hinaus listen wir spezielle Masterstudiengänge mit Fokus auf Denkmalpflege bzw. Kulturgüterschutz auf; auch sie können, neben den verschiedenen archäologischen Studiengängen, für die Arbeit in der Archäologischen Denkmalpflege qualifizieren.

Institutionen

Deutsche Limeskommission (DLK)
https://www.deutsche-limeskommission.de/

Deutsche Stiftung Denkmalschutz (DSD)
https://www.denkmalschutz.de/

Deutsches Archäologisches Institut (DAI)
https://www.dainst.org/

Deutsches Nationalkomitee für Denkmalschutz (DNK)
https://www.dnk.de/

Europa Nostra (EN)
https://www.europanostra.org/

Germanisches Nationalmuseum Nürnberg
https://www.gnm.de/

International Council on Monuments and Sites (ICOMOS)
https://www.icomos.org/en

Museum für Vor- und Frühgeschichte Berlin / Staatliche Museen zu Berlin (MVF)
https://www.smb.museum/museen-einrichtungen/museum-fuer-vor-und-fruehgeschichte/home/

Niedersächsisches Institut für historische Küstenforschung (NIhK)
https://nihk.de/

Römisch-Germanische Kommission (RGK)
https://www.dainst.org/standort/

Römisch-Germanisches Zentralmuseum Mainz – Leibniz-Forschungsinstitut für Archäologie (RGZM)
https://web.rgzm.de/

Stiftung Preußischer Kulturbesitz (SPK)
https://www.preussischer-kulturbesitz.de/

United Nations Educational, Scientific and Cultural Organization (UNESCO)
https://en.unesco.org/

Zentrum für Baltische und Skandinavische Archäologie (ZBSA)
http://www.zbsa.eu/

Verbände und Vereinigungen

Arbeitskreis Theorie und Lehre der Denkmalpflege (AKTLD)
https://www.dhb.rwth-aachen.de/cms/DHB/Das-Lehr-und-Forschungsgebiet/~ksuoq/Arbeitskreis-Theorie-und-Lehre-der-Denkm/

Chartered Institute for Archaeologists (CIfA)
https://www.archaeologists.net/

Deutsche Gesellschaft für Ur- und Frühgeschichte (DGUF)
https://www.dguf.de/

Deutscher Archäologen-Verband (DArV)
https://www.darv.de/

Deutscher Museumsbund (DMB)
https://www.museumsbund.de/

Deutscher Verband für Archäologie (DVA)
https://www.dvarch.de/

Europae Archaeologiae Consilium / European Archaeological Council (EAC)
https://www.europae-archaeologiae-consilium.org/

European Association of Archaeologists (EAA)
https://www.e-a-a.org/

European Heritage Heads Forum (EHHF)
https://ehhf.eu/

European Heritage Legal Forum (EHLF)
https://ehhf.eu/standing-bodies/european-heritage-legal-forum/

Mittel- und Ostdeutscher Verband für Altertumsforschung (MOVA)
https://mova-online.de/

Nordwestdeutscher Verband für Altertumsforschung (NWVA)
https://www.nwva.de/

Verband der Landesarchäologen in der Bundesrepublik Deutschland (VLA)
https://landesarchaeologen.de/

Vereinigung der Landesdenkmalpfleger (VDL)
https://www.vdl-denkmalpflege.de/

West- und Süddeutscher Verband für Altertumsforschung (WSVA)
https://wsva.net/

Spezielle Masterstudiengänge

Otto-Friedrich-Universität Bamberg

- Denkmalpflege – Heritage Conservation (M.A.)
- Digitale Denkmaltechnologien (M.Sc.)

Technische Universität Berlin

- Historische Bauforschung und Denkmalpflege (M.Sc.)

Brandenburgische Technische-Universität Cottbus-Senftenberg

- World Heritage Studies (M.A.)
- Heritage Conservation and Site Management (M.A.)

Europa-Universität Viadrina Frankfurt (Oder)

- Schutz europäischer Kulturgüter / European Cultural Heritage (M.A., berufsbegleitend)

Martin-Luther-Universität Halle-Wittenberg

- Denkmalpflege (M.Sc.)

Ruprecht-Karls-Universität Heidelberg

- Cultural Heritage und Kulturgüterschutz (M.A.)

Abkürzungsverzeichnis

AA – Auswärtiges Amt
AiD – Archäologie in Deutschland
AIDR – Archäologisches Institut des Deutschen Reiches
AWZ – Ausschließliche Wirtschaftszone
BGB – Bürgerliches Gesetzbuch
BKM – Beauftragte der Bundesregierung für Kultur und Medien
BSH – Bundesamt für Seeschifffahrt und Hydrographie
BVerfG – Bundesverfassungsgericht
CIfA – Chartered Institute for Archaeologists
DAI – Deutsches Archäologisches Institut
DBU – Deutsche Bundestiftung Umwelt
DGV – Deutsche Gesellschaft für Vorgeschichte
DNK – Deutsches Nationalkomitee für Denkmalschutz
DLK – Deutsche Limeskommission
DSchG – Denkmalschutzgesetz
DSD – Deutsche Stiftung Denkmalschutz
DVA – Deutscher Verband für Archäologie
EAA – European Association of Archaeologists
EAC – Europae Archaeologiae Consilium / European Archaeological Council
EHHF – European Heritage Heads Forum
EHLF – European Heritage Legal Forum
EU – Europäische Union
GDKE – Generaldirektion Kulturelles Erbe
GIS – Geoinformationssysteme
GG – Grundgesetz
HTW – Hochschule für Technik und Wirtschaft
KGSG – Kulturgutschutzgesetz
KMK – Kultusministerkonferenz
KultGüRückG – Kulturgüterrückgabegesetz
KUWA – Kommission für Unterwasserarchäologie
LVR – Landschaftsverband Rheinland
LWL – Landschaftsverband Westfalen-Lippe
MfDG – Museum für Deutsche Geschichte

MOVA – Mittel- und Ostdeutscher Verband für Altertumsforschung
NWVA – Nordwestdeutscher Verband für Altertumsforschung
NIhK – Niedersächsisches Institut für historische Küstenforschung
OUV – Outstanding Universal Value
OVG – Oberverwaltungsgericht
PDVA – Präsidium der Deutschen Verbände für Archäologie
REM – Reichsministerium für Wissenschaft, Erziehung und Volksbildung
RGK – Römisch-Germanische Kommission
RLK – Reichs-Limeskommission
RGZM – Römisch-Germanisches Zentralmuseum – Leibniz-Forschungsinstitut für Archäologie
SPK – Stiftung Preußischer Kulturbesitz
TöB – Träger öffentlicher Belange
UVP – Umweltverträglichkeitsprüfung
VLA – Verband der Landesarchäologen
VDL – Vereinigung der Landesdenkmalpfleger
WSVA – West- und Süddeutscher Verband für Altertumsforschung
ZBSA – Zentrum für Baltische und Skandinavische Archäologie
ZIAGA – Zentralinstitut für Alte Geschichte und Archäologie

Abbildungsnachweise und Hinweise zu den Autoren

Titelbild: Marcel Zanjani, LVR-Amt für Bodendenkmalpflege im Rheinland.
Abb. 1: Brandenburgisches Landesamt für Denkmalpflege und Archäologisches Landesmuseum, Bildautor: Matthias Antkowiak.
Abb. 2: Christiane Gerda Schmidt, LWL-Archäologie für Westfalen.
Abb. 3: Axel Thünker, DGPh, Bonn, für Förderverein Römergrab Weiden e.V.
Abb. 4: © Landesamt für Archäologie Sachsen; Bildautor: Otto Braasch, Landshut.
Abb. 5: LWL-Archäologie für Westfalen, Uwe Brieke.
Abb. 6: LWL-Archäologie für Westfalen, Uwe Brieke.
Abb. 7: Datengrundlage: Datenlizenz Deutschland – Zero – Version 2.0, Grafik: LWL-Archäologie für Westfalen / Ingo Pfeffer.
Abb. 8: LWL-Archäologie für Westfalen, Bettina Tremmel.
Abb. 9: LWL-Archäologie für Westfalen, J. Coolen.
Abb. 10: Michael M. Rind.
Abb. 11: Römisch-Germanisches Museum der Stadt Köln, Foto Alfred Schäfer.
Abb. 12: Michael M. Rind.
Abb. 13: Axel Thünker DGPh, Bonn, für LVR-Archäologischer Park Xanten.
Abb. 14: © Landesamt für Denkmalpflege im Regierungspräsidium Stuttgart.
Abb. 15: Nach Vorlage aus: Peter Berghaus (Bearb.), Der Archäologe: Graphische Bildnisse aus dem Porträtarchiv Diepenbroick (Münster 1983) 119.

Folgende Abschnitte wurden jeweils verfasst von:
Jürgen Kunow/ Michael Rind:
Kapitel 1 sowie die Anhänge.
Jürgen Kunow:
Kapitel 2.1–2.5; 3.3. und 3.5 sowie 4.
Michael Rind:
Kapitel 2.6; 3.1–3.2 und 3.4 sowie 5.

Literatur

100 Jahre / 100 Funde 2020: LWL-Archäologie für Westfalen (Hg.), 100 Jahre / 100 Funde – Das Jubiläum der amtlichen Bodendenkmalpflege in Westfalen-Lippe (Darmstadt 2020).

Aitchison 2010: Kenneth Aitchison, Discovering the Archaeologists of Europe. In: Verband der Landesarchäologen in der Bundesrepublik Deutschland 2010, 103–110.

Althoff / Jagust / Altekamp 2016: Johannes Althoff / Frederick Jagust / Stefan Altekamp, Theodor Wiegand (1864–1936). In: Gunnar Brands / Martin Maischberger (Hg.), Lebensbilder. Klassische Archäologen und der Nationalsozialismus. Bd. 2,2 (Rahden / Westf. 2016) 1–37.

Ament 1996: Hermann Ament, Die Wissenschaft „A." oder die Schwierigkeit, ein Fach zu benennen. Archäologisches Nachrichtenblatt 1, 1996, 5–8.

Ament 2000: Hermann Ament, Denkmalpflege und Vereinstätigkeit im 19. Jahrhundert. Eine Fallstudie. In: Verband der Landesarchäologen in der Bundesrepublik Deutschland 2000, 187–194.

Anton et. al. 2019: Christian Anton / Mike Belasus / Roland Bernecker / Constanze Breuer / Hauke Jöns / Sabine von Schorlemer, Spuren unter Wasser. Das kulturelle Erbe in Nord- und Ostsee erforschen und schützen. Nationale Akademie der Wissenschaften Leopoldina. Diskussion 23 (Halle [Saale] 2019). Zudem englische Version: Traces under water. Exploring and protecting the cultural heritage in the North Sea and Baltic Sea. https:/www.leopoldina.org/uploads/tx_leopublication/2019_Diskussionspapier_Spuren_unter_Wasser_EN.pdf (letzter Zugriff: 18. 6. 2021).

Arbeitskreis Theorie und Lehre der Denkmalpflege 2017: Birgit Franz / Gerhard Vinken (Hg.), Das Digitale und die Denkmalpflege. Bestandserfassung – Denkmalvermittlung – Datenarchivierung – Rekonstruktion verlorener Objekte. Veröffentlichungen des Arbeitskreises Theorie und Lehre der Denkmalpflege Bd. 26 (Holzminden 2017).

Archäologie und Naturwissenschaften 1977: Römisch-Germanisches Zentralmuseum, Forschungsinstitut für Vor- und Frühgeschichte (Hg.), Archäologie und Naturwissenschaften (Mainz 1977).

Archäologische Prospektion 1996: Archäologische Prospektion – Luftbildarchäologie und Geophysik. Arbeitshefte des Bayerischen Landesamtes für Denkmalpflege 59 (München 1996).

Archaeological Prospection 1999: Jörg W. E. Fassbinder / Walter E. Irlinger (Hg.), Archaeological Prospection. Arbeitshefte des Bayerischen Landesamtes für Denkmalpflege 108 (München 1999).

Archaeological Prospection 2013: Wolfgang Neubauer / Immo Trinks / Roderick B. Salisbury / Christina Einwögerer (Hg.), Archaeological Prospection. Proceedings of the 10th International Conference on Archaeological Prospection (Vienna 2013).

Aus gutem Grund 2013: Aus gutem Grund. Bodendenkmalpflege in Bayern. Standpunkte – Ziele – Strategien. Bayerisches Landesamt für Denkmalpflege, Denkmalpflege Themen 4 (München 2013).

Baatz 2002: Dietwulf Baatz, Limesforschung zwischen den Weltkriegen. Ein forschungsgeschichtlicher Überblick. In: Leube / Hegewisch 2002, 227–233.

Baitinger 2011: Holger Baitinger, Der Glauberg – eine Grabung zwischen den Fronten. In: Schallmayer 2011a, 57–74.

Baltrusch et al. 2012: Ernst Baltrusch / Morten Hegewisch / Michael Meyer / Uwe Puschner / Christian-Wendt (Hg.), 2000 Jahre Varusschlacht. Geschichte – Archäologie – Legenden. Topoi. Berlin Studies of the Ancient World 7 (Berlin / Boston 2012).

Bánffy / Hofmann / von Rummel 2019: Eszter Bánffy / Kerstin P. Hofmann / Philipp von Rummel (Hg.), Spuren des Menschen. 800 000 Jahre Geschichte in Europa (Darmstadt 2019).

Becker / Rasbach 2015: Armin Becker / Gabriele Rasbach, Waldgirmes: Die Ausgrabungen in der spätaugusteischen Siedlung von Lahnau-Waldgirmes (1993–2009). I, Befunde und Funde. Beilagen. Römisch-Germanische Forschungen 71 (Darmstadt 2015).

Berg / Bofinger / Schulz 2019: Stefanie Berg / Jörg Bofinger / Rüdiger Schulz (Hg.), 370 Kilometer Archäologie. Archäologie an der Ethylen Pipeline Süd-Trasse in Bayern, Baden-Württemberg und Rheinland-Pfalz (Heidelberg 2019). DOI: https://doi.org/10.11588/propylaeum.395 (letzter Zugriff: 18.6.2021).

Berger / Seiffert 2014: Stefan Berger / Joana Seiffert (Hg.), Erinnerungsorte: Chancen und Perspektiven eines Erfolgskonzeptes in den Kulturwissenschaften. Veröffentlichungen des Instituts für soziale Bewegungen. Schriftenreihe A: Darstellungen, Bd. 59 (Essen 2014).

Bernheim 1908: Ernst Bernheim, Lehrbuch der Historischen Methode und Geschichtsphilosophie (Leipzig [6]1908).

Berke 2009: Stephan Berke, „haud procul". Die Suche nach der Örtlichkeit der Varusschlacht. In: Landesverband Lippe (Hg.), 2000 Jahre Varusschlacht. Mythos (Stuttgart 2009) 133–138.

Bernbeck 2017: Reinhard Bernbeck, Materielle Spuren des nationalsozialistischen Terrors. Zu einer Archäologie der Zeitgeschichte. Histoire, Bd. 115 (Bielefeld 2017).

Bertemes / Northe 2012: François Bertemes / Andres Northe, Goseck – Die „erste" Kreisgrabenanlage in Sachsen-Anhalt. In: François Bertemes / Harald Meller (Hg.), Neolithische Kreisgrabenanlagen in Europa. Tagungen des Landesmuseums für Vorgeschichte Halle 8 (Halle, Saale 2012) 11–39.

Bibby 2014: David Bibby, Archaeological resources in cultural heritage: a European standard. In: Haas / Schut 2014, 119–121.

Bloier 2012: Mario Bloier, Modellprojekt „Archäologie und Ehrenamt" – eine (Zwischen)bilanz mit besonderem Blick auf Niederbayern. In: Vorträge des 30. Niederbayerischen Archäologentages (Rahden / Westf. 2012) 355–379.

Bodendenkmäler in Nordrhein-Westfalen 2018: Landschaftsverband Westfalen-Lippe (Hg.), Bodendenkmäler in Nordrhein-Westfalen. Erkennen, erfassen, Erhalten (Münster 2018). https://www.lwl-archaeologie.de/media/filer_public/11/e5/11e54fb4-59e0-4baa-87a7-96d04a7e46e6/bodendenkmaeler_nrw.pdf (letzter Zugriff: 18.6.2021)

Bofinger / Krauße 2012: Jörg Bofinger / Dirk Krauße (Hg.), Large-scale excavations in Europe: Fieldwork strategies and scientific outcome. Proceedings of the International Conference Esslingen am Neckar, Germany, 7th–8th October 2008. EAC Occasional Paper 6 (Budapest 2012).

Bollacher / Meyer 2020: Christian Bollacher / Marcus G. Meyer, Gras drüber! Die geglückte Rettung des römerzeitlichen Gutshofs des Gaius Longinius Speratus bei Großbottwar. Denkmalpflege in Baden-Württemberg 49, 2020, 235–239.

Bollmus 1970: Reinhard Bollmus, Das Amt Rosenberg und seine Gegner. Studien zum Machtkampf im nationalsozialistischen Herrschaftssystem. Studien zur Zeitgeschichte, Bd. 1 (Stuttgart 1970).

Boschung / Schäfer / Trier 2021: Dietrich Boschung / Alfred Schäfer / Marcus Trier (Hg.), Erinnerte Macht. Antike Herrschergräber in transkultureller Perspektive. Morphomata, Bd. 50 (Paderborn 2021).

Brandenburgisches Landesamt für Denkmalpflege und Archäologisches Landesmuseum 2003: Brandenburgisches Landesamt für Denkmalpflege und Archäologisches Landesmuseum (Hg.), Das „Königsgrab" von Seddin in der Prignitz. Kolloquium anlässlich des 100. Jahrestages seiner Freilegung am 12. Oktober 1999. Arbeitsberichte zur Bodendenkmalpflege in Brandenburg, Bd. 9 (Wünsdorf 2003).

Brather-Walter 2019: Susanne Brather-Walter (Hg.), Archaeology, History and Biosciences: Interdisciplinary Perspectives. Reallexikon der Germanischen Altertumskunde, Ergänzungsbd. 107 (Berlin / Boston 2019).

Buttler 1938: Werner Buttler, Warum Bodendenkmalpflege? Rheinische Vorzeit in Wort und Bild 1, 1938, 15–17.

Buttler 2013: Eberhard Butler, Werner Buttler – ein rheinischer Vorgeschichtler. In: Kunow / Otten / Bemmann 2013, 215–226.

von Carnap-Bornheim 2015: Claus von Carnap-Bornheim, Einige Bemerkungen zu Christoph Huths Beitrag „Vom rechten Umgang mit Sondengängern" – die Schleswig-Holsteinische Perspektive. Archäologische Informationen 38, 2015, 323–330.

Christlein / Braasch 1982: Rainer Christlein / Otto Braasch, Das unterirdische Bayern – 7000 Jahre Geschichte und Archäologie im Luftbild (Stuttgart 1982).

Codreanu-Windauer 2021: Silvia Codreanu-Windauer, Regensburgs unterirdisches Welterbe. In: Archäologie im Hier und Jetzt. Lübecker Kolloquium zur Stadtarchäologie im Hanseraum XI (Kiel 2021).

Crawford 1928: Osbert G.S. Crawford, Wessex from the Air (Oxford 1928).

Crutchley 2010: Simon Crutchley, The Light Fantastic – Using Airborne Lidar in archaeological survey. In: Wagner / Székely 2010, Part 7B, 160–164.

Dally / von Rummel 2019: Ortwin Dally / Philipp von Rummel, Die Zentrale des Deutschen Archäologischen Instituts als Forschungsabteilung. In: Ortwin Dally / Ulrike Wulf-Rheidt / Philipp von Rummel (Hg.), Beiträge zur Geschichte der Zentrale des Deutschen Archäologischen Instituts. Das Deutsche Archäologische Institut – Geschichte und Dokumente 11 (Wiesbaden 2019) 1–23.

Davidovic 2014: Antonia Davidovic, Ausgrabung. In: Mölders / Wolfram 2014, 63–67.

Davydov / Rind 2013: Dimitrij Davydov / Michael M. Rind, Im Zweifel für den Veranlasser? Das alte und neue Recht der Bodendenkmalpflege in Nordrhein-Westfalen. Archäologie in Westfalen-Lippe 2013, 19–27.

Davydov 2015: Dimitrij Davydov, Das Verursacherprinzip in der Rückabwicklung. Die Erstattung von Grabungskosten in der Spruchpraxis nordrhein-westfälischer Gerichte. Archäologische Informationen 38, 2015, 371–378.

Davydov 2017: Dimitrij Davydov, Erinnerungslandschaft „Festung Europa" – Militärhistorische Relikte des 20. Jahrhunderts zwischen staatlichem Schutz und Erinnerungskultur. In: Verband der Landesarchäologen in der Bundesrepublik Deutschland 2017, 26–31.

Davydov 2018: Dimitrij Davydov, Was ist ein Bodendenkmal? 25 Jahre später. In: Recker / Davydov 2018, 19–28.

Davydov / Hönes / Otten / Ringbeck 2016: Dimitrij Davydov / Ernst-Maria Hönes / Thomas Otten / Birgitta Ringbeck, Denkmalschutzgesetz Nordrhein-Westfalen. Kommentar, 5. Aufl. (Wiesbaden 2016).

Dehio 1901: Georg Dehio, Was wird aus dem Heidelberger Schloss werden? (Straßburg 1901). In: Wohlleben 1988, 34–42.

Dehio 1905: Georg Dehio, Denkmalschutz und Denkmalpflege im neunzehnten Jahrhundert. Rede zur Feier des Geburtstags Sr. Majestät des Kaisers. Straßburg, 27. Januar 1905. In: Wohlleben 1988, 88–103.

Denkmalschutz 2007: Juliane Kirschbaum (Red.), Denkmalschutz: Texte zum Denkmalschutz und zur Denkmalpflege. Schriftenreihe des Deutschen Nationalkomitees für Denkmalschutz 52 (Bonn [4]2007).

Deutsche Bundesstiftung Umwelt 2015: Deutsche Bundesstiftung Umwelt (Hg.), Energiewende und Archäologie (Osnabrück 2015). https:/www.dbu.de/phpTemplates/publikationen/pdf/290415093415l8u7.pdf (letzter Zugriff: 18.6.2021).

Deutscher Verband für Archäologie 2017: Deutscher Verband für Archäologie, Leitlinien zur Archäologie der Moderne. Blickpunkt Archäologie 2017, H. 4, 236–245.

Dolff-Bonekämper 2010: Gabi Dolff-Bonekämper, Gegenwartswerte. Für eine Erneuerung von Alois Riegls Denkmalwerttheorie. In: Hans-Rudolf Meier / Ingrid Scheurmann (Hg.), DENKmalWERTE. Beiträge zur Theorie und Aktualität der Denkmalpflege (= Festschrift Georg Mörsch zum 70. Geburtstag) (Berlin / München 2010) 27–40.

Doneus et al. 2011: Michael Doneus / Geert Verhoeven / Martin Fera / Christian Briese / Matthias Kucera / Wolfgang Neubauer, From Deposit to Point Cloud. A Study of Low-Cost Computer Vision Approaches for the Straightforward Documentation of Archaeological Excavations. In: Karel Pavelka (Hg.), Geoinformatics 6 (Faculty of Civil Engineering, Czech Technical University in Prague) (Prag 2011) 81–88.

Dodt / Schäfer 2019 Michael Dodt / Alfred Schäfer, Der Kölner Hafen in der Römerzeit. In: Manuela Mirschenz / Renate Gerlach / Jan Bemmann (Hg.), Der Rhein als europäische Verkehrsachse III. Bonner Beiträge zur Vor- und Frühgeschichtlichen Archäologie 22 (Bonn 2019) 153–176.

Dressler 2020a: Torsten Dressler, Die Berliner Mauer im Spiegel archäologischer Dokumentationen und ihr Denkmalwert. Blickpunkt Archäologie 2020, H. 3, 188–197.

Dressler 2020b: Torsten Dressler, Touristisch erschlossen. Fluchttunnel vom Winter 1970 / 71 in Berlin-Mitte. Archäologie in Berlin und Brandenburg 2018 (Darmstadt 2020) 126–128.

Droysen 1882: Johann Gustav Droysen, Grundriss der Historik (Leipzig [3]1882).

Droysen 1967: Johann Gustav Droysen, Historik. Vorlesungen über Enzyklopädie und Methodologie der Geschichte. Herausgegeben von Rudolf Hübner (München [5]1967).

Dvořák 1918: Max Dvořák, Katechismus der Denkmalpflege (Wien [2]1918).

Dvořák 2011: Max Dvořák, Alois Riegl (1905). In: Schriften zur Denkmalpflege. Gesammelt und kommentiert von Sandro Scarrocchia. Studien zu Denkmalschutz und Denkmalpflege 22 (Wien 2011) 267–282.

Eck / Wolff 1986: Werner Eck / Hartmut Wolff (Hg.), Heer und Integrationspolitik. Die römischen Militärdiplome als historische Quelle. Passauer historische Forschungen (Köln 1986).

Eckerle 2000: Klaus Eckerle, Frühe Archäologische Denkmalpflege in Bayern, Württemberg und Baden. In: Verband der Landesarchäologen in der Bundesrepublik Deutschland 2000, 195–200.

Eggers 1959: Hans Jürgen Eggers, Einführung in die Vorgeschichte (München 1959).

Eggert 2006: Manfred K.H. Eggert, Archäologie: Grundzüge einer Historischen Kulturwissenschaft (Tübingen / Basel 2006).

Eggert 2008: Manfred K.H. Eggert, Prähistorische Archäologie: Konzepte und Methoden (Tübingen / Basel [3]2008, vollständig überarbeitete und erweiterte 3. Auflage).

Eggert / Samida 2013: Manfred K.H. Eggert / Stefanie Samida, Ur- und Frühgeschichtliche Archäologie (Tübingen [2]2013; 3. Aufl. im Druck).

Eggert / Stoessel 2014: Manfred K.H. Eggert / Marleen Stoessel, Aura. In: Samida / Eggert / Hahn 2014, 174–180.

Eidloth / Ongyerth / Walgern 2019: Volkmar Eidloth / Gerhard Ongyerth / Heinrich Walgern (Hg.), Handbuch Städtebauliche Denkmalpflege (Petersberg [2]2019).

Eikermann et al. 2018: Larissa Eikermann / Stefanie Haupt / Roland Linde / Michael Zelle (Hg.), Die Externsteine. Zwischen wissenschaftlicher Forschung und völkischer Deutung. Veröffentlichungen der Historischen Kommission für Westfalen, Neue Folge 31 (Münster 2018).

El-Mecky / Samida 2017: Nausikaä El-Mecky / Stefanie Samida, Inexistent, Unsichtbar, Imaginiert: Digitale Rekonstruktionen als Vermittlungsformate in der Archäologie am Beispiel von Palmyra. Fotogeschichte: Beiträge zur Geschichte und Ästhetik der Fotografie 144, 2017, 51–58.

Endlich 2009: Stefanie Endlich, Orte des Erinnerns? Mahnmale und Gedenkstätten. In: Peter Reichel / Harald Schmid / Peter Steinbach (Hg.), Der Nationalsozialismus – die zweite Geschichte (München 2009) 350–377.

Erll 2011: Astrid Erll, Kollektives Gedächtnis und Erinnerungskulturen. Eine Einführung (Stuttgart / Weimar [2]2011).

Faber 1971: Karl-Georg Faber, Theorie der Geschichtswissenschaft (München 1971).

Falser 2005: Michael S. Falser, Zum 100. Todesjahr von Alois Riegl. Der „Alterswert" als Beitrag zur Konstruktion staatsnationaler Identität in der Habsburg-Monarchie um 1900 und seine Relevanz heute. Österreichische Zeitschrift für Kunst und Denkmalpflege 59, 2005, 298–311.

Falser 2011: Michael S. Falser, Von der Venice Charter 1964 zum Nara Document on Authenticity 1994–30 Jahre „Authentizität" im Namen des kulturellen Erbes der Welt. Kunstgeschichte, Open Peer Reviewed Journal, 2011. urn:nbn:de:bvb:355-kuge-121-4 (letzter Zugriff: 18.6.2021).

Fechner 1993: Frank Fechner, Bodendenkmalpflege und das Grundrecht der Forschungsfreiheit. In: Verband der Landesarchäologen in der Bundesrepublik Deutschland 1993, 49–55.

Fehr 2010: Hubert Fehr, Germanen und Romanen im Merowingerreich. Frühgeschichtliche Archäologie zwischen Wissenschaft und Zeitgeschehen. Ergänzungsbände Reallexikon der Germanischen Altertumskunde 68 (Berlin / New York 2010).

Fehr 2013: Hubert Fehr, Das Referat „Vorgeschichte und Archäologie" des Militärischen Kunstschutzes in Belgien und Frankreich. In: Kunow / Otten / Bemmann 2013, 401–410.

Fehring 1992: Günter P. Fehring, Stadtarchäologie – Fragestellungen, Entwicklungen und Konzeptionen. In: Verband der Landesarchäologen in der Bundesrepublik Deutschland 1992, 7–14.

Fehring 1996: Günter P. Fehring, Stadtarchäologie in Deutschland. Sonderheft „Archäologie in Deutschland" (Stuttgart 1996).

Fless et al. 2016: Friederike Fless et al., Authenticity and Communication. Journal for Ancient Studies. Special Volume 6 („Space and Knowledge"), 2016, 481–524 (hg. von Gerd Graßhoff / Michael Meyer). http://journal.topoi.org/index.php/etopoi/issue/view/20 (letzter Zugriff: 18.6.2021).

Florjanowicz 2016: Paulina Florjanowicz, When Valletta meets Faro. The reality of European archaeology in the 21st century. EAC Occasional Paper 11 (Namur 2016).

Focke-Museum et al. 2013: Focke-Museum / Sandra Geringer / Frauke von der Haar / Uta Halle / Dirk Mahsarski / Karin Walter, Graben für Germanien: Archäologie unterm Hakenkreuz (Stuttgart 2013).

Fuchs 1971: Reinhard Fuchs, Zur Geschichte der Sammlungen des Rheinischen Landesmuseum Bonn. Rheinisches Landesmuseum Bonn. 150 Jahre Sammlungen 1820–1970 (Bonn 1971) 1–158.

Fuchs 2015: Christian Fuchs, Warum archäologische Gegenstände keine „Funde" sein dürfen – Die Verwaltungsvorschrift zu § 17 Schatzregal DSchG NRW. Archäologische Informationen 38, 2015, 343–351.

Gebhard / Krause 2016: Rupert Gebhard / Rüdiger Krause, Bernstorf. Archäologisch-naturwissenschaftliche Analysen der Gold- und Bernsteinfunde vom Bernstorfer Berg bei Kranzberg, Oberbayern. Abhandlungen und Bestandskataloge der Archäologischen Staatssammlung 3 (= Bernstorf-Forschungen 1 = Frankfurter Archäologische Schriften 31) (Bonn 2016).

Gebhard / Krause 2020: Rupert Gebhard / Rüdiger Krause, Kritische Anmerkungen zum Fundkomplex der sog. Himmelsscheibe von Nebra. In: Archäologische Informationen 43, 325–346. https://journals.ub.uni-heidelberg.de/index.php/arch-inf/article/view/81418/75456 (letzter Zugriff: 18.6.2021).

Geilenbrügge / Janssens 2017: Udo Geilenbrügge / Jan Janssens, Tiefer Sturz eines Jupiters. Archäologie im Rheinland 2016 (Darmstadt 2017) U1; 132–135.

Gersbach 1989: Egon Gersbach, Ausgrabung heute. Methoden und Techniken der Feldgrabung (Darmstadt 1989).

Geschwinde / Lönne / Meyer 2018: Michael Geschwinde / Petra Lönne / Michael Meyer, Eingefrorene Zeit. Das Harzhorn-Ereignis – Archäologie einer römisch-germanischen Konfrontation 235 n. Chr. In: Matthias Wemhoff / Michael M. Rind (Hg.), Bewegte Zeiten. Archäologie in Deutschland (Berlin 2018) 282–293.

Gramsch 2000: Bernhard Gramsch, Die Bodendenkmalpflege in der Deutschen Demokratischen Republik. In: Verband der Landesarchäologen in der Bundesrepublik Deutschland 2000, 242–246.

Gramsch / Wetzel 2018: Bernhard Gramsch / Günter Wetzel, Vom Bodendenkmalrecht der DDR zum Brandenburgischen Denkmalschutzgesetz 1991. In: Michaela Aufleger / Petra Tutlies (Hg.), Das Ganze ist mehr als die Summe seiner Teile. Festschrift für Jürgen Kunow anlässlich seines Eintritts in den Ruhestand. Materialien zur Bodendenkmalpflege im Rheinland 27 (Bonn 2018) 69–84.

Gramsch et al. 2019: Alexander Gramsch / Kerstin P. Hofmann / Susanne Grunwald / Nils Müller-Scheessel, Was ist Archäologie? Spuren, Menschen, Dinge. In: Bánffy / Hofmann / von Rummel 2019, 9–33.

Greipl 2008: Egon Johannes Greipl (Hg.), 100 Jahre Bayerisches Landesamt für Denkmalpflege (Regensburg 2008).

Groebner 2013: Valentin Groebner, Touristischer Geschichtsgebrauch. Über einige Merkmale neuer Vergangenheiten im 20. und 21. Jahrhundert. Historische Zeitschrift 296, 2013, 408–428.

Grünert 2002: Heinz Grünert, Gustaf Kossinna (1858–1931). Vom Germanisten zum Prähistoriker. Ein Wissenschaftler im Kaiserreich und in der Weimarer Republik. Vorgeschichtliche Forschungen 22 (Rahden / Westf. 2002).

Gummel 1938: Hans Gummel, Forschungsgeschichte in Deutschland. Die Urgeschichtsforschung und ihre historische Entwicklung in den Kulturstaaten der Erde 1 (Berlin 1938).

Gumprecht 2003: Almuth Gumprecht, Der gesetzliche Rahmen für die Aufgaben der Bodendenkmalpflege in der Bundesrepublik Deutschland. In: Archäologische Denkmalpflege in Deutschland – Standort, Aufgabe, Ziel (Stuttgart 2003) 30–38.

Gumprecht 2006: Almuth Gumprecht, Pecunia nervus rerum – Kostentragungspflicht des Verursachers bei Ausgrabungen. In: Westfälisches Museum für Archäologie – Landesmuseum und Amt für Bodendenkmalpflege und Altertumskommission für Westfalen (Hg.), Neujahrsgruß 2006: Jahresbericht für 2005 (Münster 2006) 13–21. https://www.lwl.org/wmfah-download/pdf/NG_2006_23-11-2009_mit_Titel.pdf (letzer Zugriff: 18.6.2021).

Haas / Schut 2014: Victoria M. van der Haas / Peter A. C. Schut, The Valletta Convention: Twenty Years After – Benefits, Problems, Challenges. EAC Occasional Paper 9 (Brüssel 2014).

Halle 2002: Uta Halle, „Die Externsteine sind bis auf weiteres germanisch!" Prähistorische Archäologie im Dritten Reich. Sonderveröffentlichungen des Naturwissenschaftlichen und Historischen Vereins für das Land Lippe 6 (Bielefeld 2002).

Halle 2008: Uta Halle, Ur- und Frühgeschichte. In: Jürgen Elvert / Jürgen Nielsen-Sikora (Hg.), Kulturwissenschaften und Nationalsozialismus. Historische Mitteilungen im Auftrage der Ranke-Gesellschaft 72 (Stuttgart 2008) 109–166.

Halle 2018: Uta Halle, Die Ausgrabungen an den Externsteinen 1934/35 im Spannungsfeld wissenschaftlicher, völkischer und politischer Interessen. In: Eikermann et al. 2018, 335–355.

Hallenkamp-Lumpe 2020: Julia Hallenkamp-Lumpe, „Es ist besser, ein Licht anzuzünden, als über die Dunkelheit zu schimpfen" (Konfuzius) – Sondengänger und Archäologie in Westfalen-Lippe. Blickpunkt Archäologie 2020, H. 1, 31–34.

Hansen/Schopper 2018: Svend Hansen/Franz Schopper (Hg.), Der Grabhügel von Seddin im norddeutschen und südskandinavischen Kontext. Internationale Konferenz 16. bis 20. Juni 2014, Brandenburg an der Havel. Arbeitsberichte zur Bodendenkmalpflege in Brandenburg 33 (Wünsdorf 2018).

Haubold-Stolle et al. 2020: Juliana Haubold-Stolle/Thomas Kersting/Claudia Theune/Christine Glauning/Andrea Riedle/Franz Schopper/Karin Wagner/Axel Drecoll (Hg.), Ausgeschlossen. Archäologie der NS-Zwangslager (Berlin 2020).

Hauptmann/Pingel 2008: Andreas Hauptmann/Volker Pingel, Archäometrie – Methoden und Anwendungsbeispiele naturwissenschaftlicher Verfahren in der Archäologie (Stuttgart 2008).

Hausmair/Bollacher 2019: Barbara Hausmair/Christian Bollacher, „Lagerarchäologie" zwischen Bürgerinitiativen und Denkmalpflege am Beispiel des KZ-Komplexes Natzweiler. Archäologische Informationen 42, 2019, 59–70.

Heighway 1972: Carolyn M. Heighway (Hg.), The Erosion in History: Archaeology and Planning in Towns: A Study of Historic Towns Affected by Modern Development in England, Wales and Scotland (Council for British Archaeology, Urban Research Committee [London] 1972).

Heimpel 1959: Hermann Heimpel, Über Organisationsformen historischer Forschung in Deutschland. Historische Zeitschrift 189, 1959, 139–222.

Herbert 2021: Ulrich Herbert, Wer waren die Nationalsozialisten? (München 2021).

Herrmann 1989: Joachim Herrmann (Hg.), Archäologie in der Deutschen Demokratischen Republik. Denkmale und Funde, 2 Bände (Jena/Berlin 1989).

Hesberg/Kunow/Otten 2016–2021: Henner von Hesberg/Jürgen Kunow/Thomas Otten (Hg.), Archäologisches Gedächtnis der Städte Bde. 1–5 (Worms 2016 – Regensburg 2021).

Heuss 2002: Anja Heuss, Prähistorische „Raubgrabungen" in der Ukraine. In: Leube/Hegewisch 2002, 545–554.

Hoika 1998: Jürgen Hoika, Archäologie, Vorgeschichte, Frühgeschichte, Geschichte. Ein Beitrag zu Begriffsgeschichte und Zeitgeist. Archäologische Informationen 21/1, 1998, 51–86.

Hoppe/Wegener 2014: Wiebke Hoppe/Wolfgang Wegener, Archäologische Kriegsrelikte im Rheinland. Führer zu archäologischen Denkmälern im Rheinland 5 (Essen 2014).

Horn/Kier/Kunow/Trier 1991: Heinz Günter Horn/Hiltrud Kier/Jürgen Kunow/Bendix Trier (Hg.), Archäologie und Recht. Was ist ein Bodendenkmal? Schriften zur Bodendenkmalpflege in Nordrhein-Westfalen 2 [= Kolloquium im Rahmen der Jahrestagung des Verbandes der Landesarchäologen in der Bundesrepublik Deutschland. Münster, 31.10.1989] (Mainz 1991).

Hönes 2014: Ernst-Rainer Hönes, Die Wirkungen des Preußischen Ausgrabungsgesetzes auf die heutigen Denkmalschutzgesetze in den Ländern. Blickpunkt Archäologie 2014, H. 3, 65–71.

Hönes 2019: Ernst-Rainer Hönes, Rechtliche Rahmenbedingungen der städtebaulichen Denkmalpflege. In: Eidloth/Ongyerth/Walgern 2019, 129–162.

Hrouda 1978: Barthel Hrouda, Methoden der Archäologie – Eine Einführung in ihre naturwissenschaftlichen Techniken (München 1978).

Isenberg 1992: Gabriele Isenberg, Die Anforderungen an die archäologische Bestandserhebung in historischen Städten. In: Verband der Landesarchäologen in der Bundesrepublik Deutschland 1992, 30–37.

Jacob-Friesen 1928: Karl Hermann Jacob-Friesen, Grundfragen der Urgeschichtsforschung (Hannover 1928).

Kater 1974: Michael H. Kater, Das „Ahnenerbe" der SS 1935–1945. Ein Beitrag zur Kulturpolitik des Dritten Reiches. Studien zur Zeitgeschichte 6 (Stuttgart 1974).

Karl 2015: Raimund Karl, Besser dem Zufall vertrauen oder strategisch auswählen? Archäologische Informationen 38, 2015, 219–231.

Kemper 2015: Till Kemper, Kostentragungspflicht und Zumutbarkeit für Verursacher im novellierten Denkmalschutzgesetz von Nordrhein-Westfalen im Vergleich mit den übrigen Bundesländern. Archäologische Informationen 38, 2015, 353–370.

Kersting/Meißner 2021: Thomas Kersting/Christoph Meißner (Hg.), Gekommen, um zu bleiben. Archäologie und Geschichte der Waldlager der Roten Armee (Berlin 2021).

Kersting et al. 2017: Thomas Kersting/Claudia Theune/Axel Drieschner/Astrid Ley/Thomas Lutz (Hg.), Archäologie und Gedächtnis. NS-Lagerstandorte Erforschen – Bewahren – Vermitteln. Interdisziplinäre Konferenz im Archäologischen Landesmuseum Brandenburg an der Havel 17. bis 19. September 2015. Denkmalpflege in Berlin und Brandenburg, Arbeitsheft 4/2016 (Petersberg 2017).

Klüßendorf 2000: Niklot Klüßendorf, Frühe Verordnungen zur Bodendenkmalpflege. Tendenzen der Rechtsentwicklung bis in die Zeit der Reichsgründung. In: Verband der Landesarchäologen in der Bundesrepublik Deutschland 2000, 174–186.

Knoch 2020: Habbo Knoch, Geschichte in Gedenkstätten. Theorie – Praxis – Berufsfelder (Tübingen 2020).

Knoop et al. 2021: Riemer Knoop/Heleen van Londen/Monique van den Dries/Stella Landskroon, Brave New Worlds. Foreign inspirations for Dutch archaeological heritage management. Final Report (Amsterdam 2021).

Kokalj/Hesse 2017: Žiga Kokalj/Ralf Hesse, Airborne laser scanning raster data visualization: A Guide to Good Practice (Ljubljana 2017).

Kossian 2011: Rainer Kossian, Reichsamt für Vorgeschichte versus SS-Ahnenerbe. Die Ausgrabungen des Reichsamtes für Vorgeschichte am Dümmer (Niedersachsen) in den Jahren 1939 bis 1941. In: Schallmayer 2011a, 207–224.

Kraus 2000: Stefan Kraus, Zur Geschichte der Archäologischen Denkmalpflege in Deutschland. Westliche preußische Provinzen, Westfalen und Rheinland sowie Hessen und die sächsischen und thüringischen Länder 1871 bis 1918. In: Verband der Landesarchäologen in der Bundesrepublik Deutschland 2000, 207–216.

Kraus 2012: Stefan Kraus, Die Entstehung und Entwicklung der staatlichen Bodendenkmalpflege in den Provinzen Rheinland und Westfalen. Schriften zur Bodendenkmalpflege in Nordrhein-Westfalen 10 (Aichwald 2012).

Kraus 2014: Stefan Kraus, Die Entstehung des Preußischen Ausgrabungsgesetzes und seine Regelungen. Blickpunkt Archäologie 2014, H. 3, 59–64.

Krausse/Nübold 2010: Dirk Krausse/Carla Nübold, Die deutsche DISCO-Studie. Daten, Ergebnisse, Folgerungen. In: Verband der Landesarchäologen in der Bundesrepublik Deutschland 2010, 162–180.

Krausse/Spatzier 2021: Dirk Krausse/André Spatzier, Was tun gegen den Auswertungs- und Publikationsstau? Archäologie in Deutschland 2021, H. 1, 46–49; 79.

Kriterien Bodendenkmäler 2016: Bayerisches Landesamt für Denkmalpflege (Hg.), „Wer ... vermutet oder den Umständen nach annehmen muss ...". Kriterien für die Vermutung von Bodendenkmälern. Denkmalpflege Themen 7 (München 2016). https://www.blfd.bayern.de/mam/information_und_service/publikationen/denkmalpflege-themen_denkmalvermutung-bodendenkmalpflege_2016.pdf (letzter Zugriff: 18. 6. 2021).

Kulakov 2002: Vladimir I. Kulakov, Archäologische Forschungen im Baltikum zwischen 1933 und 1945. In: Leube/Hegewisch 2002, 535–544.

Kunow 1991: Jürgen Kunow, Wissenschaftliche Erfassung von ortsfesten Bodendenkmälern nach dem Denkmalschutzgesetz Nordrhein-Westfalen. In: Horn/Kier/Kunow/Trier 1991, 47–56.

Kunow 1995: Jürgen Kunow, Brennpunkt: Lineare Projekte. Archäologie in Deutschland 1995, H. 2, 4–5.

Kunow 1996: Jürgen Kunow, Zu den Aufgaben und Zielen der Bodendenkmalpflege bei Objekten aus unserer jüngsten Vergangenheit. Fallbeispiele des 20. Jahrhunderts aus dem Land Brandenburg. Archäologisches Nachrichtenblatt 1, 1996, 315–326.

Kunow 2002: Jürgen Kunow, Die Entwicklung von archäologischen Organisationen und Institutionen in Deutschland im 19. und 20. Jahrhundert und das „öffentliche Interesse" – Bedeutungsgewinne und Bedeutungsverluste und deren Folgen. In: Peter F. Biehl/Alexander Gramsch/Arkadiusz Marciniak (Hg.), Archäologie Europas/Archaeologies of Europe. Geschichte, Methoden und Theorien/History, Methods and Theories. Tübinger Archäologische Taschenbücher 3 (Münster u. a. 2002) 147–183.

Kunow 2008: Jürgen Kunow, Zur Wertigkeit archäologischer Fragmente: Wo liegen die Grenzen der Aussagekraft abhängig vom Grad der Überlieferung? In: Regierungspräsidium Stuttgart Landesamt für Denkmalpflege (Hg.), Das Denkmal als Fragment – das Fragment als Denkmal. Jahrestagung der Vereinigung der Landesdenkmalpfleger (VDL) und des Verbandes der Landesarchäologen (VLA) und 75. Tag für Denkmalpflege 10.–13. Juni 2007 in Esslingen. Arbeitsheft 21 (Esslingen 2008) 219–232.

Kunow 2010: Jürgen Kunow, Bodendenkmalpflege im Rheinland. In: Thomas Otten / Hansgerd Hellenkemper / Jürgen Kunow / Michael M. Rind (Hg.), Fundgeschichten – Archäologie in Nordrhein-Westfalen. Schriften zur Bodendenkmalpflege in Nordrhein-Westfalen 9 (Köln / Mainz 2010) 422–427.

Kunow 2013: Jürgen Kunow, Die Bodendenkmalpflege im Rheinischen Provinzialverband zwischen 1918 und 1945: der Arbeitsbereich Bonn. In: Kunow / Otten / Bemmann 2013, 257–299.

Kunow 2014: Jürgen Kunow, Bodendenkmalpflege. In: Mölders / Wolfram 2014, 69–74.

Kunow 2017a: Jürgen Kunow, Nationale Erinnerungskultur in Deutschland und archäologisch-historische Stätten. In: Verband der Landesarchäologen in der Bundesrepublik Deutschland 2017, 18–25.

Kunow 2017b: Jürgen Kunow, 200 Jahre Bodendenkmalpflege im Rheinland – Drei prägende Etappen: 1815–1914, 1933–1955 und 1980 bis heute. In: Henner von Hesberg / Jürgen Kunow / Thomas Otten (Hg.), Denkmal – Erinnerung – Wertstiftung. Aspekte der Validierung im Europäischen Vergleich. Archäologisches Gedächtnis der Städte. Schriftenreihe des Arbeitskreises Bodendenkmäler der Fritz Thyssen Stiftung 2 (Worms 2017) 23–36.

Kunow 2018: Jürgen Kunow (Hg.), Funde in der Landschaft – Neue Perspektiven und Ergebnisse archäologischer Prospektion. Materialien zur Bodendenkmalpflege im Rheinland 26 (Bonn 2018).

Kunow 2021: Jürgen Kunow, Schwerpunktbildung oder flächendeckender Ansatz in der Bodendenkmalpflege? (revisited). Berichte der Bayerischen Bodendenkmalpflege 62 (= Festschrift Sebastian Sommer) (Bonn 2021), 551–572.

Kunow et al. 2010: Jürgen Kunow / Claus von Carnap-Bornheim / C. Sebastian Sommer / Walter Irlinger, Discovering the Archaeologists of Europe. Archäologisches Nachrichtenblatt 15, 2010, 251–287.

Kunow / Otten / Bemmann 2013: Jürgen Kunow / Thomas Otten / Jan Bemmann (Hg.), Archäologie und Bodendenkmalpflege in der Rheinprovinz 1920–1945. Tagung im Forum Vogelsang, Schleiden, 14.–16. Mai 2012. Materialien zur Bodendenkmalpflege im Rheinland 24 (Treis-Karden 2013).

Kyrieleis 1999: Helmut Kyrieleis, Deutsches Archäologisches Institut. In: Der Neue Pauly, Rezeptions- und Wissenschaftsgeschichte, Bd. 13 (Stuttgart / Weimar 1999) 750–759.

Landesamt für Kultur und Denkmalpflege Mecklenburg-Vorpommern et al. 2020: Landesamt für Kultur und Denkmalpflege Mecklenburg-Vorpommern / Niedersächsisches Landesamt für Denkmalpflege / Archäologisches Landesamt Schleswig-Holstein (Hg.), Kulturerbe unter Wasser. Leitfaden für Baumaßnahmen im Küstenmeer (Schwerin 2020).

Landschaftsverband Rheinland / Rheinisches Amt für Bodendenkmalpflege 1995: Landschaftsverband Rheinland / Rheinisches Amt für Bodendenkmalpflege 1995 (Hg.), Archäologische Denkmäler in den Wäldern des Rheinlandes. Materialien zur Bodendenkmalpflege im Rheinland 5 (Köln 1995).

Landschaftsverband Rheinland / Rheinisches Amt für Bodendenkmalpflege 1996: Landschaftsverband Rheinland / Rheinisches Amt für Bodendenkmalpflege 1996 (Hg.), Archäologie in den Braunkohlenrevieren Mitteleuropas. Materialien zur Bodendenkmalpflege im Rheinland 6 (Köln 1996).

Landschaftsverband Rheinland / Rheinisches Amt für Bodendenkmalpflege 1997: Landschaftsverband Rheinland / Rheinisches Amt für Bodendenkmalpflege 1997 (Hg.), Kiesgewinnung und Archäologische Denkmalpflege. Materialien zur Bodendenkmalpflege im Rheinland 8 (Köln 1997).

Landschaftsverband Rheinland / Rheinisches Amt für Bodendenkmalpflege 2006: Landschaftsverband Rheinland / Rheinisches Amt für Bodendenkmalpflege 2006 (Hg.), Tatort Bodendenkmal. Archäologischer Juristentag 2005. Kolloquium in Köln am 19. April 2005. Materialien zur Bodendenkmalpflege im Rheinland 17 (Treis-Karden 2006).

Leube 2011: Achim Leube, Die deutsche Prähistorie in den Jahren 1933 bis 1945 und ihre historischen Grundlagen. In: Schallmayer 2011a, 25–56.

Leube 2013: Achim Leube, Das „Ahnenerbe" des SS und die deutsche Prähistorie. Die archäologischen Ausgrabungen. In: Kunow / Otten / Bemmann 2013, 97–124.

Leube / Hegewisch 2002: Achim Leube (Hg.) / Morten Hegewisch (Mitarb.), Prähistorie und Nationalsozialismus. Die mittel- und osteuropäische Ur- und Frühgeschichtsforschung in den Jahren 1933–1945. Studien zur Wissenschafts- und Universitätsgeschichte 2 (Heidelberg 2002).

Linde 2018: Roland Linde, Himmler und die SS-Kultstätte Externsteine. Die Externsteine-Stiftung in der Zeit des Nationalsozialismus. In: Eikermann / Haupt / Linde / Zelle 2018, 357–397.

Lindemann 2016: Arne Lindemann, Auf dem Weg zu einem marxistisch-leninistischen Urgeschichtsbild. Die Ausstellung zur „Geschichte der Urgesellschaft" am Museum für Deutsche Geschichte Berlin in den 1950er-Jahren. Archäologische Informationen 39, 2016, 147–166.

Lipp / Petzet 1994: Wilfried Lipp / Michael Petzet (Hg.), Vom modernen zum postmodernen Denkmalkultus? Denkmalpflege am Ende des 20. Jahrhunderts. Arbeitshefte des Bayerischen Landesamtes für Denkmalpflege 69 (München 1994).

Lüth / Maarleveld / Rieck 2004: Friedrich Lüth / Thijs J. Maarleveld / Flemming Rieck (Hg.), Tauchgang in die Vergangenheit. Unterwasserarchäologie in Nord- und Ostsee. Sonderheft „Archäologie in Deutschland" (Stuttgart 2004).

Lüth / Jöns 2015: Friedrich Lüth / Hauke Jöns, Kulturgut unter Wasser. Aus der Arbeit der Kommission für Unterwasserarchäologie. Blickpunkt Archäologie 2015, H. 1, 10–15.

Luley 2018: Helmut Luley, Römisches Bonn 2.0. Die In-Wert-Setzung der römischen Badeanlage des Bonner *vicus*. In: Michaela Aufleger / Petra Tutlies (Hg.), Das Ganze ist mehr als die Summe seiner Teile. Festschrift für Jürgen Kunow anlässlich seines Eintritts in den Ruhestand. Materialien zur Bodendenkmalpflege im Rheinland 27 (Bonn 2018) 587–592.

LVR-Amt für Bodendenkmalpflege im Rheinland 2010: LVR-Amt für Bodendenkmalpflege im Rheinland (Hg.), Braunkohlenarchäologie im Rheinland. Entwicklung von Kultur, Umwelt und Landschaft. Kolloquium der Stiftung zur Förderung der Archäologie im Rheinischen Braunkohlenrevier in Brauweiler vom 5.–6. Oktober 2006. Materialien zur Bodendenkmalpflege im Rheinland 21 (Weilerswist 2010).

LWL-Archäologie für Westfalen 2017: LWL-Archäologie für Westfalen 2017 (Hg.), Sondengänger und Archäologie. Die Rechtslage in NRW (Münster 2017).

Mahsarski 2011: Dirk Mahsarski, Ausgrabungen zwischen Schlei und Treene. Jankuhn, die Germanen und das Ahnenerbe. In: Schallmayer 2011a, 279–308.

Martin / Krautzberger 2017: Dieter J. Martin / Michael Krautzberger (Hg.), Handbuch Denkmalschutz und Denkmalpflege (München [4]2017) Kap. C Denkmalbegriff: 4. Bestandteile, Ausstattung und Zubehör Rn. 148–150, 181–183.

Meller 2004: Harald Meller (Hg.), Der geschmiedete Himmel (Stuttgart 2004).

Meller / Bertemes 2010: Harald Meller / François Bertemes (Hg.), Der Griff nach den Sternen, Bd. 1 und 2. Tagungen des Landesmuseums für Vorgeschichte Halle (Saale) 5, 1 und 2 (Halle, Saale 2010).

Meller 2018: Harald Meller, Das Wissen um Zeit und Raum: Himmelsdarstellungen in der Bronzezeit. In: Matthias Wemhoff / Michael M. Rind (Hg.), Bewegte Zeiten. Archäologie in Deutschland (Berlin 2018) 351–359.

Meller / Michel 2018: Harald Meller / Kai Michel, Die Himmelsscheibe von Nebra (Berlin 2018).

Meller / Schefzik 2020: Harald Meller / Michael Schefzik (Hg.), Die Welt der Himmelsscheibe von Nebra – Neue Horizonte. Begleitband zur Sonderausstellung im Landesmuseum für Vorgeschichte Halle (Saale), 4. Juni 2021 bis 9. Januar 2022 (Darmstadt 2020).

Mellies 2009: Dirk Mellies, „Symbol deutscher Einheit". Die Einweihungsfeier des Hermannsdenkmal 1875. In: Landesverband Lippe (Hg.), 2000 Jahre Varusschlacht: Mythos (Stuttgart 2009) 222–228.

Mildenberger 1966: Gerhard Mildenberger, Denkschrift zur Lage der Vorgeschichte (Wiesbaden 1966).

Mohr de Pérez 2001: Rita Mohr de Pérez, Die Anfänge der staatlichen Denkmalpflege in Preußen. Ermittlung und Erhaltung alterthümlicher Merkwürdigkeiten. Forschungen und Beiträge zur Denkmalpflege im Land Brandenburg 4 (Worms 2001).

Mölders / Wolfram 2014: Doreen Mölders / Sabine Wolfram (Hg.), Schlüsselbegriffe der Prähistorischen Archäologie. Tübinger Archäologische Taschenbücher 11 (Münster / New York 2014).

Morsch 2016: Günter Morsch, Die Bedeutung der Archäologie für die historische Forschung, für Ausstellungen, pädagogische Vermittlung und Neugestaltung in den NS-Gedenkstätten. In: Kersting et al. 2017, 17–29.

Mudge et al. 2010: Marc Mudge / Carla Schroer / Graeme Earl / Kirk Martinez / Hembo Pagi / Corey Toler-Franklin / Szymon Rusinkiewicz / Gianpaolo Palma / Melvin Wachowiak / Michael Ashley / Neffra Matthews / Tommy Noble / Matteo Dellepiane, Principles and Practices of Robust, Photography-based Digital Imaging Techniques for Museums. In: The 11th International Symposium on Virtual reality, Archaeology and Cultural Heritage VAST, 2010, 111–137.

Müller / Otten / Wulf-Rheidt 2011: Martin Müller / Thomas Otten / Ulrike Wulf-Rheidt (Hg.), Schutzbauten und Rekonstruktionen in der Archäologie. Von der Ausgrabung zur Präsentation, Xanten 21.–23. Oktober 2009. Xantener Berichte 19 (Mainz 2011).

Müller-Karpe 1975: Hermann Müller-Karpe, Einführung in die Vorgeschichte (München 1975).

Münz-Vierboom 2011: Birgit Münz-Vierboom, Barcodes am archäologischen Objekt – das Fundarchiv und die aktuelle Fundverwaltung. Archäologie in Westfalen Lippe 2010, 255–259.

Münz-Vierboom 2014: Birgit Münz-Vierboom, Computergesteuerte Fundbeschriftung – ein Inklusionsprojekt im Zentralen Fundarchiv. Archäologie in Westfalen Lippe 2013, 220–222.

Mytum / Peterson 2018: Harold Mytum / J. R. Peterson, The Application of Reflectance Transformation Imaging (RTI) in Historical Archaeology. Historical Archaeology 52, 2018, 489–503.

Nagel 2012: Anne C. Nagel, Hitlers Bildungsreformer, Das Reichsministerium für Wissenschaft, Erziehung und Volksbildung 1934–1945 (Frankfurt am Main 2012).

Nagel 2013: Anne C. Nagel, Kultuspolitik im Nationalsozialismus. Das Reichministerium für Wissenschaft, Erziehung und Volksbildung. In: Kunow / Otten / Bemmann 2013, 69–76.

Neubauer 2001: Wolfgang Neubauer, Magnetische Prospektion in der Archäologie. Mitteilungen der Prähistorischen Kommission 44 (Wien 2001).

Nethövel-Kathstede 2017: Petra Nethövel-Kathstede, Das Verursacherprinzip im Denkmalrecht. In: Deutsches Nationalkomitee für Denkmalschutz (Hg.), Quo vadis Denkmalrecht? Kulturerbe zwischen Pflege und Recht. Schriftenreihe des Deutschen Nationalkomitees für Denkmalschutz 90 (Berlin 2017) 67–72.

Noelke 2016: Peter Noelke, Kölner Antikensammlungen und -studien vom Humanismus bis zur Aufklärung und ihr Kontext im deutschen Sprachraum. Kölner Jahrbuch 49, 2016, 487–668.

Noelke / Hanel 2019: Peter Noelke / Norbert Hanel, Die Antikensammlung der Grafen von Manderscheid-Blankenheim – ein Projektbericht. Archäologie im Rheinland 2018 (2019), 140–143.

Nowakowski 2000: Wojciech Nowakowski, Bodendenkmalpflege in den östlichen Provinzen Polens vor 1945. In: Verband der Landesarchäologen in der Bundesrepublik Deutschland 2000, 201–206.

Obladen-Kauder 2018: Julia Obladen-Kauder, Kies- und Sandabbau am Unteren Niederrhein. Bodendenkmalpflege – Perspektiven – Forschung. In: Michaela Aufleger / Petra Tutlies (Hg.), Das Ganze ist mehr als die Summe seiner Teile. Festschrift für Jürgen Kunow anlässlich seines Eintritts in den Ruhestand. Materialien zur Bodendenkmalpflege im Rheinland 27 (Bonn 2018) 203–214.

Oebbecke 1991: Janbernd Oebbecke, Der Rechtsbegriff des Bodendenkmals. In: Horn / Kier / Kunow / Trier 1991, 39–46.

Oebbecke 1995: Janbernd Oebbecke, Bodendenkmäler aus neuerer Zeit in den deutschen Denkmalschutzgesetzen. In: Verband der Landesarchäologen in der Bundesrepublik Deutschland 1995, 53–61.

Oexle 1989: Judith Oexle, Stadterneuerung und Stadtarchäologie – Gedanken zur Kooperation. Denkmalpflege in Baden-Württemberg 18, 1989, 51–65.

Olivier / Wollák 2018: Adrian Olivier / Katalin Wollák, Europae Archaeologiae Consilium: Managing Europe's Archaeological Heritage. In: Michaela Aufleger / Petra Tutlies (Hg.), Das Ganze ist mehr als die Summe seiner Teile. Festschrift für Jürgen Kunow anlässlich seines Eintritts in den Ruhestand. Materialien zur Bodendenkmalpflege im Rheinland 27 (Bonn 2018) 61–68.

Opitz / Cowley 2013: Rachel S. Opitz / David C. Cowley (Hg.), Interpreting Archaeological Topography (Oxford 2013).

Otten 2012: Thomas Otten, Archäologie im Fokus – Von wissenschaftlichen Ausgrabungen und Raubgrabungen. Schriftenreihe des Deutschen Nationalkomitees für Denkmalschutz 53 (Bonn 2012).

Ottomeyer 2009: Hans Ottomeyer, Die Erfindung der deutschen Nation. Eine europäische Geschichte. In: Landesverband Lippe (Hg.), 2000 Jahre Varusschlacht: Mythos (Stuttgart 2009) 140–148.

Pape 2002a: Wolfgang Pape, Zur Entwicklung des Faches Ur- und Frühgeschichte in Deutschland bis 1945. In: Leube / Hegewisch 2001, 163–226.

Pape 2002b: Wolfgang Pape, Ur- und Frühgeschichte. In: Frank-Rutger Hausmann (Hg.), Die Rolle der Geisteswissenschaften im Dritten Reich 1933–1945. Schriften des Historischen Kollegs, Kolloquien 53 (München 2002) 329–359.

Parzinger 2021: Hermann Parzinger, Verdammt und vernichtet. Kulturzerstörungen vom Alten Orient bis zur Gegenwart (München 2021).

Perrin et al. 2014: Kathy Perrin / Duncan H. Brown / Guus Lange / David Bibby / Annika Carlsson / Ann Degraeve / Martin Kuna / Ylva Larsson / Sólborg Una Pálsdóttir / Bettina Stoll-Tucker / Cynthia Dunning / Aurélie Rogalla von Bieberstein, Archäologische Archivierung in Europa: Ein Handbuch. EAC Guidelines 1 (Namur 2014). https://f64366e3-8f7d-4b63-9edf-5000e2bef85b.filesusr.com/ugd/881a59_afd8771d7f6449a69f15da90d54ce641.pdf (letzter Zugriff: 18.6.2021).

Petzet 1992: Michael Petzet, Grundsätze der Denkmalpflege. ICOMOS – Hefte des Deutschen Nationalkomitees 10 (München 1992). https://journals.ub.uni-heidelberg.de/index.php/icomos-hefte/article/view/22935/16697 (letzter Zugriff: 18.6.2021).

Planck 2000: Dieter Planck, Die Bodendenkmalpflege in der Bundesrepublik Deutschland in der Zeit von 1945 bis 1990. In: Verband der Landesarchäologen in der Bundesrepublik Deutschland 2000, 233–241.

Planck / Braasch / Oexle / Schlichtherle 1994: Dieter Planck / Otto Braasch / Judith Oexle / Helmut Schlichtherle, Unterirdisches Baden-Württemberg – 250 000 Jahre Geschichte und Archäologie im Luftbild (Stuttgart 1994).

Plate 2020: Ulrike Plate, Blick in die Geschichte. Zur Gründung des Landesamtes für Denkmalpflege in Württemberg vor 100 Jahren. Denkmalpflege in Baden-Württemberg 49, 2020, 74–80.

Pohle 2015: Frank Pohle, Die Erforschung der karolingischen Pfalz Aachen. Zweihundert Jahre archäologische und bauhistorische Forschungen. Rheinische Ausgrabungen 70 (Darmstadt 2015).

Pollak 2010: Marianne Pollak, Vom Erinnerungsort zur Denkmalpflege. Kulturgüter als Medien des kulturellen Gedächtnisses. Studien zu Denkmalschutz und Denkmalpflege 21 (Wien / Köln / Weimar 2010).

Pollak 2014: Marianne Pollak, Archäologische Denkmalwerte in Raum und Zeit. Österreichische Zeitschrift für Kunst und Denkmalpflege 68, 2014, 315–327.

Rassmann / Schopper 2019: Knut Rassmann / Franz Schopper, Historische Epoche oder Fiktion? Die Bronzezeit. In: Bánffy / Hofmann / von Rummel 2019, 159–180.

Recker / Davydov 2018: Udo Recker / Dimitrij Davydov, Wohin mit dem Bodendenkmal? – Archäologie und Recht II. Fundberichte Hessen Beiheft 11 (Wiesbaden 2018).

Reichstein 1991: Joachim Reichstein, Das archäologische Denkmal als archäologische Quelle. In: Horn / Kier / Kunow / Trier 1991, 31–38.

Reichstein 1993: Joachim Reichstein, Forschung: Ziel der Archäologischen Denkmalpflege? In: Verband der Landesarchäologen in der Bundesrepublik Deutschland 1993, 15–21.

Reinhard 2013: Jochen Reinhard, Structure-from-Motion-Photogrammetrie mit Agisoft PhotoScan. Erste Erfahrungen aus der Grabungspraxis. In: Undine Lieberwirth / Irmela Herzog (Hg.), 3D-Anwendungen in der Archäologie. Computeranwendungen und quantitative Methoden in der Archäologie. Workshop der AG CAA und des Exzellenzclusters Topoi 2013. Berlin Studies of the Ancient World 34 (Berlin 2016) 17–44.

Renfrew / Bahn 1991: Colin Renfrew / Paul Bahn, Archaeology – Theories, Methods and Practice (London 1991).

Renfrew / Bahn 2009: Colin Renfrew / Paul Bahn, Basiswissen Archäologie – Theorien, Methoden, Praxis (Darmstadt / Mainz 2009).

Rieche 2012: Anita Rieche, Von Rom nach Las Vegas. Rekonstruktionen antiker römischer Architektur: 1800 bis heute (Berlin 2012).

Riegl 1903: Alois Riegl, Wesen und Entstehung des modernen Denkmalkultus (Wien / Leipzig 1903).

Rind 1988: Michael M. Rind, Kanalarchäologie im Altmühltal (Buch am Erlbach 1988).

Rind 2015: Michael M. Rind, Zur Problematik der Archivierung archäologischer Funde. Archäologische Informationen 38, 2015, 213–218.

Rind 2016: Michael M. Rind, Quo vadis, Bodendenkmalpflege? In: Stefan Winghart (Hg.), Vom Ende her denken?! Archäologie, Denkmalpflege, Planen und Bauen. Arbeitshefte zur Denkmalpflege in Niedersachsen 46 (Hamlen 2016) 10–11. https://www.icomos.de/admin/ckeditor/plugins/alphamanager/uploads/pdf/LXI_Vom_Ende_her_denken.pdf (letzter Zugriff: 18.6.2021).

Rind 2017: Michael M. Rind, Rechtsfragen der Bodendenkmalpflege. In: Deutsches Nationalkomitee für Denkmalschutz (Hg.), Quo vadis Denkmalrecht? Kulturerbe zwischen Pflege und Recht. Schriftenreihe des Deutschen Nationalkomitees für Denkmalschutz 90 (Berlin 2017) 27–35.

Samida / Eggert / Hahn 2014: Stefanie Samida / Manfred K.H. Eggert / Hans Peter Hahn (Hg.), Handbuch Materielle Kultur. Bedeutungen, Konzepte, Disziplinen (Stuttgart / Weimar 2014).

Samida / Arendes 2019: Stefanie Samida / Cord Arendes, Public History und kulturelles Erbe. In: Katrin Minner (Hg.), Public History in der Regional- und Landesgeschichte (= Westfälische Forschungen 69) (Münster 2019), 29–51.

Samida / Kunow 2019: Stefanie Samida / Jürgen Kunow, Archäologie in der Gesellschaft. Populäre Bilder – Aufgaben – Imaginationen. In: Bánffy / Hofmann / von Rummel 2019, 493–515.

Saupe 2014: Achim Saupe, Authentizität. In: Samida / Eggert / Hahn 2014, 180–184.

Saupe 2017: Achim Saupe, Historische Authentizität: Individuen und Gesellschaften auf der Suche nach dem Selbst – ein Forschungsbericht, in: H-Soz-Kult 15.08.2017, http:/hsozkult.geschichte.hu-berlin.de / forum / 2017-08-001 (letzter Zugriff: 18.6.2021).

Schade-Lindig / Steinbring 2018: Sabine Schade-Lindig / Bernd Steinbring, Bodendenkmäler unter Wald im LIDAR-Scan. Digitale Handreichung für Forstbedienstete. Themen der hessenARCHÄOLOGIE 6 (Wiesbaden 2018). https:/lfd.hessen.de / sites / lfd.hessen.de / files / Bodendenkmaeler-unter-Wald_o.pdf (letzter Zugriff: 18.6.2021).

Schallmayer 2011a: Egon Schallmayer (Hg.), Archäologie und Politik. Archäologische Ausgrabungen der 30er und 40er Jahre des 20. Jahrhunderts im zeitgeschichtlichen Kontext. Internationale Tagung anlässlich „75 Jahre Ausgrabungen auf dem Glauberg“, 16.–17. Oktober 2008 in Nidda-Bad Salzhausen. Fundberichte aus Hessen Beiheft 7 (= Glauberg-Forschungen 1) (Wiesbaden 2011).

Schallmayer 2011b: Egon Schallmayer, Der Glauberg in schwieriger Zeit. Archäologische Forschung, Zeitgeschichte und soziopolitisches Gefüge vor Ort und in der Region vor dem Hintergrund der Entwicklung des Faches Vor- und Frühgeschichte im „Dritten Reich“. In: Schallmayer 2011a, 141–180.

Scheurmann 2017: Ingrid Scheurmann, Denkmalpflege in Deutschland – Transkulturelle Aspekte ihrer Herausbildung und Geschichte. In: Henner von Hesberg / Jürgen Kunow / Thomas Otten (Hg.), Denkmal – Erinnerung – Wertstiftung. Aspekte der Validierung im Europäischen Vergleich. Archäologisches Gedächtnis der Städte. Schriftenreihe des Arbeitskreises Bodendenkmäler der Fritz Thyssen Stiftung 2 (Worms 2017) 11–22.

Scheurmann 2018: Ingrid Scheurmann, Konturen und Konjunkturen der Denkmalpflege. Zum Umgang mit baulichen Relikten der Vergangenheit (Köln / Weimar / Wien 2018).

Schiwall 2018: Renate Schiwall, Denkmalpflegerischer Umgang mit römischen Bodendenkmälern im deutschsprachigen Raum zwischen 1750 und 1950. Inhalte – Projekte – Dokumentationen. Schriftenreihe des Bayerischen Landesamtes für Denkmalpflege Nr. 16 (München 2018).

Schmauder 2014: Michael Schmauder, Das Wissensarchiv wächst – Die Erweiterung des Museumsdepots. Berichte aus dem LVR-LandesMuseum Bonn 2014, 5–6.

Schmidt 1988: Hartwig Schmidt, Schutzbauten. Denkmalpflege an archäologischen Stätten 1 (Stuttgart 1988).

Schmidt 2000: Hartwig Schmidt, Archäologische Denkmäler in Deutschland – rekonstruiert und wieder aufgebaut. Sonderheft „Archäologie in Deutschland“ (Stuttgart 2000).

Schmidt 2008: Leo Schmidt, Einführung in die Denkmalpflege (Darmstadt 2008).

Schmidt 2015: Jens-Peter Schmidt, Neue Wege für die Energie – Fernleitungsbau und Archäologie am Beispiel zweier Gastrassen in Mecklenburg-Vorpommern. Blickpunkt Archäologie 2015, H. 4, 250–258.

Schmitz 2011: Dirk Schmitz, „Römisches, Allzurömisches“ – Die Ausgrabungen auf dem Gebiet der *Colonia Ulpia Traiana* (Xanten) in den Jahren 1934–1937. In: Schallmayer 2011a, 309–326.

Schoknecht / Kunow 2003: Ulrich Schoknecht / Jürgen Kunow, Die Bodendenkmalpflege in der DDR und in den neuen Ländern. In: Verband der Landesarchäologen in der Bundesrepublik Deutschland 2003, 20–29.

Schöbel 2002: Gunter Schöbel, Hans Reinerth. Forscher – NS-Funktionär – Museumsleiter. In: Leube / Hegewisch 2002, 321–396.

Schöbel 2011: Gunter Schöbel, Von der Steinzeitsiedlung zum Fürstengrabhügel – Herausragende archäologische Forschungen der 1920er und 1930er Jahre am Federsee und an der Heuneburg in Südwestdeutschland. In: Schallmayer 2011a, 75–120.

Schöbel 2013: Gunter Schöbel, Die Einflussnahme des „Amtes Rosenberg“ auf die Rheinprovinz. In: Kunow / Otten / Bemmann 2013, 77–96.

Schreg 2021: Rainer Schreg, Altflurrelikte als Quellen der Umweltgeschichte. Neue Fragen und Methoden. Denkmalpflege in Baden-Württemberg 50, 2021, 17–22.

Schulz / Behm 2012: Axel Schulz / Holger Behm, Landwirtschaft und Archäologie. Jahrbuch Bodendenkmalpflege in Mecklenburg-Vorpommern 60, 2012, 259–312.

Schulze-Forster / Strobel 2010: Jens Schulze-Forster / Michael Strobel, Der lange Weg zu einem sächsischen Denkmalschutzgesetz aus archäologischer Perspektive. Ausgrabungen in Sachsen 2. Arbeits- und Forschungsberichte zur sächsischen Bodendenkmalpflege, Beiheft 21 (Dresden 2010) 7–18.

Schwarz 1979: Georg Theodor Schwarz, Archäologische Feldmethode (Wiesbaden 1979).

Schweizer 2014: Beat Schweizer, Zur Authentizität archäologischer Stätten. Vergangenheit als Ressource. In: Martin Fitzenreiter (Hg.), Authentizität – Artefakt und Versprechen in der Archäologie. IBAES 15 (London 2014) 123–137.

Siegloff 2019: Eicke Siegloff, Fluch oder Segen? Über die Arbeit der Kommission „Illegale Archäologie“ des Verbandes der Landesarchäologen in der Bundesrepublik Deutschland. Blickpunkt Archäologie 2019, H. 3, 164–168.

Sommer 2009: C. Sebastian Sommer, Schwerpunktbildung oder flächendeckender Ansatz in der Bodendenkmalpflege: (k)ein Widerspruch? In: Jörg Biel / Jörg Heiligmann / Dirk Krausse (Hg.), Landesarchäologie. Festschrift für Dieter Planck zum 65. Geburtstag. Forschungen und Berichte zur Vor- und Frühgeschichte in Baden-Württemberg 100 (Stuttgart 2009) 695–706.

Sommer 2017: C. Sebastian Sommer, Bodendenkmalrecht: Erhaltungsgebot vs. Forschungsauftrag? In: Deutsches Nationalkomitee für Denkmalschutz (Hg.), Quo vadis Denkmalrecht? Kulturerbe zwischen Pflege und Recht. Schriftenreihe des Deutschen Nationalkomitees für Denkmalschutz 90 (Berlin 2017) 79–90.

Sondengänger und Archäologie 2017: Sondengänger und Archäologie – die Rechtslage in NRW (Münster / Bonn / Köln 2017).

Song / Leidorf / Heller 2019: Baoquan Song / Klaus Leidorf / Eckhard Heller, Luftbildarchäologie – Archäologische Spurensuche aus der Luft (Darmstadt 2019).

Song / Leidorf 2020: Baoquan Song / Klaus Leidorf, Faszination Luftbildarchäologie – Die Welt aus der Vogelperspektive. Sonderheft „Archäologie in Deutschland“ (Darmstadt 2020).

Spatzier 2017: André Spatzier, Das endneolithisch-frühbronzezeitliche Rondell von Pömmelte-Zackmünde, Salzlandkreis, und das Rondell-Phänomen des 4.–1. Jt. v. Chr. in Mitteleuropa, Bd. 1 und 2. Forschungsberichte des Landesmuseums für Vorgeschichte Halle 10 / 1 und 2 (Halle, Saale 2017).

Steuer 1993: Heiko Steuer, Bodendenkmalpflege und archäologische Feldforschung aus der Sicht der Universität. In: Verband der Landesarchäologen in der Bundesrepublik Deutschland 1993, 28–36.

Steuer 2001: Heiko Steuer (Hg.), Eine hervorragend nationale Wissenschaft. Deutsche Prähistoriker zwischen 1900 und 1995. RGA Ergänzungsband 29 (Berlin / New York 2001).

Strobel 2000: Michael Strobel, Zur Geschichte der Archäologischen Denkmalpflege in Deutschland – Aspekte ihrer Entwicklung. Die Bodendenkmalpflege zur Zeit des Nationalsozialismus. In: Verband der Landesarchäologen in der Bundesrepublik Deutschland 2000, 223–232.

Strobel / Westphalen 2015a: Michael Strobel / Thomas Westphalen, Kulturgut auf dem Land. Die Kommission für Land- und Forstwirtschaft. Blickpunkt Archäologie 2015, H. 1, 35–41.

Strobel / Westphalen 2015b: Michael Strobel / Thomas Westphalen, Energiewende und Archäologie. Blickpunkt Archäologie 2015, H. 4, 244–249.

Strobel / Widera 2014: Michael Strobel / Thomas Widera, Perspektiven systemvergleichender Wissenschaftsgeschichte in der Prähistorischen Archäologie – zu den (Neu-)Anfängen der archäologischen Denkmalpflege in Sachsen und Württemberg 1945–1955. In: Verband der Landesarchäologen in der Bundesrepublik Deutschland 2014, 31–35.

Stylianidis et al. 2016: Efstratios Stylianidis / Andreas Georgopoulos / Fabio Remondino, Basics of Image-Based Modelling Techniques in Cultural Heritage 3D Recording. In: Efstratios Stylianidis / Fabio Remondino (Hg.), 3D Recording, Documentation and Management of Cultural Heritage (Caithness 2016).

Theune 2014: Claudia Theune, Archäologie an Tatorten des 20. Jahrhunderts. Sonderheft „Archäologie in Deutschland" (Darmstadt 2014).

Thiel 2008: Andreas Thiel (Hg.), Der Limes als UNESCO-Weltkulturerbe. Beiträge zum Welterbe Limes 1 (Stuttgart 2008).

Thiemeyer 2018: Thomas Thiemeyer, Geschichte im Museum. Theorie – Praxis – Berufsfelder (Tübingen 2018).

Tischler 1878: Otto Tischler, Ostpreussische Gräberfelder III. Schriften der physikalisch-ökonomischen Gesellschaft zu Königsberg 19 (Königsberg 1878).

Trachsel 2008: Martin Trachsel, Ur- und Frühgeschichte. Quellen, Methoden, Ziele (Stuttgart 2008).

Trier 1991: Bendix Trier, Definition, Abgrenzbarkeit und Begründbarkeit von Bodendenkmälern für das praktische Verwaltungshandeln. In: Horn / Kier / Kunow / Trier 1991, 57–64.

Trier / Naumann-Steckner 2012: Marcus Trier / Friederike Naumann-Steckner (Hg.), ZeitTunnel – 2000 Jahre Köln im Spiegel der U-Bahn-Archäologie (Köln 2012).

Trier / Naumann-Steckner 2018: Marcus Trier / Friederike Naumann-Steckner (Hg.), Bodenschätze – Archäologie in Köln (Köln 2018).

Urban 1996: Otto H. Urban, Prähistorische Archäologie oder Vorgeschichte und Urgeschichte. Archäologisches Nachrichtenblatt 1, 1996, 107–109.

Verband der Landesarchäologen in der Bundesrepublik Deutschland 1991: Verband der Landesarchäologen in der Bundesrepublik Deutschland (Hg.), Sinn und Unsinn archäologischer Restaurierungen und Rekonstruktionen. Kolloquium im Rahmen der Jahrestagung 1990. Traunstein, 17.–20.9.1990 (Stuttgart 1991).

Verband der Landesarchäologen in der Bundesrepublik Deutschland 1993: Verband der Landesarchäologen in der Bundesrepublik Deutschland (Hg.), Archäologische Denkmalpflege und Forschung. Kolloquium anläßlich der Jahrestagung 1992. Weimar, 18.5.–21.5.1992 (Weimar 1993).

Verband der Landesarchäologen in der Bundesrepublik Deutschland 1994: Verband der Landesarchäologen in der Bundesrepublik Deutschland (Hg.), Archäologische Denkmalpflege und Grabungsfirmen. Kolloquium im Rahmen der Jahrestagung 1993. Bruchsal, 10.–13. Mai 1993 (Stuttgart 1994).

Verband der Landesarchäologen in der Bundesrepublik Deutschland 1995: Verband der Landesarchäologen in der Bundesrepublik Deutschland (Hg.), Bodendenkmäler der Neuzeit. Kolloquium im Rahmen der Jahrestagung am 17. Mai 1994 in Waren / Mecklenburg-Vorpommern. Ausgrabungen und Funde 40, 1995, 1–62.

Verband der Landesarchäologen in der Bundesrepublik Deutschland 1998: Verband der Landesarchäologen in der Bundesrepublik Deutschland (Hg.), Archäologische Denkmalpflege im vereinten Europa: Situation – Probleme – Ziele. Internationales Kolloquium am 6. Mai 1997 in Saarbrücken im Rahmen der Jahrestagung. Archäologisches Nachrichtenblatt 3, 1998, 118–205.

Verband der Landesarchäologen in der Bundesrepublik Deutschland 1999a: Verband der Landesarchäologen in der Bundesrepublik Deutschland (Hg.), 50 Jahre Verband der Landesarchäologen in der Bundesrepublik Deutschland. Ein Rückblick zum 50-jährigen Jubiläum (Stuttgart 1999).

Verband der Landesarchäologen in der Bundesrepublik Deutschland 1999b: Verband der Landesarchäologen in der Bundesrepublik Deutschland (Hg.), Bodendenkmalpflege als Beruf – Ein Ausbildungsziel der Universitäten? Kolloquium im Rahmen der Jahrestagung 1998. Königswinter, 5. Mai 1998. Archäologisches Nachrichtenblatt 4, 1999, 123–188.

Verband der Landesarchäologen in der Bundesrepublik Deutschland 2000: Verband der Landesarchäologen in der Bundesrepublik Deutschland (Hg.), Zur Geschichte der Archäologischen Denkmalpflege in Deutschland – Aspekte ihrer Entwicklung. Kolloquium im Rahmen der Jahrestagung 1999. Wiesbaden, 4. Mai 1999. Archäologisches Nachrichtenblatt 5, 2000, 153–249.

Verband der Landesarchäologen in der Bundesrepublik Deutschland 2001a: Verband der Landesarchäologen in der Bundesrepublik Deutschland (Hg.), Bewertung und Schwerpunktbildung in der Bodendenkmalpflege. Kolloquium im Rahmen der Jahrestagung 2000. Cottbus, 16. Mai 2000. Archäologisches Nachrichtenblatt 6, 2001, 105–225.

Verband der Landesarchäologen in der Bundesrepublik Deutschland 2001b: Verband der Landesarchäologen in der Bundesrepublik Deutschland (Hg.), Leitlinien der Archäologischen Denkmalpflege in Deutschland (Lübstorf 2001).

Verband der Landesarchäologen in der Bundesrepublik Deutschland 2002: Verband der Landesarchäologen in der Bundesrepublik Deutschland (Hg.), Ehrenamtliche Mitarbeiter in der Archäologischen Denkmalpflege. Kolloquium im Rahmen der Jahrestagung 2001. Kempten, 22. Mai 2001. Archäologisches Nachrichtenblatt 7, 2002, 105–173.

Verband der Landesarchäologen in der Bundesrepublik Deutschland 2003: Verband der Landesarchäologen in der Bundesrepublik Deutschland (Hg.), Archäologische Denkmalpflege in Deutschland. Standort, Aufgabe, Ziel (Stuttgart 2003)

Verband der Landesarchäologen in der Bundesrepublik Deutschland 2004: Verband der Landesarchäologen in der Bundesrepublik Deutschland (Hg.), Gesellschaft und Archäologie – Gedanken zum kulturpolitischen Auftrag. Kolloquium im Rahmen der Jahrestagung 2003. Ulm, 19.5.2003. Archäologisches Nachrichtenblatt 9, 2004, 101–180.

Verband der Landesarchäologen in der Bundesrepublik Deutschland 2006: Verband der Landesarchäologen in der Bundesrepublik Deutschland (Hg.), Wer stiehlt unsere Vergangenheit? Archäologische Quellen zwischen öffentlichem Interesse und privater Verwertung. Kolloquium im Rahmen der Jahrestagung 2009. Treis-Karden, 10. Mai 2005. Archäologisches Nachrichtenblatt 11, 2006, 99–213.

Verband der Landesarchäologen in der Bundesrepublik Deutschland 2010: Verband der Landesarchäologen in der Bundesrepublik Deutschland (Hg.), Archäologie in Europa. Situation und Strukturen im Staatenvergleich. Kolloquium im Rahmen der Jahrestagung 2009. Köln, 5. Mai 2009. Archäologisches Nachrichtenblatt 15, 2010, 93–201.

Verband der Landesarchäologen in der Bundesrepublik Deutschland 2011: Verband der Landesarchäologen in der Bundesrepublik Deutschland (Hg.), Stand, Desiderate und Verbesserungsmöglichkeiten in der deutschen Unterwasserarchäologie im Vergleich zu den Nachbarstaaten. Kolloquium im Rahmen der Jahrestagung 2010. Schwerin, 11. Mai 2010. Archäologisches Nachrichtenblatt 16, 2011, 111–204.

Verband der Landesarchäologen in der Bundesrepublik Deutschland 2012: Verband der Landesarchäologen in der Bundesrepublik Deutschland (Hg.), Archäologie und Landwirtschaft. Kolloquium im Rahmen der Jahrestagung 2011. Meißen, 24. Mai 2011. Archäologisches Nachrichtenblatt 17, 2012, 95–153.

Verband der Landesarchäologen in der Bundesrepublik Deutschland 2014: Verband der Landesarchäologen in der Bundesrepublik Deutschland (Hg.), Die Landesarchäologie in Deutschland und seinen Nachbarstaaten im Zeitraum von 1933 bis 1950/1955. Kolloquium im Rahmen der Jahrestagung 2013. Bremen, 14. Mai 2013. Blickpunkt Archäologie 3 2014, H. 4, 4–52.

Verband der Landesarchäologen in der Bundesrepublik Deutschland 2017: Verband der Landesarchäologen in der Bundesrepublik Deutschland (Hg.), Erinnerungsorte und Erinnerungskultur im Kontext von archäologischer Forschung und Denkmalpflege. Kolloquium im Rahmen der Jahrestagung 2016. Wittenberge, 26. April 2016. Blickpunkt Archäologie 2017, H. 1, 4–40.

Verhoeven et al. 2012: Geert Verhoeven / Michael Doneus / Christian Briese / Frank Vermeulen, Mapping by matching: a computer vision-based approach to fast and accurate georeferencing of archaeological aerial photographs. Journal of Archaeological Science 39, 2012, 2060–2070.

Viebrock et al. 2005: Jan Nikolaus Viebrock / Dieter Martin / Rudolf Kleeberg, Denkmalschutzgesetze. Schriftenreihe des Deutschen Nationalkomitees für Denkmalschutz 54 (Bonn 2005).

Wagner / Székely 2010: W. Wagner / B. Székely (Hg.), 100 Years ISPRS – ISPRS Technical Commission VII Symposium. ISPRS Archives XXXVIII, Part 7A und 7B (Wien 2010). https://www.isprs.org/proceedings/XXXVIII/part7/a/proceedings_partAweb.pdf (letzter Zugriff: 18.6.2021).

Wagner 2018: Heiko Wagner, Abseits der Äcker. Archäologische Surveys in bewaldeten Regionen. In: Wohlfarth / Keller 2018, 257–271.

Weidner / Zeiler 2019: Marcus Weidner / Manuel Zeiler, Untersuchungen an Erschießungsorten des Zweiten Weltkriegs im Sauerland. Archäologie in Westfalen-Lippe 2018 (Langenweißbach 2019) 193–196.

Weiss 2017: Rainer-Maria Weiss, Buchbesprechung: Rupert Gebhard und Rüdiger Krause, Bernstorf – Archäologisch-naturwissenschaftliche Analysen der Gold- und Bernsteinfunde vom Bernstorfer Berg bei Kranzberg, Oberbayern. Hammaburg. N.F. 17, 2017, 1–14.

Weiß-König 2015: Stephan Weiß-König, Archivieren und Aussondern von archäologischen Funden in der denkmalpflegerischen Praxis am Beispiel der Provinz Gelderland (Niederlande). Archäologische Informationen 38, 2015, 255–262.

Wemhoff / Nawroth 2019: Matthias Wemhoff / Manfred Nawroth, Im Blickpunkt: Der Deutsche Verband für Archäologie und das Soforthilfeprogramm „Heimatmuseen: LandKulturErbe – Archäologie und Museen stärken". Blickpunkt Archäologie 2019, H. 4, 244–332.

Wheeler 1960: Mortimer Wheeler, Moderne Archäologie (Reinbek 1960).

Winghart 2013: Stefan Winghart (Hg.), Archäologie und Informationssysteme – Vom Umgang mit archäologischen Fachdaten in Denkmalpflege und Forschung. Arbeitshefte zur Denkmalpflege in Niedersachsen 42 (Hameln 2013).

Wissenschaftlicher Beirat für Bodendenkmalpflege beim Ministerium für Hoch- und Fachschulwesen 1979: Wissenschaftlicher Beirat für Bodendenkmalpflege beim Ministerium für Hoch- und Fachschulwesen (Hg.), Archäologische Denkmale und Funde. 25 Jahre Bodendenkmalpflege in der Deutschen Demokratischen Republik (Berlin 1979).

Wiwjorra 2006: Ingo Wiwjorra, Der Germanenmythos. Konstruktion einer Weltanschauung in der Altertumsforschung des 19. Jahrhunderts (Darmstadt 2006).

Wohlfarth / Keller 2018: Christine Wohlfarth / Christoph Keller (Hg.), Funde in der Landschaft. Neue Perspektiven und Ergebnisse archäologischer Prospektion. Tagung der Fritz Thyssen Stiftung, Köln, 12.–13. Juni 2017. Materialien zur Bodendenkmalpflege im Rheinland 26 (Bonn 2018).

Wohlleben 1988: Marion Wohlleben (Hg.), Georg Dehio – Alois Riegl: Konservieren, nicht restaurieren. Streitschriften zur Denkmalpflege um 1900 (Braunschweig 1988).

Personenregister

Arminius 31

Bernheim, Ernst 14, 19, 20, 21, 27, 80
Bismarck, Otto von 32
Bode, Wilhelm von 89
Buttler, Werner 55, 57, 58, 202

Carter, Howard 172, 202
Clemen, Paul 86, 88
Cloquet, Louis 74, 77, 83

Danneil, Johann Friedrich 41
Dehio, Georg 78, 86, 87, 157
Droysen, Johann Gustav 18 f., 20, 80

Eggers, Hans Jürgen 19, 26
Eggert, Manfred K.H. 18, 19 f., 21 f.

Fraenkel, Ernst 53
Friedrich Wilhelm IV., König von Preußen 42 f.
Fuhlrott, Johann Carl 166

Germanicus 32

Hänsel, Bernhard 7 f.
Hardenberg, Karl August Fürst von 39, 132, 165
Herrmann, Joachim 66, 70
Himmler, Heinrich 31, 53, 55, 57, 59, 60, 89

Jacob-Friesen, Karl Hermann 19
Jankuhn, Herbert 52, 59 f.

Kersten, Walter 59
Kossinna, Gustaf (auch Gustav) 11, 44, 47, 50, 54

Ledebur, Leopold von 39
Lisch, Christian Friedrich 41
Loeschcke, Georg 157

Manderscheid-Blankenheim, Hermann Graf von 36
Marcellinus, Ammianus 72
Mecklenburg-Schwerin, Franz I. Herzog von 41
Mildenberger, Gerhard 63, 64
Mommsen, Theodor 44, 45, 46

Napoleon 37 f., 39, 42
Napoleon III. 32

Petzet, Michael 89, 161
Planck, Dieter 140
Plutarch 87, 88

Quast, Ferdinand von 39

Reinecke, Paul 14
Reinerth, Hans 50 f., 54 ff., 58 f., 60, 61, 158
Riegl, Alois 76 ff., 80, 83, 84, 85, 86, 157
Rosenberg, Alfred 50, 53 ff., 57, 59 f., 61, 79
Rust, Bernhard 53, 57

Schinkel, Karl Friedrich 38 f., 86
Schliemann, Heinrich 14, 172, 202
Stampfuß, Rudolf 54

Tacitus 31, 32, 72
Tischler, Otto 41

Vercingetorix 32
Virchow, Rudolf 11, 44, 166

Wiegand, Theodor 89
Wilhelm I., Kaiser 32, 45
Wilhelm II., Kaiser 158
Winckelmann, Johann Joachim 10

Sachregister

Abgrabung 17
Ablieferungspflicht 115
Ahnenerbe 52 f., 55 f., 57, 58 ff., 61
Airborne-Laserscanning 129, 132, 134
Alterswert 77 f., 161
Altertumskunde 40
Altertumsverein 40, 43, 44 ff., 54, 72, 95
Altstadt(kern) 67, 92, 175
Analogieschluss 119
Anastylose, s. Rekonstruktion
Anhörung 103
Anthropozän 30
aquatisch 154
Arbeitslager 15, 81, 128
Archaeologica 4, 41, 99, 121, 156
Archäologie
  Braunkohlenarchäologie 182 ff.
  der Moderne 12, 27, 68, 73, 92, 128 f., 139, 163, 194
  Feldarchäologie 66, 195, 198
  Hobbyarchäologie 170
  Kommunalarchäologie 5, 94, 113, 194, 195, 203
  Kontraktarchäologie 69, 198
  Kreisarchäologie 91, 94, 146
  Luftbildarchäologie 26, 119, 133 f., 177
  Mittelalterarchäologie 11, 173, 193
  Neuzeitarchäologie 11, 68, 193
  Provinzialrömische Archäologie 11, 193
  Stadtarchäologie 91, 94, 141, 146, 173 ff.
  Selbstwahrnehmung der Archäologie 201 ff.
  Trassenarchäologie 27, 69, 185 ff.
  Unterwasserarchäologie 94, 131, 188 ff.
Archäologie in Deutschland (Zeitschrift) 12, 94
Archäologischer Park 70, 75, 83 f., 98, 154 f., 158 f., 195, 198
Archäologisches Freilichtmuseum, s. Freilichtmuseum
Archäologisches Institut des Deutschen Reiches (AIDR) 55, 56 f.
Archäometrie 137
Archäoprognose 187
Archäotop 26
Archivierung 132, 146 f., 164
Auflagen 23, 35, 84, 113, 136, 145, 149, 162
Ausgrabung 14, 17, 18, 29, 72 f., 109 ff., 131, 138, 139 f., 141, 145, 149, 150, 163, 166, 169, 173, 176, 178, 194, 197, 202 f.
Ausgrabungsfachfirmen 167
Ausschließliche Wirtschaftszone (AWZ) 99, 125, 189, 190
Auswärtiges Amt (AA) 99
Authentizität 23, 25, 26, 87 ff., 124,147, 149, 150 f., 157, 158 f., 161
authentische Reproduktion 89, 161
personale Authentizität 159
Auxiliarlager 52, 158

Baggerschnitte 109, 132
Bauleitplanung 103
Befund 19, 26, 29, 102, 109, 110, 113, 116, 118, 127, 128 f., 130, 131, 133, 135, 138, 139, 140, 154, 166, 169 f., 177, 184, 186, 202 f.
Beleggebiete 141
Belohnung 114 f.
Benehmen 35, 102, 105, 107 f., 162
Beratung 67, 93, 101, 102, 142, 145 f.
Berliner Mauer 15
Berufsverband 70, 93 f., 95,
Best-Practise-Beispiele 101
Bewertung 21, 24, 25, 39, 107, 173
Bewuchsmerkmal 133 f.
Bodenarchiv 173
Bodendenkmal
  bewegliches 4, 14, 22, 24, 29, 35, 66, 74 f., 78, 87, 116, 118, 127, 147, 152, 157, 196
  obertägiges 1, 23, 26 f., 28, 74, 86, 118, 127, 129, 134, 154, 179, 181
  ortsfestes 3, 14, 19, 22, 24, 29, 30, 35, 41, 48, 66, 74 f., 78, 87, 147, 152, 157, 159, 162, 196
  paläontologisches 28, 30, 114, 165
  unbewegliches 15, 29, 77, 128
  untertägiges 1, 18, 24, 104, 153, 154, 175, 187
  vermutetes 105, 118 f., 162

Bodendenkmalpflege
Beirat für 65, 66 f., 70
Europäisierung der 67, 70, 72, 100, 142, 185
Katechismus der 157
Bodeneingriffskataster 176
Bodenschätze 9, 17, 112,
Bodenurkunde 116
Bunkeranlagen 15

^{14}C-Methode 131, 137
Charta von Burra 150, 151 f., 158
Charta von Lausanne 124, 149 f, 153
Charta von Malta / Valletta 71, 99, 110, 116, 122, 123 f., 142, 150, 191
Charta von Venedig 148 ff., 156
Chartered Institut for Archaeologists (CIfA) 167 f.
Chorologie 131
Citizen Science 2, 162 f., 173

Damnatio memoriae 83
deklaratorisches Verfahren 105
Dendrochronologie 129
Denkmal
Denkmalbuch 161
Denkmaleigenschaft 76, 104 f.
Denkmaleigentümer 85, 104, 151, 161 f.
Denkmalfachbehörde 2, 30, 70, 90, 101 ff., 109, 174, 197
Denkmalfähigkeit 147 f.
Denkmalkultus 76 f.
Denkmalliste 104 f., 146, 161
Denkmalschutz 1, 3, 9, 12 f., 14 f., 22, 48, 49, 56, 65, 73, 75, 90 ff., 128, 140, 153, 161, 181, 182, 194, 197
Denkmal(schutz)behörde 2, 101 ff., 195, 197
Denkmalwert 25, 105, 109, 111, 118, 127, 132
Denkmalwürdigkeit 25, 147 f.
Kulturdenkmal 13, 29, 77, 93, 98, 117
Depot, s. Hort / Hortfund
Deutsche Forschungsgemeinschaft (DFG) 51, 62 f., 182, 198
Deutsche Gesellschaft für Vorgeschichte (DGV) 47
Deutsche Stiftung Denkmalschutz 96
Deutscher Verband für Archäologie (DVA) 71, 95, 97
Deutsches Archäologisches Institut (DAI) 46, 70, 96, 99, 194
Deutsches Nationalkomitee für Denkmalschutz (DNK) 63, 97
Dokumentation 73, 86, 102, 109, 110 ff., 113, 131, 138, 139, 145, 149, 160, 167, 169, 195, 197, 199, 202 f.

Drei-Perioden-System 41
‚Drittes Reich' 11, 15, 25, 27, 43, 47, 50, 52 ff., 61, 72, 79, 81

Echtheit 22 f., 87, 89, 150 f.
Ehrenamt 142, 153, 162 f.
Eigentumsverhältnis 155, 165, 169
Einvernehmen 35, 107 f., 162
Entsammlungskonzept 146
Erfassung 129, 130, 145,
Erhaltungsgebot 141
Erhaltungsgedanke 17, 90, 127, 128, 141, 152, 162, 186
Erinnerung 19, 30, 32 ff., 74, 75, 82 f., 90
Erinnerungskultur 32, 33, 45, 75, 80, 89, 163
Erinnerungsort 30 ff., 75
Erinnerungswert 73, 76 f., 78, 80 ff.
Erosion 17, 128, 133, 145, 153 f., 177 ff.
ethnische Deutung 43
Europae Archaeologiae Consilium (EAC)
Europarat 71, 99, 101, 122 ff., 148, 150
Europäisches Kulturerbe-Siegel 98
European Association of Archaeologists (EAA) 100 f.
European Heritage Heads Forum (EHHF) 101
Exponat 132, 163
Externsteine 31, 75

Fachaufsicht 167, 198 f.
Feldarchäologie, s. Archäologie
Feldbegehung 132, 163
Flächendenkmal 13
Flächenverbrauch 164
Flächenverlust 183
Forschungsfreiheit 17
Fossilien 30, 117, 118, 125, 127, 137, 165
Freilichtmuseum 51, 143 f., 154, 158 f.
Fremdeigentum 155 f.
Führerstaat 52
Fund (Begriff) 19, 23 f., 26 f., 29
Fundort 23 f., 128 f., 142, 145
Fundortverschleierung 24
Fundstellenverzeichnis 104
Fundumstände 23 f., 169 f.

Gedenkstätten 34, 163
Gemeindeverbände 108, 112
Genehmigungsbehörde 103, 161
Genehmigungsverfahren 103, 136 f., 162, 198
Geoinformationssysteme 129
geophysikalische Prospektionsmethoden 135 f.

Geotextil 154
Germanenfrage 60
Gesetzesharmonisierung 116
Gesetzgebungskompetenz 113
Grabhügel 20, 26, 30, 55, 118, 129, 153, 160, 179, 180, 181
Grabungserlaubnisverfahren 112 f.
Grabungsfirma 7, 194, 199
Grabungsmonopol 69 f.
Grabungsrichtlinien 138
Grabungsschutzgebiet 114, 120
Grabungsstandards 138
Grundwasserabsenkungen 153

Haager Konvention 142
Hadrianische Teilung 37, 114 f.
Haithabu 52, 55, 63, 125, 188
Heidelberger Schloss 87, 89
Heimat 25, 80, 81, 175
Heritage Management, s. Kulturerbe
Himmelsscheibe von Nebra 32, 116, 170
Hobbyarchäologie, s. Archäologie
Hoheitsgewässer 99, 189
Hoheitsrechte 125
Horizontalstratigraphie 131
Hort / Hortfund, 19, 21, 27, 79, 81,

Identität 25, 45, 63, 80, 81 f., 83, 94, 141, 161
Ikonoklasmus 82 f.
innerdeutsche Grenze 33
in situ-Erhalt 139, 147, 150
Instandhaltung 90, 152 f., 154 f.
Instandsetzung 90,152 f., 155 f., 160
Integrität 22, 24, 25, 26, 124, 151, 159
International Council on Monuments and Sites (ICOMOS) 99, 124, 148 ff.
Inventarisation / Inventarisierung
Inwertsetzung 9, 139, 142 ff.
Irminsul 31
irreversibler Eingriff 139
Islamischer Staat 82, 89, 121

Kampfbund für deutsche Kultur 50, 54, 56
Kataster 161, 176
Kiesabbau 110
Klimawandel 80, 173, 177, 190
‚Königsgrab von Seddin' 31, 75, 120
Kollektives Gedächtnis 32 f., 80
Kommunalarchäologie, s. Archäologie
Konservierung 78, 86, 131, 148, 149, 152, 155 f., 157, 165, 199
konstitutives Verfahren 104 f., 116, 118, 127, 140
Kontraktarchäologie, s. Archäologie
Konvention von Faro 124
Konzentrationslager 15, 27, 28, 81, 128
Kopie 153, 160
Kostentragungspflicht 109 f., 110 f.,
Kreisarchäologie, s. Archäologie
Kultur, lebende, tote und wiederentdeckte 26
Kulturerbe
  archäologisches 1 ff., 72, 94, 100, 181, 185, 195, 199
  dark heritage 90
  Europäisches Kulturerbesiegel 98
  Heritage Management 96, 100, 142 f.
  immaterielles 33, 75, 90
  Kulturerbeindustrie / Heritage Industry 144
  Unterwasser-Kulturerbe 99, 125, 191
Kulturgutschutzgesetz 96, 99, 121 f.
Kulturhoheit 9, 45, 66, 70, 91, 93, 98, 101, 121, 132, 138, 139, 161

Landesaufnahme 73, 134
Landschaftsverband 102, 107, 108
Landwirtschaft 26, 128, 145, 177 ff., 183, 187
Langzeitwirkung 3, 185
Lasertechnik 134
Leitlinie 72, 74, 86 f., 100, 102, 138, 157, 163, 198
Leopoldina – Nationale Akademie der Wissenschaften 188, 191
LiDAR (Light Detection And Ranging) 132, 134, 180 f.
Lineare Maßnahmen 69, 185 ff.
Luftbildarchäologie, s. Archäologie
Lumineszenzverfahren 137
LVR-LandesMuseum Bonn 39, 166

Magnetangeln 170 f.
Managementplan 152, 158
Materialität 31, 76, 88, 147, 148
Megalithgrab 128
Meldepflicht 48, 67
Metalldetektor 31, 94, 119, 136 f., 170 f., 202
Ministeranrufung 103, 108
Mittelalterarchäologie, s. Archäologie
Mittel- und Ostdeutscher Verband für Altertumsforschung (MOVA) 71, 95
Monitoring 9, 86, 124, 153, 157
Mumie aus dem Ötztal 117

Nachbau 9, 51, 75, 144, 152, 153, 158, 160
Nachhaltigkeit 88, 103, 157, 185
nachrichtliches Verfahren (System) 104
Nara-Dokument 87, 89, 150 f., 161
Nationalsozialismus 8, 31, 49 ff.
Nehmerländer 121
Neuzeitarchäologie, s. Archäologie
Niedergermanischer Limes 180
Nordwestdeutscher Verband für Altertumsforschung (NWVA) 54 f.
Notgemeinschaft der Deutschen Wissenschaft 51 f., 54
Notgrabung 52, 144
NSDAP 50, 53, 57

Oberbaudeputation 38, 86
Obergermanisch-Raetischer Limes 45, 52, 126, 152, 158
obertägiges Bodendenkmal, s. Bodendenkmal
Objektbiographie 77
Eigentum (öffentliches) 113 ff., 120, 156, 162, 179
‚Ötzi', s. Mumie aus dem Ötztal
Offshore-Windkraftanlagen 187, 190
Organisationshoheit 91
Ortsarchiv 62, 194
ortsfestes Bodendenkmal, s. Bodendenkmal
Outstanding Universal Value (OUV) 25, 124, 151,

Paläontologie / paläontologische Bodendenkmäler 28, 30, 114, 165
personale Authentizität, s. Authentizität
Phänotyp 27, 28
Planungsverfahren 142
Pollenanalyse 129
Polykratie 52
Porta Nigra 38, 42, 143
Prähistorische Zeitschrift 10
Preußisches Ausgrabungsgesetz 47 f., 49 f.,
Primärquelle 139
Prospektion 73, 109, 111, 119, 132 ff., 167, 171, 178, 183, 194, 198
Prospektionsmethoden 131, 132 ff., 140
Provenienz 121
Provinzialrömische Archäologie, s. Archäologie
Prussia-Sammlung 43, 58

Quellenkritik 21. ff.
Quellenüberlieferung 21, 24

Radaruntersuchungen 109, 132
Raumordnung 84, 103
rechtsbegründendes Verfahren (System) 104
Referat Vorgeschichte und Archäologie des Militärischen Kunstschutzes 59
Reflectance Transformation Imaging (RTI) 138
Reichsbund für Deutsche Vorgeschichte 54 f., 58 f.
Reichsinstitut für Deutsche Vorgeschichte 56 f., 59
Reichs-Limeskommission 45 f.
Rekonfiguration
Rekonstruktion 9, 23, 75, 87, 88 f., 149, 150, 152, 156 f., 158 ff.
  1:1-Modell 51, 152, 153, 158
  3D-Modell 138
  Anastylose 149, 156, 160
Renaissance 36, 72, 201
Replik 160
Reproduktion 89, 152, 158, 160 f.
Ressourcengedanke 150, 153
Restaurierung
Rettungsgrabung
Reversibilität 149
Römisch-Germanische Kommission (RGK) 46, 55, 56, 59, 61, 63, 70, 93, 194
Rohstoffgewinnung 28, 141, 181, 184
Ruinendenkmalpflege 78, 89

Saalburg 75, 149, 158
Schatzregal 29, 68, 113 ff., 169, 172
Schatzsuche 119, 171 f.
Schiff des Theseus 87 f.
Schlachtfelder 28, 128
Schutzbau 154 f.
Schutzzone 120 f., 124
Seerecht 188
Sekundärquelle 109, 139
Sondengänger 24, 113, 119, 136 f., 163, 170 f., 173,
Sozialpflichtigkeit 112
Sozialverträglichkeit 103
Spatenwissenschaft 14
Staatlicher Vertrauensmann 49, 62
Stadtarchäologie, s. Archäologie
Stiftung Preußischer Kulturbesitz 95, 96
Streitwert 85
Structure from Motion (SfM) 138
Studium 193 ff.
Survey 132, 163

Taphonomie 26
Terra-Modellierung 154, 160
Tradition 19, 20 f.,

Träger öffentlicher Belange (TöB) 64, 74, 103, 142, 197
Translozierung 143 f., 159
Trassenarchäologie, s. Archäologie

Umkehrbarkeit 149
Umweltverträglichkeit 91, 103
unbewegliches Bodendenkmal, s. Bodendenkmal
UNESCO-Konvention, s. Welterbekonvention
United Nations Educational, Scientific and Cultural Organization (UNESCO) 97, 99, 124 f., 148, 150 f., 159, 191
Unrechtsort 25, 34, 81, 90
Unterschutzstellungsverfahren 104
untertägiges Bodendenkmal, s. Bodendenkmal
Unterwasserarchäologie, s. Archäologie
Unterwasser-Kulturerbe, s. Kulturerbe
Unversehrtheit 22, 24, 151
Urgeschichte (Begriff) 20

Varusschlacht 31 f.
Vegetationsverhältnisse 133
Verband der Landesarchäologen (VLA) 63, 70, 72, 93 f., 95 ff., 100, 101, 102, 138, 189
Vereinigung der Landesdenkmalpfleger (VDL) 63, 95 f., 101
Verhältnismäßigkeit 111
Vermittlung 9, 18, 90, 132, 139, 142 ff., 159, 194, 197, 198
vermutetes Bodendenkmal, s. Bodendenkmal
Versteckfund / Verwahrfund, s. Hort / Hortfund
Verursacherpinzip (auch Veranlasserprinzip) 68 f., 84, 109 f., 110 ff., 113, 141, 164, 167, 184, 195
Villa rustica / Villae rusticae 25, 82, 153, 179
Vorgeschichte (Begriff) 10 ff.,

Waldgirmes 115
Warsaw Recommendation on Recovery and Reconstruction of Cultural Heritage 90
Warvenchronologie 137
Welterbe 25, 98, 124 f., 148 f., 151
Welterbekonvention 25, 124 f., 151
Westwall 27, 129
West- und Süddeutscher Verband für Altertumsforschung (WSVA) 46, 54 f.
Wiederaufbau 87, 88, 152, 158 ff.
Wiedererrichtung 156
Wiedervereinigung 12, 34, 65, 67 ff.,

Zeitlosigkeit 89
Zentralinstitut für Alte Geschichte und Archäologie (ZIAGA) 70
Zertifizierung 167 f.
Zumutbarkeit 84, 110 ff., 123
Zwangsarbeiterlager 27, 81